精益改善

求取改善真经，十六年精益旅程

兰海◎著

CAPH 中国宇航出版社
·北京·

图书在版编目（CIP）数据

精益改善 / 兰海著. -- 北京 : 中国宇航出版社, 2016.8

ISBN 978-7-5159-1139-7

Ⅰ. ①精… Ⅱ. ①兰… Ⅲ. ①企业管理－研究 Ⅳ. ①F270

中国版本图书馆CIP数据核字(2016)第142261号

责任编辑　吴媛媛　　**装帧设计**　宇星文化　久品轩

出版发行　**中国宇航出版社**

社　址　北京市阜成路8号　　**邮　编**　100830

(010)60286808　　(010)68768548

网　址　www.caphbook.com

经　销　新华书店

发行部　(010)60286888　　(010)68371900

(010)60286887　　(010)60286804(传真)

零售店　读者服务部

(010)68371105

承　印　三河市君旺印务有限公司

版　次　2016年8月第1版　　2016年8月第1次印刷

规　格　710×1000　　**开　本**　1/16

印　张　22　　**字　数**　350千字

书　号　ISBN 978-7-5159-1139-7

定　价　59.00元

本书如有印装质量问题，可与发行部联系调换

前言

写字楼里，白领精英，一杯热咖啡、一个鼠标和看不完的电子邮件。

窗外是拥堵的街道。

繁华的世界和平静的生活。

背后隐藏着重重危机。

但是，危机的背后又蕴藏着激荡的变革与生机。

2008年，我的第一本书《生产现场改善实例》出版。那一年，我在深圳特区，工作的地方是一个工业区，刚好遇上有老板跑路，上千名工人好几个月的工资化为泡影，聚众示威，但我认为，群情激昂并不能改变命运。

那一年，北京奥运会的喜悦逐渐散去，接踵而至的是美国次贷危机，引发全球金融危机。

制造业遭受巨大冲击，但我仍对制造业这样的实体经济充满信心，继续将我的全部热情投入制造业的改善。

8年之后的2016年，我决心将《生产现场改善实例》重新整理出版，书名为《精益改善》。我在制造业摸爬滚打了10年，致力于将改善的推进剂注入更多的工作领域，因此有了更多的辛酸和体会，写下了厚厚的笔记。我把这些凝聚着实践经验的改善实例整理出来,便是“改善之路”。

2015 年，中国股市遭遇灾难式的下跌。然而这只是 2015 年的缩影，大量私营企业倒闭，很多工厂一夜之间人去楼空，厂房内一片狼藉。曾经风光一时的运动品牌李宁接连关闭门店，服装行业出现断崖式下滑。面对订单的迅速缩减，很多制造企业开始裁员，甚至包括世界知名公司。就连曾经风光无限的国内汽车销售行业，在中国刚刚成为世界第一汽车消费大国之后，突然就卖不动了。

中国制造正在跨越危机。

现在的我们需要抛开恐惧，在困境中寻找未来的希望，走一条崭新的道路。

我们身处必须改变的年代。过去发展起来的众多私营企业靠的是经济大势，跟着国家的飞速发展赚到了钱，成长却是非常粗放的。一些私营企业老板拒绝创新和改变，只顾眼前利益，忽视企业的长远发展。只要经济寒冬来袭，很多企业的运营就会举步维艰，而之前在经济形势好时积极支持的银行也会变得谨慎小心，企业越是需要资金，银行越是不愿意投资他们认为有风险的领域，这是恶性循环，企业的处境将更艰难，最后的结局就是倒闭。

我一直拥有振兴中国制造业的梦想，10 年来却一直在外企工作，发现欧美、日本先进的制造技术和管理方法并没有完全融入一直在借鉴西方技术的中国企业。

中国人精于变通，擅长不走寻常路解决问题，却不太喜欢务实的技术改变，这使得我们更倾向于构建人脉关系，而忽略了事情本身。这样的环境对创新是不利的。2008 年，我在书中提到：“企业要想获取利润，恰恰需要创新，包括产品创新和商业模式创新，我们不是生产更多的手机就能赚到更多的钱，而是要切合消费者的需求设计和创造出具有吸引力的手机。”iPhone 的出现印证了这一点，但如果苹果公司不继续在创新上下功夫，他们也会步入诺基亚的困局。

但创新需要付出代价，还要耗费大量的资源，由于“山寨”的存在，创新还有被复制的风险，于是很多企业更不愿意开拓进取。但是，维持现状显然也是自寻死路，那还能怎么办呢？正如我过去在书中所说："提升企业的运营能力，进行改善。”改善介乎于维持和创新之间，它没有创新那种大投入的需求，只要少量投入，进行改变，通过量的积累实现质量和效率的跨越式进步，实现成本的节约。这对国内中小企业来说，是一条不错的道路。

2015 年 11 月，习近平主席提出了供给侧改革：在适度扩大总需求的同时，着力加强供给侧结构性改革，着力提高供给体系质量和效率。

国内制造业发展到今天，不是造不出来东西，而是产能过剩。这表明，中低端没有太多差异的消费品严重过剩，直接导致这类产品的价格下滑，而生产这类产品的企业利润会越来越少，大家在低价的红海中争得你死我活。另一方面，海淘产业蓬勃发展，又表明国内缺乏优质的高端产品，不要说我们崇洋媚外，食品安全问题直接伤害了消费者的感情。消费者对奶制品企业缺乏信任，导致境外奶粉成了紧俏货，香港甚至把奶粉过海关的数量写进了法律。

目前，国内的人均 GDP 已经达到 7800 美元，按照经验，人均 GDP 在 8000 美元左右，消费结构将从生存型消费升级为发展型消费。改革开放 30 多年，我们解决了吃饱穿暖的生存问题，却和消费群体更多的需求脱节。

所以，一方面，我们要去做产品创新，发展工业 4.0，使消费者的需求和企业的生产高度融合。另一方面，我们要改善产品制造流程，提升质量，降低资源消耗，合理控制库存，满足供需关系，使消费者和企业实现双赢。

改善不是想去做就能去做的，也不是靠万丈激情就能实现的，改善也是一门技术活。这里面有美国人的系统思维方法论，比如基础工业工程，也有日本人一丝不苟的实践体系，比如丰田生产系统。我们不能局限于学习和模仿别人，应该结合实际情况，发扬中国人融会贯通的精神，在过去的基础上发展出更具中国特色的改善之路。

引用水木然在《跨界战争》中的话:在未来，只有有知识、懂新技术、携带正能量、理解社会变革的人才能立于不败之地。不要再为你的过去而骄傲了，我们应该清醒地认识到在这个瞬息万变的时代，过去所有的成功，都是你明天的拖累，原来优质的资产，都将成为你明天的负债。

中国的改善之路，刚刚翻开序章。

我们是选择改变还是故步自封，完全取决于我们自己。

想起一句古话：逆水行舟，不进则退。

兰海

2016 年 2 月 27 日

于眉山·洪雅

目 录

第 6 章 布局优化

第 7 章 质量改善活动

第 9 章 快速切换改善

第 10 章 现场 5S 改善

第 11 章　人机工程改善

第 12 章 设计改善

第1章 改善之路，永不停歇

我们从学校毕业时对未来充满憧憬，但前路又是未知的，所以，一边梦想着，一边迷惘着。和很多同学进入一种稳定的工作状态不一样，我从一开始进入职场就在面对艰难的挑战，我过去的经历就好像从长安出发去天竺“求取真经”的旅程，一路艰辛和苦难，曾经想过要放弃，却还是坚持着，一步一个脚印地走了下去。

我要做的事情就是改善。不能按部就班，只能破旧出新。脑子里常常思考的是从没出现过的奇思怪想，有时候做梦都是沉浸在机器的轰鸣声里。

这些年，我学了太多外国人的东西，美国的、日本的、德国的，但我深刻地认识到，我们更应该致力于祖国的振兴，幸福生活永远不可能从天而降，也永远不可能指望着别人，我们需要自力更生，充分发挥智慧的力量。

过去，我见过太多需要改善的中国工厂，甚至有时眼睁睁地看着他们倒闭，却无能为力。不是我不能为他们做什么，而是他们根本不相信我。

不信任和不屑是这条改善之路在中国遇到的最常见待遇。

可是，我们真的需要有更多的人走上改善之路，因为只靠很少一部分的人去做改善，是难以改变整个局面的，社会发展也会停滞不前。

我所取到的“真经”便是过去我在改善道路上的见闻和认知，分享出来是希望更多的人受到改善魔法的熏陶和感染，走上改变自己、改变工厂和改变社会的征程，我们的每个小小进步，都会汇集成社会前进的步伐和动力。

这虽然不是一条平坦的路，但前面总是充满光明的。

路漫漫其修远兮，吾将上下而求索。

1.1 对改善的理解

我们总是希望能够改善生活。

在这样的语境里，改善生活是一个目标，或许是指用汽车代替天天蹬的自行车，又或许指从五天吃一次肉变成天天吃肉。但我们往往会忽略，“改善”其实是个动词，在辞海里，改善的含义是改变原有情况使其好一些。“改”代表着改变，“善”代表着状态变好。什么事情不可能凭空变好，改变是前提。

恐惧和冒险是人类两种基本的感情。进化心理学认为恐惧来自人的自我保护本能，而冒险来自人的求偶本能。我们一出生就有自我保护的本能，而求偶本能则是在长大后才有的。自我保护本能使我们趋于保守，不愿意改变，而求偶本能使我们变得愿意冒险，愿意改变和尝试新的机会。

很可惜，喜欢冒险的人总是少数，大多数人倾向于保持现状。因此改善的理念和改善生活是互相矛盾的，改善要求我们努力改变，而偏偏大多数急需改善生活的人并不愿意改变，他们宁愿维持现状，待在舒适区。所以，没有改变就不会有善的状态。

这样的体会，在我读大学时就非常强烈。

我所学的专业是工业工程，引用美国工业工程师协会的定义：工业工程是对人、物料、设备、能源和信息等组成的集成系统进行设计、改善和实施的一门学科，它综合运用数学、物理和社会科学的专门知识和技术，结合工程分析和设计原理与方法，对该系统所取得的成果进行确认、预测和评价。

这个在中国兴起于20世纪90年代的学科有别于很多传统学科，改善其实是它的核心精神。

但不少同学更向往毕业后有稳定的工作，于是，工业工程“无用论”在同学间传播，很多人认为像会计和外语那样的专业才容易获得工作机会。我曾经也为此迷惘过。

偏向稳定的心态和需要改变精神的工业工程专业格格不入。

更多人喜欢每天做一样的工作，尽量不用奔波和奋斗，就可以享受安逸的生活。但改善又要求我们放弃稳定，开拓进取。我们迫切想要改变人生的愿望和我们自己的不思进取之间存在巨大的鸿沟。听到这样的话，或许不少人心里不舒服，但这就是事实，就好像 20 世纪 90 年代很多人无法接受下岗，那首《杀死那个石家庄人》是最真实的写照："傍晚 6 点下班，换掉药厂的衣裳，妻子在熬粥，我去喝几瓶啤酒，如此生活 30 年，直到大厦崩塌……"

稳定的工作没有了，居然就成了大厦崩塌。

我相信，直到今天，很多人也会有这样的想法。

但下岗是趋势，因为过于稳定的生活扼杀了积极性和创造性，阻碍了改革开放的进程和社会的进步。

尽管，曾经的我们也在四川长虹的教室里发出要振兴中国制造的口号。但很多时候也只是说说而已，多年以后，会觉得那时的口号就像被打了鸡血般幼稚。

于是，我一直幼稚了 11 年，一直在改善之路上。

我从来没有真正意义上做过日复一日的工作，我的工作就是要不停地去改变，和大多数人的思想作战，站在保守派的对立面，忍受着嘲笑和不解，面对着司空见惯的失败，尝试着做人们认为根本不可能的事情。

我们这种挂着工业工程的名号、举着精益生产大旗的人，一出现就被很多人仇视，因为会让别人失去工作，会让过去悠闲的工作变得繁忙，会让原本可以瞒天过海的数据变得无处可藏。

美国人说，这叫资源优化。

日本人说，这是消除浪费。

而我理解，这不过是改善罢了。

很多人抵触改变，喜欢按部就班，因循守旧，又在自己可怜巴巴的处境面前怨天尤人。我们愿意花 10 年维持一份一成不变、朝九晚五的工作，却不愿意花 1 年的时间改变现状。

过去的历史已经证明，时代不会再善待我们的不改变。

无论哪个行业，始终要坚持学习和进步、改变和创新。

改善的征程早已开始，不会停歇。

1.2 什么叫现场改善

读书时，我就一直立志要为国家建设贡献力量，而第一份工作却选择了外资企业。有同学嘲讽我，说我口是心非。我说，你不懂，这是取人之长，补己之短。

向先进的文明学习，是改善之路上需要始终坚持不懈的做法。

值得开心的是，在我加入 ON 的时候，我的职业导师加里便对我说："改善不是一蹴而就的，需要先从小的改善开始，慢慢建立大家对你的信任，你才能做更大的改善。但是，真正在做改善之前，你需要去了解实际状况。"

没有人可以在图纸上完成改善，也没有人靠胡思乱想就能成功改善。

改善成功的唯一途径便是去做。

我花了 4 个月的时间作为操作员深入每道工序，加里说：如果你连操作都不知道，所有的改善都是空谈。

这成为我后来许多年进行改善的指导方针，尽管很多时候我已经没有机会再去当操作员，但是我会深入一线，去到现场，拍摄视频研究，用笔记本记录下工作步骤。这么多年来，在现场讨论问题已经成为我的一种爱好。

后来，当我在 ME 工作的时候，我的思想得到了升华，原来我一直坚持的习惯早就被日本人总结出来，叫三现主义，即现场、现物、现实。出现问题后，需要亲赴现场，亲眼确认现物，认真探究了解现实，并根据这些情况提出和落实符合实际的解决办法和措施。

简单用一句话概括就是：一切从实际出发。

没有万能的改善方法和法则，只有因地制宜、实事求是。

所以，当我们把现实和改善结合在一起的时候，就叫作"现场改善"。为什么改善很多时候跟现场一起出现呢？那是因为现场是实现改善的地点，实践是检验改善成败的标准。

1.3 TPM 和生产维护改善

没有人想去医院，但医院的业务总是很繁忙。

没有老板希望他的机器出现故障，但是在很多工厂，修理机器的工作人员总是很忙碌。

未来，医疗医学一定会向预防医学转变，工厂的修理设备也一定会转变为预防维护。

1971 年，日本人提出了 TPM（Total Productive Maintenance），有很多种中文翻译，我个人倾向于"全员生产维护"，即每个人都需要参与其中的维护，正如自己的身体需要自己保养，自己操作的设备也需要自己保养。

其实对企业来说，它的目的既不是让员工满负荷工作，也不是让机器不停歇，而是利润最大化。特别是 20 世纪七八十年代，当时处于求大于供的繁荣期，只要能把产品生产出来投放到市场上，基本上就能赚钱，所以那时下海经商最赚钱。当时，企业最关注的是产能，提高人的作业靠作业改善和科学管理，提高机器的效率靠 TPM。

但是，2016 年，进入产能过剩、供大于求的时期。单纯追求设备效率最大化，追求更大的产能已经很难创造丰厚的利润。为了与时俱进，我们需要升级 TPM，去适应企业系统的综合效率最大化。

这些年我去过很多工厂，TPM 在中国的发展并不尽如人意，很多民营企业的粗放经营在大环境好的时候还能赚钱，一旦经济下滑，就举步维艰，低下的效率造成了大量资源浪费，没有做好 TPM 是很重要的原因。现在回想起来，在 ON 的时候，TPM 给我的印象最深。ON 作为一个自动化程度很高的工厂，机器设备的维护是效率的头号问题，虽然那时的我擅长的作业分析发挥不了太大作用，但是从优秀的 TPM 系统中吸取到了很多养分。

TPM 的魔力在于，它不仅能使一个以设备为中心的企业获得卓越的效率，而且能在 TPM 的活动中培养很多优秀人才。后来，从 ON 走出来很多人，我觉得，他们都是在 TPM 的土壤里得以成长。

当然，要讲透 TPM，一本大部头书都不够。所以，本书只关注 TPM 的基本方针、预防和改善以及如何进行生产维护的改善。第 8 章将会详细讲解如何进行生产维护的改善。

1.4 人机工程改善的不成功

机器轰鸣的工厂给人的感觉是冷冰冰的。

人与机器之间应该不会有感情，但人机之间其实是有关系的。

我们的祖先从石器时代开始就学会了用石块打制成可进行敲、砸、刮、割的工具，从而产生了原始的人机关系。此后的历史长河里，人类发明和创造了更多的工具、设备和机器，用来提高生产和生活水平，却忽略了自己制造的生产工具与自身关系的研究，于是导致了低效，甚至对自身的伤害。

人机工程学的出现就是为了研究人和机器之间的相互作用。

但是，很多人都不重视人机工程学。老板没有制定人机工程的绩效指标，一线员工对操作方法已经驾轻就熟，懒得改变，因此承受着不良作业带来的慢性伤害。

我在 ON 的时候，尝试过人机工程的多项改善，效果都不太理想。我甚至花了很多时间去研究作业人员的呼吸，计算他的能量消耗，评估劳动强度。但得到的反馈不太好，我的行为在众人眼里简直就是脑子进水了。

所以，我自己戏称人机工程学的改善为边缘改善。

尽管边缘，却是未来的趋势。随着中国工业进程的进一步深化，会有越来越多的人认识到，自己工作的环境和状态有太多危害健康的地方，椅子不合适，总是要弯腰，工具用久了手会酸痛，眼睛见不得强光，鼻子闻不得异味，作业环境温度太高或者太低影响身体机能，等等。他们不会再逆来顺受，维权意识逐渐增强，这也成为企业头疼的重要问题，其实人机工程学的改善就是非常好的解决途径。

本书第 12 章会用更多的实例，讲述人机工程学的改善和应用。

1.5 改善的步骤

当我决定离开 ON 的时候，遭遇了前所未有的阻力。

父辈们认为我放弃稳定而优越的工作是在砸掉饭碗，而我认为，我只是想去外面的世界看看，去接受新的挑战。

坚守和闯荡，保守和激进，两种思维模式发生了激烈的碰撞。

最后以父辈们无可奈何的妥协告终，我前途未卜地坐上了去深圳的飞机。

在改革开放的前沿阵地，我加入了 ME，这家以生产电机闻名的公司给了我一次改变人生的机会。

遇见来自日本丰田的顾问和吹毛求疵的改善系统中国负责人，对于大多数人来讲，是痛苦的，但又是幸福的，成长最快的时候永远是那些最艰难的日子。当然，这个道理，我是在后来才领悟出来的。

我的思维体系开始受到日本改善哲学的影响。日本人似乎天生为改善而生，我曾经问过日本丰田的顾问，你们怎么激励员工来做改善？会给出什么样的奖励？丰田的顾问说："我们几乎不给任何奖励，我们的员工做改善是自发的。"而且，日本人的这种自发改善体现着务实的态度，专注于细节，循序渐进。

如图 1-1 所示，改善步骤是日本改善思想的基础，整个改善体系依此步骤建立和推行，就像一个金字塔。

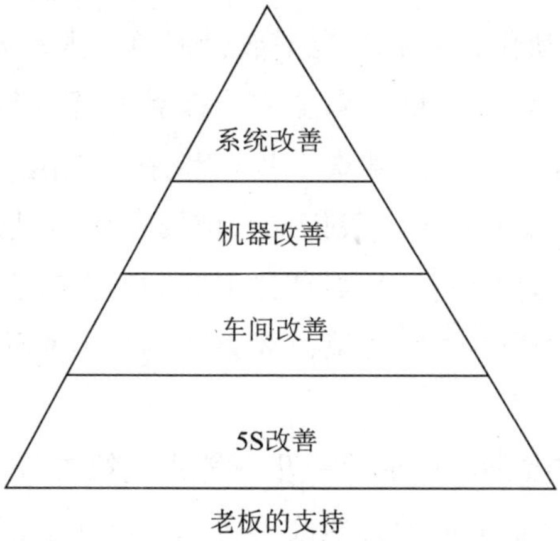

图 1-1　改善步骤

最基础的是老板的支持，这是改善的基本保证，因为在改善的过程中会遇到阻力，有很多人不理解，甚至故意设置障碍来阻挠改善。所以首先要得到老板的支持，才能放开手脚、大胆地去干。假如没有老板的支持，改善会变成孤军奋战，难以开展。在 ME 的时候，大老板是一个具有创新和改善意识的人，他说，让改善小组的人去改善，他们就是做错了，也要让他们去尝试。

在得到老板的支持后，接下来要做的事是 5S 改善，这是改善得以继续的基础，5S 改善本身就是对工作环境以及人员意识的一次改善，如果一家企业连 5S 改善都做得很差，又何谈其他改善呢？

5S 改善之后是车间改善，这里指的主要是作业改善，先通过简单的方法、简单的工具等消除生产过程中的浪费，而不是盲目地设计工装夹具、改造机器去追求机械化。

在车间改善之后，是机器改善，通过设计工装夹具，改良机器设备，推进机械化、自动化等手段实现改善，这里要强调的是机器改善之前，先考虑能否进行作业改善。

最后是系统改善，它建立在之前所进行的各种改善的基础上，整个改善形成一个清晰的系统后，我们才可能进行全面的系统改善，比如建立 JIT（准时制生产方式）。

以上是日本人的思路，美国人的思路有些不同，美国人更喜欢首先谈论系统或者方法论。比如按照日本人的做法，改善仓库我们应该先做好 5S，然后改善仓储作业，再推动自动化，最后系统集成，但美国人一开始可能就会考虑自动仓储系统，或者弄一套管理软件来全方位改善仓库，针对细节不足的地方再去完善。日本人执着于细节，喜欢一步一步来，美国人喜欢走系统方法的道路，这是两种不同的改善哲学。我们未必就要完全学习日本或者完全学习美国，也没有必要生搬硬套，要辩证地看待这个问题，在适当的情况下因地制宜，选择合适的改善方式并很快产生效果，才是王道，我们要走中国特色的改善之路。

这些步骤并不是非要彻底完成第一步才能走到第二步，适当的时候需要并行，有时等到把 5S 完全做好再做其他改善可能“黄花菜都凉了”，审时度势也是做改善的一种能力。

1.6 生产线平衡改善——简单的法宝

当年，我在 ME 的首要工作是完成一张接着一张的生产线平衡表。我时常拿着秒表，在生产线一盯就是半天。尽管当时搞改善的人有不少都不喜欢这个枯燥的工作，但这是改善的基础，特别是在劳动密集型的工厂。在有着大量流水线作业的工厂，生产线平衡表能够直接发现瓶颈，通过资源调整和人力调配就能提高生产线效率，虽然看起来简单，但非常有效。

对于以流水线生产为主的企业，生产线平衡表是改善的法宝。

后来我在成都工作的时候，得到过一个很特别的工作任务，我需要以访客的身份进入川西监狱，获取包装作业的一手数据。高墙下，铁丝网内，气氛很压抑，需要和犯人们近距离接触，研究他们劳动的情况，这并不是一件轻松的事。我厚着脸皮问了不少人，得到的回应却寥寥无几，凭借过去积累的动作分析的基本技巧和生产线平衡表的基本记录方法，我仍然很完整地分析出了作业效率，找到了改善方向，最终我的调查报告也获得了良好的反馈。

这一切都得益于当年在 ME 做了太多的生产线平衡表，拿着一个秒表一张纸盯着生产线，不用问别人，我就能火眼金睛地发现一大堆隐藏的问题。

事实上，根据我这些年的体会，生产线平衡表在外企被广泛应用，但国内国有企业和民营企业的生产线平衡表还处于空白状态。并不是这项技术有多复杂，而是很多人对生产的基本意识还没有改变，很多员工一看到拿着秒表掐时间就以为要加工作量，自己要被剥削了；还有不少一线管理者只知道给员工施压或者打鸡血，而不用科学的方法，更没有用数据说话的精神。我曾经利用空闲时间为一家民营制造工厂做过一些指导，他们从来不知道什么是生产线平衡表，管工段的工头连加减乘除的基本运算都不会，但是，当他们真正认识了平衡表之后，惊奇地发现，原来当前的生产有着明显的浪费，人员分配也不合理，经过简单的调整甚至不用做什么作业改善就能实现效率的提升。我相信，这样的情况在很多中小民营企业都存在，也许十年如一日辛苦地生产，但是从来没有意识到生产线是以 70% 的平衡率工作的，甚至更低，这意味着我们没有很好地利用资源，效率低下，这不仅是工厂的损失，也是整个制造业粗放生产的弊端。

要想精细化生产，先从生产线平衡表做起吧。

本书第 2 章将会详细讲解生产线平衡表，它是现场改善的指示灯，通过生产线平衡分析，计算生产线平衡率，将帮助我们了解整个工序流程并找到瓶颈，从而进行生产线平衡的初步改善。如果说生产线平衡是生产的指引，那么标准作业就是具体执行，它是维持改善成果的基础，如果只有改善而没有标准作业，不仅会损失很多改善的资源，甚至可能使改善功亏一篑。

1.7 物料搬运作业——被遗忘的改善

我们很容易把改善的重点放在不动的机器上和不怎么运动的人员操作上，却忽略物料的移动。美国人做过研究，在生产高度自动化的今天，一次完整的生产过程中真正用于生产加工的时间只占整个生产时间的 10%，甚至更低，而剩下的 90% 全部消耗在搬运、移动以及库存等生产性物流的工作上。

有时候，我们需要认真地绘制一张价值流图（Value Steam Mapping），看看物品真实的流动。我在 CO 公司有真切的感受：我们花了半个小时生产一个半成品，生产完毕后，先搬运到测试区，再搬运回生产存储区，等要用的时候再搬运到下一个工序，这样的过程加上等待大概需要半天到一天的时间，导致的后果就是大量的库存和物流的停滞。更可怕的是，半成品生产之前的原材料或许在仓库里存放了 15 天甚至 30 天，然后仓库管理人员找了 3 个小时才找到，调派叉车送到生产线，在生产线的暂存区一放又是 3 个小时。

所以，生产物流的改善空间很大。

当年，我在 ME 建立了基本的物料搬运作业理念，得出的结论是：永远不要送太多，只送需要的量，不要占用生产人员的作业时间，而是将物料搬运作业剥离，保证机器设备和操作的效率最大化，同时要缩短物料搬运距离，优化物料作业。

ME 的物料系统尽管不完善，但走在了一条正确的道路上。

本书第 4 章将讲述物料搬运作业的改善，我没有从宏观的角度讲解物流系统，更多的是着眼于生产物流的细节层面。4.1 节介绍物料搬运系统的改善，包含基础的物料原则和物料搬运系统原则，关注怎么把物料从某个地方搬运到另一地方，特别是关注怎么从仓库或者库存区输送到生产线；4.2 节介绍物料作业配置改善，考虑物料作业的优化怎样影响生产的操作，更为微观化，关注点是物料进入生产操作区域前后的细节，实现生产操作和物料作业的完美结合。

1.8 Chaku-Chaku Line

日本人的改善方法富有日本特色。

Chaku-Chaku Line 就这样华丽地在 ON 和我相遇了。

在日本丰田顾问的极力鼓动下，老板下令在各个车间打造 Chaku-Chaku Line。当接到这个任务的时候，我当场就傻眼了，这什么啊，连名字都听不懂，就让我主导这件事，这不是赶鸭子上架嘛！

带着英勇就义的精神和迷惘的状态，我抱怨着，但还是努力去做了。

那时候每天做梦都在想怎么改造设备夹具，住在公司幽暗的小宿舍里，想起年少时写过的诗歌，觉得生活早就失去了文艺气息，沉闷而苦逼。许多年后我回忆起那段时光，却发现特别有意义，由此经历的成长和对改善的深刻理解怕是干三五年都领悟不了。日本人的实用主义在 Chaku-Chaku Line 里体现得淋漓尽致，不要求完美的自动化，却要做人和作业的分离，做带着人的智慧的“自働化”（Jidoka），在以装配冲压为主的生产线上，致力于防错防呆（Poka-Yoke）和自动送出（Hanedashi），简单有效，尽管我们很难要求所有生产线都按照这个路子去走，但这种改善哲学是我们可以借鉴的，丰田的工作人员根据日本国情创造了 Chaku-Chaku Line，总有一天，我们也能总结出具有中国特色的改善之路。

本书第 5 章讲述 Chaku-Chaku Line 的具体细则和案例，很独特的日语发音，有着非同寻常的魔力。

1.9 作业改善——前进之源

很多朋友一提起精益，就会提起拉动式生产或者自动化。

但在了解这些高大上的概念之前，有一件只需要小投入就能获得大收益的事情需要去做，那就是持续的作业改善。一个做自动化的朋友曾经感慨地对我说：“自动化不是万能的，不是说做就能做的，我觉得在做自动化之前，应该精益当先头兵，一个没有精益理念的工厂，一个没有良好 TPM 的工厂，自动化是做不好的。”

他口中的精益理念其实很大程度上指的是作业改善。

作业改善可以简单用一句话概括：操作的方法总能好一点儿。说起来很简单，但做起来没那么容易，需要细致的研究和洞悉小问题。

刚参加工作的时候，由于能力欠缺，加上话语权微弱，我花了很多时间重新研究那些在大学里学过的基础作业改善方法，当然，也包括没有学过的。

对于研究作业改善的方法，还有一个更专业的说法，叫预定时间系统。

被誉为“科学管理之父”的美国管理学家泰勒是作业研究的鼻祖，是他最初意识到赋予各基本工作单元以标准时间的必要性。随着时间的推移，更多的作业研究方法诞生。吉尔布雷斯把动作分解为动素，RCA 公司的精英创立了工作因素法，然后是西屋电气的梅纳德等人开发的方法时间衡量（MTM），并由此建立了庞大的 MTM 研究体系。再后来，在 MTM 的基础上派生出来的梅纳德操作排序技术（MOST）因为更易操作被广泛应用。当然，对很多工业工程师来说，他们更喜欢使用最简单的模特排时法（MOD 法）。

经过多年作业改善的沉淀之后，应加里之邀，我从深圳回到成都，加入

MX公司。初到这里时面临很多困难，当我说我们要改进某型号产品的作业效率、提高30%产能的时候，我一直记得生产经理不屑的眼神。

那时候，我能够依靠的重要武器就是作业分析和改善。

我用三天时间完成了图1-2所示的分析，用的方法是MTM，观察加研究视频花了两天时间，写分析式花了一天时间，然而我只是分析了一个2.6秒的作业。

左手动作描述	F	左手动作	TMU	F	右手动作	右手动作描述	时间/s
1.放产品入机器							
伸手到机器槽，16in		R16A	13.1		R20A	伸手到机器槽，20in	0.472
			3.5		G1B	抓住已测试产品，平躺状态	0.126
			4.6		M2B	移动产品出槽，2in	0.166
放置测试产品入槽		P1SS	9.1				0.328
推入,<1/2 in			2		M1/2A		0.072
			32.3				1.163
2.按键							
伸手到按键，12in		R12A	9.6		R12A	伸手到按键,12in	0.346
按键		RL1	2		RL1		0.072
			11.6				0.418
3.放产品入盒							
伸手到物料盒，4in		R4A					
抓取		G1B	11.6		R12A	伸手到tray盘,12in	0.418
			5.06		ET	眼睛的移动，4/12	0.182
			9.2		M5C	将产品移动到精确位置，5in	0.331
			2		RL1	放手	0.072
			27.86				1.003
		总计	71.8				2.583

图1–2　MTM分析——改善前的画像检测作业

相信大多数读者看到这个分析时会一头雾水，这是正常的，就像当年我把这个分析在会议上展示给大家的时候，他们的眼神充满困惑和不解，然后是喋喋不休的质疑。

事实上，最后基于这个分析找到的改善点实现了真正意义上的改善，将时间缩短了1.3秒。这个名为正面画像检测的作业是那条流水线上的主要瓶颈，1.3秒的改善直接提升了产量。具体的改善细节将在第3章中介绍，同时还会讲述作业改善的基本原则，包括ECRS原则、动作经济原则、动素分析改善原则、MTM-2分析方法改善原则及MOD法动作改善原则。

1.10 质量改善，永无止境

质量不应该是挂在嘴边的概念，也不应该靠检测挑选废品来保证。

质量改善应该是排在企业改善的第二位，第一位永远是安全。

我曾经和 JC 公司有过短暂接触，在这家以生产小型显示屏为主的公司，质量其实是大问题。有一次，在会议上我义愤填膺地陈述质量问题的危害，提出要成立小组攻克难题，得到的反响却平平。

后来，老板私下说，这个问题没有什么大不了，一顿饭就解决了，我顿时愕然。

比起赚钱，质量对很多中国企业来讲，的确显得没那么重要。

但质量往往是毁灭一家企业的源头。

当年在深圳，一个朋友工作的民营电子厂是生产半导体元器件的，他们的主要客户是一家国内大型的家电企业，看起来很美好，有着稳定的合作关系，但是产品质量是个大问题，不良品率最高的时候能达到 50%，但是这家民营电子厂的老板解决问题的思路是疏通关系，花钱收买客户的质量工程师，这种愚蠢的行为最终葬送了他的公司，几年之后这家公司就关门了。质量不好，再有人际关系都没有用，能堵住质量工程师的嘴，但是能堵住购买家电的消费者的嘴吗？

经过 30 多年大跨步前进的中国工业正经历着转折。我们需要重视质量，不忽视细节，没有一家公司可以靠垃圾产品征服世界，那个生产出来就有人要的疯狂时代一去不复返了。

所以，质量改善是我们永远无法停止的工作。

一提到质量改善，很多人就会想到六西格玛或者 DMAIC，没有学过的人感觉高大上，了解之后，发现其原理很简单，就是利用数学统计的方法，结合各种知识，找到问题的根本原因。

本书没有那么多篇幅来介绍六西格玛，读者需要了解的话，可以参考其他图书。另外，动不动就用六西格玛去解决质量问题，成本太高，时间周期长，对改善者的素质要求也高，现在很多中小企业还不能实现。所以，本书第 7 章将会浅显易懂地讲解质量改善的主要方向和内容。

1.11 设计改善的甜蜜时光

我们总是容易一头扎进改善的洪流中，生产流程、工艺、设备、夹具或者更复杂的系统，但在所有改善之前，有一个最有效的改善，那就是设计改善。

有时候，我们在工艺上头疼不已的问题，或许只需要在设计上稍微改动，便能迎刃而解。但这往往是最容易被我们忽略的，我们在进行设计工作的时候考虑更多的是功能和美观，而不考虑制造。

2008 年我加入了 WH 公司，这家家电企业在全球有着广泛的业务，这一次我没有进入制造领域，而是来到了设计领域，当然我不是去设计家电，而是去做价值工程（Value Engineering），这是一种在产品开发设计阶段进行的价值与成本革新活动，说得直白点儿，就是在不影响产品功能和质量的前提下节约设计阶段的成本。

当时我们部门叫 DFV（Design for Value，面向价值的设计），其中分为 DFM 和 DFA 两个模块。DFM（Design for Manufacturing，面向制造的设计）关注的重点是材料和工艺，DFA（Design for Assembly，面向装配的设计）关注的重点是装配效率。我属于 DFA 组，每天上班总是在拆家电，拆各种品牌、各种类别的家电，有冰箱、洗衣机、洗碗机、微波炉、电磁炉和烤箱等。我曾经很自豪地跟很多人讲，我拆过的家电比他们一辈子用过的还要多。

我们的工作其实叫作逆向工程。首先进行拆解，拆出来的家电零部件交给 DFM 组完成材料和制造工艺的分析，DFA 组进行装配和产品结构的分析。

这是第一份让我感觉到上班特有乐趣的工作，每天压力不大，和一群高学历、高智商的人在一起，一边拆着家电，一边长着见识。偶尔，隔壁的烹饪组搞研发活动，还能送点儿爆米花给我们，美其名曰：测试产品口味。后来，水煮肉片、炖鸡汤都来了，说是看看我们的炉子做出来的味道好不好。后来的我一直把这段经历看作最甜蜜的工作时光。

本书第 12 章将会讲述设计改善的内容，主要针对面向装配的设计，包括五项基本原则：基本的系统装配原则、零件设计原则、线缆原则、嵌入式原则和连接装配原则。当然，还有设计改善案例。

1.12 快速切换的魔力

PP 公司最早是一家民营企业，后来被外资收购。尽管外资进入，外国人的经营和生产理念却没有注入工厂，我曾经作为顾问来到这里，发现他们最大的问题是库存，他们拥有一个庞大的仓库用来堆放已经完成的产品，同时加大马力让工人们生产更多的产品。这是典型的大批量生产。

造成库存压力的根本原因是客户需求的多样性与生产缺乏灵活性。

我们可以埋怨销售不给力，也可以埋怨客户要求多，但这改变不了库存积压的局面。从福特的流水线问世以来，库存都是躲不掉的难题，我们一边迷信着高效率的生产，一边又不得不面对无法制造生产周期较短而设计又频繁变化的产品。

丰田让制造业进入了下一个阶段，大批量定制。这是一种致力于消除半成品和成品的不必要积压的生产方式，我们称它为 JIT（准时制生产方式）。流动成为一个很重要的概念，改善流动、缩短生产前置时间变得尤其重要，同时，为了满足日益增加的复杂的客户需求，不同产品类型在生产线的切换速度必须加快，于是有了日本人的 SMED（Single Minutes Exchange of Die，60 秒即时换模），也就是我们通常所说的快速切换。

2014 年，我漂洋过海到日本丰田市，参观了丰田汽车工厂，最令我震惊的是，一条生产线居然可以生产完全不一样的汽车类型，前一辆是凯美瑞，后一辆可能是面包车，再后面可能是卡罗拉，这在很多中国工厂无法想象，但日本人实现了，当传说中的快速切换变成现实，我是真的信了。很多人质疑快速切换的理念，在国内无法推广，但最重要的原因是我们没有真正去思考怎么做，而是一味放大困难。日本人能做到的，为什么中国人不可以？

本书第 9 章讲述快速切换的基本理念和改善案例。为了柔性生产，为了跨入个性化量产时代，我们必须在快速切换上加快步伐，这是很多国内企业的短板。

1.13 5S改善的误区

总有些人一提到改善就皱眉，或者一脸茫然。

“改善是没法做的”，这是他们的答案。他们给的最多的理由就是：没有能力、学历低、没有时间、不知道怎么改善。

也许前面所说的作业改善、设计改善、质量改善包括快速切换，等等，都需要知识和学习，但是有一项最基础的改善——5S改善，是不需要什么高大上的技术和专业背景的。简简单单把作业区域的工具收拾整齐，还需要看大部头书之后才能做吗？

曾经遇到过决绝使用马桶的员工，他们习惯了蹲便器，觉得公用马桶大家都在坐，很脏。于是他们就采用了踩着马桶边沿继续蹲着上厕所的方式，这也没有什么，但问题是几乎没有人清洁上完厕所被踩脏的马桶边沿，既然你嫌脏，那下一个如果是来坐马桶的人看到这副情景会觉得干净和舒服吗？

对此，我说过一句很重的话：一个人如果连这个改变都不能适应，那么他的人生也改变不了，活该他一辈子生活艰辛。

5S只是最基本的改变，只有简简单单十个字：整理、整顿、清扫、清洁和素养。我们只需要稍微整理一下作业区域，就能使一天的作业轻松点儿。我们只要及时清理一下堵在路上的障碍，就能保障送料的叉车行驶通畅。没有什么太难的，一点一滴来做，小小的进步也行，这是5S透出的改善精神。

所以，日本人说一个工厂最基本的改善便是5S改善。这是帮助建立员工意识很好的途径，也是实现其他改善的基石。

当然，也不能把5S理解为打扫卫生，要把智慧注入5S。本书第10章讲述5S改善的方方面面，如怎么整顿、怎么减少现场的寻找时间和次数、怎么让工具放置更合理、怎么让清洁方法更有效。

1.14 改善的套路

每年都会有许多人慕名到日本丰田参观和学习，但这里有一个误区：经常看到丰田的人用看板、安藤灯、AGV，于是从日本回来，大家也依葫芦画瓢，做看板，做拉动，弄点儿安藤灯，以为这样就学会了丰田生产方式。

实际上，丰田改善最重要的东西是看不见的，是建立在不可视的思维与行为模式基础上的。如果只是照搬形式，缺乏内在的逻辑，丰田技术对我们来说就是空中楼阁，也无法实现持续的改善和变革。

所以，这就是为什么说全世界只有一个丰田的原因。

我曾经了解到丰田一家工厂的 OEE（全面设备效率）已经做到了 95%，我问丰田的老师："95% 的效率对很多工厂来说是天文数字，你们还怎么改善？已经没有空间了。"老师说："如果已经 95% 了，那就把现有的模式再打破，增加切换频率，这样不是效率又降下来了吗？我们再去做改善，把它再次提高到 95%。"这体现了丰田的改善思路，也是他们的逻辑方式，这才是非常重要的。

我们设定目标时往往并不知道实现它的具体措施，在实现的过程中还会遇到困难和阻碍，如图 1-3 中的灰色地带，前路其实是未知的。但要实现目标，就一定要通过这个灰色地带，就好像一场童话里的冒险，我们必须走过那片恐怖的森林，才能找到想要的东西。

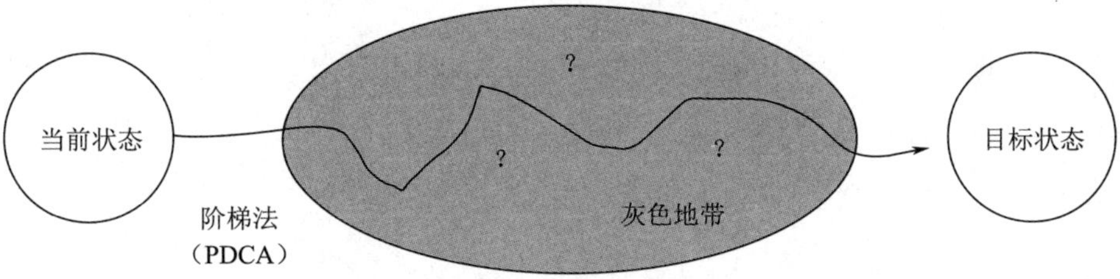

图 1-3　改善的套路

怎么通过灰色地带呢？

通过 PDCA（Plan-Do-Check-Action，阶梯法）一步一步地走上去。PDCA 就是这么简单，只需要往前走就可以了，但不是盲目地往前走，至少需要了解每一步能走到哪里、怎么走。就好像拿着一个手电筒，根据手电筒照到的方向前进。手电筒其实就是我们的一个学习过程，我们要去了解问题、分析问题、学习知识，为每一步做好准备。

PDCA 是一种简单、有效又合乎逻辑的工作程序。

1）P（Plan）：计划。确定方针和目标，制订活动计划。

2）D（Do）：执行。执行就是具体操作，实现计划中的具体内容。

3）C（Check）：检查。总结执行计划的结果，分清楚哪些做对了，哪些做错了，明确效果，找出问题。

4）A（Action）：处理。对检查的结果进行处理，认可或否定。成功的经验要加以肯定，或者模式化或者标准化以适当推广；失败的教训要加以总结，以免重现；这一轮未解决的问题放到下一个 PDCA 循环。

PDCA 的过程会让我们获得知识和经验，为实现下一个步骤提供实现途径，可以一步一步通过灰色地带，实现目标。在整个 PDCA 过程中，保持思考是非常重要的。从某种意义上说，不思考才是最大的浪费。所以，面对问题的时候，用自己的大脑思考解决问题的方法，而不是告诉自己这不可能。

这便是改善套路，永无止境，所以又叫持续改善。如果能够坚持下去，每天的一小步坚持到最后就是别人眼里的奇迹。

第2章 生产线改善基础

最容易被我们忘记的往往是最基础的东西。

大家经常骂中国足球，说教练不行、球员技术差、心理素质差，甚至怪中国足球的体制，但这些都是对现象的解读，或者是局部的解读，中国足球最基础的影响因素其实是普通民众对足球运动的热情，那些在学校的青少年有多少真正能够走上球场去踢球？他们的父母会允许他们为足球这个梦想去奋斗？我国有十几亿人口，而真正的足球人口少之又少，既然这样，缺乏足球人才就很好理解了，足球是靠人踢的，没有人才自然踢不好，这就是基础缺失了。

和踢足球一样，工厂里面最基本的工作一点儿都不高上大，其实就是生产资源的平衡以及是否按章做事。如果连这两点都无法做好，很多东西就会演变成海市蜃楼。生产线平衡是对瓶颈的研究和调整，目的是效率最大化；标准作业是对操作的规范化，避免各种人为的变化影响产品质量和速率。

2.1 生产线平衡

对于很多没有去过工厂的朋友，可以在席德梅尔的系列游戏《文明》里体会到装配线的魅力，游戏中装配线是一个非常重要的科技，有了它才可以制造坦克、喷气式飞机，才能有机械化部队。实际上，国内很多工厂的主要生产模式就是装配线。

通常，装配线指由一些设备及机器连接起来的连续生产线，所有工作站的作业时间基本相等。起初，我们理解的装配线是福特公司的直线型流水线，使用皮带或者传送装置，但是世事变迁，现在我们知道有更多类型的装配线，比如依靠人走动的U型线和柔性工作单元。

装配线听起来比较狭义，更广义的说法是生产线，不仅包括传统的流水线，还包括自动化程度很高的生产方式，所以装配线平衡更通俗的说法是生产线平衡。

2.1.1 生产线平衡定义

生产线平衡的目的是减少因为各个工作站效率不统一而导致的效率损失，前面我们说，生产线内所有工作站的作业时间基本相等，但这只是一种理论上的说法，实际生产中，肯定会遇到工作站时间不等的情况。

生产线平衡分析是一种生产资源优化方法，应用工序分析、时间研究等手法，把握生产线的现状及构成，以达到最优设计的目的。操作人员将各自所负责工序的加工时间均一化，减少由于等待作业或半成品增加而造成的损失，形成顺畅运行的生产线。

生产线的生产能力是由其能力最低的工序决定的，工序之间能力差别越大，其能力就越不平衡，生产线的效率损失就越大。做生产线平衡分析就是要对全部工序进行负荷分析，发现瓶颈工序，制定并实施改善方案，尽可能使生产线能力达到平衡，从而提高整体效率。

一条生产线中能力最低的工序为瓶颈工序。由于瓶颈工序的存在，前工序的生产能力超过瓶颈工序能力，会造成半成品积压而待工；后工序的生产能力超过瓶颈工序能力，则会造成后工序因工件供应不及时而待料。

工序之间生产能力不平衡，因而造成待工和待料，进而导致产能损失，就是生产线平衡损失。这部分损失的产能占总产能的比率，称为线平衡损失率。

$$线平衡率 = 总作业时间 /（瓶颈工序时间 \times 工序数）\times 100\%$$

$$线损失率 =1 - 线平衡率$$

我们一般很难统计损失时间，所以通常用 1 减去线平衡率来得到线损失率这个数据。

2.1.2　线平衡改善

通过线平衡分析发现瓶颈工序，采取改善行动削弱瓶颈工序造成的影响，使得各个工序作业时间尽量一致，提高生产线的整体效率，这便是线平衡改善。通常所说的生产线平衡改善，其实就是一种工序的重排，是一种对作业中资源进行合理分配的方法。

线平衡改善有四个基本方法。

1）分担转移：将瓶颈工序的部分作业内容转移到相邻工序或其他作业时间短的工序，由作业负荷小的工序来分担瓶颈作业的负荷。

2）瓶颈改善：对瓶颈作业进行改善，缩短作业时间，具体方法有提高设备能力、改进工具夹具、操作机械化、增加作业人员、提高作业技能、调整合适的作业人员到合适的岗位。

3）改善合并：对工时短的作业进行合并，使其合并后工序作业时间接近瓶颈工时，减少资源消耗。

4）重新分配：对整条生产线的资源（比如人员）进行重新编排、分配，形成新的分配方式和顺序。

这里我想特别强调一下关于瓶颈改善的误区：瓶颈改善是提升生产整体效率的重要手段，但是不可只做瓶颈改善。

曾经有 IE 工程师告诉我，应该花 80% ～ 90% 的精力改善瓶颈，其他改善并不重要。我认为这是极不正确的说法，改善瓶颈固然重要，但不能忽视非瓶颈作业的改善，因为瓶颈往往是技术难题，解决起来难度较大，如果我们花大量的时间和精力改善它，但是没有获得成功或者周期比较长，那对我们的生产线来说一点儿也没有得到改善，也就验证了《那些年，我们一起追的女孩》里沈佳宜所说的话：“人生有很多事，都是徒劳无功的。”老板可不希望徒劳无功，那意味着投入的钱打了水漂，所以在做瓶颈改善的同时，关注整个生产线，改善非瓶颈作业，有助于更好地实现省人化，实现生产线平衡的改善，而且非瓶颈作业的改善通常会简单一些，能够快速见效。

生产案例 01 生产线平衡改善

这是我在 JC 时亲身经历的案例。

表 2–1 所示为生产型号 VTM88713A 的液晶显示屏生产流程，考虑总的时间为一天 8 小时，给予 10% 的整体加放，那么根据当前的瓶颈作业时间 8.00 秒（焊排），可以得到当前的生产节拍为 8 秒，8 小时的理论产量为 3 240 个，当前人员 29 人，人均日产量为 112 个，而线平衡率仅为 63.8%。

表 2–1　改善前 VTM88713A 生产流程

编号	工序	作业时间（秒）	标准人员	单位时间（秒）
A1	弯灯	4.00	1	4.00
A2	剪灯脚	4.00	1	4.00
A3	装灯入背光	4.50	1	4.50
1	清洁 PCB 板	4.50	1	4.50
2	清洁玻璃	4.50	1	4.50
3	贴海绵垫	5.00	1	5.00
4	贴背光	8.80	2	4.40
5	组装	40.00	6	6.67
6	点灯	4.50	1	4.50
7	焊灯	4.50	1	4.50
8	焊排	32.00	4	8.00
9	洗板	10.00	2	5.00
10	打胶	9.00	2	4.50
11	性能测试	15.00	3	5.00
12	包装	15.00	2	7.50
	汇总	165.30	29	

通过表 2–1 的数据，可以得到：

线平衡率 =（4+4+4.5+…+8+5+4.50+5+7.5）/（8×15）×100%=63.8%

如图 2–1 所示，可以更直观地看到各个作业间的不平衡，下方是作业时间，上方是每回合损失的时间，也就是线平衡损失，这部分时间越小越好。

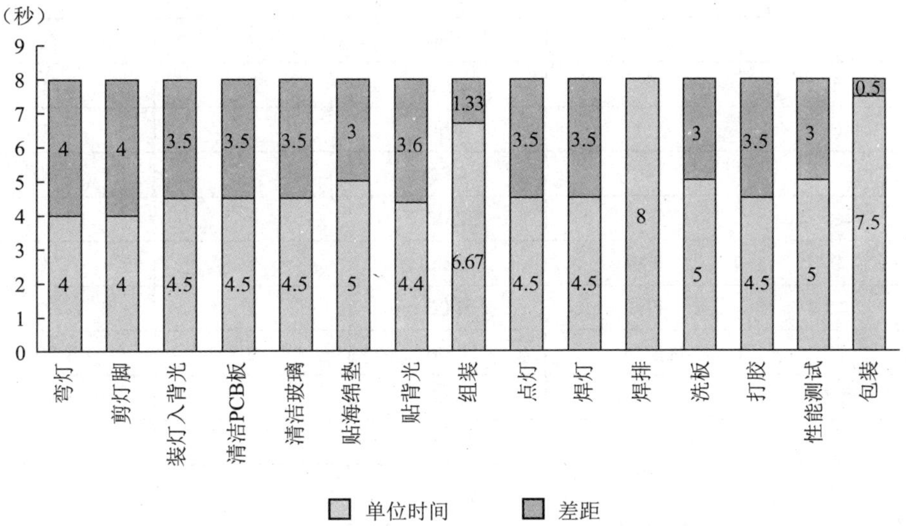

图 2–1 VTM88713A 各工序作业时间柱形图

所以，进行线平衡改善非常必要。

由于 JC 的生产节拍不是基于客户的需求直接制定，而是由计划部门制定，所以自由度比较大，是可以调整的，所以在改善瓶颈工序和做线平衡的时候，有更大的柔性。

因为作业都是手工作业，主体是人，所以对人员安排的调整很容易实现，于是我们得到了第一种改善方案，如表 2–2 所示。

表 2–2 改善后 VTM88713A 生产流程方案 1

编号	工序	作业时间（秒）	标准人员	单位时间（秒）
A1	弯灯	4.00	1	4.00
A2	剪灯脚	4.00	1	4.00
A3	装灯入背光	4.50	1	4.50
1	清洁 PCB 板	4.50	1	4.50
2	清洁玻璃	4.50	1	4.50

（续表）

编号	工序	作业时间（秒）	标准人员	单位时间（秒）
3	贴海绵垫	5.00	1	5.00
4	贴背光	8.80	2	4.40
5	组装	40.00	8	5.00
6	点灯	4.50	1	4.50
7	焊灯	4.50	1	4.50
8	焊排	32.00	6	5.33
9	洗板	10.00	2	5.00
10	打胶	9.00	2	4.50
11	性能测试	15.00	3	5.00
12	包装	15.00	3	5.00
	汇总	165.30	34	

没有对工序做任何改善，只是重新进行了人员分配，在瓶颈工序组装环节增加2个人，使其单位作业时间由8秒降到了5.33秒，在包装工序增加1个人，使其单位作业时间也降到5秒，最后得到的结果是生产节拍为5.33秒，8小时理论产量为5 184个，提升了60%；需要人员为34人，增加了5人；人均产量为152个，提升了35.7%；线平衡率达到93.0%。

然而通过增加人员实现平衡，是老板不愿意看到的，有时候也不太现实，所以我们又提出了第二种方案，如表2-3所示。

表2-3　改善后VTM88713A生产流程方案2

编号	工序	作业时间（秒）	标准人员	单位时间（秒）
A1	弯灯	4.00	1	8.00
A2	剪灯脚	4.00		
1	清洁玻璃	5.00	1	5.00
2	清洁PCB板	5.00	1	5.00
3	装灯入背光加贴胶布	8.50	2	7.25
4	贴背光	6.00		

（续表）

编号	工序	作业时间（秒）	标准人员	单位时间（秒）
5	组装	40.00	5	8.00
6	点灯	4.50	1	4.50
7	焊灯	4.50	1	4.50
8	焊排	32.00	4	8.00
9	洗板	10.00	2	5.00
10	打胶	8.00	1	8.00
11	性能测试	15.00	2	7.50
12	包装	15.00	2	7.50
	汇总	168.50	23	

首先，通过和设计人员一起改善铁柜高度，使得贴海绵垫作业被取消，只用贴胶布就可以满足质量要求（参见“生产案例 38”）。然后，将弯灯与剪灯脚两个工序合并，使其单位作业时间为 8 秒；将贴背光中贴胶布的动作拆分出来，与装灯入背光工序合并，成为一个新的工序——装灯入背光加贴胶布，将其和贴背光工序再合并，形成一个工位，人员安排为 2 人，单位作业时间为 7.25 秒；通过加强作业培训，使打胶这个工序作业时间从 9 秒降到 8 秒，从而减少 1 人。最后，得到的结果是生产节拍为 8 秒，8 小时的理论产量为 3 240 个，与改善前一样；不同的是需要人员 23 人，减少了 6 人；人均产量为 141 个，提升了 25.9%；线平衡率为 81.5%。

当然，线平衡改善仍然没有结束，因为我们一般可以接受的平衡损失率在 5% ～ 15%，也就是说线平衡率在 85% 以上，所以第二种方案还需要继续改善，比如提高洗板工序作业人员的技能，使其作业时间由 10 秒降到 8 秒，便可以使人员安排减少 1 人。

2.2 标准作业

生产线平衡更多应用于流水线作业或者劳动密集型作业。所以，在进行生产线平衡时，人是非常重要的环节，应该充分考虑人的因素，考虑操作人员的技能和适应性能。而且在当前的市场环境和社会环境中，一线员工流动率是非常高的，企业通常为了保持低成本，都会采用动态用工及结构性用工的方式，要想保证高质量及快速应变的竞争力，标准作业就显得尤其重要。

2.2.1 标准作业的定义

所谓标准作业，就是合理、高效地按照规定的生产加工方法、作业顺序、加工时间等进行作业。

标准作业非常重要，但是在很多企业都得不到重视，师傅带徒弟的模式沿袭了几十年，居然到现在还是很多企业的主流。大家都知道，师傅都喜欢留一手，第一个师傅留一手，等到他的徒弟当师傅的时候再留一手，如此循环到最后，带出的徒弟水平就越来越差了，所谓一代不如一代，而且那些经验老到的师傅如果半途走人，很多靠长时间经验积累的东西就随之消失了，新的员工又需要花很长时间积累。所以，要想有更合理的员工技能培训计划，必须依靠标准作业。

2.2.2 标准作业的作用

标准作业有很多好处和作用：

1）代表着最好、最容易与最安全的工作方法，虽然没有最好，只有更好，但是标准作业应该是当前最好的方法。

2）提供了一个保存技巧和专业技术的最佳方法，那种师傅想保留起来的技巧很多都被书面化了，不再是秘密，这对新员工很有好处。

3）提供了一个衡量绩效的方法，标准作业指导书里制定了标准作业时间，低于这个时间，一般来说，就是员工还没有达到基本的操作水平。

4）减少了异常、变异及浪费的发生，不一样的操作方法很多时候会产生不同的结果，而把方式统一就减少了各种未知情况发生的可能，就算是犯错，都应该是同样的错，这显然更有利于工程人员快速分析问题。

5）提供维持及改善的基础，方法是恒定的，才能找到改善的方向，如果方法千奇百怪，问题到底出在哪里都搞不清楚，那么改善也就成了无本之源。

6）可以作为训练的基础，这是新员工必须掌握的技能，标准作业相当于一份培训手册，可以告诉新人很多信息，这显然比师傅的言传身教变数小得多。

所以，回过头来看，很多民营企业要想提升制造水平，首先要把标准作业做好，这是保证工人安全和保证高品质、低成本制造产品的工具，操作起来也不复杂。

2.2.3　实施标准作业的前提条件

条件一，以人的动作为中心的加工内容。

条件二，重复性作业。

2.2.4　制定标准作业的三要素

制定标准作业时，首先需要确定三个基本要素。

1. 目标作业时间

通常叫作生产节拍（Takt Time），是指连续完成相同的两个产品之间的间隔时间，也就是制造一个零件或是产品所需要的单位时间。这个时间是由客户决定的。

生产节拍（Takt Time）的 Takt 来源于德语，原意为音乐指挥中调节演奏的节奏，后来被用到了工厂里，指连续完成相同的两个产品之间的间隔时间，也就是制造一个零件或是产品所需要的单位时间。这个时间是由客户决定的，是总有效生产时间与客户需求数量的比值，我们可以把它理解为客户需求一件产品的频率，其公式如下：

$$T=\frac{T_a}{T_d}$$

T 为 Takt Time（生产节拍）；T_a 为 Time Available（可用工作时间）；T_d 为 Time Demanded or Customer demand（客户需求数量）。

可用工作时间是真正可以用来生产的时间，剔除了休息时间和所有预期停工时间。举个例子，一天上班 8 小时，午餐时间 30 分钟，上午下午各休息 10 分钟，总共 20 分钟，开班时有 30 分钟用于设备的保养和维护，那么算起来一天真正可以利用的时间扣除 80 分钟，只有 400 分钟。

根据公式计算一下，假如一天客户需要 100 个产品，我们的可用工作时间为 400 分钟，那么生产节拍 =400/100=4，也就是说需要 4 分钟（即 240 秒）生产一个产品才能达到客户的要求，生产节拍则为 240 秒。

实际上，很多时候并不是严格按照客户订单来制定生产节拍的，因为会受到很多生产资源的限制，所以生产节拍也可以由公司内部根据最优生产的原则来制定。

在这里要强调一点，很多人把生产节拍和生产周期时间、瓶颈工序时间混为一谈。其实从生产节拍的定义里可以很清晰地看到，生产节拍是一种目标时间，是由客户需求数量决定的，节拍反映的是需求对生产的调节，也就是说，当市场上需要 10 000 台电视机的时候，节拍时间是 10 秒 / 台，当市场需要 5 000 台电视机的时候，节拍时间就变成了 20 秒 / 台，根据节拍时间，能够灵活地调节生产线，进行资源配置。比如需要 5 000 台的时候减掉一半作业人员仍然能够顺利而稳定地完成任务，这就是柔性生产。生产周期时间实际上就是瓶颈工序时间，是衡量生产效率的指标，受到设备能力、工艺水平、作业方法等因素的限制，不能轻易调节，只能通过管理和技术改进缩短，也就是说当客户需要 10 000 台电视机的时候，节拍要求为 10 秒，但是瓶颈工序的作业时间是 15 秒，达不到客户要求，这个时候不能说节拍时间为 15 秒，而应该仍然认为是 10 秒，需要做的就是缩短瓶颈工序时间让它达到节拍时间。

实际上，很多生产型企业并不是严格按照客户订单来制定节拍的，比如先生产进入库存再销售的模式，其生产节拍是由生产计划确定的，而做生产计划的人员知道瓶颈工序时间，以此为基础制订生产计划，这个时候，就可以说生产节拍时间就是瓶颈工序时间。

2. 作业顺序

设想一下，如果没有明确的作业顺序，每个操作员都按照自己的方法自由地作业，一定会导致作业时间各不相同，同时也因为这种无序的作业增加出现错误的情况，因而出现质量问题。所以制定尽可能优化的作业顺序是非常重要的。

3. 标准在制品数量

标准在制品数量即各个工序所需要的最小限度的产成品或在制品数量，制定在制品数量标准是为了更好地控制和减少在制品，减少库存的浪费和资金的积压，这也是实行一个流生产的基础。

很多工程和管理人员喜欢把在制品说成 WIP（Work in Process），是指正在生产或者正在工序等待生产尚未完成的产品、零件或者半成品。

精益生产中常说的一个流生产是指每个工序只有一个在制品，产品是一个一个流动的。当然，这是一种理想状态，在实际生产中，要尽量控制和减少在制品，因为太多的在制品会导致运营成本积压，如果是 100 个产品一个批次，那么必须在一开始就投入 100 个产品的成本，在整个生产过程中有 5 个工序，就会有 500 个产品长期堆积着等待被完成，一个产品 100 元，相当于 50 000 元一直被占用着，不能流动。那改变一下思路，现在是一个产品一个批次，5 个工序占用 5 个产品，也就是 500 元，那多出来的 49 500 元就可以拿去干别的事了。

在制品的减少还有一个好处，就是可以将品质不良的制造成本最小化，批量生产 100 个产品，在生产过程中突然发现有质量问题，那么这 100 个产品都不敢要了，因为这一批次都有质量风险，保守的做法就是将 100 个产品全部报废，如果是 1 个产品流动，做出来不合格也就是 1 个不合格，马上停线，后面的 99 个不会被制造出来，也不会让这种错误再继续，避免了更大的损失。

当然，不是所有情况都适用单件流，也要因地制宜。在制品的数量应该根据生产的实际状况来确定，有些工序单次作业时间较长，适当地增加在制品数量有助于减少平均产品作业时间，比如一次测量多个产品相比一个一个地测量，时间会缩短不少。

2.2.5　实施标准作业的步骤

实施标准作业之前，需要先将现场的实际加工内容进行表准化，即仔细观察现在的工时，把加工顺序、时间、动作原封不动地记录下来。在丰田生产方式中，这种记录下来的原始作业顺序表被称为“表准作业表”。然后开始对表准作业进行分析改善，把改善的意见和改善后的加工方法、加工顺序、注意事项等加入表准作业里，使工作更加简单、合理、顺畅地进行，这便是标准作业。

标准作业的步骤：表准作业→改善→标准作业→改善→……→改善→标准作业。

这是一个无休止的过程，但是改善本来就是无止境的，而标准作业就是改善成果得以继续贯彻的最好载体。

2.2.6　作业指导书

作业指导书是标准作业的重要工具和表现形式之一，是详细说明特定作业是如何运作的文件，也是指为保证过程的质量而制定的程序，有些人习惯叫它 SOP（Standard Operation Procedure，标准作业程序），也有些人习惯叫它 WI（Working Instruction，作业指导），除了这两个名字，还有操作规范、操作规程、工作指引等称谓，其实都是一个意思，就是对作业者进行标准作业正确指导的基准。

作业人员通过作业指导书能了解到工序的质量要求、作业手法及作业工具等信息，所以，作业指导书好比练武功时看的武功秘籍，要想练成，首先要阅读者本身理解这个东西，如果理解错误走火入魔，那秘籍就有问题了，或者说人本身资质愚钝。我们不能把工厂里的一线员工想得领悟力很高，就是要把他们当成初学者，所以作业指导书要简单清晰，不能过于复杂，要使作业人员一看就明白。

所以，我个人认为，作业指导书不必拘泥于形式，只要包含了基本而必要的信息，根据各个企业的不同情况制定适合自己的作业指导书即可。有时候工程人员以为增加更多的信息能够帮助作业人员，实际却是在给他们制造更多的困惑。

2.2.7 工作指导

前面提到了作业指导书，其实工程人员把作业指导书写得再好，如果教导不好，也等于白费功夫，尽管我们力求让所有员工都能很容易地接受，但是总有员工认不全 26 个英文字母，或者不知道鼠标右键在哪里，在面对这种情况的时候，就需要工作指导。

在说工作指导之前，先说说 TWI（Training within Industry），直译过来就是企业内部培训，其更广为人知的一层意思是督导人员训练，就是为给一线员工培训的人员提供的培训，帮助他们更好、更系统地培训作业人员。TWI 起源于“二战”，当时是用来培训美国士兵怎么打仗的，“二战”结束后，美国人在帮日本重建经济时发现日本的一线人员缺乏有效的指导，说白了，就是根本不懂怎么好好做事，而负责督导的人员又缺乏技巧，于是引进了 TWI 来培训一线的督导人员。日本政府意识到 TWI 的重要性，组织企业成立了日本产业训练协会，并由日本劳动省大力推广。这个 TWI 对“二战”后日本经济复苏起到了很大的作用，丰田生产方式、精益生产，甚至 TPM、5S 都是建立在 TWI 的基础上。所以很多人以为 TWI 是从日本传过来的也就不足为奇了，其实这是美国人的东西，却被日本人用得很好。

TWI 包含四个主要内容：工作教导（JI）、工作改善（JM）、工作关系（JR）、工作安全（JS）。这里我们只讲 JI，因为它跟我们的标准作业息息相关。

很多时候，培训一线员工的人员会以一种经验丰富的姿态站在他们的面前，不自觉地就会忽略很多东西，以为他们能够知晓、能够理解，一切都是理所当然。员工一脸茫然还不敢说，怕被批评不认真学习，又怕被说太笨，因此一直闷声不响，直到后来出了质量事故，培训员才发现员工根本就不懂当初自己讲的东西。

师傅带徒弟的时候，经常会问一句"懂了吗？"徒弟点头或者不说话就被当成"懂了"，其实这是一种非常危险的培训，懂不懂不是问一句话就能证明的，就好像你问他："是你犯的罪吗？"即便那个人真有罪也不见得会承认，所以不懂的人群中 80% 以上的人都不会承认自己不懂，特别是在告别学生时代以后。

工作指导的目的就是要培训这些喜欢不懂装懂的家伙真正掌握作业的要领。具体操作可以分为四步。

1. 让学员做好学习准备

首先不要制造紧张气氛，要让学员在放松的环境中学习。并且要记住，一位好的老师能让很枯燥的内容变得有趣，就好像很多人讨厌学历史，觉得就是记住某年某月某日发生了什么事，但是听了袁腾飞老师讲课之后，有人甚至愿意重读高中历史，虽然说起来夸张了点儿，但是也证明了很多东西是可以更有趣的，关键在于讲解的人。对工厂的作业来说，光有趣不行，还得说明作业的基本情况和目的，传达工作的重要性，比如"二战"时教授使用步枪的教官会告诉学员，如果你不学好瞄准，其实也没有什么关系，最多就是浪费一点儿子弹，但是当敌人发现你，你却干不掉他的话，你有可能玩掉你的小命，这就是在讲熟练使用步枪的重要性。学习准备阶段，要尽量让学员对作业有学习的欲望，如果学员有自己想记住作业的意愿，那么就算成功了。

2. 说明作业内容

耐心地将内容讲给学员听，一个都不能少，例如要打开一个文件夹，要说"鼠标左键双击要打开的文件夹"，绝不能说"双击打开"，为什么呢？前面介绍过，有人确实不懂电脑，不能认为每个学员的水平都一样高。另外，要一边讲解一边自己操作，要做给学员看，不能光说不练，操作的同时还要强调要点：怎样做方便快捷、怎样做能确保安全、怎样做没有质量隐患。内容要非常清晰，不能含糊，更不能讲太多专业词汇，要浅显易懂，不能超出学员的理解范围。学员不理解，甚至可以写出来给学员看。然后抽取一些面部表情比较呆滞的学员提一些回顾性的问题，确认他们的理解程度。

3. 试做

要检验一个学员是否掌握了作业方法，就是让他亲自操作。很多培训只是讲解少了训练，也就是缺少了用实践检验的过程，最终导致效果不好。先让学员做一次，让学员边做边说明作业内容，培训员需要在作业过程中纠正错误。大多数人会出错，一次性掌握的可能性很小，所以，做完一次后，要让学员再做一次，这一次要说明要点，怎么样有效率、怎么样保证安全、怎么样确保质量。在这个过程中，通过观察和听他的表达，可以判断学员是否真正掌握要领。最后，再查看他做出来的产品是不是良品，如果不是良品，要重新回到第二步进行再教育。

4. 观察教完后的状态

有老师看着的时候心里更有底，这是很多人的通病。这个步骤就是要让学员独立面对，给他布置作业，比如完成10个产品的试做，同时告诉他，如果有问题可以向他的主管或者线长提出，然后培训者最好离开现场。回到现场的时候，也减少说话指导的次数，要让员工自己提问，最后确认完成效果，如果是良品的话，一定要好好表扬，让学员有动力，如果不是良品，还是要回到第二步进行再教育。

JI有一个基本思想，就是没有做不好的学员，只有教不好的老师。学员做不好，不是他的责任，而是老师的问题。按照这个道理，很多同学如果作文写得不好，就不要再说自己文笔差了，就应该怪以前的语文老师，他们不懂TWI的方法，没有把真正有价值并能够有效提升文字运用能力的方法告诉你，而是教了你一些固定的套路，完成的是没有创造性的文章。JI是一个看起来很麻烦的培训方法，却是行之有效的方法，因为它能帮助培训者确保作业人员掌握作业方法，了解作业目的，使作业人员不再是简单地记住一些动作然后慢慢习惯成自然，而是会帮助作业人员在头脑中形成对作业的记忆，这显然对将来的作业改善是有帮助的。其实，事前的小麻烦总比事后捅大篓子好。

生产案例 02　金属小件在制品的减少

PP 公司的半成品多为金属制件，其中有一类体积比较小的半成品，一般被称为金属小件，通常被装载在特制的小车上，由于需求量很大，会提前批量生产出来，一车一车送往一个中转仓库。

随着时间的推移，送货小车的数量在增加，管理难度也在增加。

当时我们在现场问了管理这些小件的主管三个问题：

这些小件能做到先进先出吗?

这些小件放久了会生锈吗?

这些小件怎么被运送到下一个工序?

而我们得到的答案是：小件很难做到先进先出，因为小件是由下工序的员工过来随意拿的，他们总是挑走看起来比较新的小件，而比较久的小件长期没有人选，所以生锈是肯定的，有些小件放久了就会出现锈迹，没有任何防锈措施，最后只能扔掉，造成成本的损失。

继续问主管下一个问题：

你们知道现在库存的每一车小件是哪一天生产出来的吗?

你们怎么知道下一个工序需要的小件在这里有没有呢?

得到的答案是：实际上，很难辨别每一车小件是哪一天生产出来的，基本上这里的小件能满足下工序的需求，如果遇到没有的情况，下工序会跑过来说需要生产了。

简单地概括，这是一个没有在制品标准的操作流程，要改善在制品的流程和减少数量，首先需要建立标准。

根据我们的建议，执行如下措施：

1）首先小车上要有标志牌，表明它是何时被生产出来。

2）规划堆放区域、画线。

3）基于标志牌，应用在制品的初级看板管理方式，针对常用规格车上的标志牌同时起到看板的作用，当一个工序取走该车小件时，取下标志牌将其放入箱子里，小件生产工序的员工见到标志牌在箱子里，取走，将其视为生产指令，按照该规格和数量生产，生产完毕后重新填写时间。

4）堆放区域小车放满，代表小件库存充足，暂时可以不补充。如果停小车的位置出现多个空位，则需要补货。

5）区域被分成两部分，一部分为取货区，下工序优先拿走这个区的小件；另一部分为库存区，小件生产出来放置在这个区域，当取货区出现空缺，则将小车移到该区域。这是非常直观的视觉管理。

这样，基本上能做到先进先出，两个工序之间的信息传递也在标志牌和小车的多少中得到体现，最重要的是，控制了库存，也大大减少了小件生锈的可能。

没有用到什么高科技，只是5S的定位管理加上简单的卡片运作，谁都可以做到。

这便是改善，一门并不高深的学问。

生产案例03 作业指导书

工序名为“组装CPA”的作业指导书如图2-2所示。

<table>
<tr><td>产品名称</td><td>MX150(1*3)
Roceplacie</td><td>工位名称</td><td>组装CPA(2)
(可选)</td><td>制程编号</td><td>Process NO.5.0</td><td>文件编号</td><td>SOP-033471-AA-03</td><td>文件版本</td><td>A</td></tr>
<tr><td>产品料号</td><td>33471-03**</td><td>作业物</td><td>上工位半成品</td><td>工具</td><td>CPA装配治具
(治具编号MX150-CPA-XX)</td><td>辅料</td><td colspan="3">手指套(6个)
物料盘(1个)</td></tr>
<tr><td colspan="10">一、作业要求</td></tr>
<tr><td colspan="7">1.双手拇、食、中指分别佩戴手指套。(如图一)
2.物料盒中原材料/产品的位置不能起过3/4。
3.确保治具使用正常。
4.不良品不得在线返工。
5.良品流到良品盒，不良品放入不良品盒，落地品不可使用。
6.每日开班作业前，将工作台、治具、设备流道等清洁干净(油污、灰尘、杂质、金属屑等)。</td><td colspan="3">
图一</td></tr>
<tr><td colspan="10">二、作业步聚</td></tr>
<tr><td colspan="2">主要步聚</td><td colspan="2">要点</td><td colspan="2">要点理由</td><td colspan="4">图片</td></tr>
<tr><td colspan="2" rowspan="2">1.取上工位半成品</td><td colspan="2">1)从流水线上取上工位半成品。</td><td colspan="2">正确操作</td><td colspan="4" rowspan="2"></td></tr>
<tr><td colspan="2">2)自检确保上工位半成品无缺陷。</td><td colspan="2">防止不良品流入本工位</td></tr>
<tr><td colspan="2" rowspan="2">2.组装CPA</td><td colspan="2">1)将半成品放入CPA安装治具的定位孔中(只放置一个即可操作)。(如图二)</td><td colspan="2">规格设定</td><td colspan="4" rowspan="2"> 图二  图三</td></tr>
<tr><td colspan="2">2)用手垂直压CPA到底，(如图三)。</td><td colspan="2">确保CPA安装到位</td></tr>
<tr><td colspan="2">3.取出并自检</td><td colspan="2">1)取出并自检，轻轻拨动CPA，确保CPA可以活动。(如图四)</td><td colspan="2">防止不良半成品流入下工序</td><td colspan="4"> 图四</td></tr>
<tr><td colspan="10">三、注意事项</td></tr>
<tr><td colspan="10">1.每班开线前检查治具运行情况，并填写(治具班检表)，如有功能失效，应立即通知技术人员。
2.上工序容易产生的缺陷有：CPA漏装、CPA压入过深、CPA折断。
3.本工序容易产生的缺陷有：CPA漏装、CPA压入过深、CPA折断、CPA未装到位、CPA不能活动。</td></tr>
</table>

图2-2 “组装CPA”作业指导书

照片的存在是为了让作业人员直观地理解操作，因为这个作业的操作相对简单，所以照片起到的作用并不是很大，如果是比较复杂的操作，图片和图示就非常重要了。指导书有基本作业要求，包括怎么戴手套，容器内 WIP 数量的限制，不良品不得返工和怎么进行收集，这是非常必要的，一旦有操作员违背规定，作业指导书就能用来参照对比，这比规章制度好多了。

因为指导书是在 TWI-JI 精神指引下完成的，所以在作业步骤中加入了要点和理由两部分，要点的出现是告诉怎么做，理由是告诉为什么做。当操作员明白每一步的目的后，就能更好地理解怎么去做，而不会人为地选择省略或者更改作业步骤。但是，这样也带来一些不利因素，作业指导书内容冗长，很多操作员可能第一眼并没有将作业书详细读完的欲望，因此如何做到文字和图片的平衡需要根据实际情况适当调整，不是说步骤越详细越好，有时太详细反而会适得其反。

指导书中有一条“将工作台、治具、设备流道等清洁干净（油污、灰尘、杂质、金属屑等）”，我个人理解，这件事肯定有必要做，但是写在这里形同虚设，很多作业人员看到这一条产生反感的可能性非常大，明明是作业指导书，凭什么要求我去做清洁工作。如果说“要保证作业环境的清洁”，但是这种要求对每个工序都是一样的，这里应该出现有针对性的说法，比如要保证治具上没有金属屑才可以使用，至于清洁不清洁那是生产日常管理的工作。既然作业区域的清洁属于日常管理，那么它就没有必要出现在指导书里。我们希望作业指导书尽量精简，像这种日常事务的要求可以不出现在指导书里，在现场的要求和其他文件里做出规定。

第3章
作业改善原则

1881年，泰勒开始进行时间研究，拉开了作业研究和设计的序幕，后面的吉尔布雷斯夫妇、梅纳德和巴恩斯等人，继续完善着这项事业，使得作业研究和设计得到进一步的发展，也诞生了很多方法和原则。基于这些原则，又给作业改善提供了明确的思路和途径，于是，在100多年后的今天，我们有了一条捷径，利用前辈留下的作业原则，可以直接指引我们的改善活动，起到事半功倍的作用。

在改善设备之前，如果能充分考虑作业改善的可能性，将产生意想不到的效果，作业改善是小投入、大收益的手段之一。

3.1 ECRS 原则

ECRS 原则，即取消、合并、重排和简化原则，是改善的基本原则，运用 ECRS 原则的目的是找到更好的效能和更佳的工序方法。

其实改善的手段从某种意义上讲，归纳起来基本都属于这四种。

3.1.1 取消

经过“做什么”、“是否必要”等问题的提问后，答复为“不必要”则予以取消（Eliminate）。

取消是改善中效果最好的，也是改善的最高原则。怎么做呢？就问一句话：这东西有必要吗？我们知道，只有增值的流程才是必要的，所以那些不增值的流程都是不需要的，问题在于，我们有没有本事把那些不产生价值的东西都扔掉。

最简单的例子，伸手从物料盒里取出物料，有必要吗？很多人说这个没办法，必须要拿啊！其实可以借助振动盘，扔一堆东西进去，在需要的时候，它自动运送到需要的位置。除了振动盘，重力装置也可以，物料用一个掉一个下来，或者干脆把物料盒挪到面前，就在物料盒里装。

生产案例 04　工序取消——绝缘纸涂胶水工序改善

改善前的工序：需要在产品内部贴上一层厚度为 0.35mm 的绝缘纸，其工作步骤分两步，先在绝缘纸上涂胶水，然后小心细致地将绝缘纸贴到产品的内壁上。

粘贴的目的是将绝缘纸固定好，实际上经过研究，若要使其固定，不一定用粘贴的方式。

改善后的工序：用 0.5mm 厚的绝缘纸代替 0.35mm 厚的绝缘纸，因为厚度增加，只需要将绝缘纸嵌入产品，便可固定，所以步骤减少了，在绝缘纸上涂胶水的步骤被取消了。

3.1.2 合并

对于无法取消而又必要者，看能否合并（Combine），以求达到省时简化的目的。比如在生产中合并一些工序和操作，或将原来由多人进行的操作改为一人操作或一台设备完成。

合并说起来简单，做起来就没那么容易了。通过生产线平衡，能找到那些可以直接合并的工位，比如瓶颈工位 24 秒，有两个非瓶颈工站，一个是焊胶盖正面，人员一个，时间 11 秒，另一个焊胶盖反面，人员 1 个，时间 10 秒，这当然很容易合并，直接将（11+10）秒合并成一个工站，焊胶盖正反面，人员 1 个，用时 21 秒，这就节省一个人。但是在现实工作中，这种情况是很少的，一般合并都是有障碍的，就以刚才的例子来说，焊接胶盖正面作业时间为 14 秒，焊接胶盖反面作业时间为 13 秒，合在一起 27 秒，超过瓶颈成了新的瓶颈，改善的结果反而是降低了效率，所以一般会放弃。合并是需要技巧的，努力思考很重要，要想办法对这两个工位进行改良，为它们的合并创造条件，之所以要分开焊接胶盖的正面和反面，是因为它们都需要不同的模座来放置和固定胶盖，一方面是利于操作员焊接，另一方面是避免焊错。这有什么缺点呢？需要取胶盖两次，放胶盖入模座两次，对准两次，实际上如果能在一个模座上焊接的话，需要做两次的事情一次就可以搞定。怎么办？改造模座让它不仅可以放正面，也可以放反面，这样可能还不行，干脆改造成可以翻转的模座，焊完正面翻过来就是反面，这样的话，两个焊接工序合并在一起的作业时间就低于 24 秒，那么改善算取得小小成功了。

生产案例 05　工序合并——冲压换向器及翻冲换向器

改善前的工序：冲压换向器及翻冲换向器是两个工序，前者实现的功能是将换向器压入电枢铁枝（见图 3-1），后者实现的功能是再次冲压电枢使其前突后突尺寸符合标准（见图 3-2）。

实际上，两个工序进行的是同样的动作，就是冲压机模向下压的动作，如果一次能把换向器压入并保证尺寸，为什么需要两个工序呢？

改善后的工序：这两个工序合并的核心问题，就是压入换向器的同时保证电枢所要求的尺寸，而我们的前辈通过对机器的调整实现了这个目标（见图 3-3），也就是说冲压换向器与翻冲换向器两个工序合并了，作业时间被大大缩短。

生活案例 01　工序合并——烤面包茶壶

如图 3-4 所示，将烤面包机与茶壶整合在一起，加热面包的同时也可以沏上一壶茶，或者是热咖啡。其原理很简单，就是利用加热茶壶时散发的热量加热面包，这就是工序的合并，也是对能源的充分利用。

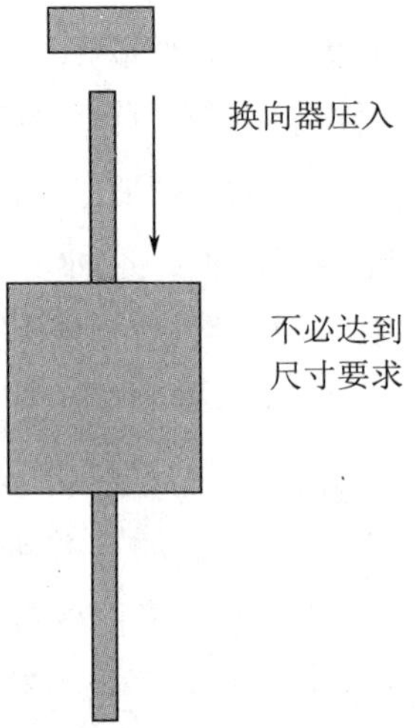

图 3–1　改善前冲压换向器工序图

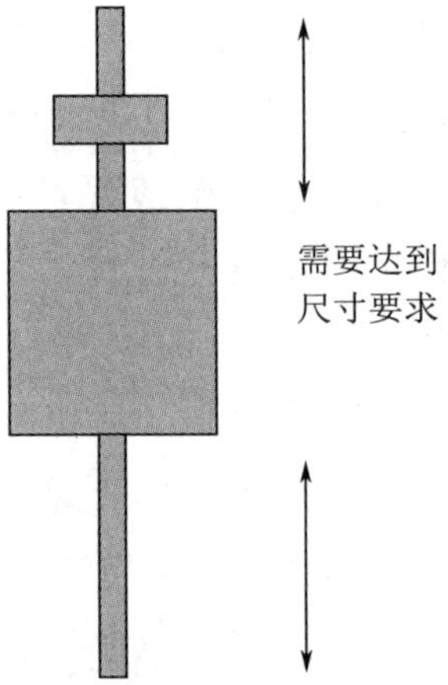

3–2　改善前翻冲换向器工序

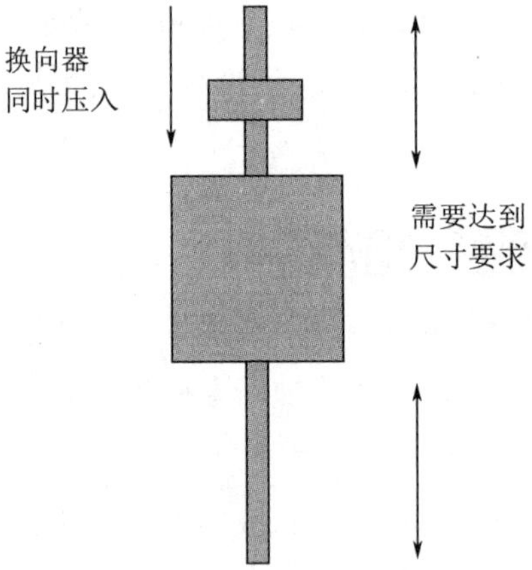

图 3–3　改善后工序合并

图 3–4　烤面包茶壶

如果这些工序需要分别去做，就会花更多的时间，工序的合并带来的直观好处就是时间被大大缩短了。

3.1.3　重排

不能取消或合并的工序，可根据“何人、何事、何地、何时”四提问进行重排（Rearrange），使其作业顺序达到最佳状态。比如通过更改作业顺序提高生产效率。

说得直白一些，这叫资源重组。其应用并不局限于生产，在各行各业，包括日常生活中都有广阔的应用空间。

生活案例 02　流程重排——煮面条

如图 3–5 和图 3–6 所示，这是一个煮面条的流程，首先需要把面条拿到厨房煮熟，接着将面条盛入大碗里，并搬运大碗到水池边过水，然后再把大碗搬到操作台，将面条分装至 6 个小盘，分别添加肉末和番茄酱，加完后将 6 盘面条送到加热器加热，然后保温存储起来，最后将面条送到出售台。

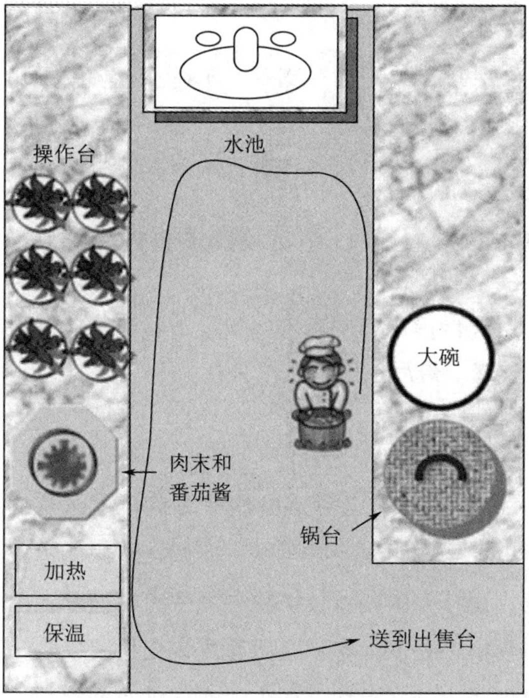

图 3–5　改善前煮面条示意图

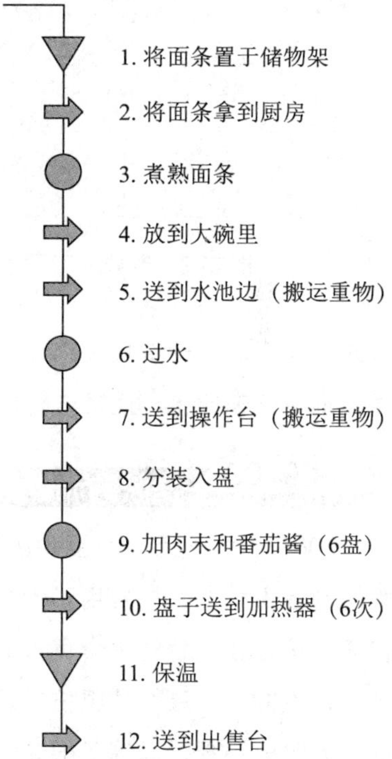

图 3–6　改善前煮面条流程图

如图 3–7 和图 3–8 所示，这是重排的煮面条流程，首先还是将面条拿到厨房煮熟，接着将面条放入大碗。因为紧邻锅台增设了一个水龙头，可以不用搬运便直接过水，以前的两次搬运就省去了。过完水后不分盘，先加肉末和番茄酱，因为没

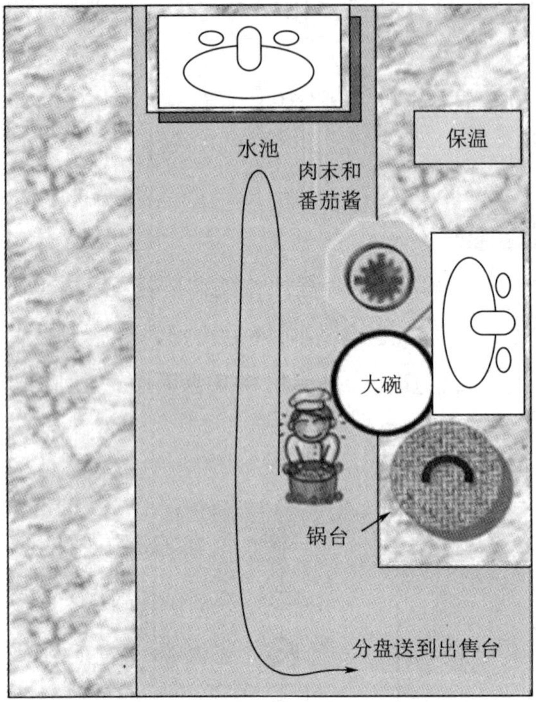

图 3-7 改善后煮面条示意图图

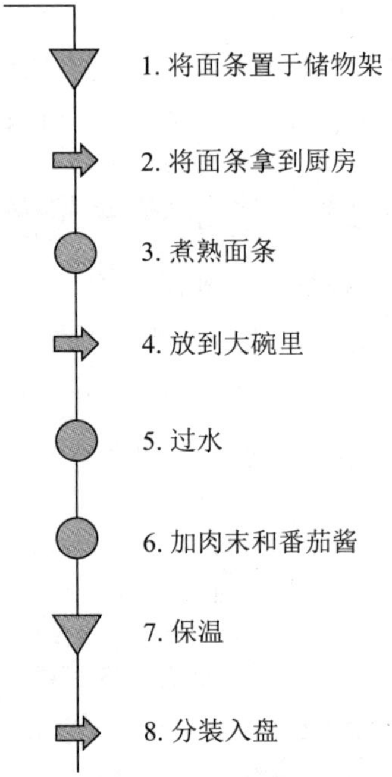

3-8 改善后煮面条流程图

有先分盘，而是一次性加肉末和番茄酱使得操作时间大大缩短，所以面条还保持温度，不用送去加热，直接送到保温处存储；最后在出售之前分盘。

生活案例 03 医院的流程问题

2008 年的一天，我因为小腹疼痛，一大早就去深圳的医院看病，大医院的最大问题是人太多，挂号用了半个小时。挂号的时候，挂号医生问我挂专家门诊还是普通门诊，我本着对生命负责的态度，说挂专家门诊，结果去医生诊室一看，围满了人，没办法，只有往里挤，好不容易挤进去，大家都在跟医生说先给我看吧，我这个人脸皮不厚，又等了很久终于等到医生给我看病。医生没有仔细询问症状，说了两分钟让我去做 B 超，又排队去交 B 超费，交完后马不停蹄地去五楼的 B 超室，我这个检验项目是跟孕妇一起排的，前面不知等了多少孕妇，医生让我憋尿，可憋久了怕憋不住，不喝水又怕叫我的时候因为没准备好照不了。一直等到下午终于检查完了，继续等 B 超单，B 超单出来后又去找医生，原来的医生下班了，换了一位医生，他看了看我的报告，问了两分钟，开了几十块钱的药，等我拿着药从医院出来的时候天都快黑了。

对医院来说，我是他们的客户，但我一点儿都没有“客户就是上帝”的感觉。对我来说，我付钱看病，真正有价值的流程只有医生诊断、B 超检查、取药三件事，两个医生诊断花了 4 分钟、B 超检查 3 分钟、取药 2 分钟，加起来不到 10 分钟的事，我用了整整一个白天，中间的时间都在等待——苦苦的等待。

所以医院这个流程真的需要重排，先说挂号，人多无法避免，那我们是不是一定要在挂号室挂号呢？其他地方可以吗？只要医院到处都可以挂号，那这件事就很简单了，还可以像银行一样设置自动挂号机或者预约挂号、网上挂号。

实际上，当年我的设想现在已经变成现实，很多医院都可以预约挂号、网上挂号。

我们再来说候诊，医生很忙这个没办法，但患者也不能一窝蜂地涌上来，可以在大屏幕显示排号信息，或者在排号确认以后附上大概有多长时间可以被叫到号，这样就可以知道前面有多少人，还要等多久，时间充足的话，该去书店逛逛就去逛逛，该和女朋友喝咖啡就去喝咖啡。或者挂号的时候就通过患者自己对病情的描述来选择相应的医生，你说你手割破一个口子也要权威专家给你看，这不是浪费社会资源吗？要么患者在自助挂号的时候自行选择，要么是在挂号窗口有医生进行分流。

现在这个提议在很多医院也已经实现了。

检查的流程也应该改一下，我去的医院有 6 个 B 超室，就我排那个最挤，因为他们是按照检验项目来划分的，但问题是有些 B 超室就很闲，为什么不可以合理调配，或者所有 B 超室可以检验所有项目，这样就避免了有些地方人多有些地方人少。虽然术业有专攻，但 B 超检查不是一件太难的事，可以建立起快捷有效的培训机制来培养新人。

3.1.4　简化

经过取消、合并和重排后的工作，可考虑采用简化（Simple）的方法来完成。比如优化作业方法、增加工装夹具、使用附件或是推行机械化和自动化等，使新的作业方法更加简单有效。

通常我们都希望事情更简单、更快捷，所以需要寻找一种新的方法或者是改良的方法，能够将事务一次性、简捷准确地完成。当然不管什么时候都要问一句：这事还能做得更简单吗？

这种例子太多了，生活中无处不在，还记得以前的老式汽车吗？发动的时候要用手柄插在前面摇啊摇，现在只要插钥匙一拧甚至钥匙放在一旁一按键就可以了。

生产案例 06 不良编码简化——编码表

JC 公司在生产过程中的不良品率居高不下，有时一天的比例甚至超过 50%，在这里对付不良品的办法是修理。在发现不良品后的第一件事是操作员贴上一张带箭头的标签，在上面描述不良现象，以便修理人员修理。但是在我看来，这是一件很麻烦的事，尽管能从根本上杜绝或是大大减少不良品那是最好的，不过实际情况是现阶段还难以达到这样的水平，即便是这样，在标签上写字的工作也应该被简化。

根据型号不同，不良品有 24 种类型，如表 3–1 所示。

表 3–1　不良品类型

序号	项目	序号	项目
1	无显示	13	淡横
2	缺竖	14	淡框
3	缺横	15	淡屏
4	缺点	16	显示多点
5	缺框	17	显示多线
6	缺划	18	显示黑点
7	缺屏	19	显示黑线
8	缺图标	20	显示异常
9	缺符号	21	显示浓
10	分显缺横	22	花屏
11	分显缺竖	23	不换屏
12	淡竖	24	分屏不均

操作员需要将每种不良情况书写在箭头标签纸上，为了缩短时间，我希望通过不同的标签纸简化书写，但是成本较高，公司无法接受，于是考虑能否通过编码简化书写，如表 3–2 所示。

表 3–2　不良品编码表 V1.0

序号	项目	编码	序号	项目	编码
1	无显示	无	13	淡横	D —
2	缺竖	|	14	淡框	D ◇
3	缺横	—	15	淡屏	D 屏
4	缺点	○	16	显示多点	○ ○
5	缺框	◇	17	显示多线	=
6	缺划	+	18	显示黑点	●
7	缺屏	□	19	显示黑线	H
8	缺图标	△	20	显示异常	?
9	缺符号	》	21	显示浓	显示浓
10	分显缺横	F—	22	花屏	#
11	分显缺竖	F |	23	不换屏	不换屏
12	淡竖	D |	24	分屏不均	分屏不均

编码设计出来了，但是操作员反应很难记忆，不如继续写字，显然这样的编码太复杂了，还需要很长的适应时间。

于是通过收集大家的意见，我开始改良编码，他们提出两点：一是编码不能太多，二是编码要便于记忆。在他们的帮助下，我又推出了第二个版本的不良品编码，如表 3–3 所示。

表 3–3　不良品编码表 V2.0

序号	项目	编码
1	无显示	无
2	缺竖	|
3	缺横	—
4	缺划	+
5	淡划	淡 +
6	显示多线	=
7	显示黑点	黑

（续表）

序号	项目	编码
8	显示白点	白
9	脏点	箭头指向
10	显示浓	浓
11	显示淡	淡
12	显示毛线	毛

注：其他的不良全写汉字，缺划包括缺点、缺框、缺图标、缺符号。

新的编码以最容易出现的 12 种不良品为主，其他的不良仍写汉字，同时对某些类似的不良进行了总结，目的是简化记忆。

这样的话，操作员的书写工作在一定程度上被简化了，缩短了书写时间。

生活案例 04 剥橙子皮简化——指环剥皮器

一般情况下，剥橙子皮都是用手剥或用刀削，但是都比较麻烦，当然也可以采取直接切开的方式。

这款小巧的指环剥皮器（见图 3-9）可以改善这个问题，它采用了弧形设计，只要把它戴在手指上，贴住橙子的外壁，用力一划，橙子皮就被划开了（见图 3-10），从上到下多划几道，橙子皮就被工工整整地剥成几瓣。这样比原来用手剥或用刀削的作业简化了很多，不仅作业时间减少，而且方便卫生。

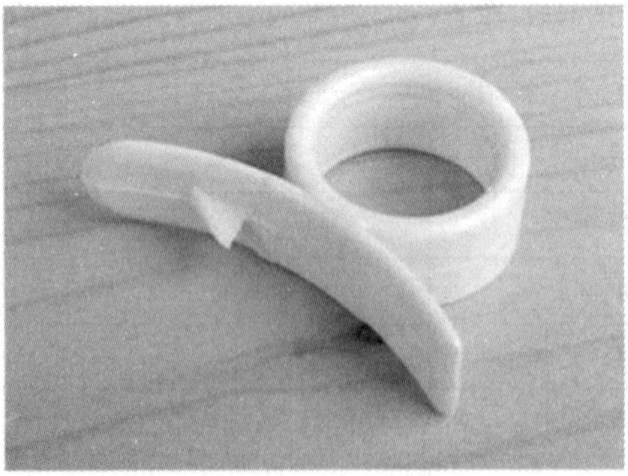

图 3-9　指环剥皮器

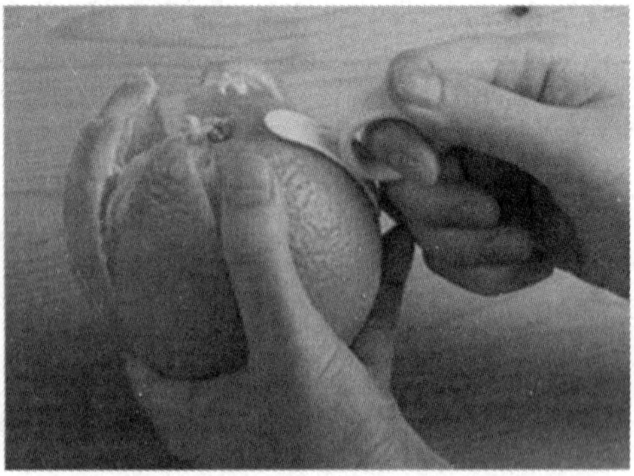

图 3-10　剥橙子

3.2 动作经济原则

在传统生产现场最必要的是人、机器和物料，称之为生产三要素。

在生产三要素中，操作者的体力是不能存储起来的。为此，应该重视生产中省力装置和机构的应用，推进机械化的实施，将操作者用在非用人不可完成的工位上，改善作业环境，实施合理化作业方法，取消作业中的不合理、不稳定和浪费因素，充分发挥人的潜力。因此，有必要遵循动作经济原则来分析和研究生产现场的作业动作，并进行改善。

动作经济原则最早由吉尔布雷斯提出，就是人为了以最低限度的疲劳获得最高的效率，寻求最合理的作业动作时需要遵循的原则。

1. 减少动作的数量

这个很好理解，动作越多，耗时越多，人也就越累，比如洗衣服，是把一堆衣服一起扔进洗衣机轻松呢，还是一件一件地扔轻松？答案很明显。可是实际情况是我们经常犯傻，比如有些人在洗碗的时候，认认真真拿一个、洗一个、放一个。为什么不先放一锅水，倒入洗洁精，把一堆碗碟全放进去，洗完后拧开水龙头统一冲洗，统一放置。

2. 双手同时进行动作

这个不用解释光看描述就能明白，做事的时候别让手闲着，因为不用就是浪费。日本有个很著名的武士叫宫本武藏，自创了二刀流，什么叫二刀流？就是左右手都拿刀，比试的时候挡住右手的刀，挡不住左手的刀，防不胜防，这就是典型的双手同时进行动作。

说到双手同时动作，你可能会说，很多事情其实很难用双手的。其实不是不可以，只是不要局限于一种模式，例如写字改为用键盘，是不是就可以用双手完成？我见过有人可以用双手在手机屏幕上飞来飞去，打字如流。

这方面的生产案例也很多，比如左右手同时拿物料，同时移动回来，操作之后，同时放置；比如检查，可以一次拿两个物体，拿回来同时翻转，眼睛把两个面合并起来看成一个面，检查完之后，双手再同时翻转，以此进行下去，直到同时将检验后的产品放入物料盒。

生活案例 05 双手同时作业——搓土豆手套

削土豆皮是一件麻烦的事情，因为土豆的形状不规则，用一般的刀削的话也需要技巧，而且比较费时。

这里要说的是一个简单的设计——土豆搓皮手套（见图 3–11）。将橡胶手套的手心面做成毛刺状，这样就可以通过揉搓的方式将土豆皮轻松去除，经过实际测试，只需要 8 秒就可以完全去除一个土豆的皮。省时省力且浪费极少。

图 3–11　土豆搓皮手套

再来对比以前的削土豆作业，无论是用普通刀还是用削皮刀都需要一只手拿住土豆，另一只手拿工具来削，但是戴上土豆搓皮手套的话，可以双手同时作业，也就是削土豆的单手作业变成了搓土豆的双手作业。另外，搓比削所造成的土豆消耗更小，因为土豆形状的不规则会导致削皮时总是多削掉土豆的肉。

3. 缩短动作的距离

简单地说，就是把东西放在伸手就能够到的地方，如果拿一个东西又要弯腰又要伸展手臂，这显然是不合理的。在动作的往返中，即使再短的距离也是浪费，况且手的过度移动容易造成疲劳。徐志摩的诗“我轻轻的招手，作别西天的云彩”，如果只是招几下手，那是很美很有意境的，但是如果一天要招一万次手呢，估计意境全无了。假设一个车间有 100 个人，每天产量 5 000 个（很低的产量），在一次作业中存在 1cm 的动作浪费，那么一年的动作浪费距离是 100km。

4. 轻松动作

要让动作轻松，说起来轻松，实际上不太轻松，要尽量减少动作的难度，避免不合理的工作姿势或操作方式。

我相信大家没见过需要趴着开车的汽车吧，就算有，也是玩具，真是这样的话，设计者就没有遵循轻松动作的原则。古时候要弯弓射大雕，那得是英雄豪杰才行，一般人拉不动，可是后来有了连弩，省力多了，普通小兵都能操作。在生产中如果需要用大力推、使劲旋、用力拔，或者方向很别扭、左右手交叉等，这都是不合理的，是设备和流程没有设计好。

更详细的动作经济原则包括作业配置原则、肢体使用原则和机械设计原则。

作业配置原则（在“第 4 章 物料作业改善”中具体介绍）：

1）物料和工具定点、定容、定量。

2）物料和工具最好预置在小臂范围内。

3）物料和工具取放简单化。

4）物品水平移动。

5）利用物品自重进行工序间传递。

6）作业高度适合，便于操作。

7）岗位照度符合作业注意力的需要。

肢体使用原则：

1）双手同时开始并同时结束动作。前面已经介绍过双手同时作业的好处就好比练了周伯通的左右互搏，可以使出两倍的功力。用科学的理论来说，就是当右手在身体右侧正常区域工作，左手也在身体左侧正常区域工作时，人的平衡感会很好，这样的话作业变得很有节奏，因此能获得最大的生产率。

2）双手的动作应对称反向进行。双手在某一方向单向动作的话，会造成身体重心的转移，而维持这种劳动的平衡将会造成精神以及肌肉的疲劳，所以双手反向对称动作是最省力的作业方式。这就要求我们在设计作业方法或者作业场所的时候，考虑双手的对称性，常见的例子就是作业时左右各有物料，左手右手各取所需，而不是把物料只放到一边，用别扭的姿势去拿。蛙泳是个很好的例子，要论省力，蛙泳确实比自由泳轻松。

3）身体的动作应以最低等级的动作来进行。人体动作分为五级。

第一级为手指的动作，比如按手机键盘、拧小螺母入螺栓。这里有一个奇怪的现象，人的不同手指在完成动作的时间上是不一样的，实际上，最灵活的手指是食指，最有力的手指是拇指，所以很多时候我们的作业设计要用食指完成复杂的动作，用拇指辅助其他手指完成夹持的动作。手指的动作虽然是最低等级，但是频繁使用手指会造成累积性损伤，所以作业设计的时候应该尽量避免手指施力，比如一个按钮要使劲按才能按下去，这就是不好的作业设计，必要的时候，甚至要牺牲作业时间，考虑更高级别的动作。

第二级为手指、手腕的动作，也就是指只有手指和手腕动，小臂和大臂都保持不动。大多数小零件的装配动作都属于此类动作，敲击电脑键盘也是手指、手腕动作。这种动作的特征就是手的移动距离很短，这就要求作业时获取物料的距离尽可能短，触手可及。

第三级为手指、手腕和小臂的动作，这种动作基本上是手肘上方不动，很多流水线作业都是这种动作等级，比如伸手拿物料回到胸前插入，这就是典型的有小臂的动作，第三级动作是一个界限点，任何超过第三级的动作，我们都希望能够缩小到这个等级。

第四级为手指、手腕、小臂和大臂动作，这类动作需要动用大臂，简单地说，就是伸手臂才能完成作业，判断有没有伸手臂的依据就是肩部有没有动。比如用大扳手拧螺母，就是要大臂动作，如果改用套筒扳手就是小臂动作，如果改用电动工具，就是手指、手腕动作。针对第四级动作，就要想办法降级，缩短取放距离、改变设置布置、换用工具等。

第五级动作为身体动作，包括踝、膝、大腿及躯干的运动，这是最费时间最耗力气的动作，比如走动、转身、下蹲、弯腰，这些动作都要尽可能取消或者绞尽脑汁地降级。很多时候，第五级动作是习以为常却又容易忽视的，当你已经习惯走几步去工作桌拿扳手或弯腰拿卷盘的时候，根本没有想过稍微移动一下工作桌、改变一下作业布置，就能每天少走 500 步、少弯腰 100 次。

这条原则的核心就是要让身体的动作幅度越小越好，动作时间越短越好，能不弯腰的绝不弯腰，能不动手臂的绝不动手臂，能动手指解决的绝不用手腕。开个玩笑，最好手脚都不动，眼睛眨一下就能控制开关。

4）动作姿势稳定。使作业者能够在身体整体相对稳定的情况下更轻松地工作，这样才能提高工作效率，如果一会儿站、一会儿坐、一会儿弯腰、一会儿小跑，偶尔还因为设备位置不对踢上一脚，那么就不是最经济的动作。光说动作姿势稳定太笼统，具体解释就是：人体之所以可以运动，是因为有一个复杂的骨骼和肌肉系统，简称骨肌系统。所谓稳定，就是要让这个骨肌系统消耗比较低的能量实现高效的输出，换一句话，就是要充分发挥骨肌系统的能量，一是要在合适的位置施力，比如脚踏动作，在大腿与小腿弯曲稍微超过 90 度的时候，就是最佳状态，你想想，要是站着踏最容易，汽车早就被设计成站立式驾驶了；二是针对作业类型使用最优的肌肉群，要用大肌肉群完成体力作业，用小肌肉群完成精确运动和精确控制。

5）连续圆滑的曲线动作。人体的连接方式类似于销连接，所以人进行曲线动作是比较容易的，因为这种方式是关节为轴转动，但是相对来说，直线运动就不那么容易了，因为直线运动在运动方向上存在突然和急剧的变化，花的时间也要多一些。好比我们的汽车方向盘是转动的，所以驾驶汽车的动作是连续圆滑的曲线动作，假如我们把方向盘改成水平移动，左转的时候往左拉，右转的时候往右拉,先不说驾驶员觉得很累很无助,就是转弯的精度都会下降很多，因为这种动作让你拿不准。所以这条原则的精髓就是要避免动作的速度和方向突变，不要忽快忽慢、忽左忽右，这是作业，不是踢足球，我们需要的是平稳而连贯，而不是出其不意。

6）利用物体的惯性。顺势而为，尽可能利用手惯性和动作重量时就会更省力，比如用锤子最后锤出去的时候，就别猛使劲了，利用惯性就好。例如骑自行车下坡的时候，也不用拼命蹬。

7）降低动作注意力。过程中感到迷惑或需要判断时，动作就会有停顿、迟疑。所以尽量不要在动作的时候思考、判断，例如一边看电视一边写作业，那效率得有多低啊。比如装配的时候，需要对准才能插入，这肯定需要注意力，不然插反了、插偏了都是废品，如果只需要把它扔进物料盘，机器自动插，还需要注意力吗？又比如用尺子量，看刻度读数时需要注意力集中，如果直接在符合要求的地方画一条线，注意力是不是会减少很多呢？

8）动作应尽可能有节奏。习惯性的节奏有助于提高熟练度，当作业像打鼓一样有节拍规律的时候，每个人工作一段时间之后都能熟练。如果作业现场混乱，该用的东西今天在这，明天在那，每天都不一样，速度也就快不起来了。

机械设计原则：

1）用夹具固定产品及工具。我们常说工装夹具，工装一般解决的是装配问题，夹具解决的是持住问题。夹具，顾名思义，就是用来固定产品及工具的，从而解放双手，进行双手作业。比如在光缆制造中，光纤的穿入就是一个很麻烦的流程，操作员需要一手拿着光纤一手穿入线径，每穿一次都需大量的走动，如果想减少走动，同时穿多条光纤就需要很高超的技巧，而且受两只手的限制，最多穿 3 条。假如能够提供给操作员一个绑在手腕上的可以夹住光纤的特制夹具，他就可以解放出那只需要一直捏着光纤的手，实现多光纤同时穿入，提高作业效率。

2）使用专用工具。市场上买的工具叫通用工具，针对每个工序，可以自己创造出最适合该产品及人工操作的专用工具以提高生产效率，比如为去除毛刺所做的特制小刀。生活中，打开核桃的核桃夹，弄开夏威夷果特制的小钢片，都属于专用工具。如果有机会的话，可以去看看日本人发明的生活用品小玩意，就明白了。

3）合并两种（多种）工装为一个。合并工装有两个好处：减少切换，快速作业。最简单的例子有红蓝两用圆珠笔、带橡皮的铅笔，以及合并了安培表、伏特表和欧姆表的万用表。

生活案例 06 两种工装结合——防烫围裙

围裙是穿着以防止油烟污渍的，而帕子则是在端热锅的时候保护手部防止烫伤的。这两个东西都是厨房常用的。在我们的生活中，当需要端起砂锅之类很烫的器皿时，很多人都是用两张帕子垫在手拿的地方，然后隔着帕子端起锅。

图 3-12 中的护手围裙表面看起来跟普通的围裙一样，但是在围裙的两侧增加了两个护手，这样一来，只要穿着围裙就可以随时找到护手，既可以防止油污又能

图 3-12　防烫围裙

保护双手，一举两得。当需要端起很烫的器皿时，便可以用这个围裙护手，省去了取帕子并准确放置帕子的动作，这就是工装的合并。

生活案例 07 两种工装结合——吸尘扫帚

吸尘器适合清理细微的灰尘，比如清理地毯等比较容易附着灰尘的柔软表面，不过在对付纸团等大块垃圾时，并不那么好用。而扫帚适合清理大块的垃圾，清理灰尘却比较麻烦，而且不易清理干净。

图 3–13 和图 3–14 所示是一款吸尘扫帚，其扫帚头里有很多柔软的吸尘管，在打扫大块垃圾的同时也能将细微的灰尘吸入其中，实现了打扫和吸尘两个作业的合并。另外说一下，配套的簸箕采用了一体化的嵌入式设计，不用的时候可以直接将扫帚卡在簸箕的凹槽内，这样还可以更好地节约空间。

图 3–13 吸尘扫帚（大垃圾）

图 3–14 吸尘扫帚（小垃圾）

4）提高工具便利性减少疲劳。工具要方便手握、方便使用，要省力、协调。人机工程学在这方面讲了很多，我们也有很多日用品在遵循这个原则。

5）机械操作动作相对稳定且操作流程化。操作位置应相近、集中，要让机械尽量减少或脱离人的监控和辅助，开关位置要与下工序兼顾，能让工件自动送出最好，实现自动化还要确保可以自检，避免安全事故，应小型化以及容易进行作业准备。这些符合 Chaku-Chaku Line 的精神，将会在第 5 章详细讲述。

6）控制程序与作业程序配合。人和机器的作业安排应该朝着完美搭配的方向发展。如果做过人机联合作业分析表，就应该知道，机器和人通常情况下不是配合得天衣无缝的，有时候机器作业完成，人还在作业，机器产生等待。有时候人上一个动作完成，去按键启动机器，机器开始工作，人又处于等待状态。控制程序和作业程序的配合，是一门很有意思的学问。

3.3 动素分析改善原则

虽然动作有很多种类，但是将动作进一步分解到不能再分的要素后，可以发现几乎所有的动作都是由一些简单的、共同的基本动作组成。吉尔布雷斯把以手、眼活动为中心的基本动作总结为 18 种，并取名为动素。

动素分析就是通过观察手、足动作和眼、头活动，把动作的顺序和方法与手、眼的活动联系起来进行分析，找出动作顺序和方法存在的问题，并加以改善的分析方法。

以动素分析方法为基础的改善原则就是动素分析改善原则，或者称为检查表。

1）伸手及移动

A. 这两个动素可否取消？

B. 能否缩短动作的距离？

C. 是不是利用最好的手段（传送带、钳子、镊子等）？

D. 是不是利用合适的身体部分？

E. 是否配置重力滑槽、斜道？

F. 搬运是否有效地利用机械装置或脚部操作装置？

G. 时间可否因运送更大的量而被缩短？

H. 时间可否因物料移动的方式或接下来的精密定位而缩短？

I. 突然改变方向的动作可否取消？

2）抓取

A. 操作者一次可否抓取一个以上的零件或物体？

B. 触摸式抓取可否取代选择式抓取？

C. 物体能否通过滑落的形式运送？

D. 容器前面边缘能否被简化，以便抓取小零件？

E. 工具或零件可否被预先放置，便于抓取？

F. 能否利用真空、磁力、橡胶手套或者其他装置？

G. 传送带可否被使用？

H. 是否可以设计更便于操作者抓取的夹具？

I . 上工序的操作者可否放置好工具或零件，让下工序操作者简化抓取？

J . 可否利用可旋转的或可摇晃的支架？

K. 工作台表面上可否覆上一层海绵物质，便于手指更容易地抓取小零件？

3）定位

A. 能否利用导向槽、漏斗、套管、定位销、定位针、定位孔、凹槽、控制器或斜面等工具？

B. 公差可否改变？

C. 孔可否是沉孔、埋头孔？

D. 样板、模板可否使用？

E. 毛刺（毛口、毛头）是否会增加定位的难度？

F. 物体能否通过控制器精确定位？

4）装配及拆卸

A. 能否改变产品和零件的设计？

B. 能否改变产品和零件的装配方法？

C. 组装多种零件是否可行？

5）使用

A. 可否利用夹具？

B. 可否证明作业可用机械化或是自动化设备？

C. 是否有更有效的工具和装置？

D. 是否具有停止功能？

E. 是否有更快速使用的工具？

F. 动力工具是否配置？

G. 能否改变工具的持握方法及位置？

6）放开

A. 放出可否在输送过程中？

B. 能否利用机械放置装置？

C. 放出后零件物料容器尺寸和设计是否合理？

D. 最后的放出动素是否有利于下一个动素？

E. 多个零件能否被同时放置？

7）检查

A. 检查可否取消或者与其他工序或动素合并？

B. 能否利用更多种类的计量和测试工具或方法？

C. 提高照明度能否减少检查时间？

D. 能否与样品比较？

E. 被检查物体与操作者眼睛的距离是否合适？

F. 能否同时检查正反面？

G. 可否利用电子眼？

H. 现在是不是最有效的方法？

I . 放大镜可否帮助检查小零件？

J . 能否一次检查多样？

8）寻找

A. 物件能否被适当地识别？

B. 也许标签和颜色可以利用？

C. 可否使用透明的容器？

D. 工作站更好的布局能否取消寻找？

E. 是否有合适的亮度？

F. 工具或零件能否被预先放置？

9）选择

A. 零件是否通用并具有互换性？

B. 工具能否被标准化？

C. 零件物料是否存放在相同的容器里？

D. 零件能否被预先放置在规定的容器里？

10）预置

A. 能否不需要预置？

B. 工作区内的持住装置能否保持工具在合适位置，并且操作在合适高度？

C. 工具可否被悬挂？

D. 可否有导向装置？

E. 可否利用弹匣式上料等自动储存上料装置？

F. 可否利用堆垛（叠）装置？

G. 可否利用可旋转的夹具？

11）拿住

A. 能否利用机械夹具，诸如钳子、销、吊钩、夹子、回形针、真空等装置？

B. 可否利用摩擦力？

C. 可否利用磁性装置？

12）思考

A. 能否标准化作业？

B. 能否简化作业方法？

C. 能否让机器或夹具完成思考？

13）迟延

A. 能否双手同时作业？

B. 能否接受其他工作？

14）休息

A. 是否利用最优最合适的肌肉群？

B. 温度、湿度、通风、噪声、照明度及其他环境状态是否令人满意？

C. 工作台座椅高度是否合适？

D. 工作台是否配备舒适的座椅？

E. 操作者在作业时可否进行坐立姿的切换？

F. 重物装载是否利用机械手段？

G. 是否意识到不同年龄段的操作者每天的热量消耗？

生产案例 07　改善定位动作——定位销

改善前的治具设计得很随意，定位就靠一颗圆形的螺钉（见图 3-15），当方形的产品放置上去的时候不稳定，几乎每次操作员都需要调整，其作业时间在 5 ～ 6 秒。

改善后的治具只是简单增加了一个方形的定位销（见图 3-16），操作员在放入产品时可以一次性到位，不用调整，作业时间缩短至 2.5 秒。

图 3–15　改善前的螺钉定位

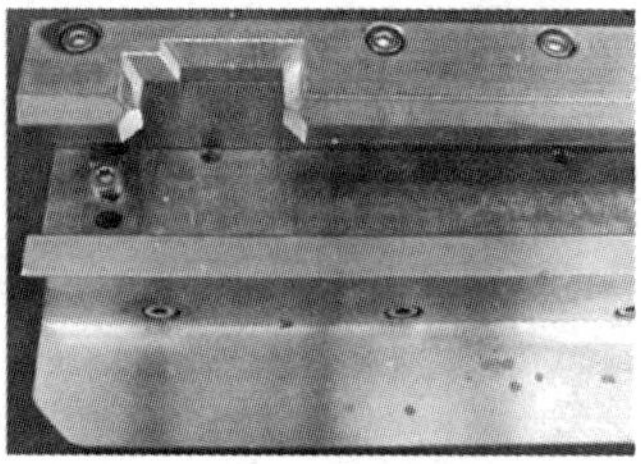

图 3–16　改善后的定位销

生活案例 08　取消拿住动作——不用手拿的雨伞

打伞的时候总是要用一只手拿着雨伞，穿雨衣可以将两只手都解放出来，但是太麻烦。

图 3–17 所示是一款特别的伞，可以实现打伞时取消手拿住的动作。使用的时候只需将雨伞支架固定在肩腋下，这样的话，即使行走在雨中，两只手也可以被解放出来，去做其他的事，比如提东西。

图 3–17　不用手的伞

生活案例 09　简化使用——双头针

王帆是武汉的一名小学生，在他五年级的时候，看到姑姑的刺绣动作后，发现其两只手总是翻来翻去，时间长了，手腕又酸又疼，他希望能有一个不用翻腕的绣花针。一天，王帆从电视上看到渔民织网的梭子受到了启发，于是发明了这种双头针。

传统的单头针（见图 3–18）动作需要“扎下→线拉直→翻手，随即针尖调向→扎上→线拉直→翻手”，这种双头针（见图 3–19）两头是尖的，针眼在针的中部，使用这种针绣花时，每绣一针的动作只需“扎下→扎出→线拉直”，不再需要翻腕调换针头的方向，改变了传统的持握方法，简化了使用绣花针的动作。而且扎下拔针后便立即可以从上一针旁扎出，方便了从反面扎出时针的定位。通过这种改进，能提高刺绣速度和质量，减轻劳动强度。

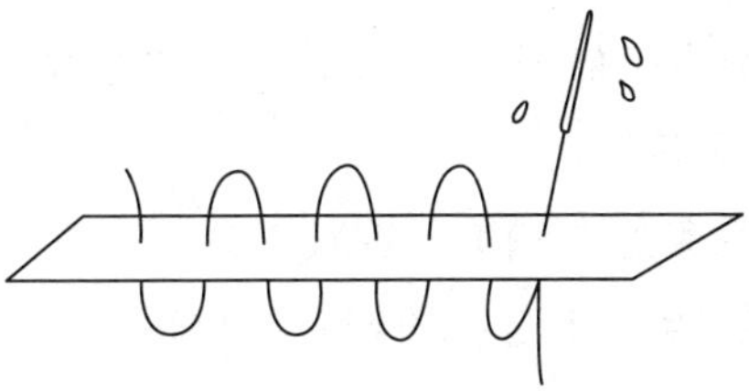

图 3–18　传统单头针作业

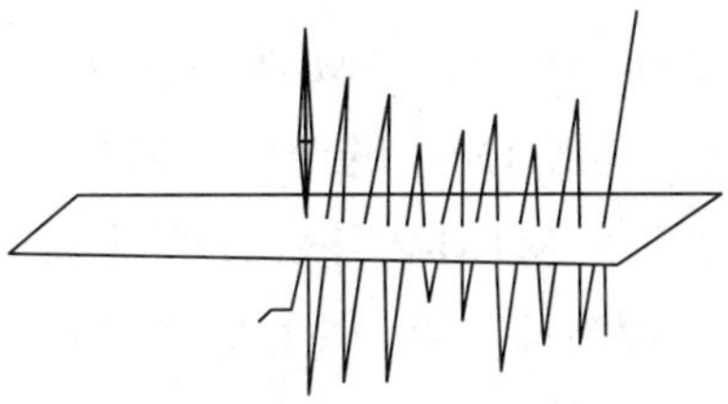

图 3–19　双头针作业

生活案例 10　减少寻找——信号钥匙链

有不少人都会不经意间将自己的钥匙随手乱丢，然后要找的时候怎么也找不到。

图 3–20 所示是一款名为“I call me”的钥匙链，可以与手机绑定，当找不到钥匙时，只需要向钥匙链发送一个信号，钥匙链就会发出声音，这样就可以轻而易举地找到钥匙。另外，当找不到手机时，也可以按动钥匙链上的按钮，这时手机也会响起来。如此一来，只要其中一个在手，另外一个就可以轻易找到。假如两个都找不到了，可以用其他电话拨打自己的手机。

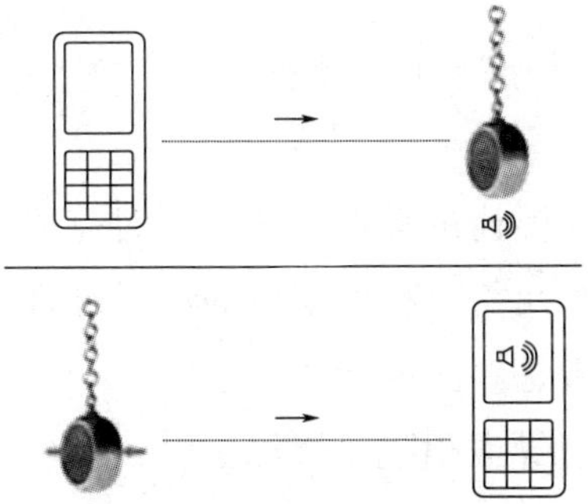

图 3–20　信号钥匙链

3.4 MTM-2 分析方法改善原则

方法时间衡量（MTM）是梅纳德等人共同研究出来的动作分析方法。该方法把操作分解为：伸向、移动、抓取、定位、放下、拆卸、行走等动作要素，并且预先排成表，确定完成每种动作要素所需的时间。

MTM 已经发表了很多版本，比如 MTM-1、MTM-2、MTM-3、MTM-GDP、MTM-C、MTM-V、MTM-M 等。其中，MTM-1 是通用基本水平系统，MTM-2 是由国际 MTM 理事会以 MTM-1 为基础发展起来的第二水平系统，其分析速度为 MTM-1 的两倍，但是精度相对较低。

建立在 MTM-2 分析方法基础上的改善原则就是 MTM-2 分析方法改善原则，也可称为检查表。以下是美国人布朗在 1976 年修订的 MTM-2 分析改善原则：

1）抓取、获得

A. 抓取能否同其他无障碍的抓取或放置同时完成？

B. 抓取能否在机器运行期间完成？

C. 是否有夹具、重力加料装置或容器用于简化抓取？

D. 物体可否滑到所需位置？

E. 将物体从一只手换到另一只手的动作可否避免？

F. 工具可否预置以便抓取？

G. 工具可否一直握在手中，即便是在做其他工作的时候（避免放下工具及再次抓取）？

H. 一次可否抓取一个以上的物品？

I. 抓取移动距离可否缩短？

J. 手的动作在位置和距离上是否平衡？

2）放置

A. 放置能否同其他无障碍的抓取或放置同时完成？

B. 物体的公差范围小及需要精确定位的情况可否避免？

C. 物体的放入点能否是斜面或漏斗？

D. 能否利用固定的引导或阻隔（擒纵）？

E. 物体可否是对称的？

F. 插入的深度能否减少？

G. 物体放置能否机械化？

H. 另一只手可否辅助复杂的放置？

I. 落下输送能否利用以便简化放置？

J. 物体能否滑到所需位置？

K. 放置目标点是否在正常目视范围内？

3）加压

A. 加压可否通过更好的设计和流程来避免？

B. 不需要的固定、夹紧作业能否避免？

C. 零件公差范围小能否避免？

D. 因零件的污染（因为装填、灰尘及污垢等）引起的擦拭加压可否避免？

E. 能否用动力取代人工施力？

F. 最大的肌肉群可否被最有力地用于施力？

G. 可否用机械动作取代施力加压？

4）双握

A. 双握能否在放置时避免？

B. 工具可否被预先配置到想要的方向？

C. 可否利用弹夹上料、堆垛（叠）装置及振动上料等方式？

D. 零件可否制成对称的，避免双握？

E. 零件可否在机器运行期间预先配置好？

5）眼睛动作

A. 物品是否在可视范围内？

B. 是否有足够的亮度？

C. 容器和零件是否有正确的区分，也许可以通过颜色辨别？

D. 零件可否被做成对称的且位置合适，避免视力上的注意？

E. 零件组装的视觉检查可否取消（例如利用触觉）？

F. 视觉辨认刻度数值可否避免？

G. 眼睛动作能否在前一个无障碍的动作进行时同时完成？

6）旋转（手或手指以圆形轨道移动物体半圈以上）

A. 被操作物体本身可否旋转？

B. 旋转的圈数可否减少（比如更大的旋转半径）？

C. 旋转动作时阻力能否取消？

D. 旋转动作可否由动力驱动？

7）步行

A. 布局可否优化，使步行最少？

B. 地板表面是否清洁且无障碍？

C. 最常用的零件是否在作业区内？

D. 需要的信息及工具是否都在车间内？

E. 物料及零件的运送是否机械化（传送带）？

F. 小车可否利用？

8）足部动作

A. 足部动作可否同其他动作一起完成？

B. 在开关或脚踏板上作业时，足部是否舒服？

C. 是否提供了专门的脚凳？

D. 双脚操作可否互相转换（比如自行车）？

9）弯腰和起身

A. 可否利用落下输送以避免弯腰？

B. 物料和工具可否放置在手与肘关节之间的高度，最小化弯腰动作？

C. 可否利用合适的提起装置？

D. 坐立频繁更换的作业能否避免？

生产案例 08 简化放置动作——装配治具改善

改善前的 TPA 装配需要将 TPA 装入壳体，然后将其放入治具，治具的作用其实是通过变窄的轨道来实现压下 TPA 到一定位置（见图 3-21），因为轨道是平的，需要用力推入（见图 3-22），从而推着一排壳体前进，所需要的作业时间为 2.5 秒。

改善后的 TPA 装配治具将轨道倾斜了一定角度（见图 3-23），这样操作员只需要放入，产品会因为重力的关系自动向下滑落（见图 3-24），操作员不再需要做用力推入的工作，节约了 1 秒，最后作业时间为 1.5 秒。

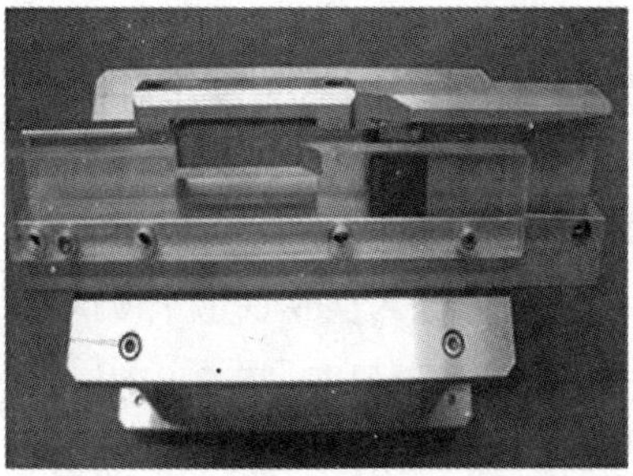

图 3-21　改善前 TPA 装配治具

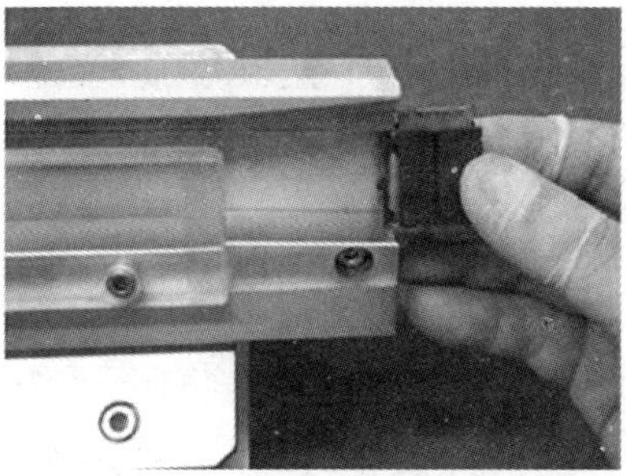

图 3-22　需要用力推

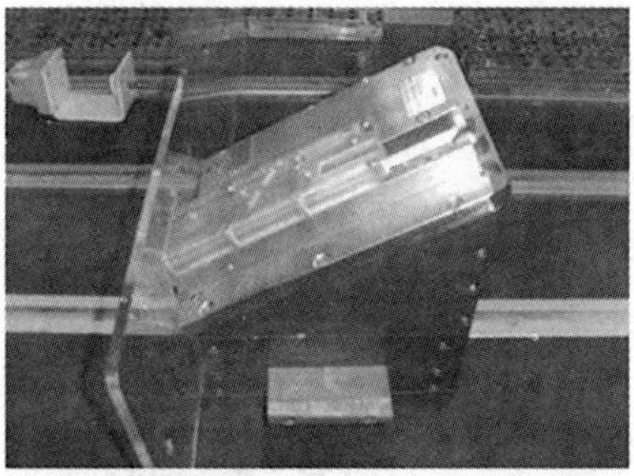

图 3-23　改善后下滑轨道式 TPA 装配治具

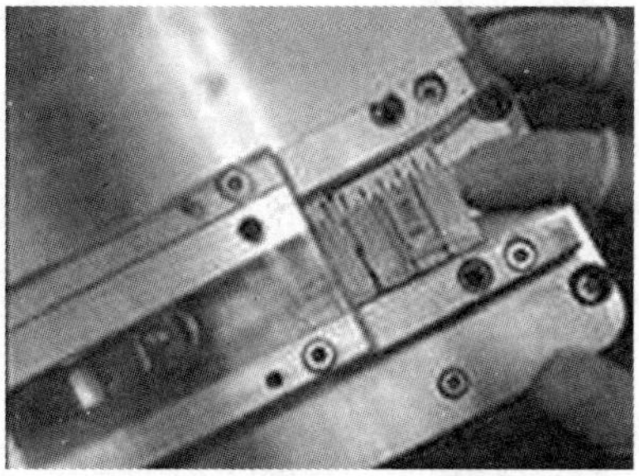

图 3-24　放入会滑落

生活案例 11　简化旋转动作——西红柿去蒂器

通常情况下，我们都是在西红柿顶部用刀旋转挖一个圈，去掉多余的西红柿蒂。

图 3-25 所示这款特别设计的西红柿去蒂器，能够以更少的旋转圈数、更小的旋转幅度快速地把西红柿蒂挖出来，不再需要用刀旋转。

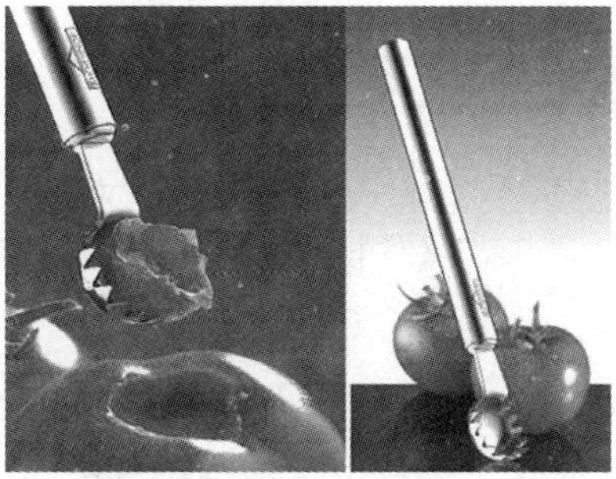

图 3-25　西红柿去蒂器

生活案例 12 取消旋转动作——不用搅拌的杯子

当需要向咖啡中添加糖或牛奶的时候，为了让味道混合得更均匀，通常需要一个搅拌棒或者勺子来将咖啡搅匀，这其实就是旋转动作。

如图 3–26 所示，这是一款获得 2007 年红点设计大奖的免搅拌咖啡杯，其外形设计非常特别，它并没有将杯子和托盘设计成相同的材料，杯子用透明玻璃制成，底部内置了一个陶瓷滚珠，这个滚珠可以起到搅拌的作用，当放入一块方糖时，轻轻地摇晃杯子，在这颗滚珠的作用下，就能够很快将甜味散开，实现搅拌的功能。

这意味着以前需要的搅拌动作被取消了，只通过摇晃就可以达到效果。

如果嫌摇晃都麻烦的话，可以尝试一下自动搅拌杯。

如图 3–27 所示，这款自动搅拌杯需要安装电池，然后放入你想放的液体，按一下杯子底部的白色按钮，杯子就会自动开始搅拌，并产生漩涡。这样一来，搅拌的动作完全被取消了。

图 3–26　免搅拌杯

图 3–27　自动搅拌杯

生产案例 09 MTM–2 动作分析改善实例

在第 1 章提到过一个 MTM–2 的分析，是关于正面画像检测的。其作业时间实际为 3.2 秒，因为加上分析式中的 2.6 秒，还有 0.6 秒的调整时间。

先看看改善后的分析式，如图 3–28 所示。

第一项改进是适当调整了人的位置和机器的摆放，使得第一个动作群“放产品入机器”的时间缩短了 0.13 秒，这得益于动作距离的缩短。第二个动作群“伸手到按键”的距离没有缩短，节约 0.1 秒。

左手动作描述	F	左手动作	TMU	F	右手动作	右手动作描述	时间/s
1.放产品入机器							
伸手到机器槽，12in		R12A	9.6		R12A	伸手到机器槽，12in	0.346
			3.5		G1B	抓住已测试产品，平躺状态	0.126
			4.6		M2B	移动产品出槽，2in	0.166
放置测试产品入槽		P1SS	9.1				0.328
推入,<1/2 in			2		M1/2A		0.072
			28.8				**1.037**
2.按键							
伸手到按键，6in		R6A	7		R6A	伸手到按键,6in	0.252
按键		RL1	2		RL1		0.072
			9.0				**0.324**
3.放产品入盒							
伸手到物料盒，4in		R4A	6.5		R5A	伸手到物料盘，5in	0.234
抓取		G1B	3.5		M2B	将产品移到大概位置	0.166
			4.6		RL1	放手	0.072
			2				**0.472**
			16.6				
		总计	54.4				1.832

手的移动距离缩短，眼睛动作取消，精确定位取消

图 3-28 MTM-2 改善后分析式

第二项改进是取消调整。改善前放置测试产品入槽，由于空间狭小（见图 3-29），并不能保证每次都放置到位，放不到位测试就会停止，所以常常看到操作员放不好又重新调整一下推进去，这种概率为 13%。当时我们发现产品槽后有两个小孔，没有任何人知道有什么作用，这台从日本运过来的设备到位后就用，没有任何说明书，后来我们研究发现小孔是用来接真空的，重新购置了一台真空泵接上气管（见图 3-30）。当产品被放入槽中，如果位置不是很好的话，会被吸过去，就减少了产品因为放置不好停止的概率，使其降到了 1% ～ 2%，这使得每回合节约了 0.47 秒。

图 3-29 改善前放置不到位 NG 率很高

图 3-30 增加真空泵用于吸住产品定位

第三项改进是测试完毕放置产品入盒。改善前是一个长条形的物料盒，长条的宽度刚好和产品尺寸匹配，目的是保证产品在运输过程中不会散落（见图 3–31）。当时，我问了一个问题："我们需要在这个工序就保证产品放置不散落吗？"答案是"不用"，因为下工序还需要从这个长条状的物料盒中取出来。放置时有了障碍需要精确放置，抓取时又需要精确抓取，所以时间就会增加。改善其实很简单，换用普通的物料盘（见图 3–32），测试完后随意放入，将盘子给到下工序，还减少了抓取的难度，这缩短了正面画像检测动作的距离，眼睛动作取消以及精确定位取消，节约时间 0.53 秒。

图 3–31　改善前使用长条物料盒

图 3–32　改善后使用普通物料盘

总体时间从改善前的 3.2 秒降到 2 秒，节约 1.2 秒。

由于正面画像检测是瓶颈工站，直接带来的是产能的提高。

3.5 MOD 法动作改善原则

1966 年澳大利亚的哈伊德博士在长期研究各种预定时间标准方法的基础上，结合人因工程学的有关研究成果，创立了模特排时法（MOD 法），这是一种简化的、使动作和时间融为一体的、精度又不低于传统 PTS 技术的动作分析方法。此方法更为简单，更容易掌握。

以 MOD 法为基础提出的改善原则就是 MOD 法动作改善原则，也称为检查表。

1. 移动动作（主要指上肢的移动）（M）

1）替代、合并移动动作：

A. 应用滑槽、传送带、弹簧、气压等替代移动动作。

B. 用手或脚的移动动作代替身体其他部分的移动。

C. 应用机器、工装夹具等自动化、机械化装置替代人体的移动动作。

D. 为改进下一移动动作应对紧前移动动作和终结移动动作进行改进。

E. 将移动动作尽量组合成为结合动作。

F. 尽量使移动动作和其他动作同时进行。

G. 尽可能改进急速变换方向的移动动作。

2）减少移动动作次数：

A. 一次运输的物品数量越多越好。

B. 采用运载多的运输工具和容器。

C. 两手同时搬运物品。

D. 用一个复杂零件替代几个零件的功能，减少移动次数。

3）减少移动动作距离：

A. 应用滑槽、传送带、弹簧、气压等简化移动动作，降低动作时间值。

B. 尽量设计采用短距离的移动动作。

C. 改进操作台、工作椅的高度。

D. 将上下移动改为水平、前后移动动作。

E. 将前后移动改为水平移动动作。

F. 用简单的身体动作代替复杂的身体动作。

G. 设计成有节奏的动作作业。

2. 抓取动作（G）

1）替代、合并抓取动作：

A. 使用磁铁、真空技术等抓取物品。

B. 抓的动作与其他动作结合，变成同时动作。

C. 即使是同时动作，还应改进为更简单的同时动作。

D. 设计抓取两种物品以上的工具。

2）简化抓取动作：

A. 工件涂以不同的颜色，便于分辨抓取物。

B. 物品做成容易抓取的形状。

C. 使用导轨或限位器。

D. 使用送料器，如装上、落下送进装置，滑动、滚动运送装置等。

3. 放置动作（P）

对放置动作主要进行简化：

A. 使用制动装置。

B. 使用导轨。

C. 固定物品堆放场所。

D. 同移动动作 M 组合成为结合动作。

E. 工具自动复位。

F. 一只手做放置动作时，另一只手能给以辅助。

G. 零件采用合理配合公差，两个零件的配合部分尽量做成圆形的。

H. 工具的长度尽可能在 7cm 以下，以求放置的稳定性。

4. 尽量不使用眼睛动作（E2）

A. 尽量与移动动作、抓的动作和放置动作结合为同时动作。

B. 作业范围控制在正常视野范围以内。

C. 作业区域应明亮、舒适。

D. 以声音或触觉进行判断。

E. 使用制动装置。

F. 安装作业异常检测装置。

G. 改变零件箱的排列，组合方式。

H. 使用导轨。

5. 尽量不做判断动作（D3）

A. 跟移动动作、抓取动作和放置动作组合成同时动作。

B. 两个或两个以上的判断动作尽量合并为一个判断动作。

C. 设计或采用没有正反面或方向性的零件。

D. 运输工具和容器上有识别标记。

6. 尽量减少脚踏动作（F3）

A. 跟移动动作、抓取动作和放置动作尽量合并成为同时动作。

B. 用手、肘等动作代替脚踏动作。

7. 尽量减少按、压动作（A4）

A. 利用气压、液压、磁力等装置。

B. 利用反作用力和冲击力。

C. 使用手、肘的加压动作代替手指的加压动作。

D. 改进加压操作机构。

8. 尽量减少行走动作（W5）、身体弯曲动作（B17）、身体站起坐下动作（S30）

A. 将物料、工具等放到近处，减少走动距离。

B. 改进作业台、工位器具等的高度，减少弯曲动作。

C. 使用零件、材料搬运装置。

D. 使用成品搬运装置。

E. 前后作业相连接。

生产案例 10　滑落代替抓取——治具改良

改善前，操作员需要将产品放入治具，完成作业后顺着一个斜面滑出来，然后再抓起这些滑落出来的产品放入盘子里，用于下工序（见图 3–33）。

改善后的治具直接取消了斜面，取而代之的是直接利用治具下方的空间，拆掉斜面，放置一个合适大小的盘子，当上方的作业完成后，产品会直接掉入盘子，从而消除了抓取动作（见图 3–34）。

生产案例 11　将作业控制在视野范围内——改变测试信号位置

改善前，工程师买了一台测试仪器，制作了一个测试工装，但它有一个致命的缺点，操作员的主要作业在测试工装上，但需要抬头看前方的测试仪器上显示的测试信号，这个眼睛动作的时间为 0.65 秒。

为了减少每天高频率的抬头看，我们将测试信号单独接出来，安装了一个灯，凡是测试不合格就会闪烁，这个灯离测试工装很近，在作业的视野范围内，虽然眼睛的动作依然有，但降低到了 0.38 秒。

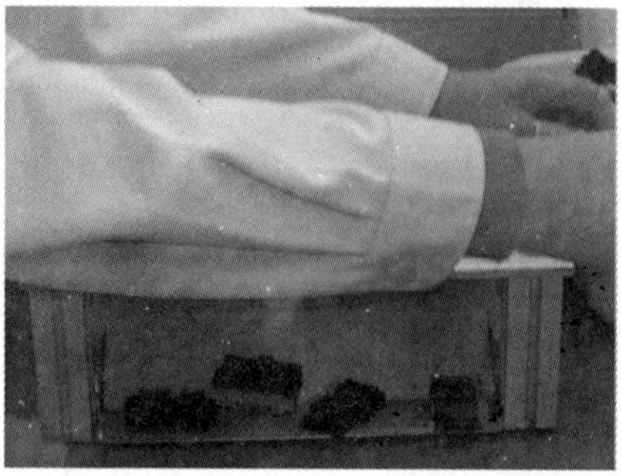

图 3-33　改善治具前需要用手抓取

图 3-34　改善治具后无须抓取

生活案例 13　滑落代替抓取——菜板改良

通常情况下，要把切好的菜放到锅里，我们是用手去抓取然后配合菜刀，一点点弄进去，比较麻烦；如果直接用菜板往里面倒，又很容易撒出来。

图 3-35 和 3-36 所示是一款软菜板，采用硅树脂做原料，折叠方便，硬度也足够切菜之用，切好菜后，只要折叠一下，菜便会乖乖滑落到锅里，非常方便，而且不需要抓取。比起用手和刀配合的方式，这种方法更简便，而且技巧难度没有那么大，也许比较适合动手能力弱的人。

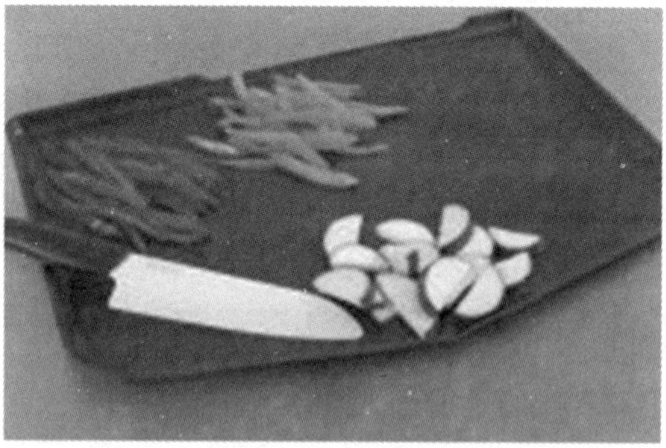

图 3-35　软菜板

图 3-36　使用软菜板

图 3-37 和图 3-38 所示也是一款特别的菜板，我们可以把它看作“软菜板”的改良版——簸箕菜板，这种菜板同样采用了折叠设计，不过边上多了一个把手，

使用的时候用手握住这个把手便可以将菜板的两边弯折起来，从而形成簸箕的形状，可以更方便地将菜倒入锅内。

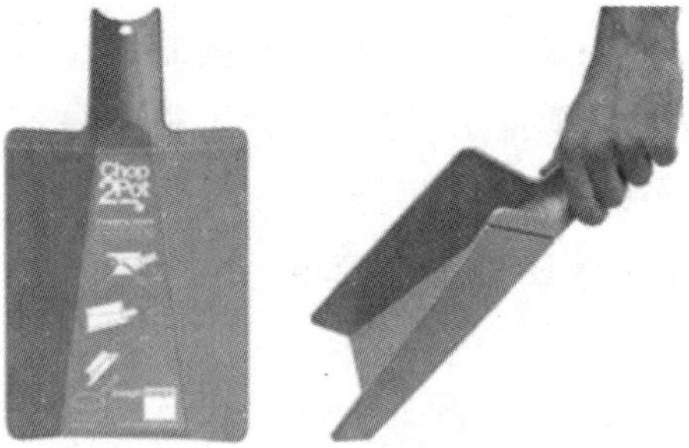

图 3–37　簸箕菜板

图 3–38　使用簸箕菜板

生活案例 14　减少弯腰动作——脚踏板插线板

图 3–39 所示这款插线板可以通过一个翘板将插头轻松取出。为了使其更加实用，它还特意将排插的翘板设计在外侧。

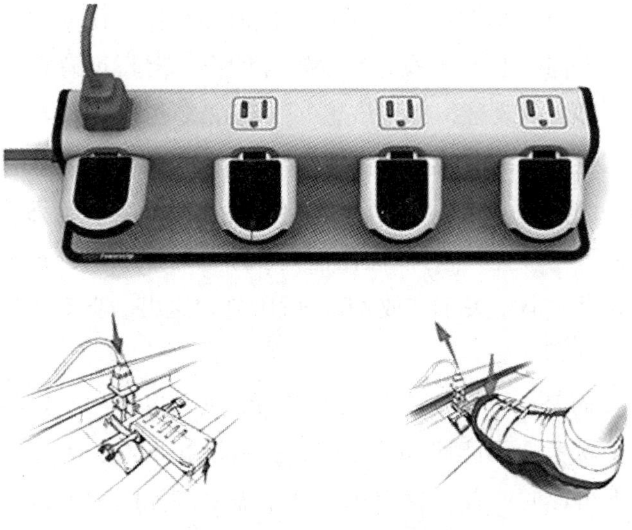

图 3–39　脚踏板插线板

当插线板被放在地上时，不需要弯腰，也不需要用手，只需用脚轻轻一踩即可将插头拔出。为不方便弯腰的人提供了很大的便利。

3.6 动作改善的思考

动作分析方法有很多，主流的有四种：第一种也是最基本的是吉尔布雷斯的动素分析；第二种是 MTM（方法时间衡量），这里包含了很多内容，发表了很多版本，最通用的还是美国人布朗在 1976 年修订的 MTM-2；第三种是 MOST，中文叫梅纳德操作排序技术；第四种是最简单、最容易用的，即 MOD 法。

动作分析的目的是为了更微观、更细致地研究作业方法。本来几秒就很短，眼睛一睁一闭就过去了，因为动作很快，你可能觉得没什么问题，但是进行了动作分析之后，就会发现其实浪费无处不在，多余的动作的确存在，那么改善的方向也就大致明确了。前面所说的这些动作分析方法提供了很多工作改善的原则和法则，我们可以借鉴，但那不是全部，更多的改善应该来自于不断的实践、探索以及新的思考，把最基本的 ECRS 原则和四项动作经济原则运用好，就能创造出很多种方法。

我一直认为，真正需要的动作是产生价值的动作，比如装配一个东西，有拿、移动、调整方向、装配、检查、放置等动作，但真正有意义的动作只是装配，其余的动作都可以改善，都应该想办法消除或简化。“拿”可以改成自动送料、重力送料，甚至不用拿就直接作业；“移动”可以用机器来代替，可以缩短移动距离；关于“调整方向”，可以用机器筛选，用简单容器筛选，用防错设计来无视调整；关于“检查”，可以优化检查程序，可以用电子设备，可以用特制的检验治具，甚至取消；关于“放置”，可以自动送出、自动包装或者无障碍放置，等等。

所以最重要的是，不一定要掌握更多的法则，也不一定要学习更多的机械知识，而是坚持思考。不能遇到什么问题，就说我不懂，不懂是吧？马上学可以吗？思考一下可以吗？其实很多东西并不需要高深的理论，只要懂一点儿物理、懂一点儿化学、有一点儿常识，我们就可以去思考、去尝试、去研究、去实践。

第 4 章
物料作业改善

美国人谈精益，很喜欢说流动，改善流动其实是一件非常重要的事。可以依靠价值流图来分析和找到瓶颈，并制定改善策略，但这相对比较宏观。更多的物流状况藏匿于细节之中。研究微观的物流便是物料作业改善的核心。

物料搬运需要改善，这关系到物料在整个运输过程中的方方面面——卸货、存储以及输送；物料进入生产区域后的操作同样需要改善，怎么让物料顺畅地到达操作人员的手中？怎么合理地补货？怎么减少操作人员处理物料的时间？

所有的疑问最终都是改善的方向。物料作业其实是一门细致的学问。

4.1 物料搬运系统改善

美国机械工程师协会对物料搬运系统的定义是：包括搬运、包装及存储任何物品的技术与科学。

我们这里所说的物料搬运系统是狭义的，指工厂内部的物料流通过程，及在整个生产过程中和生产对象输送有关的系统工程。

物料搬运系统的约束因素包括：动作、时间、位置、数量以及空间。第一，物料搬运系统必须确保零件、原材料、在制品、制成品以及消耗品被定期地从一个工作站移动到另一个工作站；第二，作业需要物料及消耗品在准确的时间到达，物料搬运系统要确保没有任何工序或是客户因为物料的过早或过迟到达而产生障碍及牵制；第三，物料搬运系统必须确保物料是送到正确的地点和位置；第四，物料搬运系统必须确保数量正确无误且没有损坏；第五，物料搬运系统必须考虑存放空间，包括临时的和长期的。

4.1.1 物料原则

世界很大，材料很多，也许我们很难发现最合适的材料，却可以尽可能地采用较好和较经济实用的材料。“没有最好，只有更好”永远适用于材料改善法则，对自然界和整个宇宙中物质的探索，使我们根本无法想象未来的生活，就像几百年前人类不能想到橡胶轮胎一样？

下面介绍比较实际的材料改善原则。

1. 寻找更廉价的材料

其实我们一直在寻找，人类社会文明的进步很大程度跟新材料有巨大的关联。在工业界，开发、加工与处理材料的新工艺是一个永恒的主题。比如早期的坦克是全钢铁的，为了加强防护，要增加钢的厚度，其中最典型的就是“二战”时德国的虎式坦克。其实从 1936 年破甲弹诞生以来，坦克被迫不断加厚装甲厚度，破甲弹对轧制均质装甲（RHA）的破甲威力约为其弹头直径的 6 ～ 7 倍，一枚 120mm 的破甲弹，其破甲厚度为 720 ～ 840mm。如果设计师把坦克四周装甲都搞到这一厚度，那么坦克的战斗全重会大于 100 吨，会成为名副其实的铁乌龟。实际上，随着时代的发展，现在的坦克大多采用复合装甲，金属材料和非金属材料混用，按照一定的层次比例复合而成（见图 4-1），依靠各个层次之间物理性能的差异干扰来袭弹丸（射流）的穿透，消耗其能量，并最终达到阻止弹丸（射流）穿透的目的。

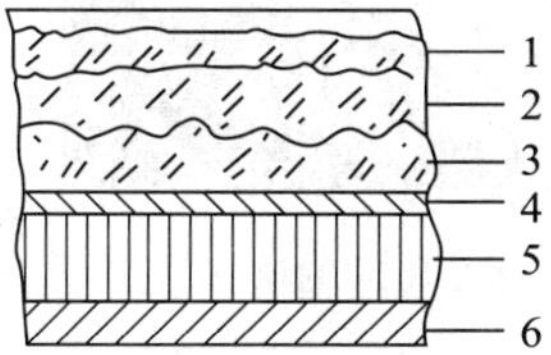

图 4–1　多层复合式装甲结构

显然，复合装甲所用的东西比一味增加坦克钢板厚度成本更低，性能更好。其实汽车也是一个道理，最早的汽车也是全钢铁制件，现在的汽车用上了塑料和合成材料。所以不是便宜没好货，生产也一样，市场竞争的压力迫使很多工厂都在努力改善自己的制造工艺，如果我们努力地寻找物美价廉的东西，不也是一直在让产品物美价廉吗？

选择更便宜的物料，必须保证两个前提：一是要保证产品质量，不能为了便宜而以次充好，很多豆腐渣工程都违背了这个原则；二是要确保不影响生产，不能东西便宜了但规格变异太大，让组装变得困难，让生产变得更复杂。

生产案例 12　制冷剂改善——氟利昂的替换

改善前，温度循环试验箱需要制冷剂，因为是用了十几年的老设备，一直采用的是氟利昂 13，这种制冷剂成本很高，而且不环保，对臭氧层破坏严重，已经属于限制和淘汰产品。

改造了压缩机后，使其可以使用氟利昂 23（见图 4–2）替换掉原来的氟利昂 13，氟利昂 23 的价格是氟利昂 13 的 1/23，能够保证设备正常运转，而且更环保。这样一来，每年更换氟利昂的成本一下减少了几万元。

2. 寻找更容易加工的材料

通过物料的改变，使生产方式变得更方便，更容易实现改善生产的目的，

图 4–2　使用氟利昂 23 的压缩机

可以缩短生产时间，提高生产效率。光缆制造中使用油膏加阻水纱的方式明显没有只使用阻水油膏的方式简单，使用强化复合物一般要比金属成型方便，比如树脂传递模塑法，这种将树脂注入闭合模具中浸润增强材料并固化的工艺方法，可以不用预浸料、热压罐，有效地降低设备成本、缩短了成型周期。

有一些原材料通常会比其他材料易于加工。查阅材料的物理特性时，应该很容易辨别哪种材料更适合将原料加工成产品的工艺过程。比如，可加工性与材料的硬度成反比，而材料的硬度又与强度有直接关系。

古时候，欧洲人一般都用金属器皿，特别是餐具，很多都是银制的，我们想象一下，是中国的瓷器好制造还是银器好制造？银器需要去有银子的地方挖矿，然后再敲敲打打，还只能手工单个制造，相比之下，中国制造的瓷器所用材料更普遍，还可以批量生产。

3. 更经济地使用材料

针对那些物质形态转换流程比较多的工厂来说，经济地使用材料、提高材料利用率是关注的重点。所谓物质形态转换流程，就像把一些混合液体变成一个冰激凌的流程，比如常见的注塑挤塑等工艺，对这些工艺来说，塑料颗粒、色母料的耗用量很大程度上决定了制造成本的高低，有时候会因为工艺参数或者使用方法的不合理导致生产过程中耗用了过多的原料，也会因为停机导致原料的浪费，所以需要通过科学的研究找到合理的参数和方法，尽可能地在保证质量的情况下少耗用物料，或者想办法避免机器的停顿，因为停顿除了损失产能，还会让很多原料报废，比如每一次启动都需要清模，清模本身既要去除残余的原料，还要耗用清模料。

对那些外形转变流程比较多的工厂来说，要尽量减少废料比，比如使用冲压、切割工艺时，不能只要一块金属板件的 20%，剩下 80% 被冲掉或者切割掉，工程师应尽可能避免这种情况的发生，考虑改变工艺，比如采用复合模，将 20% 用于零件 A，80% 用于零件 B，一次冲压可完成两个零件，实现材料的最大化利用。

针对装配流程比较多的工厂，减少原材料消耗的主要方向应该是保证产品的高品质，避免装配到一半出现很多废品，导致里面的原件全废掉，这又回到了品质改善的层面，其实改善就是这样，成本的节约很多时候都和品质息息相关，所以不能在抓精益生产的时候，孤立地看待问题，认为要节约材料就是耗用少，拼命地降低产品标准，实际上，很多时候换个角度想问题，会豁然开朗。

最后总结一下，要想经济地使用材料，一是找到更精确使用材料的方法，二是要尽可能避免或减少废料。

生活案例 15　更经济地使用牙膏——牙膏筒

几乎很少有人能做到不浪费牙膏，因为用到最后，牙膏都很难再挤出来了。小时候，我曾把牙膏皮剖开，目的就是不浪费牙膏，但是那样太麻烦了，而且也不卫生。

图 4–3 所示是一款特别的牙膏筒，它通过旋转对牙膏皮进行挤压，其作用就是尽量挤出所有牙膏。

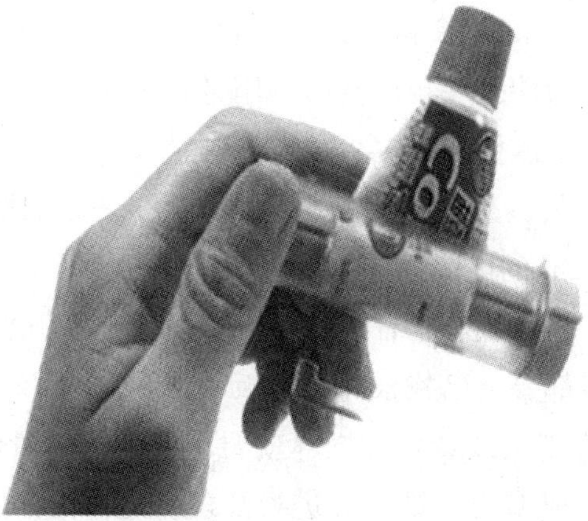

图 4–3　牙膏筒

4. 选用可回收的材料

收废品的家伙成了亿万富翁，其实在告诉我们一个很简单、很实在的道理，这个世界上大多数材料都是可以回收的，很多公司的废料都被当作垃圾处理掉了，还要支付一定的垃圾费，好一点儿就低价贱卖了。实际上，回收物料有时可以节约很多成本。

处理回收料或者我们通常所说的废料有以下几种方法。

1）废料处理后可重新变为原材料。

2）废料可以生产副产品。

火电站以前需要耗费高价成本处理炉渣、炉灰，实际上使用炉渣、炉灰可以生产标准砖，把炉灰加工成干灰还可作为生产水泥的原材料。我有个表姐，以前在火电厂工作，后来她看出了这些炉灰炉渣的价值，自己创业建了加工厂，不仅节约了火电厂的成本，而且让自己成了那部分先富起来的人。

3）对废料进行分离，创造最大的残余价值。

我在 XY 工作时，车间每天会产生大量的废黄铜，起初就是当普通废黄铜卖掉，实际上，稍微辛苦一点儿，将黄铜分类，铜含量比较低的黄铜为一类，铜含量比较高的磷青铜为一类，分别卖出去。因为磷青铜的价格比普通黄铜价格高，单单卖磷青铜一项，每个月就能为公司带来几十万元的收益。

5. 更经济地使用消耗品和工具

很容易被工厂管理层忽略的就是消耗品和工具的耗用，实际上，很多国有企业成本浪费的很大一部分来自于这里，也许不知道为什么每个月要用 5 000 张打印纸，也不知道为什么一年螺丝刀的用量是 3 000 把，或许有 1 500 把螺丝刀被拿走了，这些根本监控不到。

要经济地耗用工具，其实有一个严苛的办法——以旧换新，要领新的焊条，请拿使用过并短于 5cm 的电焊条来换；要领新的扳手，请带上坏掉的扳手。如果说丢了，也要解释一下，我相信任何人都不好意思三番五次说自己的东西丢了，丢三把扳手之后可能都要自己找根绳子把扳手系在身上了。

另外，不要因为工具或者备件损坏就要求更换，尽量修复，比如利用焊接技术修复，对钻头、成型刀、铣刀等进行修理，这都是非常经济的做法。以前在 ON 工作时，需要耗用一种只有日本才能生产的伺服马达，每次坏掉一个就要花几万元重新买一个，后来有工程师找到修复这种伺服马达的办法，坏了就修，节省了不少成本。

像手套和抹布等用品，也不要直接扔掉，扔了也会造成污染，可以把它们收集起来，清洗后再用，再次利用比替代它们好得多。

6. 标准化材料

所谓标准化材料，就是尽可能地减小或降低生产和装配过程中所使用材料的规格、形状、等级，比如用于印字的墨水有四五种型号，每种型号的性能不一致，导致使用时需要频繁调整机器设置，这显然是墨水没有标准化造成的浪费。有时即便只有一家供应商，也要注意材料的标准化，比如封装所用的封带载带，每隔几天拉力就有很大变动，机械师经常调参数，究其原因，就是供应商虽然是一家，但是它用的材料经常变化，虽然产品牌子还是那个，但是性能参数存在很大的差异，所以应给原材料确定一个明确有数据支持并可以监控的标准，使得供应商尽可能符合这个标准。否则供应商天天变，我们真的承受不起。

7. 选择更好的供应商

对制造者来说，肯定希望供应商能够提供物美价廉的产品，但是一味去压低供应商的价格未必是一件好事，有可能得到偷工减料的结果，有时候甚至要选择更贵的原材料，因为我们需要获得更好的价格和质量。所以日本人喜欢搞企业联盟，建立许多企业间长期连锁合作的关系，这个模式在中国不一定行得通，因为中国行业内的变化非常大，竞争有时候是白热化的，所以对国内的制造厂商来说，选择能够提供优良质量的供应商应该是首先要考虑的，其次才是价格。

供应商的本地化也是节约成本的一个方面，以前需要进口或者从很远的地方购入的原材料，现在从很近的地方就可以获得，节约了物流成本，因为距离近，每次订货的批量也可以相应减小，这样就减少了仓储成本。但是本地化最核心的问题就是产品的性能指标和规格不一定能达到我们需求的标准，在这种情况下，一是要帮助供应商提升制造能力，达到标准；二是要衡量产品标准是否合理，用新供应商的原材料是否会降低品质，需要试验或者一些数据来验证。

4.1.2 物料搬运系统原则

美国物料搬运工业协会在 1998 年提出了 10 条物料搬运系统原则。

1）计划原则（Planning Principle）：所有的物料搬运系统都应该有周全的计划，包括需求计划、完成目标及功能说明，并且在开端就应该对这些要素进行完整的定义，并确定合适的方法。

2）标准化原则（Standardization Principle）：以不牺牲柔性、模块化及产量，及全面达到完成目标为前提，物料搬运的方法、设备、控制及软件都应标准化。

3）工作原则（Work Principle）：以不牺牲生产能力及不影响生产正常作业为前提，物料搬运的工作应该尽可能地减少到最低程度。

4）人机工程学原则（Ergonomic Principle）：在设计物料搬运的工作及设备时，必须考虑及认识到人员的能力及局限，确保安全和有效的操作。

5）单元装载原则（Unit load Principle）：物料单元应该有合适的区分、排列及配置，以实现物料流动及库存物品在每个阶段都处于供应链的体系之中。

6）空间利用原则（Space Utilization Principle）：有效地利用所有可能的空间。

7）系统原则（System Principle）：物料的运输和存储活动应该被全面地、综合地、整体地构建到一个协调的、可运转的系统里，包括接收、检查、运送、运输以及回收。

8）自动化原则（Automation Principle）：物料搬运作业应该机械化或自动化，前提是其可行性，目的是改善作业效率，增加响应率，提高一致性及可预见性，减少作业成本，并且避免手工劳动产生的安全隐患。

9）环境原则（Environmental Principle）：在设计和选择设备和物料搬运系统的时候，必须考虑环境影响及能源消耗的因素。

10）生命周期成本原则（Life-cycle-cost Principle）：通过经济学分析，应该计算出全部物料搬运设备的生命周期，并计入系统。

4.1.3 物料搬运改善方法

对工厂来说，生产才是核心部分，跟生产有关的搬运基本上都是非增值活动，但是搬运又不能轻易地消失，所以需要改善。这一部分也很容易被忽略，甚至有时候搬运的成本占据了产品总成本的很大一部分，这显然对客户来说是不合理的，制造者自己也不愿意看到。

改善搬运的内容包括以下几点：

1. 减少取料时间

物料搬运首先是个运输问题，缩短距离是优先要考虑的。配料区、成品区及生产线之间的距离越短越好。当然，由于受到各种现实条件的制约，很多时候不可能缩短距离，但物料在配料区或者仓库的存放位置就是一门科学了，尽可能地把常用的物料放在最容易取到且距离最短的地方，把指定生产线要用的指定物料放置在更贴近指定生产线的地方。如果仓库和生产线距离实在太远，能否设定一个中转区，把要用的物料提前送到中转区，以避免生产线停机等待运输的可能。

除了运输，取料也是一个问题。工作站的布置对物料搬运的影响很大，4.2 节将详细讲述物料作业配置改善。实际上，在工作站进行布置改善往往比改善运输有着更大的成本节约机会，因为工作站的时间节约很多时候会直接影响作业时间，比如每次都需要花 3 秒去旁边拿一个零件，或者需要弯腰去箱子里抓取一个小部件，这些动作就是工作站的物料搬运，需要将其距离和时间缩短。

工序加工完成的材料可以堆放在托盘上，这样下次转运时叉车就可以直接运走，而不需要再次整理物料到托盘上。对于工作站，要多用滑道，可以大幅减少物料的运送时间，甚至可以使用一些传送带或机械爪，或者使用自动送料和自动卸料这样的机械装置，目的都是节省搬运时间。

2. 平衡搬运次数

对仓库的工作人员来说，最喜欢一次性发放给生产线一年的物料，然后他们就不需要再搬运了，但是对生产来说，大量的库存是不愿意看到的，产线也放不下，所以有时候会要求仓库频繁小批量地发货，这中间就存在一个平衡的问题。到底多久发一次料最合适？个人认为，需要衡量仓库的搬运成本，如果成本太高，我们追求的 JIT 就成了空谈，要即时地要货要料，也不能把这种成本转嫁到运输的职能部门或者供应商，最好让生产计划介入物料搬运的设计，通过精确计算，找到优化的送料频次。

以物料发放输送的频率来划分，主要有三类。

1）不定时不定量。需要多少，发放多少，尽量减少线上库存，通常情况下我们所说的看板系统就是这样的，使用者会根据实际生产情况随时在看板上写下需要的数量，而物料员在得到看板信息后，根据其要求准时送料。

2）定时定量。根据长期生产得到的经验，以当前生产的信息，确定不同工序在一个时间段内所需要的各种物料的种类和数量进行配送，一般以小时为单位。

3）大批量。对物料进行一次性大批量分配，一般以天或周等为单位。

3. 使用机械设备

让物料搬运和操作机械化一般可以降低劳动力成本，既不需要那么多工人或者可以减少工人的劳动量，还可以减少人为操作的材料破损，提高物料处理的安全性，增加产出。

现在，自动物料搬运被应用得越来越广泛。

第一种技术是无人驾驶小车或自动导引运输车（AGV），它自己带有电力驱动系统，可以在生产工序之间移动，由计算机控制。目前大多数这一类型的无人驾驶小车必须在装好的轨道上行驶，但目前出现了一些更高级的无人驾驶小车，可以在比较光滑的无障碍物的工厂通道内自由行驶。这种无人驾驶小车首先可以用在生产工序中比较关键的环节，以解决运输量较大、较频繁的工序由于运送跟不上而中断生产的问题。它还可以实现只在需要的时候运送必要物料，所以它比传送带灵活得多。

第二种技术是自动化立体存储系统。这是一种在计算机控制下，实现自动存放和提取各种物料、工具、零部件的系统。它使用架子和物品箱等存放物品，借助于无人驾驶小车和其他自动化设计，无须人的介入即可实现自动存入或取出各种物品。当新的物品进入系统时，计算机可以辨认并登记，然后发出适当的指令，将它放到恰当的位置上。自动化立体存储系统形成于美国，这是一种机械化、智能化很高的技术，但是维护成本相对较高。自动化立体仓库如图 4-4 所示。

图 4-4 自动化立体仓库

生产案例 13 AGV 在工厂的应用

我曾经主导过在车间和仓库实施 AGV 项目，它不是一个简单买辆车就能实现的工程。需要考虑很多问题，怎么取料，怎么送料，仓库管理的逻辑在哪里，出现了错误怎么采取应急措施，等等，因素很多。

现在大多数 AGV 采用磁条的导引方式（见图 4-5）。其优点是成本低廉，易于铺设，一般不易损坏，即便损坏了，也可以快速修复。但缺点是路线一旦定好，要更换需重新铺设磁条，比较麻烦。

比磁导航更不容易更换的是轨道式，磁条只是个胶条一样的东西，轨道却需要破坏地面，我们要考虑将来布局调整的可能性和系统的柔性，所以选择了激光导引式（见图 4-6）。

图 4-5 磁导航 AGV

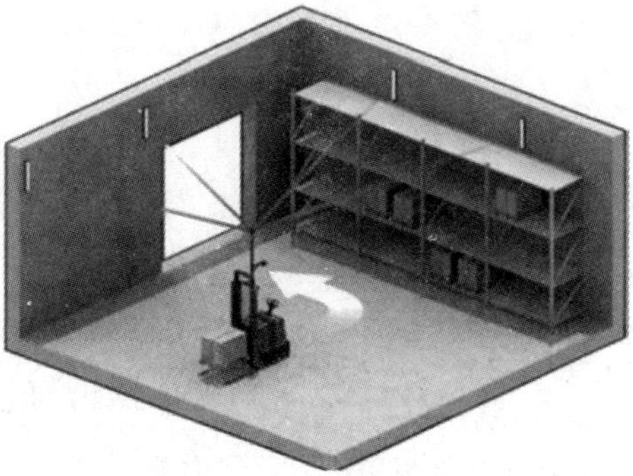

图 4-6 激光导引 AGV

激光导引最大的好处是轨道是无形的，通过车身的激光头和反射片就形成了一个精确的定位，其定位精度可以达到 10mm，甚至更高，这就免除了铺设轨道和应对布局变化的烦恼，通过简单设置系统，就能实现运输路线的更换。但缺点是成本较高。

我们首先考虑运送的物料是钢丝，这种原材料是卷状的，来料时直接被放在地上，没有托盘，过去都是人工叉车将其叉走，然后运送到生产线，AGV 该怎么来取料是个问题。

最常见的 AGV 有两种。一种是潜伏式（见图 4–7）。当年我在日本丰田工厂见过最多的便是这种潜伏式 AGV，它需要配合特制的料架，上面有和小车进行锁紧的卡扣。当小车取料时，自动钻入料架下方卡住，然后带着物料去指定地点，到达后卡扣自动解除，小车从物料车下钻出，进入空车状态。另一种是牵引式（见图 4–8）。这个很好理解，牵引式 AGV 就像火车头一样，后面可以像火车车厢那样挂上料车。

图 4–7　潜伏式 AGV

图 4–8　牵引式 AGV

这两种 AGV 有着同样一个问题，需要人工先辅助上料，不管什么样的料车，都需要人工把物料装上去，到达地点后需要人工把料卸下来，AGV 起到的作用是替代运输。而我们的钢丝很重，一般都是几百千克，要想装上一个小车比较困难。思考了很久，始终没有设计出适合承载钢丝的物料小车。

于是，我们把重点放在了 AGV 的选型上，不用牵引式也不用潜伏式，更不用背负式（见图 4–9），考虑用叉车式。

自动导引叉车（AGF）同样有许多类型。

适合卷状运输的叉腿式（见图 4–10），看起来很适合我们，但问题是，我们的钢丝有不同的规格，卷盘直径不一样，而叉腿是不能调整的，所以放弃了这个类别。

图 4–9　背负式 AGV

图 4–10　叉腿式 AGF

低叉式是最常见的 AGF 种类（见图 4–11），我曾经在重庆的卷烟厂里见过它的真容和运行情况，但问题是叉齿下方的平衡轮给叉取钢丝出现了问题，叉齿高了，如果专门为钢丝盘存放做一个底座，事情就更麻烦了。

我们考虑过三角货叉的方式（见图 4–12），三角形更容易捕获圆形的物体，但是想到以后除了钢丝还要搬运托盘，三角货叉有一定风险和技术问题。

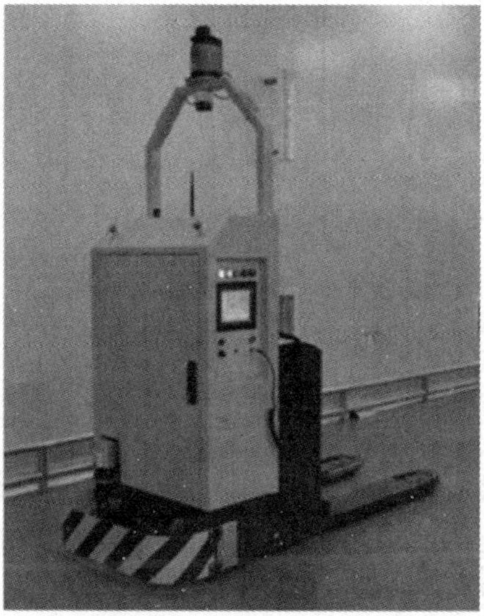

图 4–11　低叉式 AGF

图 4–12　三角货叉

我们提出能不能做一个跟人工叉车一样的 AGV？于是，出现了平衡式 AGF（见图 4–13），跟普通叉车一样，有叉齿但没有平衡轮，这利于取料，特别是针对钢丝。同时叉齿可以左右调节距离，以应对不同规格的不同宽度。

图 4–13　平衡式 AGF

物理硬件的问题解决了，还有物料的管理。摆在我们面前的有两条路，要么让 AGF 自行去库位取钢丝，自行运送到生产线，全程没有人参与；要么就是人先把钢丝搬到指定区域，AGF 自行过来取料。后者虽然要靠人工，但实现起来很简单。前者可以实现无人化，但对原材料的来料和库存管理有很高的要求，这需要我们的仓管员将钢丝放在正确的位置。所以，AGV 不只是机械化的技术，还需要结合信息化和流程管理来改善。

未来的发展趋势是搬运会朝着无人化的方向走，今天我们觉得这样的技术很炫，但在未来会被普及。说些题外话，我认识不少当叉车司机的朋友，很多人还停留在认为自己掌握了一门技能的思维中，没有意识到很多工作会因为机械化和自动化的进程而消失，如果死守一门技艺，而不去改变和学习，社会的飞速发展带来的不是幸福，而是残酷的现实。

4. 非操作性作业的分离

生产一线就像战争的前线，物料搬运工作就好比是后勤，一般情况下，前线打仗的士兵只需要专心打仗，送饭送水的事情交给后勤部队。但是在工厂里，很多一线生产人员除了参与直接生产，还需要做物料搬运工作，这种隐形的损失其实非常大。以前我工作过的一家公司，员工有很多非操作性的作业，比如做完的产品要送检，跑一趟；生产初期要测试样品，跑一趟；做完的成品要送到扫描处，跑一趟。在来回跑的过程中，自动化的设备一旦出现故障报警或者其他停顿，不能及时得到处理，只能停着，也就造成了产能损失，这种现象在很多公司都有，大家不以为然，实际上可能 10% 的产能就是这样被耗掉的。所以要将操作性作业与非操作性作业分离，就是派出专人或者团队处理间接生产的任务，比如一条线由副线长干这种杂活，或者建立一个水蜘蛛系统（Water Spider），通过看板传达信息处理事务。从某种意义上讲，非操作性作业的分离并没有取消搬运，只是把这些工作转移到了不影响生产的外部程序中。

水蜘蛛系统起源于日本，是一种简单易行的系统，维护成本较低。水蜘蛛系统其实就是将操作性作业与非操作性作业分离，然后将非操作性作业汇集起来，变成一个系统的作业，负责此项工作的操作员就是水蜘蛛，目前应用最广的就是物料的供应和搬运。

在 ME 的时候，我工作的车间就有一套比较完善的水蜘蛛系统，这是一个从前辈就开始建设的项目，而我们将继续将它建设下去。这套物料系统最初是为了适应公司改善的需要，减少车间的库存、减少每条流水线的库存及 WIP，并真正实现拉动式生产，但随着时间的推移，随着改善组人员的更替，这套系统被赋予更多的功能。

这套物料系统由以下几部分构成：

1）由物料部负责的物料配料系统。

2）由物料部负责的物料员（水蜘蛛）系统。

3）由生产部负责的多功能员工系统。

4）由改善部负责的物料作业改善系统。

首先物料被区分为两大类：大物料和小物料。每条生产线每个工位规定了相应的物料用量，大物料保持半个小时的用量，小物料保持一个小时的用量。那么相应地就有两种物料员，一种负责搬运发送大物料，负责的线别较少，每一条生产线隔半个小时运送一趟；另一种负责搬运发送小物料，每一条生产线隔一个小时运送一趟，但负责的线别较多。

定时定量运送物料的好处在于可以更好地控制物料的线上库存，也为生产线节约了空间。以前需要大体积物料器皿装载的东西，现在可以使用很简单的器皿代替。

在输送物料之前，计划员会制订每天每条生产线的发料计划，确定不同线别的不同发料时间，配料员根据这些计划提前一点儿时间进行每条生产线的配料，送料员再根据这些计划按时送料到相应的生产线。同时，每条生产线都配备一名多功能员工，他的主要职责有两个：一是辅助物料员完成一些工作，在物料员比较忙碌的情况下，扮演临时物料员的角色；二是补位，多功能员工几乎能胜任所有工位，当生产一线的操作员需要上厕所、喝水或是有其他事情离开生产线时，他的任务就是暂时顶替此工位，目的是保持生产不停顿。当然，作为一线普通操作员，一般情况是不能随便离开生产线的。

我们的职责是不断改善物料系统，尽可能地使操作员拿取物料更快捷，并不断改善物料搬运作业，特别是物料员的作业标准化，从而使整个流程更完善。

生产案例 14 水蜘蛛作业的尝试

在 ON 的时候，我曾经在后段进行过水蜘蛛作业的尝试，目的是减少线上操作员非标准作业移动及提高生产效率。

图 4–14 所示为一个操作员处理完成批次（Lot）的路线，其实不用仔细看也能发现线外走动太多了，而且非常混乱，而这是每个线上操作员每天都会做的事情，这样的工作看起来很像逛农贸市场。

我希望把线外需要走动的非标准作业转移到两个人身上，这就是水蜘蛛系统。我设想把处理完成 Lot 的工作拆分为两部分，一部分是打印余量随工单，完全由水蜘蛛去做（见图 4–15），另一部分是称余量重量，主要由水蜘蛛完成，线上送料计划员进行辅助（见图 4–16）。同时，我还尝试建立一个简单的看板系统（见图 4–15 和图 4–16），当操作员发现需要打印余量随工单的时候，就会挂出绿色看板；需要称余量重量时，就挂出红色看板，水蜘蛛看到看板后，就会去完成他的工作，当然，更简单的办法是定时去走一趟，比如每隔半小时。

在进行了对后段不同工作的调整之后，可以得到最终改善结果，如表 4–1 所示。

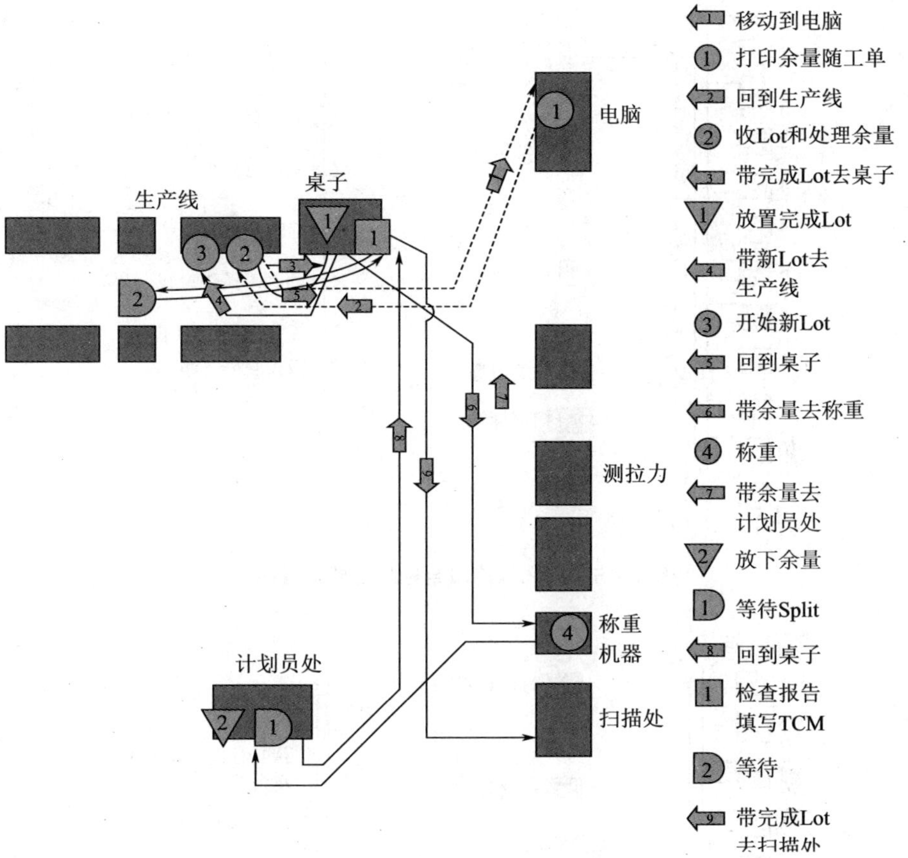

图 4–14　操作员处理完成 Lot 路线图

表 4–1　水蜘蛛作业改善结果

工作项目	改善前	改善后	改　变
操作员处理完成批次的时间	68.74min	33.9min	↓ 50.7%
操作员处理完成批次的距离	528m	72m	↓ 86.4%
处理完成批次总时间（包括水蜘蛛和计划员的工作时间）	1 374min	1 038.5 min	↓ 24.4%
处理完成批次总距离（包括水蜘蛛和计划员的移动距离）	10 560m	5 100.8m	↓ 51.7%
操作员需要人数	20	16	↓ 20.0%

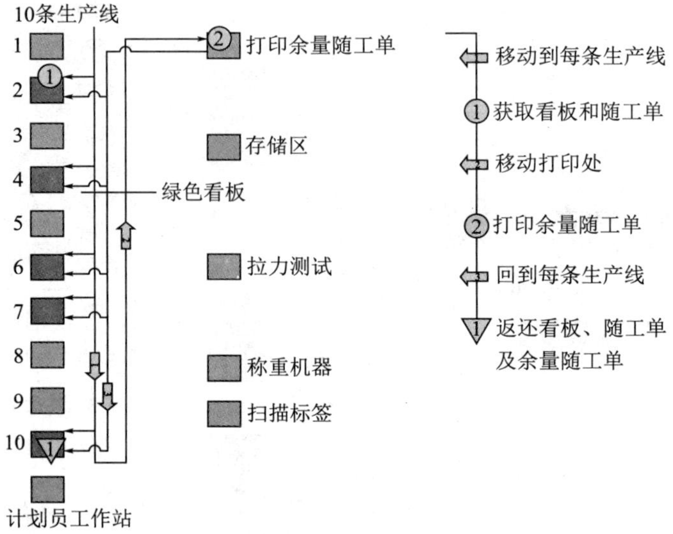

图 4–15　水蜘蛛打印余量随工单路线图

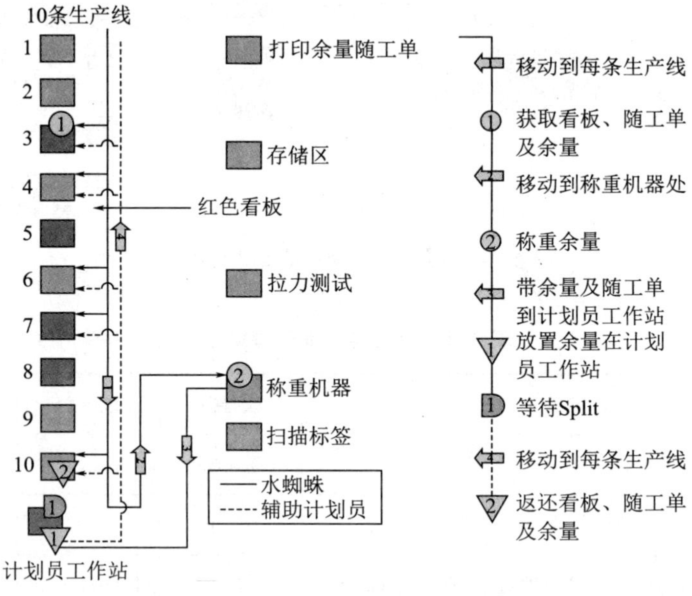

图 4–16　水蜘蛛称余量重量路线图

可以看到在推行水蜘蛛作业后，操作员处理这些非标准作业的工作大大减少了，移动也减少了，需要配置的操作员人数也减少了。

5. 改善搬运设备和工具的使用

通用的搬运设备或者工具可以在市场上买到，大多数情况下，买回来就开始用了，但是不是真正利用好了这些设备和工具呢？未必！我们需要充分发挥设备和工具的灵活性，以便在不同的工况下完成不同的搬运任务。比如长时间的存储和长距离的运输，使用托盘就会更节约时间，但是由于供应商来料托盘规格不一，如果用的是普通叉车，那么就需要人工经常调节叉齿间距，费力还降低效率。解决方法有两种：一种是要求供应商尽可能提供指定规格的托盘，减少托盘种类；另一种是使用自动调距叉，避免人工调节的烦琐。

根据物料的特点和搬运的方式，还应该设计特殊的货架、小车或者工具，优化搬运。比如使用移动式多层配料架（见图 4-17），可以解决全用托盘带来的问题。当物流人员将原材料配在托盘上，再用叉车运送到生产线，这个时候，生产线的员工还需要从托盘上转运物料到作业区域，如果采用了多层物料小车，物流人员可以提前在仓库将货配至小车上，需要发料的时候推着小车就来了，把小车交给生产线，生产线的员工直接拖着它去作业区域，免去了中间腾挪转移的痛苦。

又比如使用移动液压升降车（见图 4-18），以流水线作业为主的工厂，流水线为了满足员工作业的需求，都在一定的高度上，当流水线生产完一箱产品，

图 4–17　多层物料小车

图 4–18　移动液压升降车

需要搬运到另一条生产线的时候，怎么办？大多数情况还是放在卡板上，用液压叉车来拉。为什么不是直接用可以调节平面高度的移动液压升降车呢？这样就可以实现水平搬运，而不用搬上搬下。

我在日本丰田还见到一种实用又简单的物料小车（见图4-19），物料员从一侧放一盘物料，盘子自动滑落到作业人员那一侧，作业人员在物料用完之后，取下空盘放入下方的轨道，空盘滑落到物料员一侧，等物料员再次送料的时候，他就可以取走空盘了。

图4–19　特制物料小车

生产案例15　通用小车

改善前，原材料来料是一盘一盘的。原材料到达工厂后的步骤是：仓管员先拆托盘，一箱一箱整理好，生产线发出需求时将需要用的箱子整理好并放上托盘，用叉车运到车间外。这时，车间的操作人员推着大型物料车过来，然后拆开纸箱，把原材料一盘一盘装上物料车。物料车上原材料量大，因此物料车体积大且重，需要费力将物料车拖回车间；接着将要用的几盘拿出来，放置在机器附近便于生产。

改善后，使用统一的原材料小车（见图4–20），原材料达到工厂后，根据需要先由仓管员拆开纸箱，将同规格的原材料放入小车，存放在车间隔壁的区域。当生产线需要使用的时候，直接走到隔壁拉走已经准备好的小车，由于小车体积小、重量轻，可以推着小车到机器中间，生产时需要一盘就从小车拿一盘。改善后的流程废除了托盘和笨重的物料车，减少了中间的几次转运，这便是设计特殊的运输工具来改善搬运。

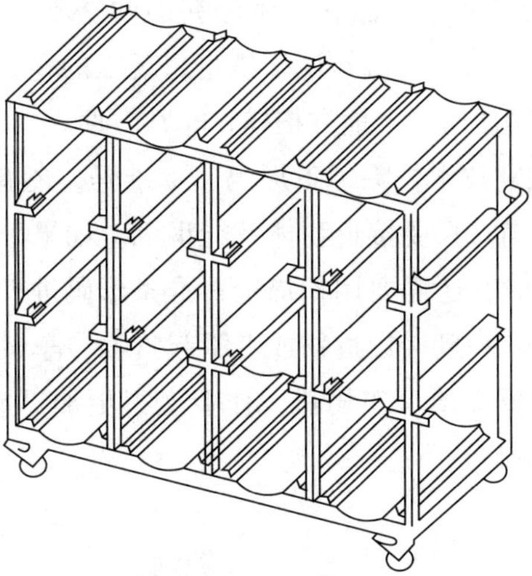

图 4-20　通用小车

6. 小心搬运物料

要尽可能地避免产品和原料在搬运过程中的损伤，有时候工程师绞尽脑汁都找不到零件损伤的原因，因为认为所有的工序都控制得很好。实际上，在工序间的运输过程中可能会发生碰撞和挤压，小心搬运物料非常重要。

1）要有合理的放置方法，不能将东西交错杂乱地放在一起，取出来的时候有可能弯折。

2）改进运输条件，用集装箱运输明显比散放在汽车货箱里好，比如有时碰到下雨，产品会淋湿，这种运输条件就太恶劣了。

3）合理而安全地使用机械装置，特别是现在的仓储，货架很高，取货的时候不小心，整个托盘带着东西一起掉下来，不仅损坏货物，还有可能砸到人，所以应该从一开始就有严格的培训，避免人为事故。

7. 使用条形码和新信息技术

大多数人都知道条形码，条形码的出现对生活的最大改变就是大大缩短了超市购物的等待时间，如果没有条形码，我估计收银机旁等待的队伍会更长。对生产来说，物料的处理尽可能地使用条形码有很多好处：第一，精确性，手工记录的内容很容易出错，但是条形码每 340 万个字符才会错一次；第二，速度，扫描肯定比打字快，东西多的时候，扫描的优点显而易见;第三，成本低，使用条形码的成本大多来自于标签，而标签即便是不用条形码它往往也是存在的，所以附加成本不高；第四，便于携带，现在的仓管员只要带着一个无线扫描枪，就可以在工厂任何一个地方扫描，非常方便。

当然，现在的识别技术，除了条形码、二维码，还有 RFID 电子标签等更先进的技术，不用扫描，只要接近物体就能识别。如果采用扫描的方式，叉车司机开着叉车去取货时，还需要用扫描枪对准条形码进行识别，但电子标签可以让叉车司机不下车，一旦接近货物或者举起货物，车载的阅读器就会读取到信息，通过车载电脑反馈给叉车司机，作业变得更加迅速和准确。加装 RFID 读写的叉车如图 4-21 所示。

图 4-21　加装 RFID 读写的叉车

生产案例 16　扫描自动化

我应一个朋友之约，去过一家国有酒厂，主要是去看看有没有改善的机会。酒的酿造有许多古老的传统，很多时候仍靠酿酒师的技艺，这种情况要做自动化是比较困难的，但是对酒的灌装进行自动化就容易多了。当时，我在生产线上看到一个员工，她的工作是扫描，一箱里面有六瓶酒，酒瓶包装的顶部有条形码，每传过来一箱，她先扫纸箱上的条形码，再扫六瓶酒的条形码，总共扫描 7 次。

实际上，她的扫描完全可以被两台新型的扫描设备替代，用图像识别可以瞬间拍照然后同时识别一个平面上的 6 个条形码，所以两台摄像机结合电脑程序就可以让这个员工失业。而摄像机的成本大约是 5 万元，低于该厂员工一年的用工成本。

对坚守岗位很多年的工人来讲，物料作业的自动化和信息化是一件非常可怕的事情。他们会因此失去工作。所以，很多时候物料作业的自动化和信息化的最大阻力来自于因技术的出现而失业的人群，为了保住饭碗，他们会想出各种方法阻挠技术的推行。

过去的经历告诉我，无论 AGV、定位系统、自动化仓储系统，还是自动喷码或者扫描的技术，首先要解决的问题其实是人的心理和认知。

如果员工没法好好生活，很多改善想要进行下去将困难重重。

4.2 物料作业配置改善

无论是普通的生产流水线模式，还是 U 形单元式生产模式，凡是需要操作员抓取物料或放置物料的作业，都需要考虑作业配置的问题。

1. 一般情况下存在的问题

1）操作者抓取时工作距离过大，超过了人因工程可以接受的范围。

2）操作者抓取物料时需要转身或是弯腰。

3）操作者抓取物料时需要寻找或选择。

4）操作者抓取物料时不顺手或是不方便。

5）因为物料短缺或耗尽，操作者离开生产现场去搬运补充，造成生产线停滞。

6）完成成品后，操作者离开生产现场，搬运成品到指定位置，造成生产线停滞。

物料的抓取不易造成的直接后果就是作业时间增加，这种时间往往比较短，1 ～ 4 秒之间，有时在 1 秒内，也许这样的时间看起来微不足道，但是仔细想想，现在的企业生产节拍都很短，可能是几十秒、十几秒甚至几秒，若是以 5 秒的节拍来计算，某工位的作业时间也是 5 秒，但因为物料的拿取而损失 2 秒的话，那么这个工位就损失了 40% 的生产能力，像这样的损失还几乎普遍存在于所有工序，这是一种很严重的浪费。

实现自动取料或上料也许是不错的解决方式，但是也有几个问题：一是自动化的成本较高，周期长；二是很多工位现阶段很难实现自动化；三是自动取料和上料可能造成大量 WIP 的堆积。所以对于自动取料或上料，应该首先判断现在有没有做的必要。

试想一下，如果是一条一支流的拉动式生产线或是运转良好、WIP 较少的流水线，一个岗位员工离开的后果是什么？是整个生产线的短暂停滞，这个员工离开 1 分钟，其他作业者也要损失 1 分钟，对企业来说就损失了 1 分钟的产能,如果每天每个工位都有作业者离开生产一线去搬运物料,那损失的产能惊人。以一条 15 人的流水线为例，每天工作 8 小时，每天每个工位的操作者因各自需要花掉平均 4 分钟去搬运物料，那么这条流水线 1 天损失的时间为 15×4=60 分钟，那么原本 8 小时的产能被缩减到了 7 小时，也许在这个时候主管会问：为什么总是完不成目标产量？但是这样的浪费往往被忽视。

2. 避免或改善问题的思路

1）要让操作者抓取物料、零件更为方便，符合人机工程的要求，这是作业配置改善。

2）尝试自动取料或上料的改善，前提是需要首先判断有没有实现的必要。

3）要让一线的操作员坚守在自己的岗位上，不能随便离开生产一线，那么就需要利用其他的资源，这便需要建立我们的物料搬运系统。

这里主要研究的是，工作中需要的工具及物料的搬运、上线、上料及存放的方法和过程，从而优化物料作业，提高整体的运作效率；实际上在以手工作业为主、以人为主要生产资源的工厂，更需要优化物料作业系统。

3. 作业配置原则

1）物料和工具定点、定容、定量。 定点的好处是不用找，定容的好处是不易混，定量的好处是不用数。

2）物料、工具预置在小臂的工作范围内。 这样做的目的是工作人员可以用比较低级的动作拿取物品和工具来完成工作 。

3）物料、工具取放简单化。 对产品及材料要按照方便下工序的拿取原则放置，也就是说，至少不需要把零件从箱子里抠出来，又或者在一大堆工具里找到埋藏在最底部的工具，对于一些细小的、不便取放的零件，如小垫片、金属针、颗粒物，可以用特制小容器铺上海绵垫及使用波纹板等方法以便于拿取。

4）物品的移动以水平移动为最佳。物品的移动应尽量避免垂直向上的移动，这种较高等级的动作容易使人产生疲劳及增加工时。比如一台电视机，是搬起来再放下去好呢，还是用流水线或者水平滚轴来输送好呢？显然水平移动是最为简单方便的。

5）利用物品自重进行工序间传递和移动。物品的取放、废料的收集这些作业都可以利用不要钱的力，就是重力，即牛顿被苹果砸之后发现的力来完成，比如利用斜槽、滑道、圆筒等辅助装置。

6）作业高度适度以便于操作。运用人体测量学，考虑人体结构尺寸来设计作业的高度。不同的人群是不一样的，不能把适合欧美人的作业台照搬给身材矮小女孩的生产线上用。正确的做法是以手肘的高度来确定工作面的高度。让上臂自然地悬垂，肘关节弯曲成 90°，前臂与地面平行，这个时候手肘的高度是适合的操作高度。这只是一个基本原则，根据不同情况可以进行调整，针对零件比较沉重的装配，将工作面降低 20cm 左右，这样更有利于利用强壮的躯干肌；对于需要精细作业的装配，可将工作面的高度提高 20cm 左右，这样有利于采用向下 15° 角的最佳视线观察细节。

7）满足作业要求的照明。一句话，看都看不清楚，还做什么呢？但在提高照明度的时候，要注意避免或者减少眩光的影响。

日本专家经过长期的研究和实践，认为作业中操作员取放物料时手移动的距离在 30cm 以内是可以接受的，寻找所需物品的时间在 5 秒以内是可以接受的（实际上我们希望越短越好），否则就必须考虑改善。

4. 进行物料作业配置的改善主要包括 6 个方面

1）重力加料装置。

2）取消替代抓取。

3）工具使用改善。

4）物料专用道具。

5）物料放置改善。

6）自动供料改善。

4.2.1 重力送料装置

重力送料，即利用工件自身重力进行输送，到达作业或生产的位置。加料的方式分为人工加料和自动上料。自动上料包括弹簧上料、鼓风上料、真空吸料和机械输送等，而在水蜘蛛作业系统里，多为人工加料。重力送料装置的主要目的是简化作业时的抓取、拿取动作，以及放置时的整理工作，使抓取、拿取物料工件在最合适的范围，放置后无须进行整理。

生产案例 17　小轴承的重力送料装置——轴承管道

这是一种专门针对小轴承的输送物料管道，如图 4-22 所示。

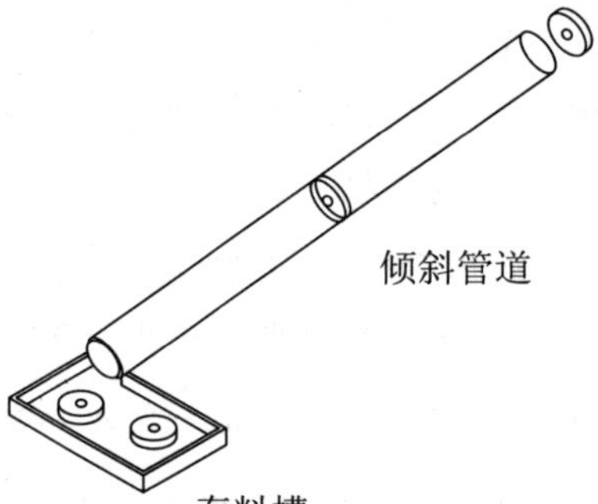

图 4-22　轴承管道局部示意图

水蜘蛛将小轴承（预先用铁钩穿好一串串的轴承）通过进料口一次性批量装入管道，由于重力，轴承将会沿着管道滑到取料区域（存料槽），操作员在这里可以很容易且顺手地抓取到轴承。不过这里还存在一个问题，就是轴承有时候会滑出存料槽，操作员便自己在槽下吸了块磁铁，当轴承滑下的时候，由于受到磁铁的吸引力，便不会冲出存料槽。

生产案例 18　圆柱形物料重力送料装置——铁壳滑槽

改善前，圆筒形的铁壳杂乱地放在长方形料筒里，如图 4-23 所示。

操作员在拿取铁壳的时候，大部分时间都需要弯腰，特别是当铁壳越来越少的时候，弯腰的情况就会变得越来越严重。

改善之后，长方形料筒被取消，取而代之的是特制的铁壳滚筒，如图 4-24 所示。

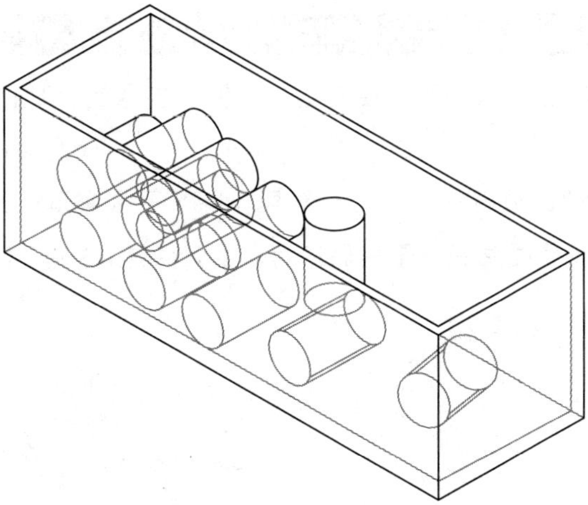

图 4-23　改善前长方形料筒

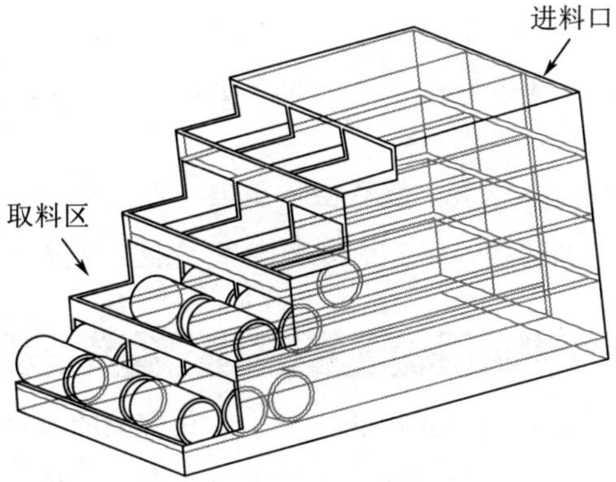

图 4-24　铁壳滚筒

铁壳是由物料员从进料口装入，由于铁壳是圆形的，很小的倾斜角便可以令其滚入取料槽，取走一个铁壳后，后面的铁壳会因为重力自动滚到取料槽。改善后操作员再从取料槽拿取铁壳的时候就变得方便顺手，不再需要弯腰了。

铁壳滚筒的容量也被作为一种考虑因素，所提供的铁壳滚筒的容量一般比生产半个小时的用量多一点儿，或是一个小时的用量，这样的设计是根据物料员送料的频率来确定的，也就是之前确定的物料员制度，所有物料系统中的器皿、容器、特制盛器都遵守这样的原则。

生产案例 19 有突起的圆柱形物料重力送料装置——铁壳轨道

圆柱形的铁壳虽然形状规则，便于输送，但是当遇到有耳仔的铁壳就比较麻烦了，如图 4–25 所示。

这样的铁壳被批量放置在长方形料筒里，除了不易拿取，耳仔还会互相碰撞，导致铁壳被划伤，有品质隐患。于是后来有了铁壳轨道，如图 4–26 所示。

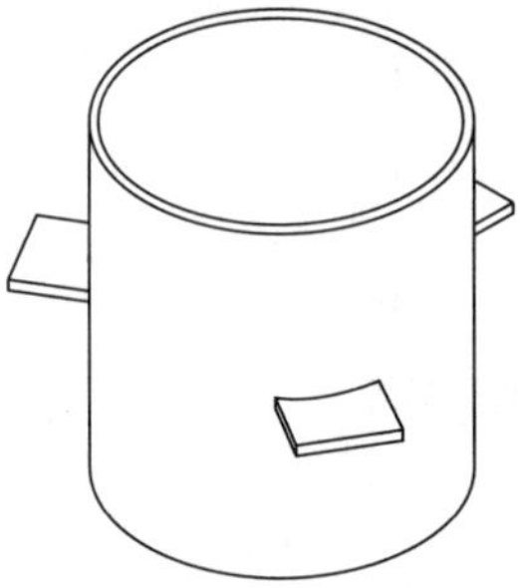

图 4–25　耳仔铁壳

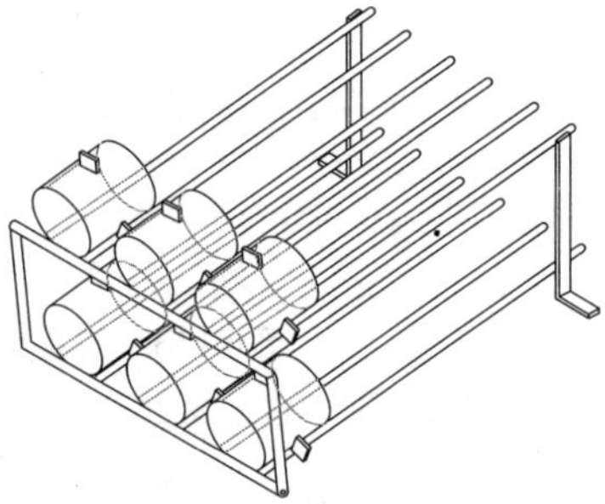

图 4–26　耳仔铁壳轨道草图

水蜘蛛在轨道顶端放入铁壳，铁壳由于重力，沿着倾斜的轨道滑行到底端，操作员在底端拿取铁壳无须弯腰，铁壳之间亦避免了相互碰撞，消除了品质隐患。

生产案例 20 有孔圆片形物料重力送料装置——铁盖道具

以前铁盖都是被装在盒子里使用的，由于作业空间的限制，这些盒子总是被随意地放置，常常导致操作员拿取不便。为了规范作业和方便拿取，同时也为了利用有限的空间，于是有了特制的铁盖道具，如图 4–27 和图 4–28 所示。

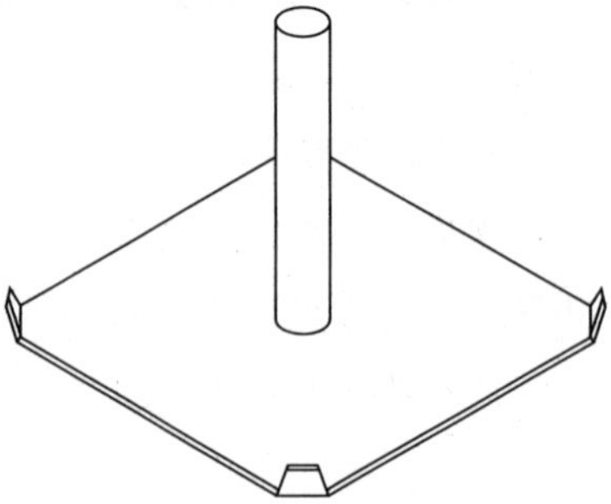

图 4–27　铁盖道具

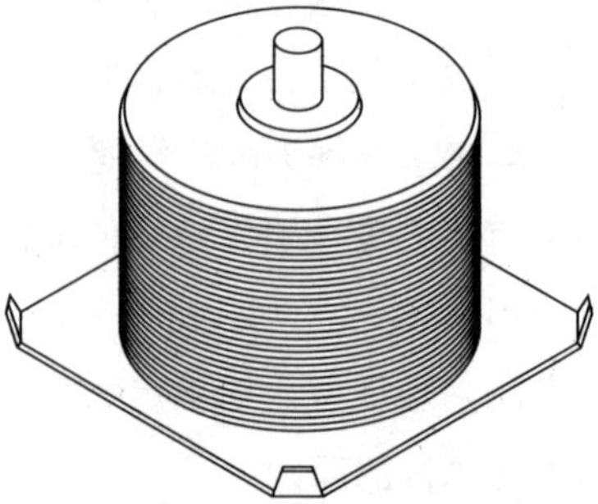

图 4–28　满载铁盖的道具

有孔的铁盖被穿在道具上，而满载铁盖的道具则被放置在滑行轨道上，由于重力的缘故滑到取料区域，操作员在这里取料，用完的空道具放置到下方滑行轨道，给水蜘蛛循环使用(整个轨道被安置在作业区域的一边，占用空间小)，如图 4–29 所示。

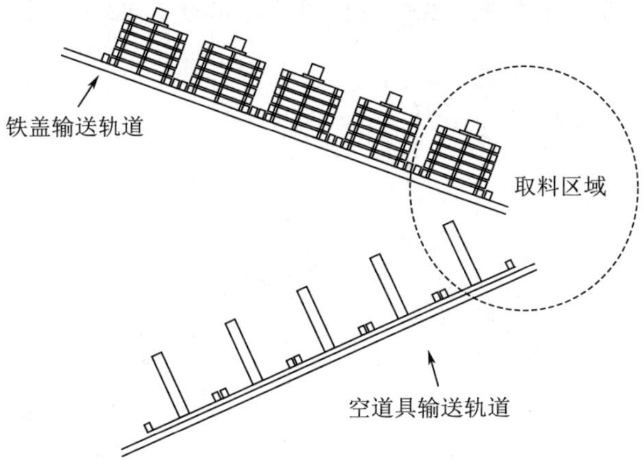

图 4–29　铁盖道具输送轨道

后来，我们又对铁盖输送做了改良，无论铁盖有孔无孔，都可以通过特制管子输送，如图 4–30 所示。

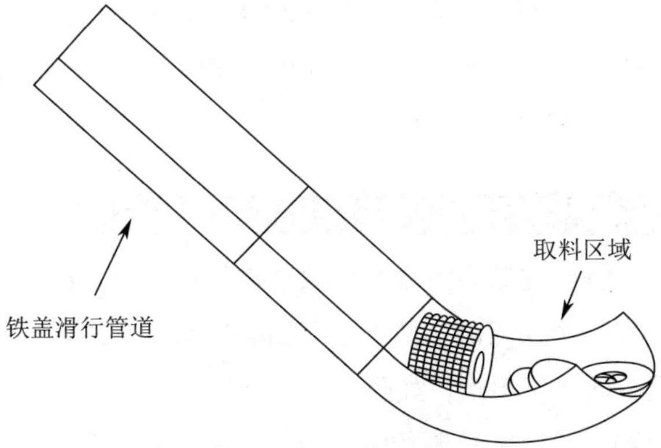

图 4–30　铁盖输送管

水蜘蛛在顶部上料，铁盖将会沿着管道滑到取料区，方便拿取，这是一种更为简单的方法，不过这样的管道比较适合较小的铁盖。

生产案例 21　普通斜槽重力送料装置——风车斜槽

重力送料装置中最常见的就是斜槽，斜槽利用重力输送物料能缩短作业人员的移动距离，简化抓取。风车斜槽也是一个利用重力的滑槽，如图 4–31 所示，而我们最早的状态是用方型物料盒来盛装这些风车，如图 4–32 所示。

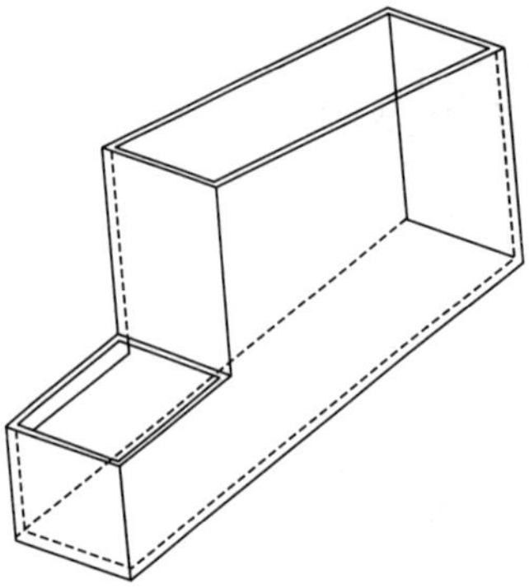

图 4–31　斜槽盛器

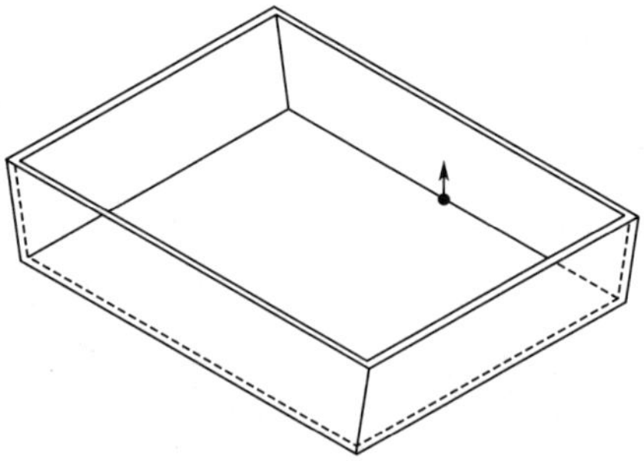

图 4–32　方形物料盒

4.2.2　取消和替代抓取

取消是 ECRS 原则中的第一原则。通常情况下，抓取的后续动作是移动和放置，也就是说，当抓取被取消后，作业动作是以移动或者放置开始的。而替代则是通过其他的动作方式或操作方法来替代抓取动作，比如通过接触、触摸的动作，或通过真空、磁力的方法。

生产案例 22　取消抓取，直接作业——入快巴圈盒

改善前的作业，快巴圈被大量杂乱地放置在物料盒里，操作员需要从物料盒里一大堆快巴圈中拣取一个快巴圈，并且小心翼翼地用手嵌入电枢轴（铁枝）里，这样的作业速度很慢，而且不稳定，如图 4–33 所示。

改善后，快巴圈被放置在特制的盒子里，如图 4–34 所示。其操作方法为手拿起电枢，用电枢铁枝（或是用手）拨动对位孔附近的快巴圈与孔大致对准，然后将铁枝插入，向下压一下，入快巴圈即告完成。相比以前的方法，无须抓取快巴圈，而且入快巴圈的动作变得更加方便快捷。

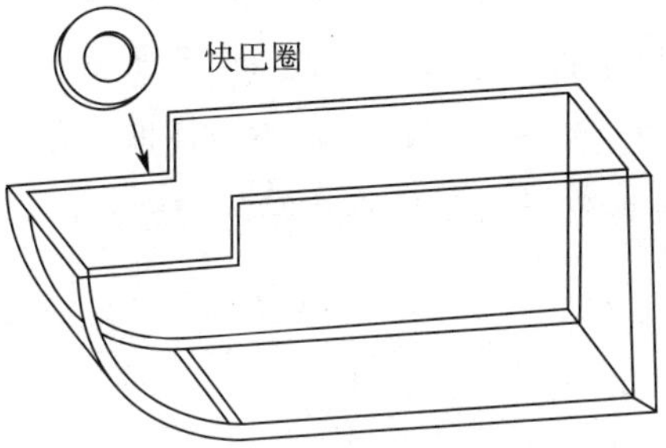

图 4-33　改善前快巴圈物料盒

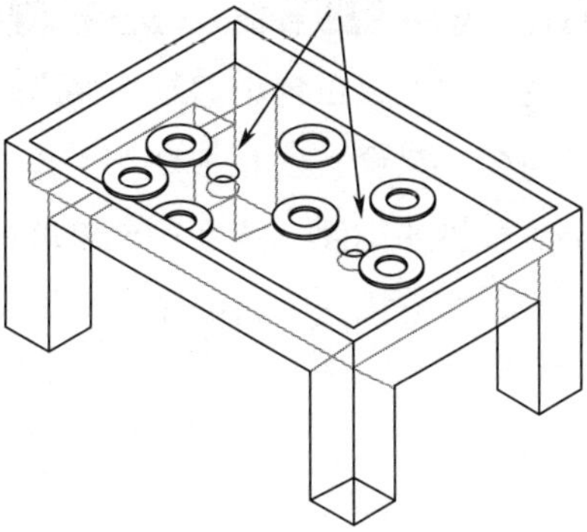

图 4-34 改善后入快巴圈盒

生产案例 23　取消抓取，直接作业——入定位圈槽

图 4-35 所示是一个类似入快巴圈盒的改良，定位圈比较细小，被放置在特制的定位圈槽内。

作业时，用手挪动一颗定位圈到作业区域的定位槽，然后放入电枢，启动机器啤定位圈。这样做的好处是原本需要抓取的动作取消了，而后续需要仔细定位放置定位圈的动作也被简化了。

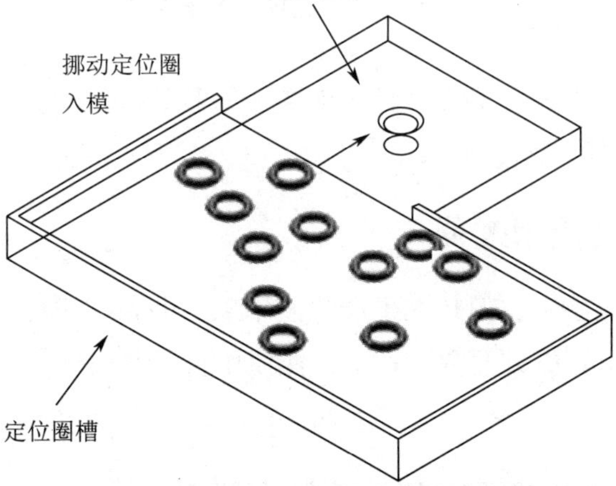

图 4-35　入定位圈槽局部示意图

生产案例 24 触摸替代抓取——摸摸吊圈

从物料盒拿取白色小圈是一件麻烦的事，要想拿一个，就得比较仔细地拣，如果想拿得快，又会一次抓多个，于是有了这个摸摸吊圈，如图 4–36 所示。水蜘蛛定时穿入批量的小圈，然后一串串地将其放置到作业区域，操作员抓取小圈时仅仅是摸一下，就会掉一个到手里。这使操作员的选择性抓取动作被触摸替代。

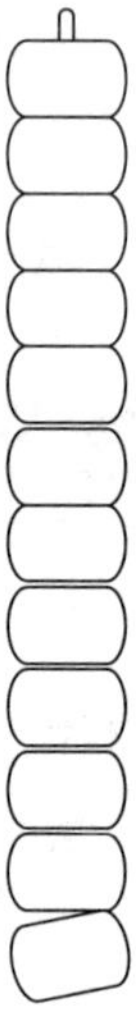

图 4–36 摸摸吊圈简单示意图

尽管操作员的动作得以改善，但是这样做会不会使水蜘蛛的作业变得烦琐呢?这是我们需要思考和平衡的问题。

4.2.3 工具使用改善

尽管工具不是物料，但是在生产中使用工具的频率还是非常高。工具使用改善，就是要让工具更方便拿取、更方便使用，还要根据实际情况选择更适用的工具。

生产案例 25 方便拿取工具——剪钳的放置

操作员在使用剪钳（见图 4–37）的时候，总是需要不断重复抓取、放下。很多人已经对这种动作习以为常了，不觉得有任何问题。

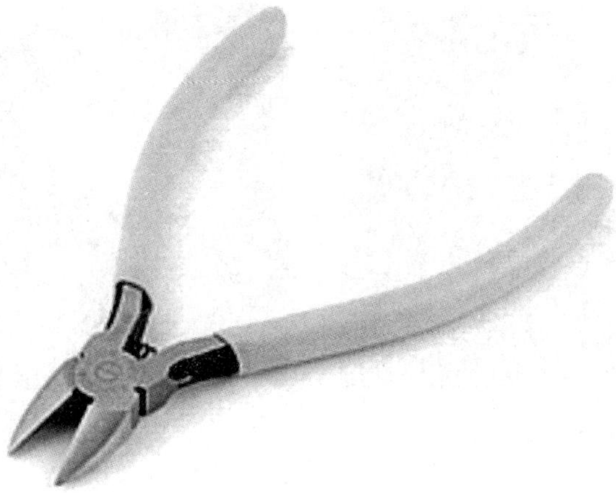

图 4-37　普通剪钳

可是我觉得有问题，我把剪钳用绳索悬挂起来，目的是缩短操作员抓取和放手的距离，但是过了两天，绳索消失了，剪钳的放置又恢复了以前那种状态，为什么？操作员真的很讨厌那根绳子吗？是的，他们很讨厌它，剪钳用绳索挂起来，距离是缩短了，但会使剪钳的使用变得很不方便，因为用的时候始终有东西牵扯着，操作员觉得很别扭，所以他们对我的绳索“痛下毒手”。后来，我看到那个操作员自己想到了办法，用一块大磁铁吸附在机器上，然后再把剪钳吸在磁铁上，这样的话，以前需要从桌面上拿取的距离被缩短了一半，使用时也没有束缚，用完了又吸回去。这就是动作距离的缩短。

生产案例 26　方便使用工具——锡线筒

在 JC 的时候，为了节约成本，我们用很便宜的电烙铁，这里有一个问题，就是这种电烙铁并没有配备专用的架子，那么从筒里拖出锡线就比较麻烦，操作员总是需要将作业停下来，然后一手按住锡线筒，一手拖出一大截锡线，不能边拖线边焊。

于是他们自己想了办法，将锡线筒放在桌面下的抽屉里，这样可以边拖边焊，只是有点儿不顺手。没有抽屉的人干脆就找一个废弃的镊子，将其插在桌面上，然后将锡线筒中间的孔穿在镊子上放置（见图 4-38），这样也能边拖线边焊。

我们的维修技师为了方便自己使用电烙铁，制作了一个简单的架子（见图 4-39），这样就更方便了。

图 4-38　镊子和锡线筒

图 4-39　锡线筒架子

生产案例 27　选择适用的工具——清洁水瓶子

用抹布沾清洁水擦拭的作业在很多地方都存在，通常情况下，要沾水的时候从瓶子里倒一点儿到抹布上，或者在瓶口盖上弄个小孔，但量不好控制。

在 JC 的时候，有一种专门用于抹布沾水的瓶子，如图 4-40 所示。

轻轻将盖子往下压一下，就会从瓶子里溢出少量的清洁水，存放在盖子的凹槽里，沾清洁水时只需要将抹布在这个凹槽里轻轻蘸一下，不需要拿起瓶子倒，而且量也容易控制，也就是说沾水的动作被简化了，这个瓶子是个好东西。

图 4-40　清洁水专用瓶

4.2.4　物料专用道具

所谓道具，就是特别的工具。我们的物料有各种形状、尺寸、重量等，针对不同的物料，可以设计和制作专门的道具，使我们能够更方便、更快捷地获取物料或者放置物料，从而提高物料作业的效率。

生产案例 28　物料放置专用道具——电枢芯片的钩子

最早冲压马达电枢铁芯(转子)所需的芯片是被散放在物料盒里面的，问题很多。一是操作员需要用手一片片地将其放入冲芯模的料槽上，费时费力；二是转子芯片散乱，容易损坏。

后来，我们的前辈自制了专用的铁钩，如图 4-41 所示。使用时，用两个铁钩将芯片穿成一串（见图 4-42），这个工作在马达芯片部完成，他们会将转子芯片一串串地穿好提供给我们，他们穿芯片会容易很多。这样转子芯片不再是杂乱无章地被放置在一起，而且在上料时，操作员只需拔掉下面的一个铁钩，用手扶住对准料槽放置，一次性便可放入一串转子芯片，比起以前一片一片地放入，作业时间大大减少了。

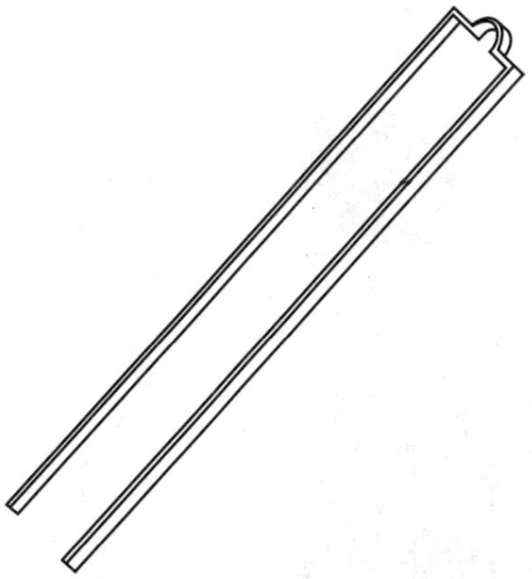

图 4-41　转子芯片专用铁钩

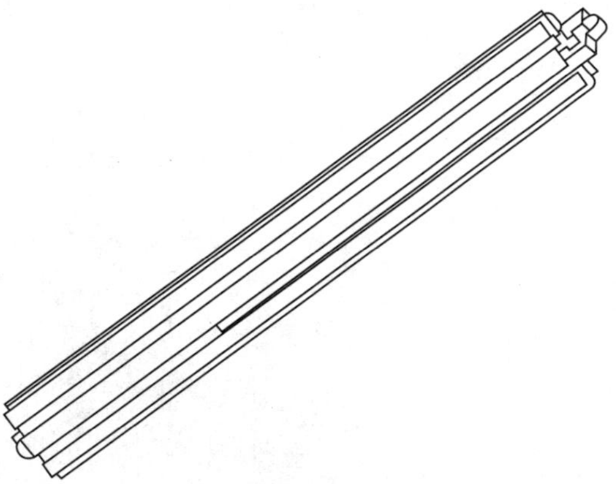

图 4-42　两根铁钩的转子芯片串

生活案例 16　取书专用道具——书钩

有时候从书堆里取出一本书并不是那么容易，特别是当书架塞得满满当当的时候。

图 4-43 和图 4-44 所示的这个书钩是一种专门用来取书的道具，能让取书变得更方便。

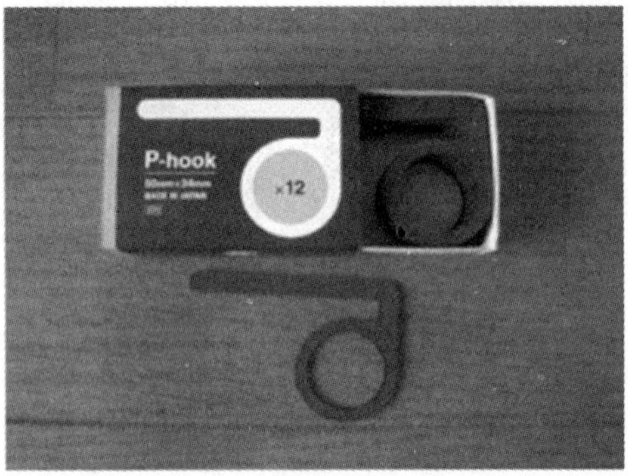

图 4-43　书钩

图 4-44　用书钩取书

生活案例 17　使用道具简化获取——剥玉米粒器

从玉米棒上获取玉米粒也可以看作获取物料的作业，只不过似乎比较困难，如果用手剥玉米，很慢，效率不高，而且时间长了手受不了。

有人发明了专用剥粒器（见图 4-45），只需要将钢圈调整好大小套在玉米上，

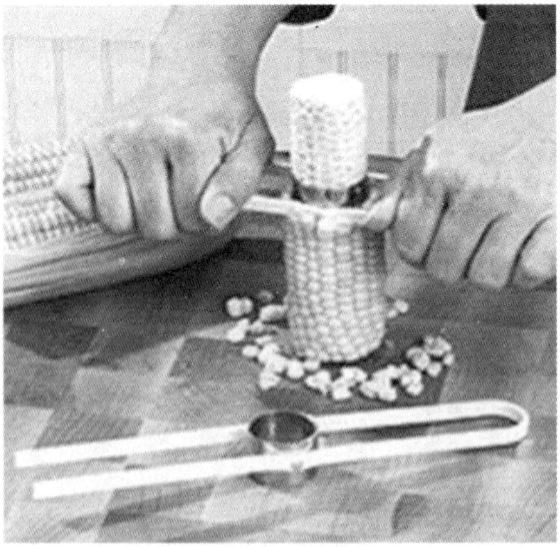

图 4-45　玉米剥粒器 1

然后用力压下去，玉米粒就被剥下来了，这个道具的使用显然使获取简便了很多，效率也高了很多，而且这种特别的工具代替了人手的作业。

图 4–46 所示是另外一种玉米剥粒器，它多配备了一个额外的储存槽，剥下来的玉米粒会临时储存在槽里面，每次剥下一些玉米粒之后再把它们倒进容器里。

图 4–46　玉米剥粒器 2

4.2.5　物料存放改善

物料存放改善就是通过物料器皿放置方式的改变，简化放置及添加物料的作业，并确保质量，避免物料因放置不当造成质量损失。

生产案例 29　简化放置——电枢铁芯盒改善

电枢铁芯以两种方式进入我们的生产系统，一种是通过冲芯模冲压散装芯片而成，另一种是直接来料。

早期的直接来料所使用的物料盒（见图 4–47）有一些问题，电枢铁芯物料盒虽然比较大，但是容量小（24 个 / 盒），铁芯被一个个隔开，目的只是避免铁枝之间的碰撞，且不可以重叠放置，占用空间比较多。最麻烦的事情是需要将这些铁芯的铁枝一个一个地插入孔中。

其实实现避免碰撞的方式也有很多种。图 4–48 所示的盒子只是在一个普通的盒子里固定了一个隔块（垫了一块灰胶板），电枢铁芯平行于盒面放置，但同样可以避免铁枝的碰撞，盒子大小和以前差不多，但容量增加了（30 个 / 盒），还可以重叠放置，更加节省空间。最重要的是，把铁枝插入每一个孔里的放置动作也没有了。

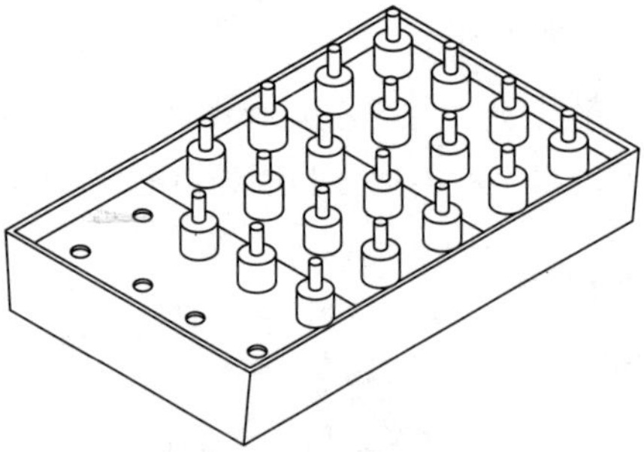

图 4-47　改善前电枢铁芯物料盒

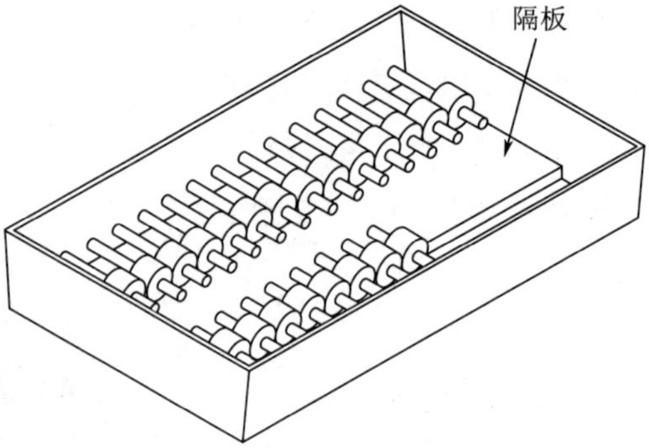

图 4-48　改善后电枢铁芯物料盒

生产案例 30　加料改善——物料箱改良

为了保证物料的清洁，物料箱几乎是封闭的（见图 4-49），只能从左侧的料口取料，本来加料时可以打开上层的挡板，但是打开挡板比较麻烦，很费时间，所以物料员总是喜欢在取料口加料，这样其实很不方便，有时候还会影响操作员作业。

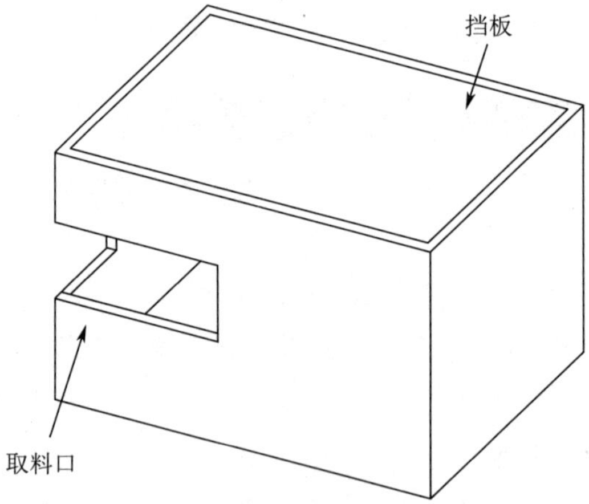

图 4-49　改善前物料箱

改善后，将挡板部分固定，在上层开了个活页门（见图 4-50），通过打开活页门来加料，而前方的料口只用于取料。

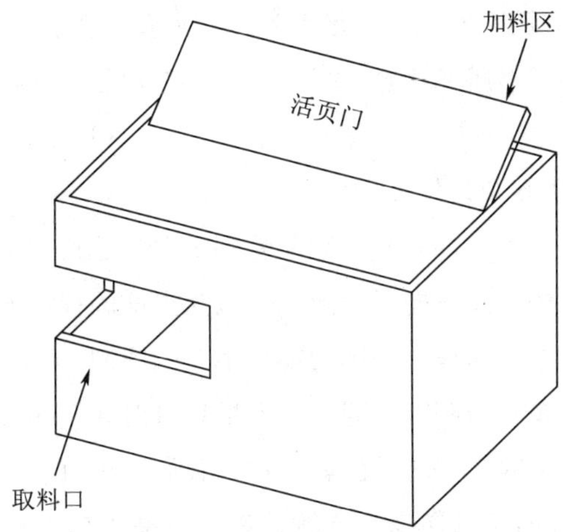

图 4–50　改善后活页门物料箱

生产案例 31　物料放置改善——马达芯片架

这是我在 ME 第一个被付诸实践的建议，当时我刚刚入职，我的师傅希望我对转子芯片存放存在的问题提一些建议。

这些芯片被一串串重叠地放置于物料小车上，如图 4–51 所示。但是由于芯片的相互挤压和接触，在生产之前便已损坏了不少。

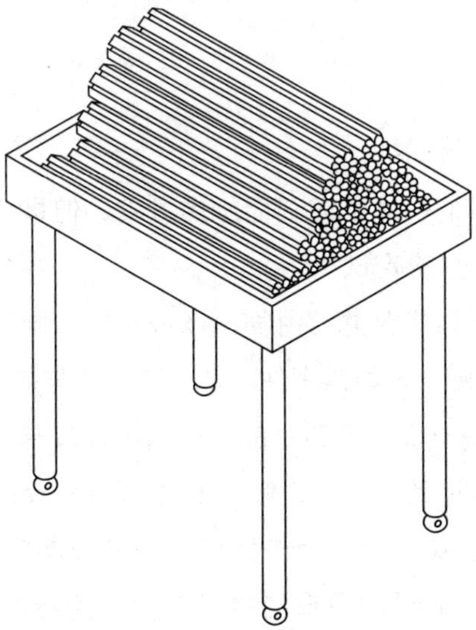

图 4–51　存放转子芯片的小车

当时我们分析出来两个原因：一是芯片平行重叠放置，芯片受力不均，各自偏向不同的方向；二是相互挤压和接触，本来方向就各不相同，再一接触，便互相交错，造成变形。

我开始思考并问了 5 个为什么：

1）为什么会出现散片、坏片？→因为受到压力及芯片方向不一致。

2）为什么会受到压力及方向不一致？→因为当前的存放方式。

3）为什么存放方式是这样？→因为物料小车的限制。

4）为什么物料小车有限制？→因为它不是只针对转子芯片的。

5）为什么没有只针对转子芯片的容器？→我们可不可以自己制作。

在分析之后，我发现要改善这个问题，第一点是让芯片受力一致，我们能利用的就是重力；第二点要避免芯片间的亲密接触，就是需要把一串串的芯片隔离开。如何实现？就是要取消现在的物料小车，制作特殊的芯片存放容器，或者说是改变当前的存放方式。

当时我考虑了 7 种方案：

1）垂直悬挂转子芯片串的旋转圆筒。

2）简单的斜面。

3）倾斜的架子。

4）平行放置，包装分离。

5）斜面的旋转放置。

6）横向的圆筒。

7）V 字形架子。

经过与师傅讨论，我们一致认同斜面旋转方案，但是另一位同事并不认同我们的观点，无论如何我们还是决定试一下。

改善后的转子芯片送料作业需要由物料员放置在特制转子芯片架上，芯片上卡槽与转子芯片串紧密接触配合，将其卡住；芯片下卡槽与转子芯片串的铁钩配合，起固定作用。这样的话，每一串转子芯片都互相隔离，没有了碰撞挤压的风险，同时因为受到重力的作用，芯片受力一致，倾斜的方向也一致，这样的话可以大大减少转子芯片的损坏。因为可以旋转，操作员可以旋转取料，空出来的地方会被旋转到朝向线外，方便物料员上料，满载的转子芯片架能提供给操作员一个多小时的用量。

不过这个新的芯片架被推上生产线之后，不到两天便消失了，最后我们好不容易在废弃品仓找到了它。被丢掉，意味着我们做的改善没有被操作员认可，为什么呢？后来发现我们所做的架子在装满转子芯片后，桌面与架子的摩擦力变得很大，无法旋转，操作员自然就有意见。于是我们又在桌面上安装了几个滚珠轴承，架子底面与滚珠接触，旋转架子变得轻松自如了（见图 4–52）。

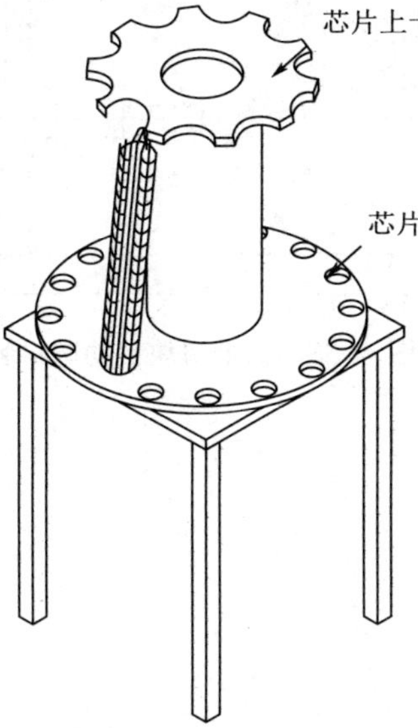

图 4–52　改善后转子芯片架

我们将二次改良后的架子再次推上生产线，便没有被丢掉了。有人担心因为旋转倾斜的放置而导致芯片串从上面掉下来，不过实践证明，这个架子还是能将芯片串固定住的，正常作业时芯片串是不会掉下来的，除非遇到强烈的地震。

4.2.6　自动供料改善

自动供料，就是通过机械将工件、物料等自动送到操作位置，这将大大减少物料员的工作。如果有可能，应该尝试进行自动送料的改善。

应用举例 01　曲柄滑块送料装置

图 4–53 是一个简单的送料装置，工件 a 从料仓 1 落下，落在平台 p–p 上，曲柄 2 因受到动力而周期性地绕 A 点从左极限位置起转过一周，并通过连杆 3 驱使推

杆 4 移动，推动工件 a 使其进入操作位置；当曲柄 2 回复至左极限位置时，下一个工件 a 又会落到 p-p 平台上。

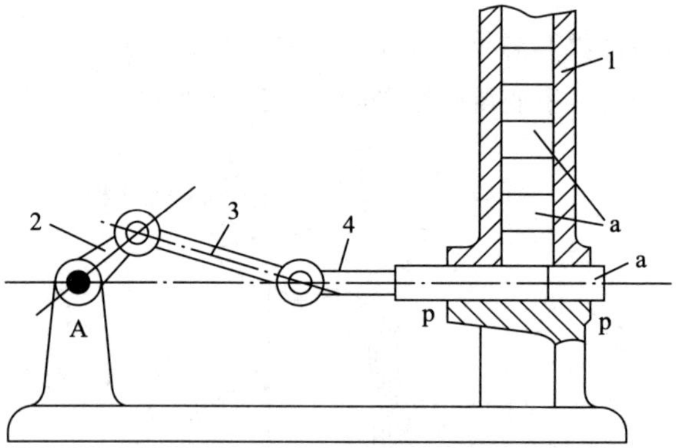

图 4-53　曲柄滑块自动送料装置

第 5 章 接着接着式生产线

Chaku-Chaku Line 是一个很特别的词语，它是日本人精益生产体系中很重要的特征，也是丰田“自働化”思想的具体实现形式。它代表着机器自动化和人力的完美平衡，以及极致的柔性生产。

在深圳的工厂里，我曾在日本丰田顾问的指导下，带领小团队去打造一条 Chaku-Chaku Line，也就是中文所说的接着接着式生产线。

本章记录了当时完成的大量案例以及后来在其他工厂进行的同类改进，还包括改进中的思考和失败。

5.1 接着接着式生产线基础

接着接着式生产线是翻译过来的名词，听起来有点儿怪异。实际上，它的原名叫 Chaku-Chaku Line。Chaku-Chaku 是日语，含义是“装载-装载”。它是指生产线的效率已经提升到一定水平，操作员只需装上或放入工件即可转移至下工序，无须在操作或卸载上花费任何功夫。这种生产线的操作员在作业时工序都是一个紧接着一个的，所以我们也把它叫作接着接着式生产线。

理想的 Chaku-Chaku 生产线是建立在一个流的基础上的，产品是一个一个流动，而不是一个批量一个批量的流动。

最早接触 Chaku-Chaku 生产线，是我在 ME 公司的时候，当时领导改善工作的是一个从日本丰田退休的老人，当他把这种源于日本哲学的生产理念引入时，我们就多了一项艰巨的任务，在 ME 打造一条 Chaku-Chaku 样板生产线。

那段绞尽脑汁、时常失眠的时光就是拜 Chaku-Chaku 所赐。

刚开始的时候，我们都认为这是一个噱头，后来我才慢慢理解，这是日本生产方式的精髓。既不投入大量资金购置高大上的全自动设备，又不是纯粹手工的作坊式作业，而是因地制宜地选择一条资源投入较少但效率高的路线。理论上，这种生产线可以只由一个操作员从头操作到尾，但根据生产节拍的不同，可以安排更多的人员。也就是说，Chaku-Chaku 和传统生产线有个最大的区别，就是人员数量 100% 可控，而不像传统流水线那样一个萝卜一个坑。人员的调配结合产量的不同，可以随时应对客户的需求变化，这就是柔性生产的典型表现。

2014 年，我终于去了日本的丰田市，在丰田工厂的见习间里真正体验了一次日本人的 Chaku-Chaku。

这种弥漫着改善气息的生产线，体现着日本人务实而执着的精神。但是不一定适合所有的工厂，它更适用于小型零件的加工和装配，更多地被应用于汽车行业和电子行业。在进行 Chaku-Chaku 改进尝试的时候，需要根据实际情况分析，不能武断地应用所有 Chaku-Chaku 的特征。

Chaku-Chaku 生产线主要有三个特征：

1）人工作业和机器作业分离。

2）人的作业只有抓取、放置及按钮。

3）人可以有必要的走动。

举个例子，一个操作员放置一个未加工的半成品到机器上，按键开始，然后从机器的另一个位置拿起已加工的半成品到下工序，就这样按键走开、抓取，按键走开、抓取……不断循环，不断走动完成工作。接着接着式生产线几乎没有动作浪费，也就是说除了抓取放置、按键的动作和工序间的必要走动，其他动作都是浪费。

应用与之对应的机器设备来完成一系列解放人的工作：自动加工—自动夹持—自动进料—自动停止—自动返回—自动卸料—自动防呆。

人的作业优化配合机器的“自働化”，是 Chaku-Chaku 的主要特征。

5.2 接着接着式生产线建立步骤

接着接着式生产线的建立大致分为 11 个步骤：

1）分析生产线基本状态，包括生产节拍、人员配置、作业工序、作业时间及生产线平衡率。

2）分析每个工位所需的物料，半成品状态，所需工具、夹具，机器的状态。

3）分析每个工位作业方法，找出浪费。

4）分析每个工位可否进行作业改善。

5）分析每个工位有无防错防呆。

6）分析每个工位有无自动送出。

7）分析每个工位有无“自働化”。

8）针对所发现的问题进行改善。

9）对改善后的工位重新分析，重新确认工序作业方法及时间，重新制定作业标准。

10）对整体改善后的生产线重新分析，重新确认人员配置及平衡率。

11）改善结果确认，制定持续改善目标。

5.3 接着接着式生产线改善内容

接着接着式生产线的改善内容主要包括四个方面：

1）作业改善。

2）防错改善。

3）自动送出。

4）自働化。

5.3.1 作业改善

在传统生产现场，最必要的是人、机器和物料，被称为生产三要素。在生产三要素中，操作者的体力是不能存储起来的。为此，应该重视在生产中省力装置和机构的应用，将操作者用在必须要用人完成的工位上，改善作业环境，实施合理化的作业方法，取消作业中的不合理、不稳定和浪费因素，充分发挥人的潜力。

所谓作业改善，就是利用更科学、更合理的动作和方法，提供必要的工具或夹具，使操作人员更轻松、更舒适、更快、更好地完成作业。这是一种相对简单、成本较低的改善方式。

生产案例 32 取消双手按键——安全门改良

机器设备的双手按键是为了保证安全，即必须左右手同时按键，设备才会启动，单手按键的时候设备不会启动，消除操作员一只手在运动区域的危险。

双手按键的设备一定是一人操作的，不允许两人同时操作，以前我工作过的公司就发生过两人同时操作造成的惨剧，也许从某种意义上说，双手按键的安全性也不能令人满意。

当年在 ME 的时候，冲压机应用广泛，所以双手按键随处可见，但是对 Chaku-Chaku Line 来说，双手按键有一个巨大的坏处：为了保证安全及避免操作员按键后将手放入机模，操作员必须在按键时保持不松手，停在那里直到机器完成工作，也就是通常所说的按键停滞。

对于取消双手按键，改善小组不断尝试，于是有先驱者设计出了铁丝网开关，如图 5-1 所示。

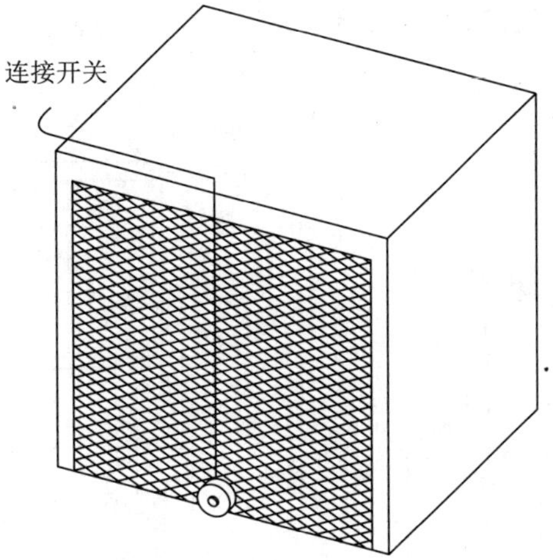

图 5–1　铁丝网开关

通过拉动铁丝网控制开关，当拉下的时候，机器被封闭，手无法进入，以铁丝网连接的拉线触动开关，机器工作；松开手，铁丝网则慢慢收回，拉线收缩，直到恢复原状（类似于卷帘门）。

双手按键是被取消了，但是当机器开始工作时，铁丝网也在慢慢向上收缩，还是有手进入的危险；另外，不小心拉到线也会启动机器，安全问题并没有很好地解决，持续改善看来是必要的。

第二个取消双手按键的改善版本是，用有机玻璃板代替铁丝网，并加上气缸锁死机构，我们决定采用这种方式改造 307 线的电枢入铁壳机器。

电枢入铁壳机器是气动冲压机模，体积不是很大，所以改善起来相对容易些，改善前的作业仍然需要操作员双手按键，停滞时间为 5 秒，总操作时间为 15 秒，我们的目的就是消除那按住键不放的 5 秒。

改造后的电枢入铁壳机模如图 5–2 和图 5–3 所示。

我们在原有的有机玻璃罩的基础上，增加了一个新的可以上下拉动的门，门两边各安装了两个凹槽（门滑行的槽），凹槽的底部安装了两个微动开关，人手是接触不到的；当门被拉下的时候，通过门两边（被藏在槽里）的触块触动开关，然后锁死机构工作，将门锁住，机模开始工作，这时机器是封闭的，人手无法进入。

当机器完成冲压工作后，锁死机构打开，门通过滑轮结构自动返回到初始位置。这里我们采用了滑轮加砝码的办法，让门自动弹回（见图 5–3）。另外，为了保证安全，我们把砝码藏在了塑料圆筒里。当然，关于这个自动弹回还有其他方式，比如采用弹簧、橡皮筋等。

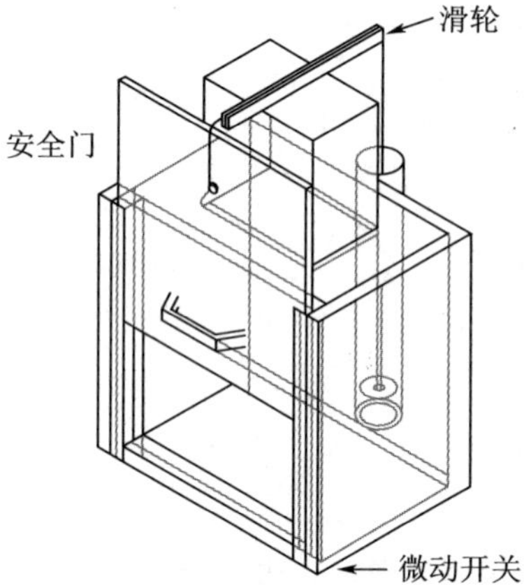

图 5–2 安全门开关

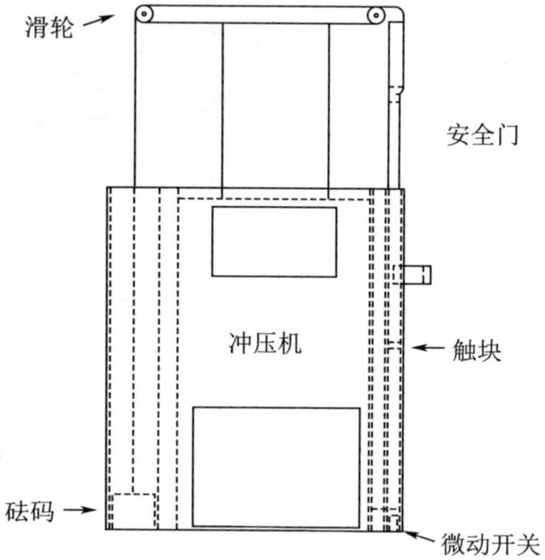

图 5–3 安全门开关左视图

改善之后，操作员的 5 秒停滞时间被消除了，总操作时间为 10 秒，在拉下门后他们就可以走开了，不用再像以前那样站着不动。

我们称这种方式为安全门开关，适用于体积不大的机器设备。

生产案例 33 节约成本——连杆锁死结构

上一个案例提到的安全门开关，一般情况下通过微型气缸的伸缩来控制门的锁死，我们希望找到一种更省钱的办法，因为气缸要花钱，气缸用的气也会消耗能源。

电枢入铁壳机器的下模是固定的，上模上下运动，我们把焦点放在了如何利用上模的运动上，这样的话，就不需要重新去找一个原动力源。

在经历了两次失败之后，最终选择了连杆机构，如图 5–4 所示。当处于缩回状态时，上模在顶部初始位置，其一部分组件顶住导杆 1（整个移动导杆机构固定在机模右侧保护罩上），导杆 2 由于导杆 1 的位置而处于缩回状态，固定在导杆 2 上面的弹簧被压紧，这个时候安全门是不会锁住的，可以随意上下拉动。

当拉下门以后（拉到底部），触动微动开关，机模开始工作，上模开始向下压（见图 5–5），移动导杆变为弹出状态，导杆 2 由于导杆 1 没有了阻碍，在弹簧弹力

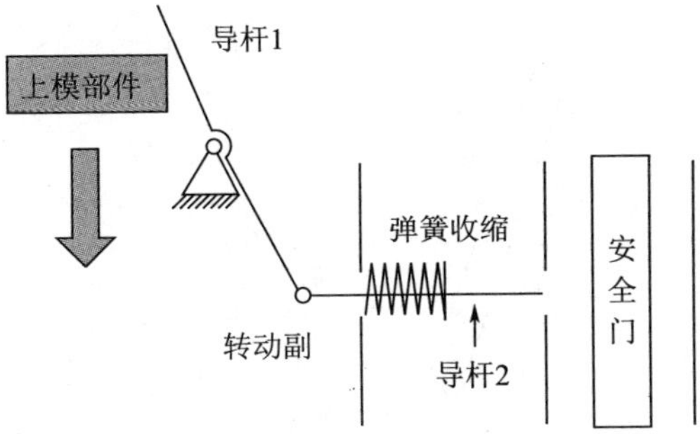

图 5–4　连杆缩回状态

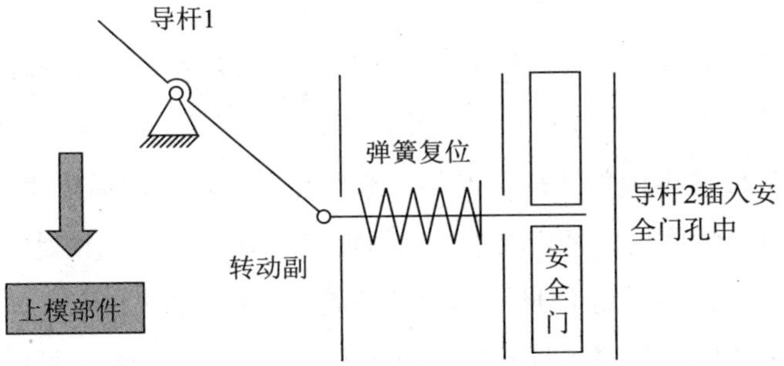

图 5–5　连杆弹出状态

的作用下向外弹出，正好插入安全门的孔中，此时门被锁住。

机器完成工作后，上模回程，当返回到顶部初始位置时，导杆 1 再次被顶住，致使导杆 2 缩回，门结束锁死状态，并由于滑轮一端重物的拉力而返回到初始位置。

用连杆（移动导杆）机构取代气缸的方式后来在整个 BU 推广，我的同事们还在实践过程中根据不同的需要改良出了几个版本，但功能是一样的。

这种结构的推行节省了不少气缸，同时对气的消耗也不存在了，节约了能源，而我们付出了什么呢？只有第一个版本的移动导杆使用了 4 种简单的东西：一根细铁枝、一个被敲打过的销钉、半截弹簧和螺钉，如图 5–6 所示。这体现出一种改善的哲学——“抠门”的哲学，用简单的东西去做改善，不要盲目进行大投入。像这种小装置，自己可以制作出很多，无须购买。

生产案例 34　取消单手按键——画像检测作业时间缩短

许多年后，我在成都的 XY 工厂继续进行过一次取消按键的尝试。

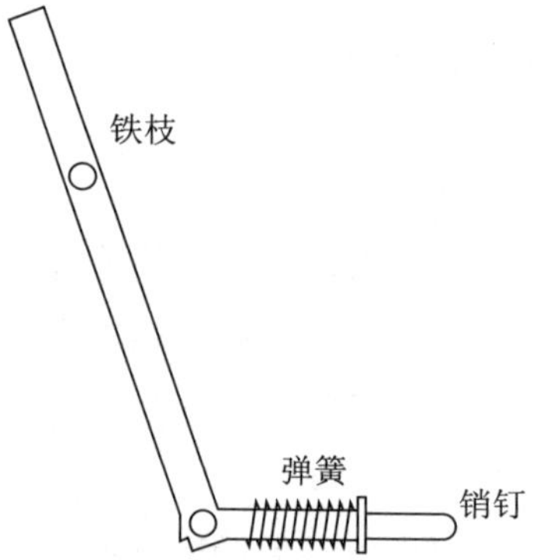

图 5-6　连杆组件

当然，和在沿海的 ME 不一样的是，当时生产线的技术员完全不同意取消按键的设想，在和他争论了两个小时后，他妥协了，于是有了下面这个案例。

画像检测工位最早的作业是取产品，放产品入夹块，然后推手柄到检测位置，再按键启动检测，然后拉出来，放置，如图 5-7 所示。推拉手柄是为了便于拿放产品，这个动作其实也是浪费，但是受到检测设备的限制，改动它比较困难，暂时不改。那么按键是需要的吗？按键的目的是启动检测，不是确保安全，可以这么说，有没有按键对这个工位来讲，安全等级是一样的，那用 ECRS 原则分析，可以取消吗？可以。产品放上去让机器检测就可以了，但是手指有可能会影响到检测的效果，那么可以合并吗？可以。直接把开关装在夹块后面（见图 5-8），推到位的时候就启动检测了。后来也是这样操作的，虽然每次检测时间节约了零点几秒，但可能影响到每天几千的产量。

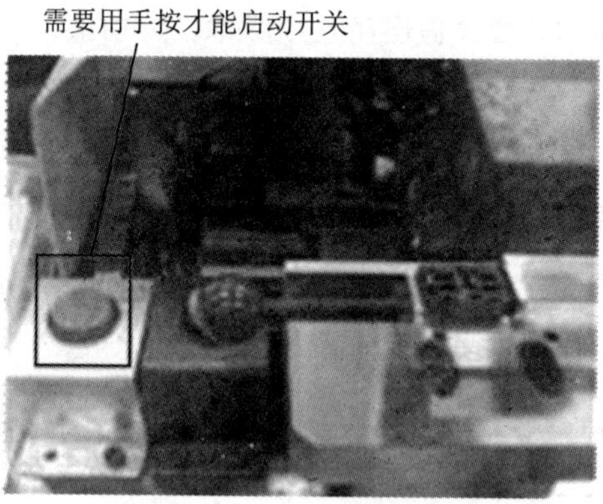

图 5-7　改善前需要按键

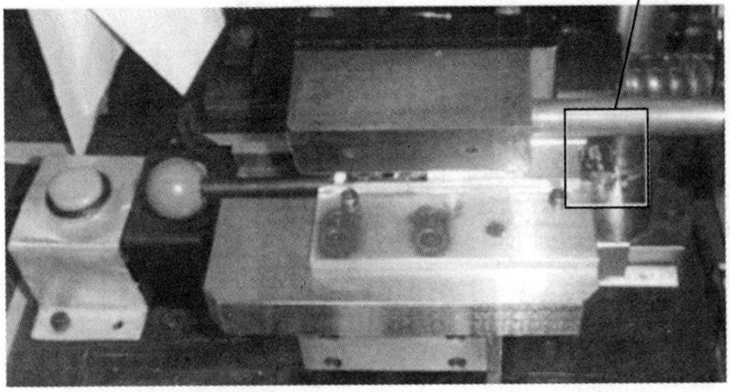

图 5-8　改善后不用按键

生产案例 35　简化作业——剪线脚作业改善

剪线脚作业就是用剪钳或剪刀剪掉多余的线头或锡脚。

早前有工程师做了一个特制的方盒，并在两侧开了洞，以便双手入内作业，同时避免剪下的线头乱丢而影响 5S，如图 5-9 所示。

实际的情况却是操作员非常讨厌这样的箱子，因为这样作业既不方便又别扭。所以后来普遍采用了一种更为简单的剪线箱（见图 5-10），但是仍有几个问题：

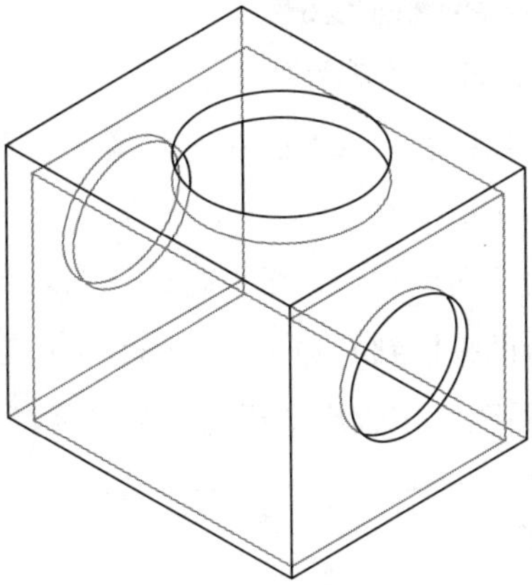

图 5-9　剪线箱 1.0

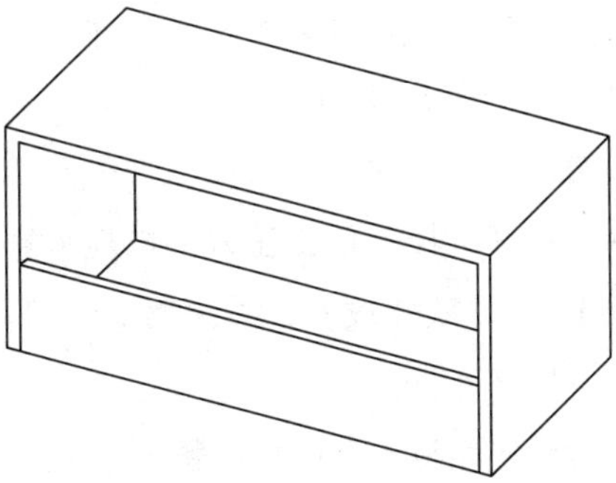

图 5-10　剪线箱 2.0

1）空间太小，作业不方便。

2）锡渣等杂物不易清理，剪线箱始终很脏。

3）用于打点的色笔随手放在桌上，每次打点需要拔笔套，用完后又要套上笔套，比较麻烦。

对此我们继续进行改良（见图 5–11），这种新的剪线箱有几个好处：

1）空间较大，更利于作业。

2）右侧开一个可以活动的扇叶门，便于倾倒锡渣。

3）将色笔笔套固定在右侧板上，取消拿笔套和装笔套的动作。

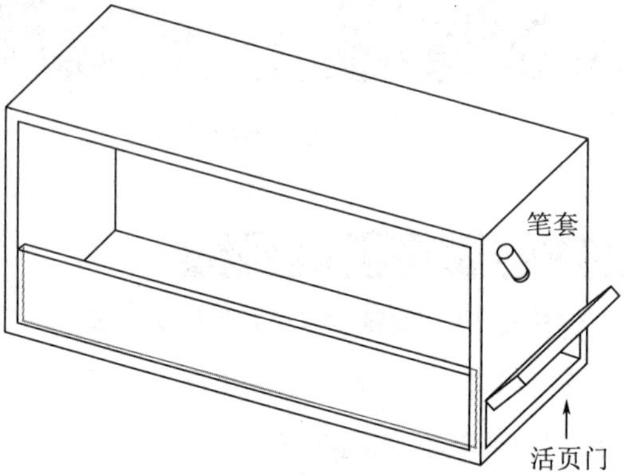

图 5–11　剪线箱 3.0

生产案例 36　移物（开门）动作的取消——一根绳子

冲芯机模是将一叠固定的叠片通过冲压而形成电枢芯片的机器。

在 ME 的时候，307 线有一台冲芯机器，我们利用 MOD 法对其操作过程做了动作分析，如表 5–1 所示。

改善前的冲芯作业，操作员首先需要拉动手柄到左边极限位置，然后右手将安全门向右推开，接着取出压好的电枢放置，再推手柄到右边（将新的叠片推到冲压的位置），抓取铁枝放入，并关上安全门，最后双手按键启动机器，为了保证安全，需要手不松开 4 秒。

我们希望能将作业简化，提出了 4 个问题：

1）开门的动作可否取消?

2）可否有自动送出，不用取出压好的电枢?

3）铁枝放置可否简化，可否更易于抓取?

4）双手按键可否取消?

表 5-1　改善前冲芯作业 MOD 分析表

左手动作	MOD 分析	总分析式	MOD 值	MOD 分析	右手动作	时间（秒）
拉手柄到左边	M3G1M3P5	M3G1M3P5	12	M3G3M2P0	等待	1.548
等待	BD	M3G1M3P2	9	M3G1M2P2	向右推开安全门	1.161
等待	BD	M2G3M3P2	10	M2G3M3P2	取出压好的电枢	1.29
推手柄到右边	M4G1M3P2	M3G1M3P5	12	BD	等待	1.548
等待	BD	M2G3M3P5	13	M2G3M3P5	抓取铁枝放入	1.677
等待	BD	M2P2	4	M2P2	关上安全门	0.516
双手按键	M4P2	M4P2	UT="4"	M4P2	双手按键	4.774
总时间						12.514

我们针对这些问题进行了改善，以前作业的时候门是往右边开的，实际上往左边开也是一样的，甚至对操作员来说更方便，因此将开门的方向改到了往左开，这样做的好处是和拉动手柄的方向一致，我们在手柄和门之间系了一根绳子，当操作员拉动手柄的时候，就会顺带把门也拉开，如图 5-12 所示。

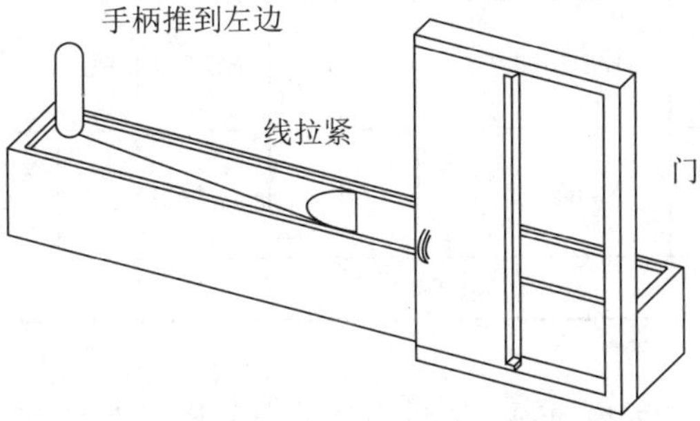

图 5-12　冲芯模开门局部示意图

对于双手按键，仍然采用了安全门开关的形式，当把门向右推动关上的时候，门上凸出的触块将触动隐藏在槽里的微动开关，机器封闭并开始工作，如图 5–13 所示。

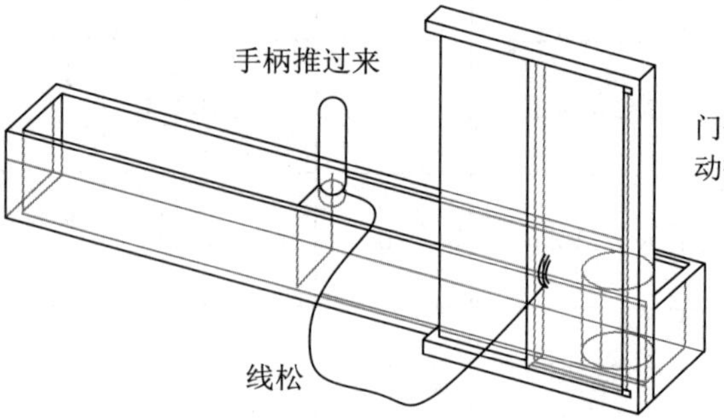

图 5–13　冲芯模关门启动机器局部示意图

注：图中所示只是局部，实际上整个机器在启动后是完全封闭的。

我们得到了新的作业方法分析表，如表 5–2 所示。

表 5–2　改善后冲芯模作业方法 MOD 分析表

左手动作	MOD 分析	总分析式	MOD 值	MOD 分析	右手动作	时间（秒）
拉手柄到左边	M3G1M3P5	M3G1M3P5	12	BD	等待	1.548
等待	BD	M2G3M3P2	10	M2G3M3P2	取出压好的电枢	1.29
推手柄到右边	M4G1M3P2	M3G1M3P5	12	BD	等待	1.548
等待	BD	M2G3M3P5	13	M2G3M3P5	抓取铁枝放入	1.677
等待	BD	M2P2	4	M2P2	关安全门启动开关	0.516
总时间						6.579

不过由于机模内部结构的问题，实现电枢的自动送出非常困难，所以并没有去

做这方面的改进；对于铁枝放置与抓取，也暂时没有好的方法去解决，所以这两个问题仍然还是问题。

从表 5–2 可以看到有两个动作被取消了，一个是推开安全门的动作被合并到拉手柄的动作，时间节省了 1.161 秒，另一个是双手按键不放的停滞时间也没有了，也就是 4.774 秒从作业中消失了，那么总的操作时间变成了 6.579 秒，比改善前少了 5.935 秒。

MOD 法动作分类如表 5–3 所示。

表 5–3　MOD 法动作分类

<table>
<tr><td rowspan="12">上肢动作（基本动作）</td><td rowspan="5">移动动作</td><td rowspan="5">移动动作</td><td>M1 手指动作（2.5cm）</td></tr>
<tr><td>M2 手腕动作（5cm）</td></tr>
<tr><td>M3 小臂动作（15cm）</td></tr>
<tr><td>M4 大臂动作（30cm）</td></tr>
<tr><td>M5 伸直的手臂（45cm）</td></tr>
<tr><td rowspan="7">终结动作</td><td>反复多次的反射动作</td><td>（M1/2 M1,M2,M3）</td></tr>
<tr><td rowspan="2">触摸动作，抓握动作</td><td>G0 碰，接触</td></tr>
<tr><td>G1 简单地抓</td></tr>
<tr><td rowspan="4">放置动作</td><td>G3（注）复杂地抓</td></tr>
<tr><td>P0 简单放置</td></tr>
<tr><td>P2（注 1）较复杂放置</td></tr>
<tr><td>P5（注 2）组装</td></tr>
<tr><td rowspan="6">身体及其他动作</td><td rowspan="4">下肢和腰部动作</td><td colspan="2">F3 足踏板动作</td></tr>
<tr><td colspan="2">W5 走步动作</td></tr>
<tr><td colspan="2">B17（往）弯体动作</td></tr>
<tr><td colspan="2">S30（往）起身坐下</td></tr>
<tr><td rowspan="2">附加因素及动作</td><td colspan="2">L1 重量因素</td></tr>
<tr><td colspan="2">E2（独）目视</td></tr>
</table>

身体及其他动作	附加因素及动作	R2（独）校正
		D3（独）单纯地判断和反应
		A4（独）加压动作
		C4 旋转动作

注 1，注 2：需要注意的动作。

独：只有在其他运动停止的场合才能进行。

往：往复运动，即往复一次回到原来状态。

生产案例 37 持住动作的取消——焊插针夹具

在 JC 工厂，改善前的作业分为两个步骤：一是插针定位，需要手动插针入 PCB 板，再用烙铁焊插针两头定位，防止焊接时松动，所需时间为 18 秒；二是插针焊接，用电烙铁拖焊，所需时间 9.5 秒。

后来我们尝试用特制夹具，说是特制，也就是固定了一块有插针插槽的 PCB 板，再粘接一块用于放置产品的泡沫（见图 5-14），非常简单，看起来也比较粗糙。

改善后使用这个夹具作业（见图 5-15）也分为两个步骤：第一步仍然是插针定位，将插针插入夹具针脚，再插上 PCB 板，无须用电烙铁焊接两头定位，所需时间为 11 秒；二是插针焊接，用电烙铁拖焊，用手拔下焊好插针的 PCB 板，所需时间 11 秒。

计算总时间，改善后减少了 5.5 秒（27.5-22=5.5）。

图 5-14　焊插针夹具

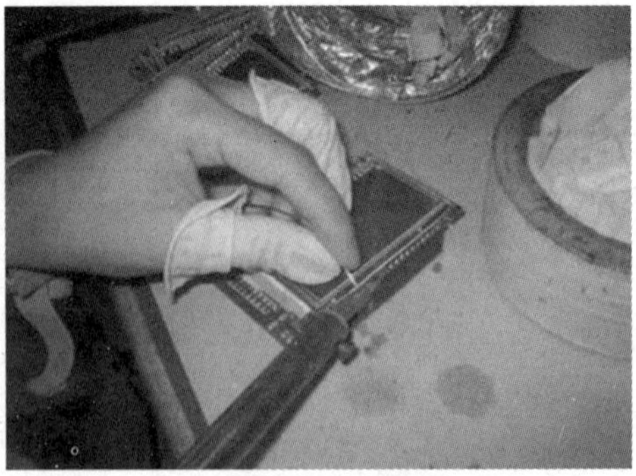

图 5-15　用夹具焊接

生产案例 38　装配动作简化——铁框高度

JC 生产的某些型号的产品，组装液晶模块之前都需要将海绵胶垫贴在 PCB 板指定位置（见图 5-16），并撕去胶垫保护纸（见图 5-17）。

图 5-16　贴海绵胶垫

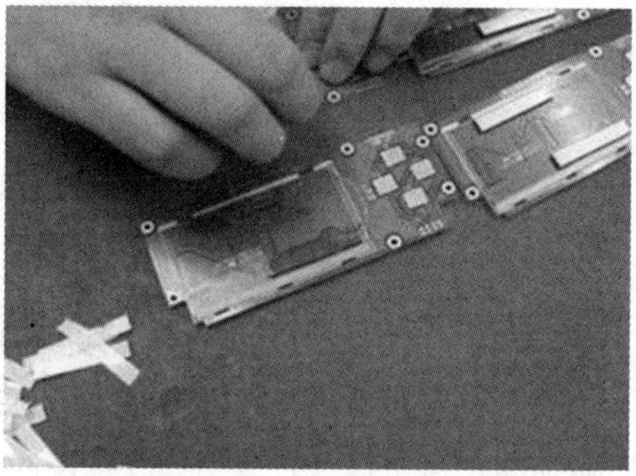

图 5-17　撕保护纸

这里有一个问题，海绵胶垫比较厚，其目的是保证 PCB 板与导光板、玻璃及铁框配合紧密（见图 5-18），但是实际上由于海绵垫的弹性较大，这些型号的产品经常因为配合不好导致不良，并直接导致后续的组装困难。

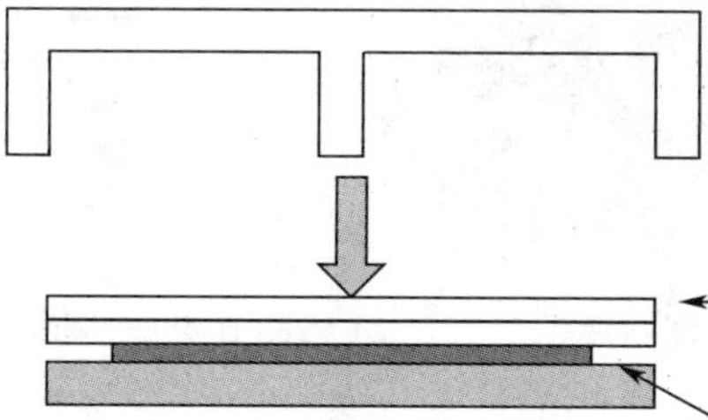

图 5-18　改善前贴海绵垫

后来工程师更改了设计，将铁框高度降低，这使贴海绵垫改为贴很薄的双面胶（见图 5-19），改良以后，因为配合不好导致的质量问题减少了很多，也节约了成本，同时使后续的装配工作变得容易多了。

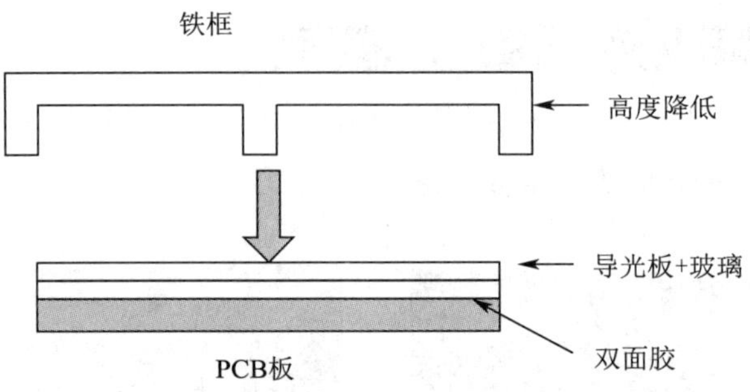

图 5-19　改善后贴双面胶

生活案例 18　装配拆卸动作取消——无盖调料瓶

为了避免粉尘等对调料瓶的污染，我们一般会给调料瓶加个盖子，所以在使用时总需要把盖子打开，或用拧或直接揭开，其实这是一种拆卸动作。当我们使用完毕后，又需要盖上盖子，或用拧或直接盖上，其实这是一种装配动作。

设计师对调料瓶重新进行了设计，如图 5-20 和图 5-21 所示。

图 5-20　没有盖子的调料瓶

图 5-21　调料瓶使用示意图

特别的形状设计和结构设计，使这个调料瓶具有防尘功能并且不需要盖子，使用时直接拿起倾倒便可，省去了打开盖子和盖上盖子的动作，也就意味着取消了装配和拆卸动作。

生活案例 19　晾衣服作业改善——弹性挂衣架

西装、夹克等开口的衣物用挂衣架撑起来的时候会很方便；但是 T 恤衫、毛衣等套头式衣物，或是领口太小，或是为了避免将领口撑大，不得不从衣服底端将衣架套入，这是一件麻烦的事情。

图 5-22 是一款荣获 2007 年红点设计大奖的挂衣架，支撑部分采用了弹性设计。这样的话，在悬挂 T 恤衫时，只需要抓住弹性的部件，用力向里握住，自身的弹性可以让衣架收缩起来，从而轻松地从领口部位插入 T 恤衫内，然后将手松开，就可以将 T 恤衫撑起来。利用同样的方式也可以很方便地将衣架从 T 恤衫中抽出。

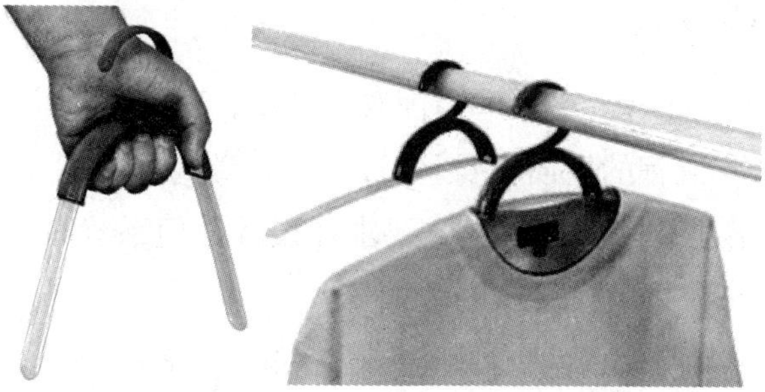

图 5-22　弹性挂衣架

生活案例 20　特制工具提高效率——方便刮脂铲

广西岑溪市地处山区，松脂是当地人们经济收入的主要来源之一。传统的收脂方法是，从割脂口流下来的松脂一般用授脂器装着，而积在割脂口上的干松脂则用柴刀刮下来，虽然有桶在下面盛着，但刮下的松脂还是会有不少掉到地上。这种刮法费时费力，又不方便，干脂也没有全部回收，收脂效率低。

一个三年级小学生为了改变这种情况，发明了方便刮脂铲（见图 5-23），铁铲

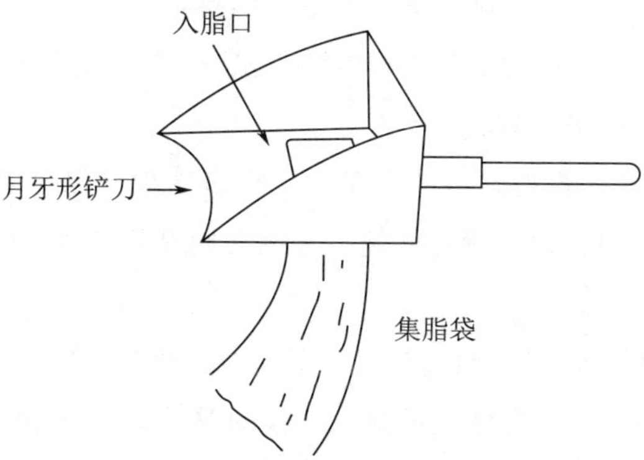

图 5-23　方便刮脂铲

前部为一个月牙形铲刃，使刮脂作业方便、省力，而在铁铲的里面留有一个入脂口，其作用是使刮下的松脂通过它装入下面的集脂袋。这种特制的刮脂铲省时省力，使用方便，而且收集干脂效率高。

以前用柴刀收集干脂每天约收集 8 千克，有 40% 的干脂掉到地上，而用这种方便刮脂铲每天约收集 15 千克，并且没有干脂掉到地上。

5.3.2 防错改善

Poka-Yoke 来自日语，意思是“普通或简单，防错”，是一种设计生产或管理流程的方法，这些流程的性质本身就可以预防出错。这可能涉及设计工装夹具，实现不允许接受错误装载的部件。它要求在设计任何系统时深入思考，预见哪些地方会出差错并采取措施防止出错。

在接着接着式生产线及“自働化”的系统中，Poka-Yoke 侧重的方向是通过有效的防错减少作业浪费。

生产案例 39 利用气压检测——冲装换向器机模防错改良

在 ME，冲压、冲装都称之为“啤”（拼音 bie），所以冲装换向器机模一般称为啤换向器。

307 线的马达型号是通过在电枢两端装塑料壳来保证其绝缘的，通常称这样的塑料壳为风车。我们现在的问题就是由这种风车引起的，在啤换向器之前，操作员需要手工将风车装入电枢的两端，然后 100% 目视检查，这是工序标准要求的，但是即便是这样，在啤换向器后，仍然会出现漏装风车的情况，而且如果漏装，换向器那端的风车是无法补装的，除非暴力拆下换向器。

我们的目标是要尽可能地避免这样的事情发生，如果能够通过物理的方式防错，那么连目视检查都是不必要的。

对于 Poka-Yoke 的设想，我的同事给了很多建议，包括采用金属感应器、光电开关、检测是否导电，以及气孔检测，最后我们采用了气孔检测的方式，因为这是一种相对简单易行的方法。

图 5-24 所示是机模的原始状态，机模的右端有定位螺钉组块。

如图 5-25 所示，我们在模架前端（与换向器前端风车接触面）与后端（与换向器后部铁枝接触面，即定位螺钉组块）分别开了一个 1mm 直径的小孔，并连上气路，这样在放置电枢的时候，若漏装任何一个风车，都会导致一个气孔未被堵住，而机模无法工作。只有放入都装上风车的电枢，两个气孔被堵住，机器才可以工作。

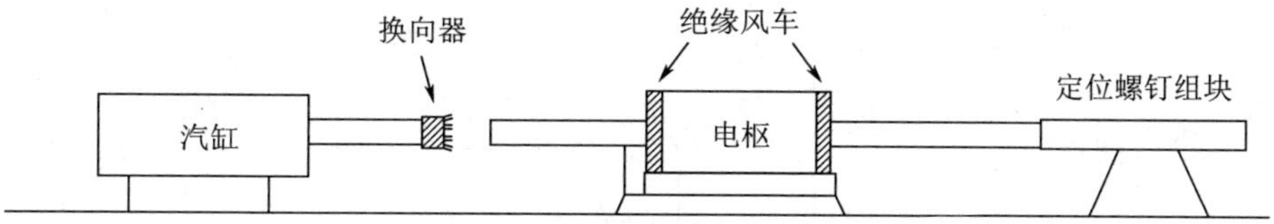

图 5-24　改善前啤换向器模

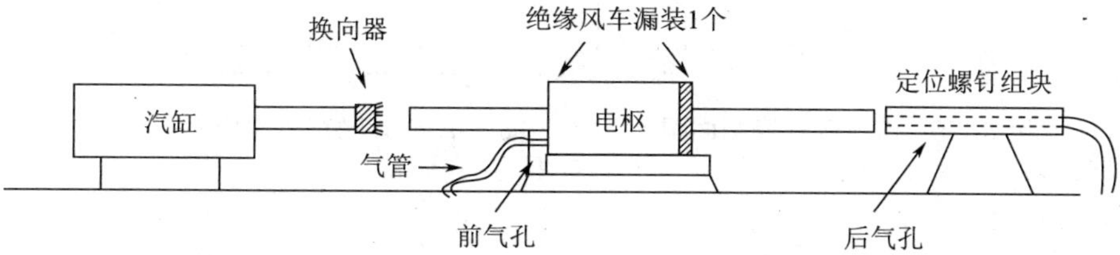

图 5-25　增加 Poka-Yoke 的啤换向器模

比如，漏装了前面的风车，虽然放置的时候人为调整，堵住了前面的气孔，但是由于少了一个风车，导致后端铁枝与定位螺钉组块缝隙，而对应的后气孔未被堵住，机模将不会工作。

不过最早还存在一个问题，在机模里没有放置产品时，小气孔仍然会不断地排气，后来我们又更改了气路，变为只有在按键启动机器开关后，气孔才开始排气检测，在完成一个作业后，气路封闭。这样气的浪费大大减少了，效果还是一样。

最终的结果是操作员不用再目视检查了，漏装风车的电枢也能在没有啤换向器之前被检测出来。

生产案例 40　利用形状——铁壳槽防错

最早的铁壳设计是完全对称的（见图 5-26 和图 5-27），但是存在一个问题，铁壳在充磁之后会形成一个磁场，如何在马达装配时正确区分铁壳内磁场的南极北极就是一件非常麻烦的事，一旦装错，就会导致马达反转，所以会有一道铁壳 100% 测极性的工序。

实际上，我们通过前期工艺，给马达铁壳增加两个形状大小不一样的槽（见图 5-28 和图 5-29），再与充磁机的定位销配合，就能保证每次放置的铁壳是一个方向，比如大槽永远在右边，如果放错是放不下去的。那么所有铁壳充磁之后的极性也都是一样的。比如小槽那边一定是南极，大槽那边就一定是北极。

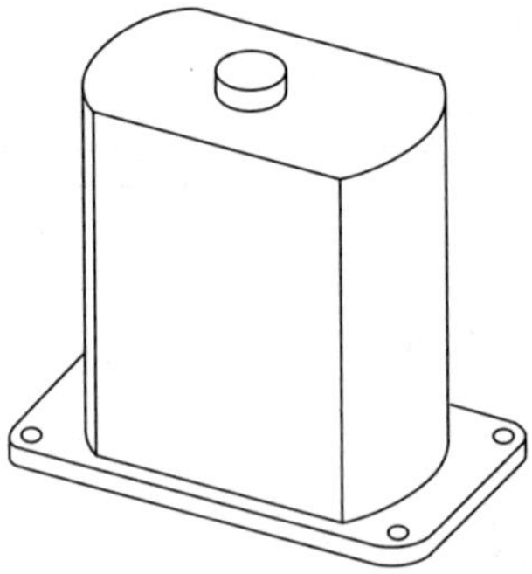

图 5-26　改善前铁壳侧面图

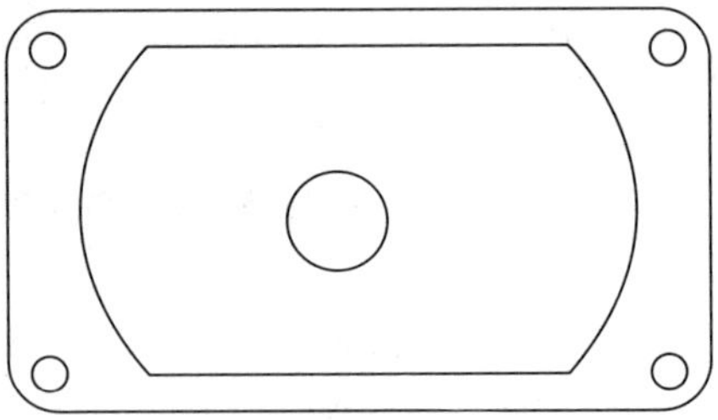

图 5-27　改善前铁壳俯视图

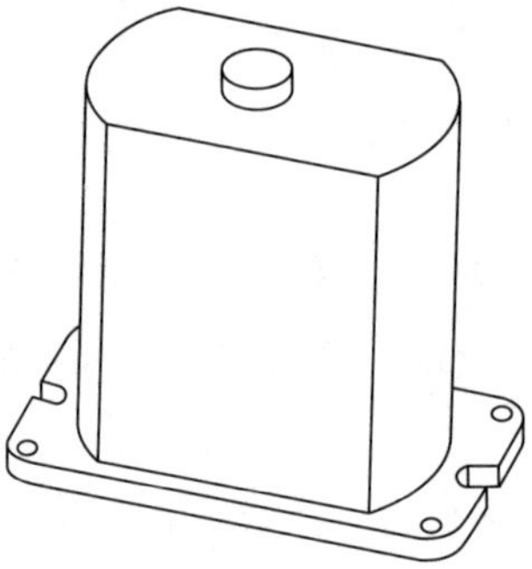

图 5-28　改善后铁壳侧面图

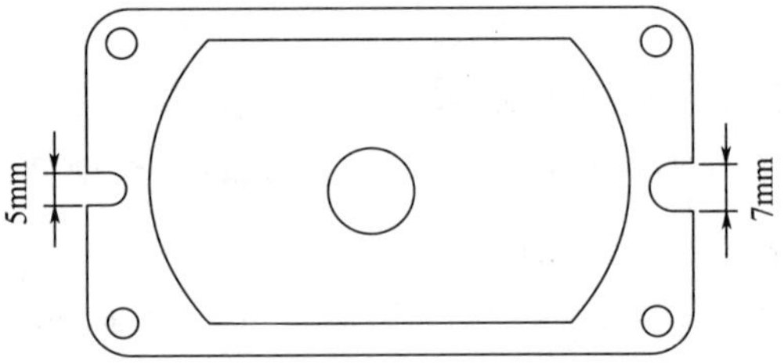

图 5-29　改善后铁壳俯视图

这样的改变并不会影响马达的性能，但是那道 100% 测试铁壳极性的工序就被取消了。

生产案例 41　防错升级——放置小零件防错

改善前的作业需要放盖帽到 Holder 上，最早的设计也有防错功能，就是如果装错方向的话就没办法推 Holder 进冲压区域(见图 5–30),只能再把 Holder 拉回来，重新放盖帽，实际上这些动作都是无谓的，如果可以一开始就防止把盖帽放反，那么这些拉进拉出的动作就不需要了，最后的改进也是这样设计的，通过形状，防错在 Holder 上就可以实现 (见图 5–31)，放错了就放不上去，马上调整，而不是像从前那样只能靠轨道筛选。

图 5-30　改善前需要推拉 Holder

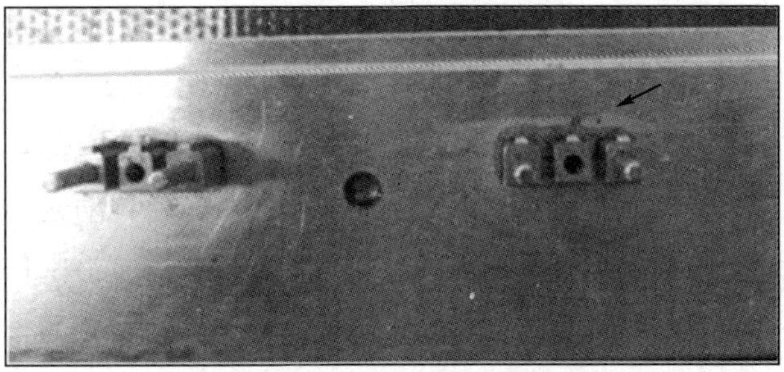

图 5-31　改善后增加 Holder 防错功能

5.3.3　自动送出

Hanedashi 来自于日语，意为“自动送出、自动弹出、自动卸载”，它是工件从一个工序或流程上自动卸载的设备或手段，提供适当的状态供装载下一个工件。自动送出是接着接着式生产线的基本要素，也是“自働化”的重要组成部分。

举个例子，操作员放置工件入机器后，机器开始加工，加工完毕后工件被自动送到便于拿取的位置，也就是说，操作员在放入未加工的工件时，是不需要先把机器中做好的工件拿出来的，因为做好的工件已经被自动送出到适合抓取的位置了。这意味着在整个机器生产的周期里，抓取已完成工件的动作被延后了，因为操作员需要首先放置未加工的工件入机器，启动机器，这个时候机器已经开始新的循环，然后才去自动送出的位置抓取已完成工件，这个抓取与机器加工同时进行，原本因为抓取需要机器等待的时间没有了。

自动送出有 5 点好处：

1）缩短拿取的动作距离。

2）整个生产周期里消除拿取动作的时间。

3）拿取不受限制，更加容易和轻松。

4）自动送出的改善会给其他作业改善提供条件。

5）更有利于工序间的连续性。

自动送出一般可以利用的力包括：重力、电磁力、磁力、弹力、气压、液压、马达、惯性力和反冲力。

利用气缸的自动送出应用最广泛，并且简单，易于安装和控制，如果能利用机器现有的力作为原动力也是不错的选择。

自动送出有三个前提：

1）自动送出不会影响品质，不会损伤工件。

2）比较小或是比较轻的物件更适合自动送出。

3）自动送出适用于机器加工工序，纯手工作业不能自动送出。

自动送出的改善包括四个方面：

1）工序无自动送出，应判断其有无实现必要及实现可能。

2）自动送出效果要好，并真正做到送出。

3）自动送出装置要易于安装和调节。

4）避免自动送出后工件因与滑槽、容器等碰撞摩擦而造成的损伤，要保证质量。

常见的自动送出结构有吹件装置和抬件装置，如图 5-32 和图 5-33 所示。

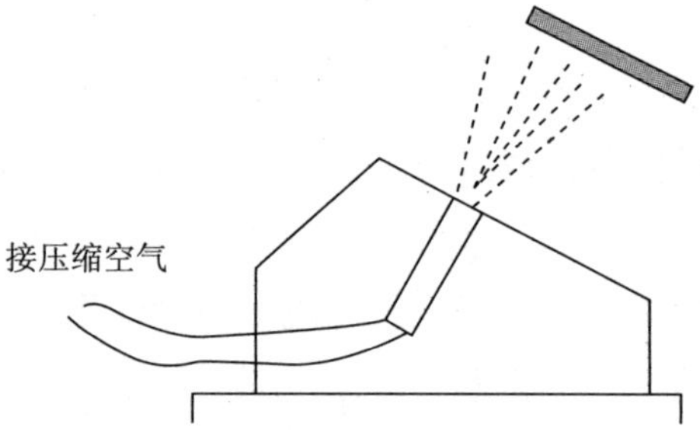

图 5-32　吹件装置

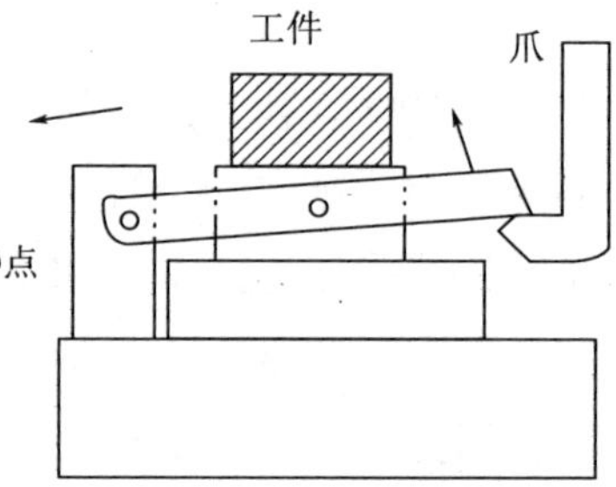

图 5-33　抬件装置

生产案例 42　利用磁力——扫铜砂机自动送出

这是一种利用磁力的自动送出装置，在 ME 主要被安装在扫铜砂机上。

如图 5-34 所示，当上模运动到下端时，安装在上模上面的磁铁吸住下面的铁块，同时机器开始工作，圆形刷子带动电枢旋转进行清扫（图中没有画出），清扫完毕，上模向上运动，磁铁吸起铁块向上运动，铁块的向上运动会托起电枢，并将其送到前方的滑槽里，一定距离时，磁铁与铁块分离，然后回到初始位置，如图 5-35 所示。

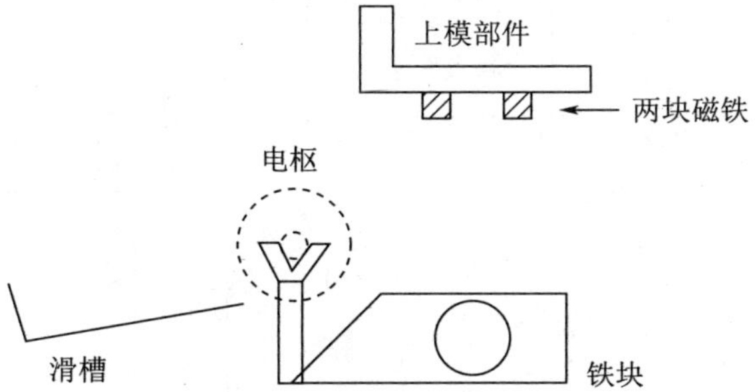

图 5-34　磁力装置初始状态

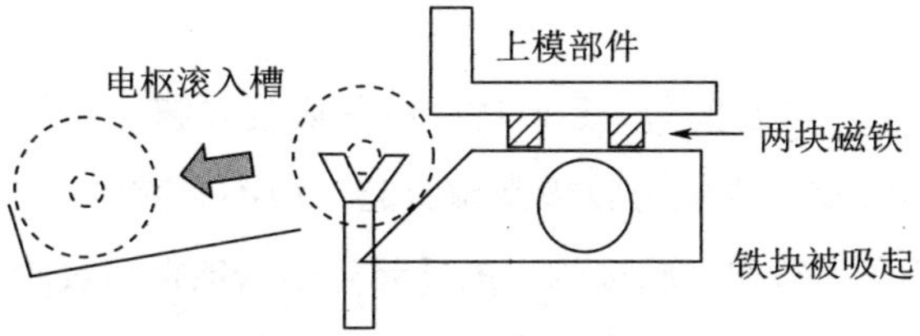

图 5-35　磁力装置送出状态

生产案例 43　自动送出改良——扫铜砂机改良

在 ME，老板不喜欢听到自动送出，他更爱强调机械卸料，这意味着老板并不愿意看到利用气缸、马达等消耗能源的方式自动送出。

其实在 ME，有很多利用气缸或是马达来自动送出的装置，有的构思非常巧妙，不过为了节省能源，我们决定不考虑气缸和马达。

扫铜砂机是我们第一个开始探索的机模，它的上模会在一个周期内做一次上下运动，当达到下端极限位置后，固定在上模上的圆形毛刷通过旋转带动电枢旋转进行清扫。我们期望利用它上下运动的动力进行改良。于是我们在 307 线进行了“生产案例 29”中那样的尝试，但是由于 307 线的电枢较大，加之左侧还多了一把用气缸控制的辅助牙刷（刷换向器），因此我们失败了。后来还进行了其他方式的尝试，也没有成功，主要障碍来自两个方面，一是空间狭小，二是电枢偏大。

于是我们又回到了利用磁铁的思路上来，重新进行改良。

如图 5-36 所示，我们用胶板代替了铁块（非常节省空间），在其前端装了两颗大的铁平头螺钉，为了保持胶板在合适的位置，胶板下面的空间放了一个小的垫块；同时为了避免左侧牙刷与螺钉碰撞，用了两颗一长一短的螺钉，如图 5-37 所示。

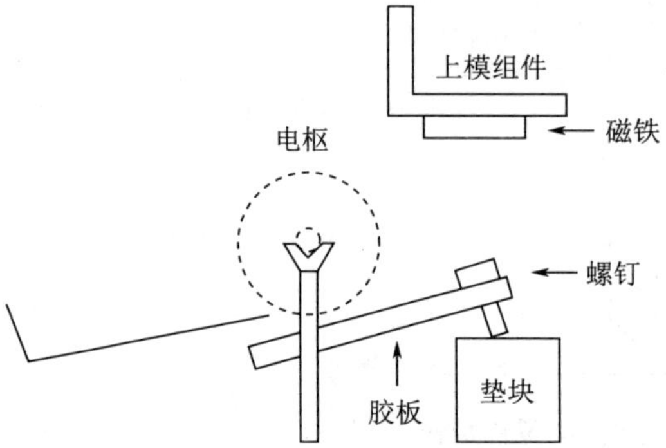

图 5-36　改善后初始状态

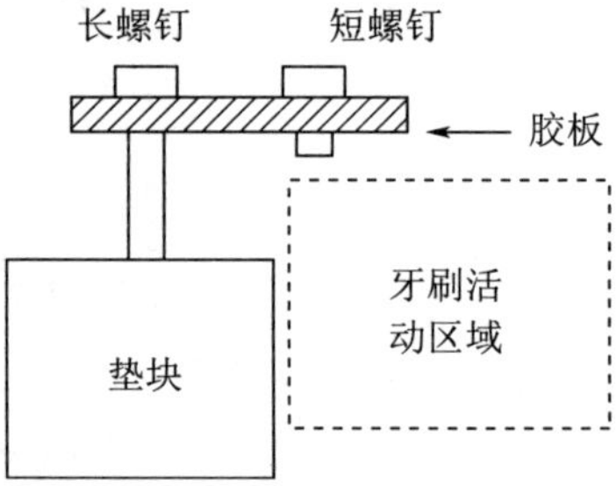

图 5-37　胶板后部正视图

如图 5-38 所示，当上模向下运动时，磁铁吸住螺钉（由于磁性较大，所以在没有完全接触到的时候，也能将胶板微微吸起，但不影响清扫），在回程时，磁铁吸住胶板并带动其向上转动，胶板的平面托起电枢，电枢沿着胶板滚入前方的滑槽里，一定距离时，磁铁与胶板上的螺钉脱离，最后回到初始位置。

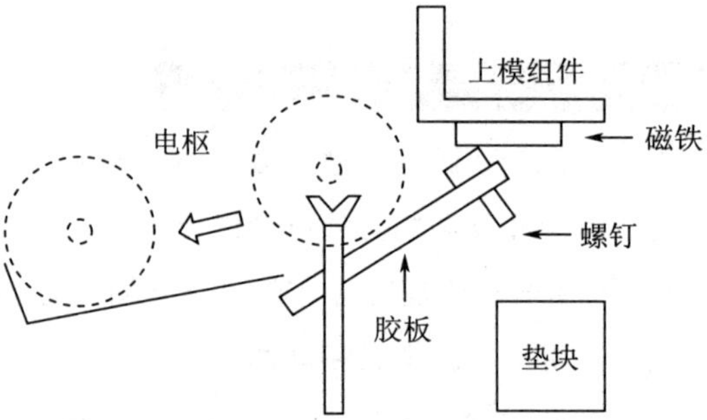

图 5-38　改善后送出状态

这样的话，以前需要放置和拿取的动作被简化为只有放置，拿取也变得更方便，并且属于下工序的周期时间。

生产案例 44　机械卸料——铁盖啤杯士[1]自动送出

图 5-39 所示是一种铁钩装置，它通过简单的机构并且只利用冲压往复运动的

① 杯士是粤语中对衬套的称呼，它的发音来自于英文的 Bushing；杯令是粤语中对轴承的称呼，它的发音来自于英文的 Bearing。所以铁盖冲装衬套我们一般都说铁盖啤杯士。

动力实现自动送出，我们把这种只利用机器动作不需要增加任何外力的自动送出装置称为机械卸料。

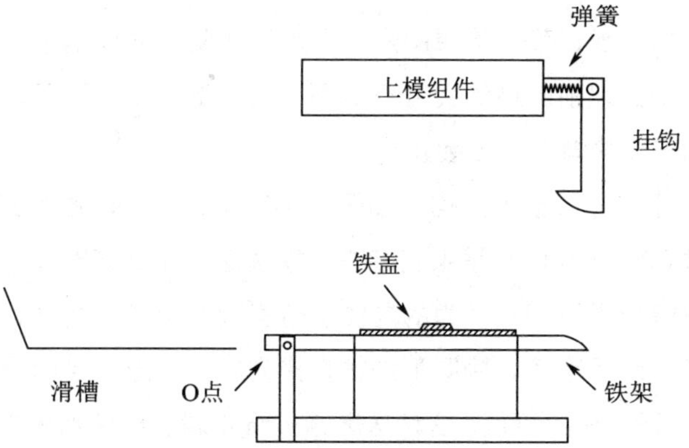

图 5-39　铁钩装置初始状态

如图 5-40 所示，当上模下压时，铁钩钩住下模模面上安装的铁架（由于铁架与铁钩的接触面是斜面，所以下压时铁钩并不会影响到铁架）；当上模开始返回时，铁钩向上带动铁架向上绕 O 点转动，从而将铁盖自动送出，转动到一定距离，铁钩脱离铁架，然后回到初始状态。

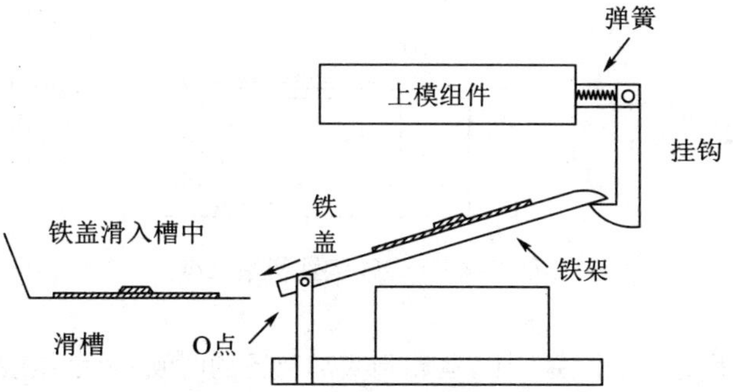

图 5-40　铁钩装置送出状态

生产案例 45　便于安装和调节——铁盖啤杯士自动送出改良

生产案例 44 的机械卸料已经在各个 BU 推广，但是对我们来说有一些困难，因为它适合比较小的产品，而我们的产品比较大，所以零件也大，自动送出时常送不到位，效果不太好，并且这样的结构也不太容易安装与调节，PM 技师经常要花费很长时间才能将其调好，特别是经常切换型号的时候，很费时间，因此有人干脆把它拆掉了。

实际在开始的时候，我们构想的是一个用马达驱动的曲柄滑块装置，虽然可以实现自动送出，却比以前的铁钩装置更麻烦，这就是“改恶”了，所以希望能找到一种更易调节和安装的自动送出装置。

于是我们设计了一个新的结构，如图 5-41 所示。我们抛弃了难以加工的铁框架，用一根细铁条弯成的 U 形铁架安装在下模模面；在上模安装了 L 型的架子，废除了弹簧，通过蝶形螺钉固定，为的是便于随意调节架子的高度，也使维护和安装变得简单；架子下面固定了 3 颗圆形磁铁，排列成三角形，目的是保证磁铁与铁架的接触时间更长、送出效果更好。这种送出方式需要调节机模到正常速度，不能太快，机模上下运动过快将导致送出失效。

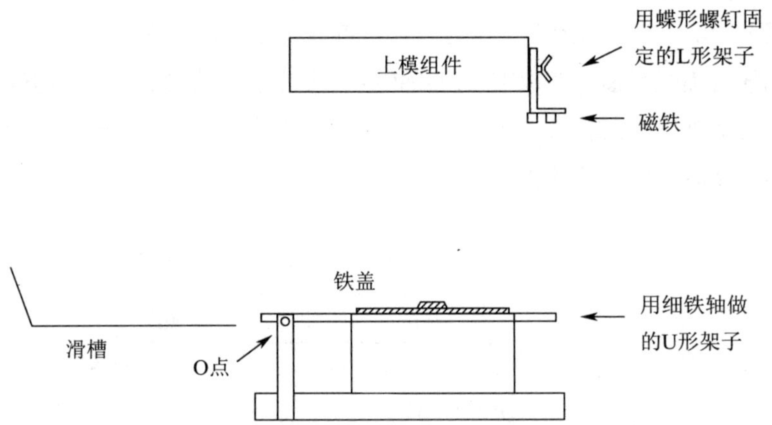

图 5-41　磁铁装置初始状态

如图 5-42 所示，当上模下压，运动到底部位置的时候，磁铁接触到 U 形铁架（因为磁铁磁性不是很强，不会在没有接触到铁架的情况下将其吸上来，只有接触到时才能吸住，这就保证了冲压不受影响，同时磁力又比铁钩提供的力大，所以送出效果比铁钩装置好），当机模完成冲压后，上模返回，磁铁吸住铁架，使其绕 O 点向上转动，从而使铁架向上托起，形成斜面，铁盖沿着铁架形成的斜面向下滑行到槽里，一定距离时磁铁与铁架分离，然后回到初始位置。

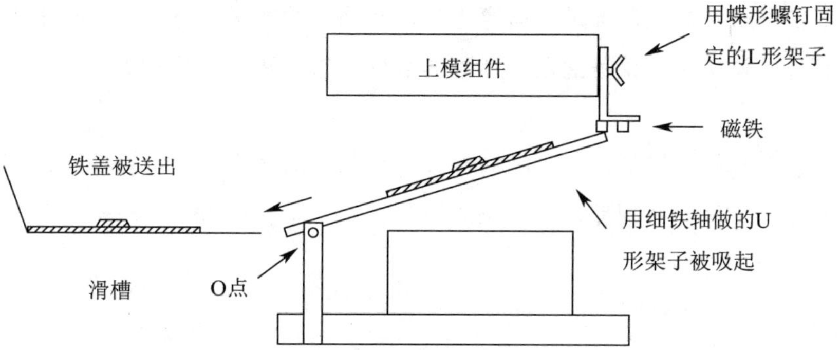

图 5-42　磁铁装置送出状态

这种磁铁方式的自动送出结构有三点好处：

1）安装简单。

2）调节容易。

3）送出效果好。

生产案例 46　放置动作改善——定位取消自动送出改良后的作业改善

在对铁盖啤杯士的自动送出改良的探索中（生产案例 45），我们发现了新的问题。铁盖（见图 5-43）有 4 个耳仔，而对应啤杯士的下模形状也有 4 个凹槽（见图 5-44），这种凹槽的作用主要是方便操作员从模中抠出铁盖。但是因为有了这个凹槽，操作员在放置的时候需要对准定位，有时还需要调整，时间约为 2 ～ 4 秒。但是有了自动送出后，操作员就不再需要去模中拿取铁盖，那么为方便拿取铁盖的凹槽看起来就没有必要了。

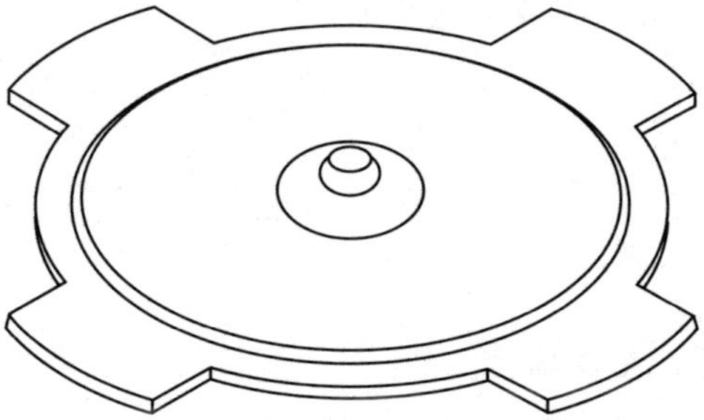

图 5-43　铁盖

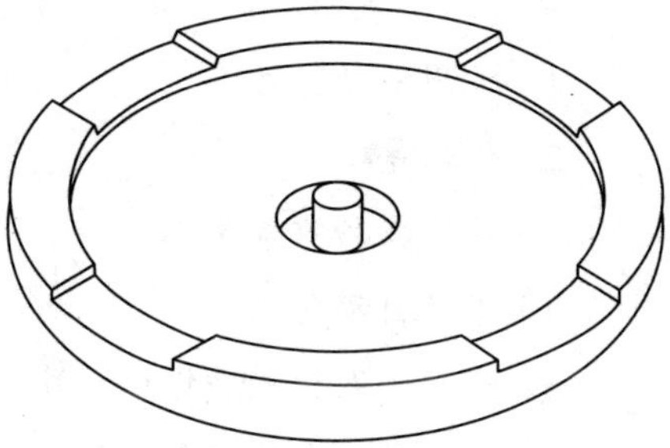

图 5-44　改良前模座

这些型号所用的铁盖都是产自意大利，产品尺寸要求严格，公差非常小，包括那 4 个耳仔。测量了大量铁盖后，得到的数据也告诉我们，尺寸偏差很小，改善是可行的。

我们重新制作了模具，以前的模是以 4 个凹槽以及内圆与铁盖配合，新的模则是与铁盖 4 个耳仔的外圆配合，并允许一定公差，如图 5–45 所示。

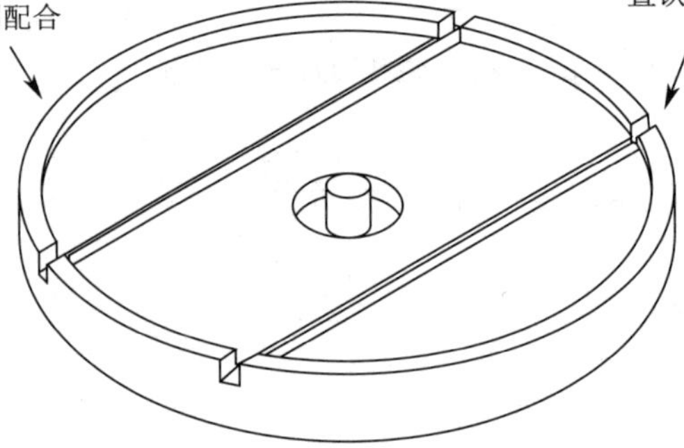

图 5–45　改良后模座

这样的话，操作员在放置铁盖入模的时候，就不需要对准凹槽，只要轻轻放上去即可，时间约为 1 秒。

关于放置

放置动作是将手中的物件放置在指定的位置所做的动作。在一般生产中，放置动作主要表现为放入、嵌入、贴上、配合、装载、隔开等形式。

实际上，我们需要尽量简化放置动作，一般方法包括：

1）使用制动装置。

2）使用导轨。

3）固定物品堆放场所。

4）工具自动复位。

5）一只手做放置动作时，另一只手能给以辅助。

6）零件采用合理配合公差，两个零件的配合部分尽量采用圆形。

7）工具的长度尽可能在 7cm 以下，以求放置的稳定性。

生产案例 47　自动送出盛器的改良——电枢碰焊滑槽改良

电枢碰焊是有自动送出装置的，如图 5–46 所示，在碰焊完毕后，气缸伸出，将电枢顶到前面的滑槽里，但是这里存在不少问题。

由于电枢后突较长（见图 5–47），也就是铁轴太长，顶出的电枢无法在滑槽里滑行，本来自动送出就意味着操作员无须拿开已碰焊的电枢便可放入新电枢，实际情况却是操作员还是不得不先拿起已碰焊的电枢，否则新电枢没有足够的位置，这意味着自动送出装置完全没有起作用。而且顶出电枢的气缸不可调节，顶出的电枢不到位，我们希望电枢能送得更远，于是给送出的气缸加上了气阀，以此调节电枢送出的距离。

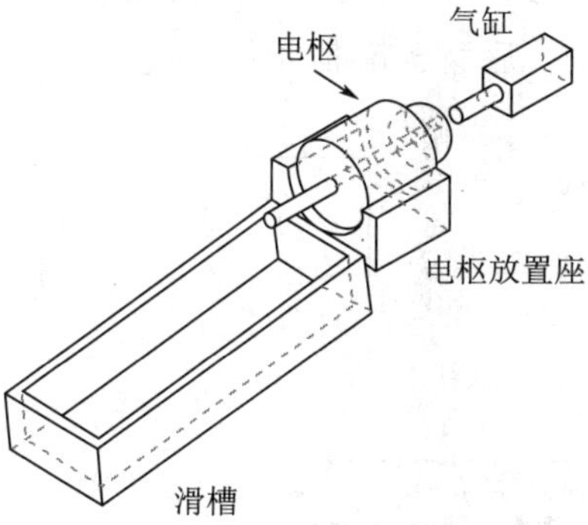

图 5–46　改良前的滑槽

图 5–47　后突长的电枢

当通过调节气缸气阀，将电枢送到更远的距离时，发现了新的问题，送出电枢变得过于猛烈，电枢在滑槽中激烈碰撞，产生品质隐患。于是改良滑槽，希望电枢能以一种更柔和的方式送出，如图 5–48 所示。

碰焊完毕后，气缸将电枢顶到前方的斜面上，这时与斜面接触的是电枢圆形的部分，没有铁枝，电枢由于重力的作用滚入前方的槽内。槽上贴有胶垫 ，可以减少碰撞和摩擦，能让电枢以平稳的方式被送出。

改良后的滑槽有两点好处：

1）实现了自动送出功能，操作员无须拿走已碰焊的电枢便可放入新电枢。

2）由于送出时比较柔和，避免了因激烈碰撞而引起的品质隐患。

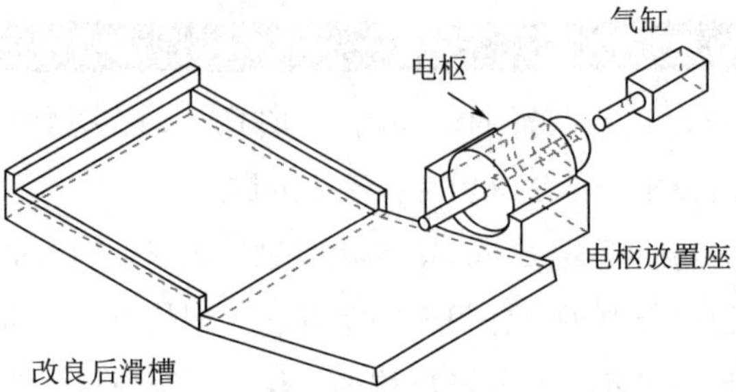

图 5-48　改良后的滑槽

生产案例 48　利用弹簧弹力的自动送出装置

这是在 ME 的改善大会上看到的改善案例（见图 5-49），冲压机模的下部有一个弹簧装置（见图 5-50），前面的螺钉是固定的，后面连着推动块组件。

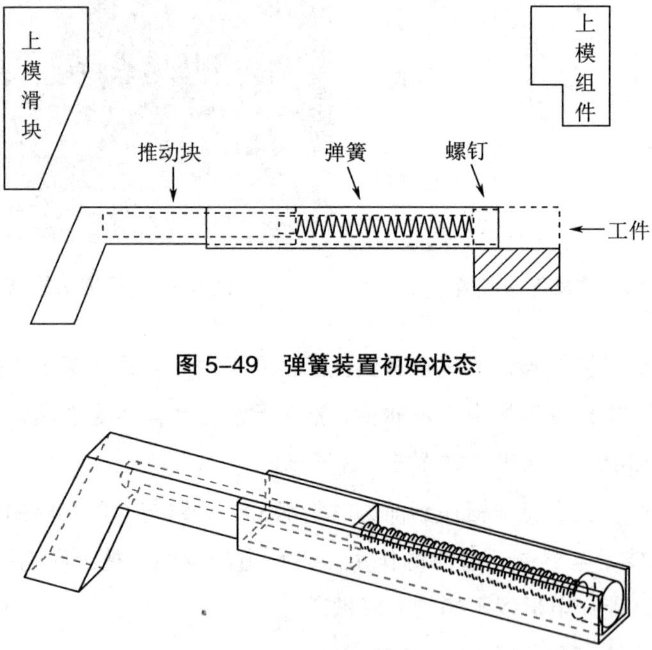

图 5-49　弹簧装置初始状态

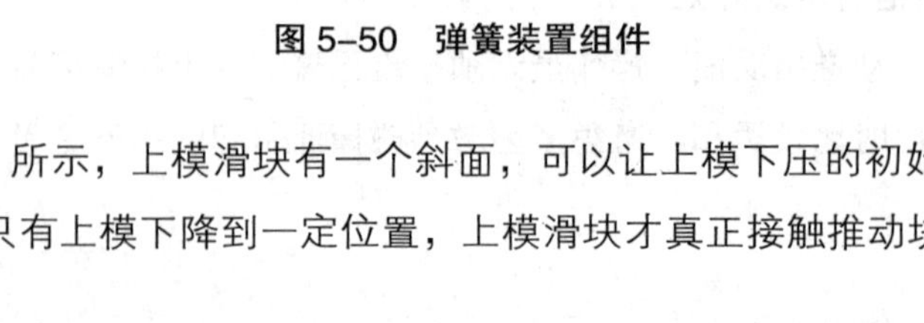

图 5-50　弹簧装置组件

如图 5-51 所示，上模滑块有一个斜面，可以让上模下压的初始一段时间不去接触推动块，只有上模下降到一定位置，上模滑块才真正接触推动块，并使其向右移动，使弹簧压紧，这时的产品被限制在上模组件和固定螺钉之间。

如图 5-52 所示，弹簧被压紧，固定螺钉受到了来自弹簧的力，这个力传递到产品上，由于上模组件的限制，产品还是被压在机器里；当上模组件向上移动开始返回时，弹簧复位，此时产品没有了阻碍，在弹力的作用下向外弹出，实现自动送出。

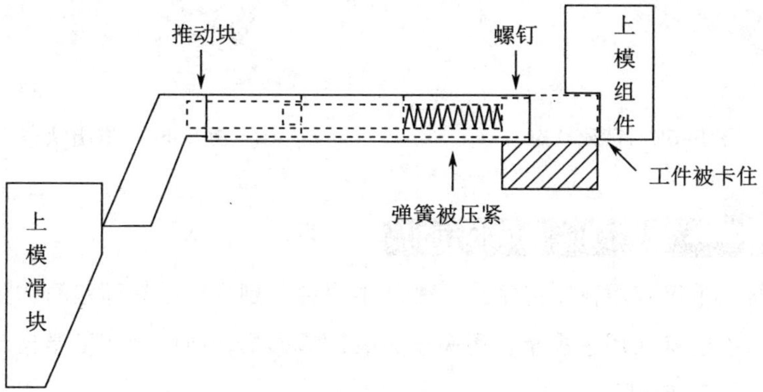

图 5-51　弹簧装置压紧状态

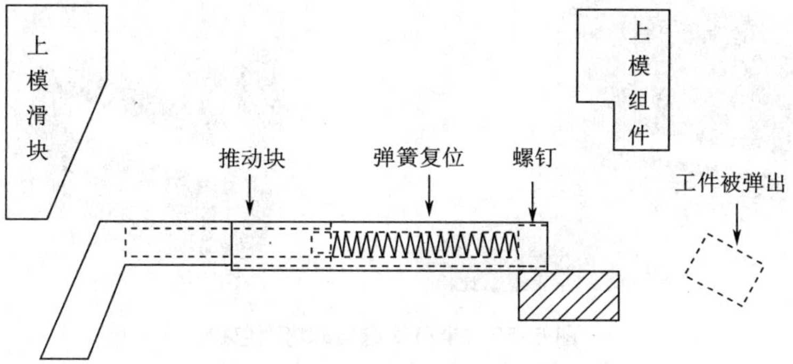

图 5-52　弹簧装置自动弹出状态

生产案例 49　利用重力的自动送出装置

这是一种简单的送出装置，多应用在小型测试设备上。

工件被倾斜放置在工作区域，通过锁死装置使工件固定在工作区域，不能移动，如图 5-53 所示。

当工作完成后，锁死装置就会打开，工件受到的阻碍解除，在重力作用下顺着滑槽滑到需要的位置，也就是便于操作员拿取的位置，如图 5-54 所示。

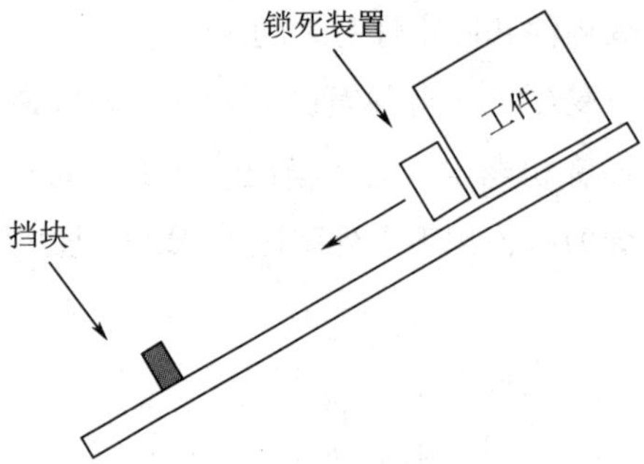

图 5-53　锁死状态

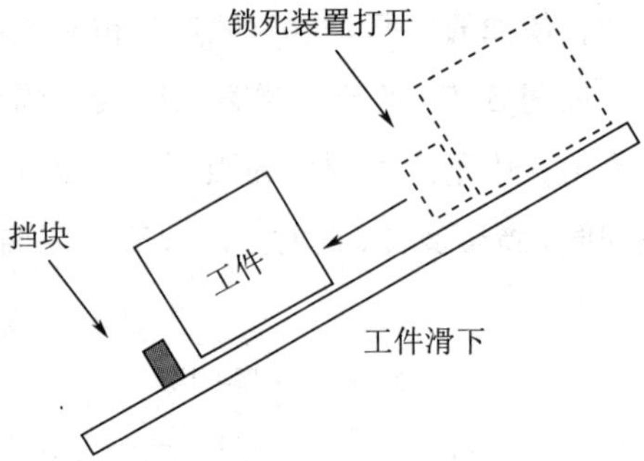

图 5-54　送出状态

生活案例 21　半自动送出烤面包机

自动送出不仅应用在制造系统，生活中也会用到。比如烤面包时，刚刚烤好的面包很烫，不能直接用手去拿，用夹子去夹比较麻烦，所以就有了半自动送出的烤面包机，如图 5-55 所示。

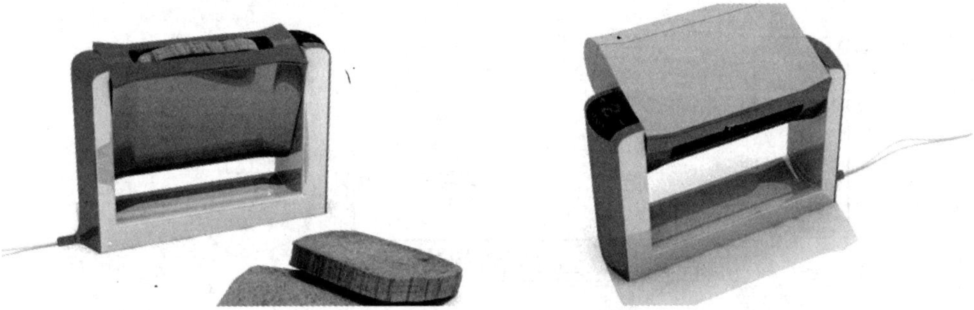

图 5-55　半自动送出的烤面包机

它在传统的烤面包机上设计了一个旋转结构，当面包烤好后，只需将这部分翻转一下，即可将面包倒入盘子里，非常方便。

5.3.4　自働化

“自働化”（Jidoka）并不是我们通常所说的自动化，这是来自于日语的词汇。“自働化”的目的有两个：一个是无缺点制造，也就是说当发现不良品或出现故障时，机器会自动停止，发出警报；另一个是节省人工，即人工作业与机器作业分离，操作员只需做简单的取放动作甚至没有动作，对产品的加工由机器自动完成。

在英文里，Automation 代表自动化，这是福特汽车公司创造的词语，指以机器、机械的作用或电的作用等代替人的操作，其目的是取代人的作业，节省人力，但是自动化同样增加了对技术的依赖，以及对更昂贵的技术人才的依赖。这是传统的自动化，也是一种以机器设备为中心的自动化。

丰田公司创造了 Autonomation，代表“自働化”，是引入自动停止概念的自动化。“自働化”更强调人的作用和智慧，强调对人力资源的充分利用，同时自働化提倡低成本的自动化，有时候只是简单的改良便可以实现。“自働化”是一种以人为中心的自动化。

实际上，前面介绍的作业改善、防错改善以及自动送出都可以看作“自働化”的一部分，是实现“自働化”的前端工序。“自働化”是接着接着式生产线的本质，也是丰田生产系统的核心（见图 5-56）。

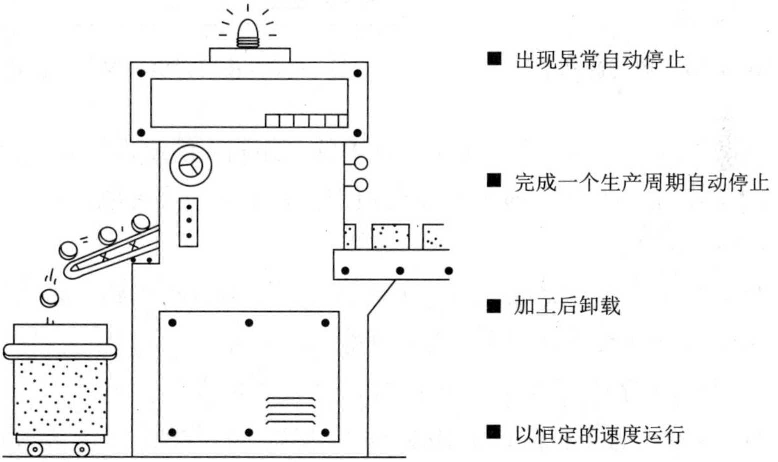

图 5–56　自働化的典型特征

实现“自働化”，需要两个基本前提：

1）确保安全。

2）出现异常时能自动停止。

针对作业中的工具，“自働化”包括 5 个方面的内容。

1）工具道具化：为了便于作业，把市面上销售的工具改造成为道具（更顺手的工具）。图 5-57 所示的游标卡尺就被小小地改造了一下，变成了专用道具。

2）加工自动化：将人工作业变为利用电动、气动等小设备作业。比如手动螺丝刀改为气动螺丝刀。

3）位置决定：可以事先决定使用工具、道具的部位，换句话说，就是使用工具、道具时定位动作被简化或取消。比如将工具设置在作业时需要对准的位置，这样就省去了需要手拿起来对准的动作，如图 5-58 所示。

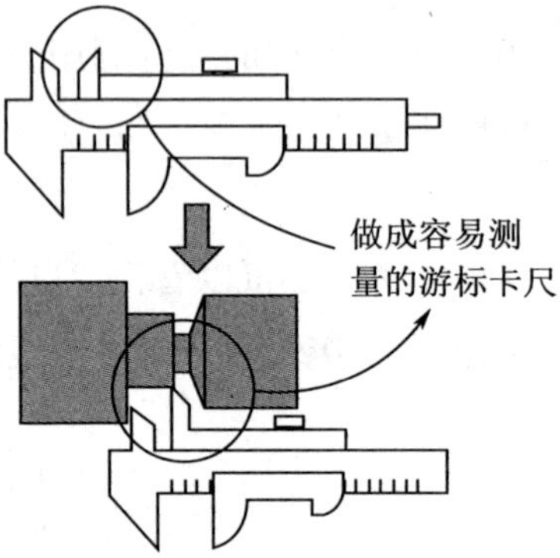

图 5–57　改造游标卡尺

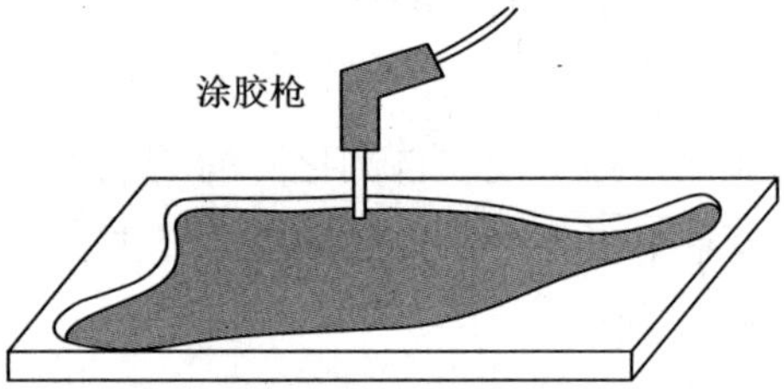

图 5–58　用三合板引导涂胶位置

4）自动传送：工具、道具（小设备）的工作和人的工作分开，换句话说，就是这些工具、道具在作业时将被传送到作业者手里，或者说这些工具、道具的传送不由人来完成。

5）自动复位：工作完成之后，工具、道具等会自动回到原来的位置。比如螺丝刀用橡皮带吊住，使用完放开后便会自动回去。

针对作业的工序，“自働化”包括 10 个方面的内容。

1）自动锁紧（Automation of Holding）：把用手操作的加紧装置改造为通过机械、油压、气压等方式自动夹紧，并具备防错功能，工件若没有被正确放置或夹紧，设备就无法加工。

2）自动加工（Automation of Processing）：把手工操作的作业转化为通过机械、油压、气压、电动等方式自动作业，当发生异常时不进行加工。

3）自动进料（Automation of Feed）：将手工传送物料、工件的作业转化为通过机械、油压、气压等方式自动进料，发生异常时不进行进料。

4）自动停止（Automation of Stops）：自动加工装置和自动进料装置在机器

设备等完成加工后会自动停止运转。

5）自动复位（Automation of Returns）：自动加工装置和自动进料装置在机器设备等加工结束并停止后回到起点（原始位置）。

6）自动送出（Hanedashi）（Part Removal）：加工完成后工件会自动送出，但在发生异常情况时不会送出。

7）自动搬运（Automation of conveying）：被送出的工件会被自动搬运到下工序作业的位置或者组装的位置。

8）自动检测（Automation of Checking）：加工好的工件全部自动检测，发生异常时工件不会流动。

9）自动装配（Automaiton of Assembly）：自动进行多个工件的装配，这是高水准的自动化，还能发出工具交换的信号。

10）自动控制（Automaiotn of Control）：将需要人操作控制的机器设备程序通过电脑、PLC 等方式进行自动控制，发生异常时机器设备自动停止。

在 5.3.3 节介绍的自动送出是“自働化”的一个重要内容，同时也是接着接着式生产线的重要特征。

生产案例 50　自动清扫——刷铁壳内壁“自働化”

最早的清扫马达外壳内壁作业是纯手工的，操作员需要拿毛刷一点点清扫。后来机械师做了一个夹具，如图 5-59 所示。

操作员只需要把铁壳放在夹具里旋转一下，便可以实现清扫。不过这里仍然存在一个问题，操作员还是需要一个旋转铁壳的动作，因为这样，他就必须停滞在那里，人机并没有完全分离。

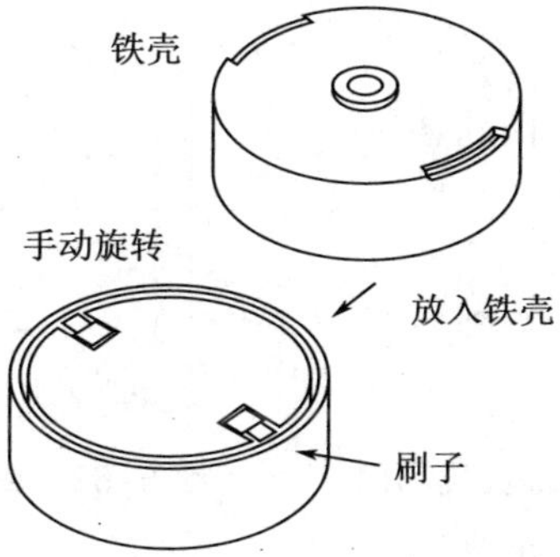

图 5-59　手动清扫铁壳内壁装置

于是我们进行了第二次改造，如图 5–60 所示。

在下面安装了一个马达，启动开关，马达带动牙刷旋转，操作员的动作被简化到只有放置、按键和抓取。按键之后操作员便可以去做其他事情了，实现了人机分离。

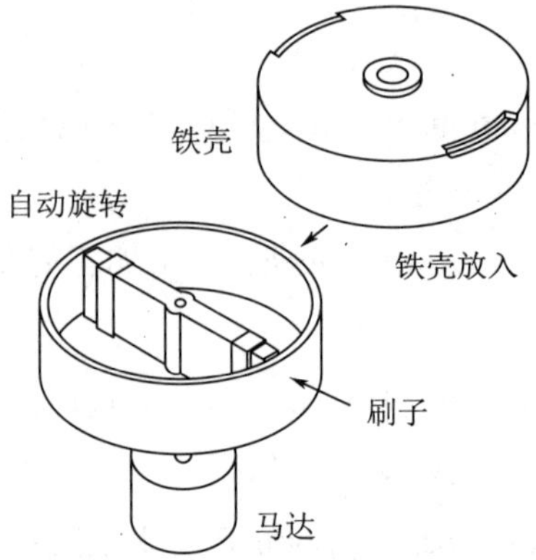

图 5–60　自动清扫铁壳内壁装置

关于旋转

这里所指的旋转动作是以手腕或肘关节为圆心，按圆形轨道回转的动作。

实际上，操作中的旋转动作应尽量避免，这是一种耗时且费力的动作，例如搅拌液体或摇机器手柄。

一位同事曾经做过一个简单的改良，就是将通过手柄手动绕线（原子线）的夹具（见图 5–61）改造为马达驱动，自动旋转绕线（见图 5–62）。

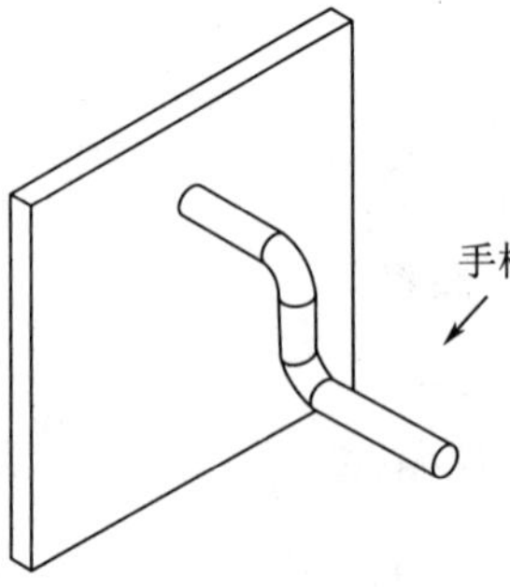

图 5–61　手动绕线夹具局部

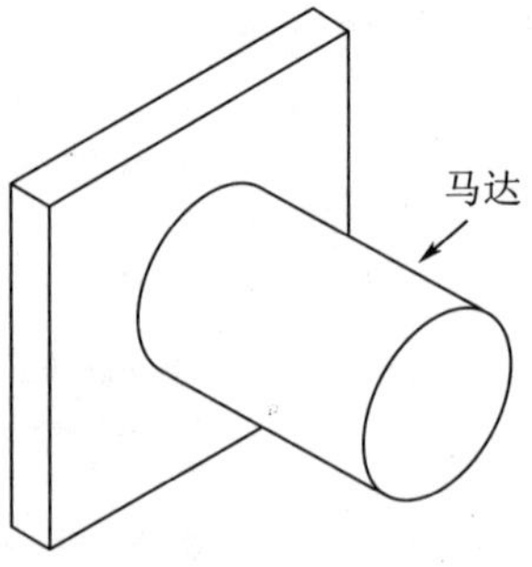

图 5–62　自动绕线夹具局部

生产案例 51　自动进料——杯士上料及装配“自働化”

改善前的冲装杯士就是一个很简单的冲压机模，放入马达后，还需要手动放置杯士到马达顶盖上，后来工程师对其进行了改良，安装了一个振动碗，并改良机模，使其实现了上料及冲装的自动化。

如图 5–63 所示，当操作员放入马达后，振动碗便会自动掉下一个杯士，并准确放置到马达顶盖上。按键启动机器，振动碗便会自动缩回，然后机器开始工作，上模下压（见图 5–64），当冲压完成后，操作员取出马达后，振动碗又会回到初始位置，开始下一个工作循环。

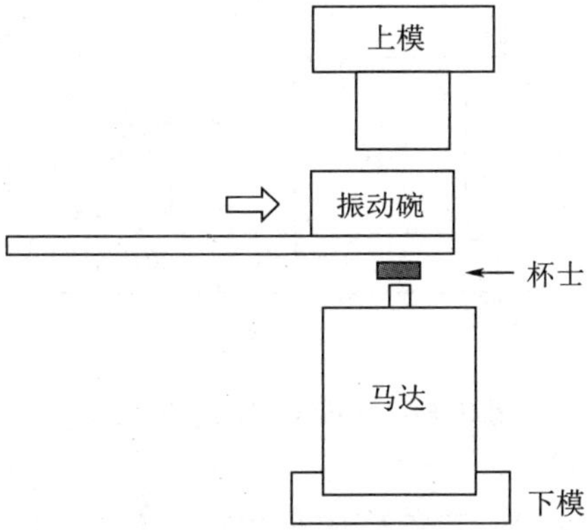

图 5–63　自动装配杯士（装配状态）示意图

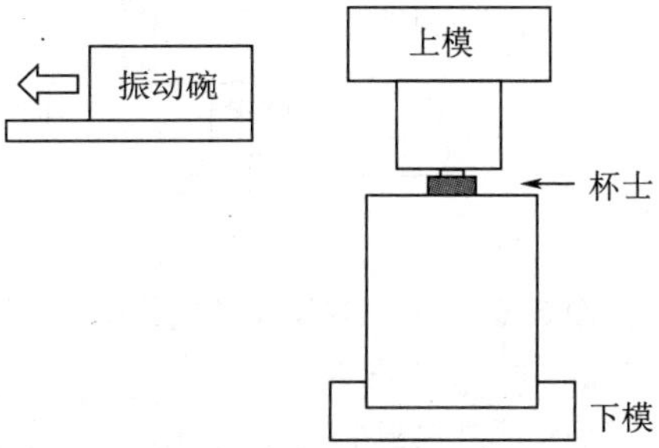

图 5–64　自动装配杯士（冲压状态）示意图

实际在整个过程中，操作员的动作只有放置、按键，然后走开做其他工作，最后返回取出。

生产案例 52　自动打点（检测）——打色点“自働化”

我们的质量工程师为了避免出现马达漏封口的情况，在马达封口的工序上增加了一项作业，就是在每个已封口的马达上打上色点，以便下工序能及时发现没有色点（没有色点即代表没有封口）的马达。但是新的问题出现了，用色笔在马达上打点增加了操作员的作业时间，而我们希望打色点能“自働化”。

我们对马达封口机模进行了小小的改良，在其下模安装了一个色笔座，在上模处增加了一个斜块，如图 5–65 所示。

在马达封口模工作时，上模下压，带动上斜块往下，上斜块越过色笔座的下斜块时便会开始推动色笔座往前移动，使色笔与马达亲密接触，也就是打色点（见图5-66），当封口完毕后，上模返回带动上斜块往上，色笔座没有了阻碍，在弹簧力的作用下复位。

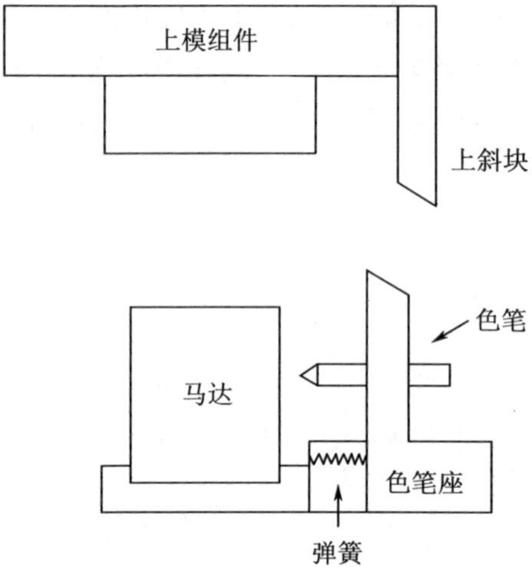

图 5-65　马达封口模初始状态

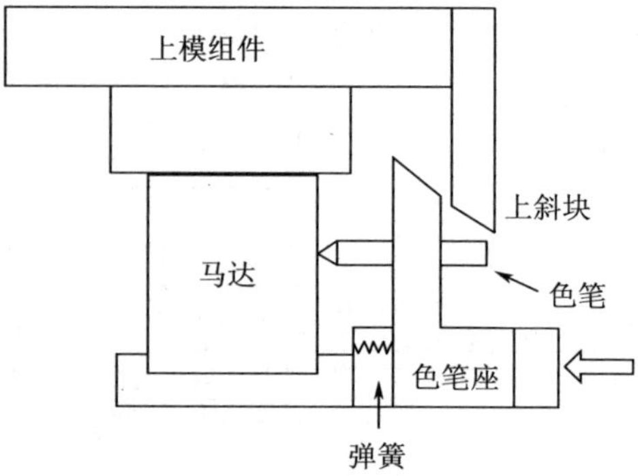

图 5-66　马达封口模打点状态

马达封口自动打点功能和人工打点是一样的，这样就取消了人工打点的作业，节约了作业时间，也不需要另外增设动力。

生产案例 53　自动控制吹气——打浇口机“自働化”

在 ON 的时候，最早的打浇口机操作是比较麻烦的，因为在每次打浇口之后都需要操作员手动按键操作机器吹气，清除模具上残留的边角余料（见图 5-67），但是只可以单向吹气（见图 5-68），当气管返回时，也不会吹气（见图 5-69）。

另外，一旦因为疏忽忘记了按键吹气，就有可能造成质量事故甚至模具损坏。所以同事对打浇口机进行了改良，并修改了 PLC 程序，使操作员不需要按键，在取出送料架后机器便会自动吹气，而且是双向吹气（见图 5-70）。机器工作时解放了操作员，实现了人机作业分离。

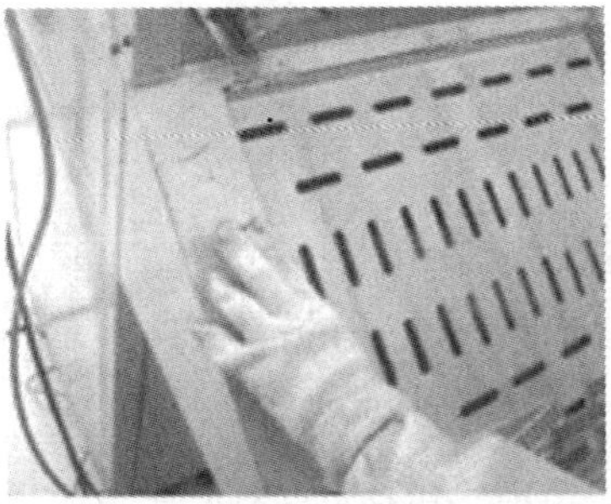

图 5-67　按键启动吹气

图 5-68　单向吹气

图 5-69　气管返回时不吹

图 5-70　自动双向吹气

生活案例 22　自动吸水（进料）——花盆“自働化”

出远门的时候，有花花草草是件挺麻烦的事，还得找人帮忙定时浇水。

图 5-71 所示是一款吸水花盆，其底部缠绕了一根棉线，并与下面盛水的容器

图 5-71　吸水花盆

相连吸取水分。即使主人出门在外，花盆也可以自动吸水，保证植物及时得到充足的水源。

生活案例 23 “自働化”加工——土豆泥加工机

“自働化”中很重要的一点就是人工作业与机器作业的分离，人只需要做放置、抓取的动作，对物件的加工由机器自动完成。

以制作土豆泥为例，制作土豆泥的过程比较烦琐，包括：煮熟土豆、切开土豆、捣碎。如果要实现制作土豆泥“自働化”，就意味着厨师只需要放下土豆，然后启动土豆泥机以及最后取走土豆泥。

美国的一名家庭主妇发明了土豆泥加工机（见图 5–72）。这是一个简单又实用的机器，它能在 20 分钟内完成煮熟、切碎、碾磨成泥并加调味料的全部过程，厨师需要做的只是放入土豆，加水和调味品，然后按键离开，最后取出做好的土豆泥。这就实现了制作土豆泥的“自働化”。

图 5–72　土豆泥加工机

实际上类似的例子在生活中还有很多，“自働化”的思想也一直改造着人类的生活，比如全自动洗衣机，我们只需要放入衣服，按键走开就行了。现在的洗衣机甚至可以自行根据所洗衣服的情况决定混入多少洗衣粉，还能对水自行加热，人需要做的就是等到结束取出衣服。

关于改善中的机械设计

设备、工装夹具和工具是现场作业的重要硬件，对这些机械部件的改善是自动化很重要的组成部分，同时其设计与配备也必须遵循动作经济原则。

下面是改善中的机械设计原则。

1）安全化：机械装置必须保证其稳定性，确保人的安全。

2）固定化：用夹具固定产品及工具，解放人手。

3）专用化：使用专用工具替代普通工具，提升效率。

4）功能化：使机械装置具有更多的功能，目的是合并工序。

5）简单化:机械装置的设计、安装及调节尽量简单，人操作起来尽量便利。

6）标准化:生产对象的质量、规格、性能、结构等方面的技术指标符合标准。

7）结合化：控制程序与作业程序配合。

在机械化流水线或装配线上，主要有两类操作：一类是将工件从一个作业位置移向另一个作业位置，称为“移动性操作”；另一类是工件在工位上接受生产作业，称为“生产性操作”。

作业的自动化主要集中在“生产性操作”的改善上，下面介绍基本的生产性操作机械机构。

1）供料机构：将工件从某场所向操作位置送移的机构。

2）整列机构：将杂乱无序的工件按指定姿态排列在输送线上的作业机构。

3）选别机构：指定的基准发现差别并加以区分的作业机构。

4）装配机构：两个零件之间的结合或组装的作业机构，包括压合、嵌入、铆接、紧固、粘焊等操作。

5）包装机构:对于一定周期送过来的待包装物品，将薄膜进行定位、折叠、封口或向容器提供装填物品的作业机构。

6）灌装机构：将粉状、膏状和液态料装填在容器中的作业机构。

7）压切机构：从动件对工件进行加压、冲锻、剪切或裁切的作业机构。

8）搬运机构：将工件或物品从某一处移动到另一处的作业机构。

9）抓取机构：完成相当于人手抓握功能的作业机构。

10）称量机构：对工件或物品进行称重的作业机构。

11）振动机构：利用振动（或冲击）效应来提高作业效率的作业机构。

12）测量和检测机构：对尺度、液位、力、变形量测量和对速度、加速度、振动量检测的作业机构。

应用举例 02 装配机构——自动插入螺钉装置

图 5–73 所示是一个自动插入螺钉的装置，螺钉夹头 V1 被抽真空后，就会从溜槽端吸起一颗螺钉，气缸 V2 动作推动齿条，经小齿轮和摆杆将螺钉插入所需位置，然后由电动螺丝刀将螺钉旋入工件中。通过调整气缸行程可调整插入位置。

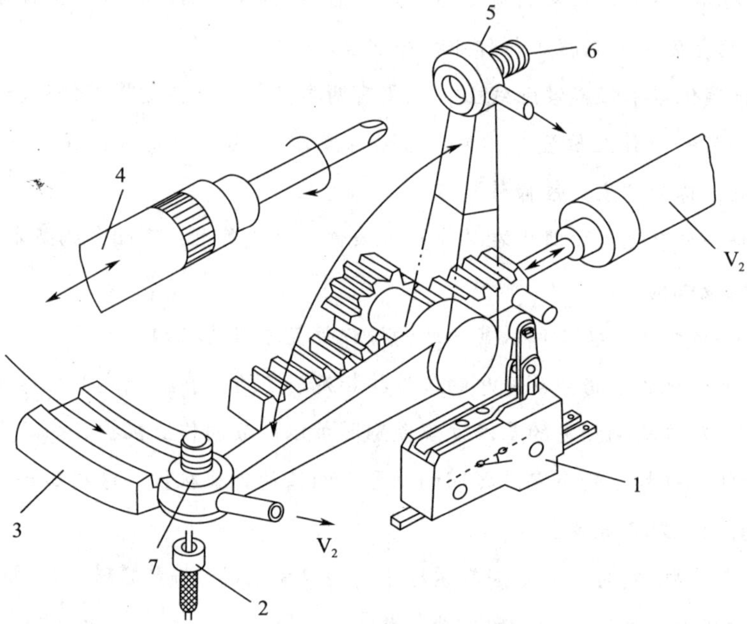

1.单向限位开关　2.反射型传感器　3.溜槽　4.电动螺丝刀　5.螺钉夹
6.螺钉操作位置

图 5–73　自动插入螺钉机构

应用举例 03　包装机构——包装箱前后盖折叠机构

图 5–74 所示是一个包装机构，完成包装箱前后盖折叠的动作。

工作原理：放置包装箱于夹具 1 中，在输送带上按图示箭头方向连续运动，当达到图示位置时，固定折叠板 2 挡住包装箱的前盖，此时，主动凸轮通过连杆 5 驱动转臂绕 6 摆动，通过 7、8、3 和机架 4 组成铰链四杆机构。盒盖折叠臂 8 沿箱子移动方向快速将箱子后盖折在前盖内侧，包装箱在输送带上向前移动过程中，前盖被固定折叠板 2 自动折压在后盖的内侧。

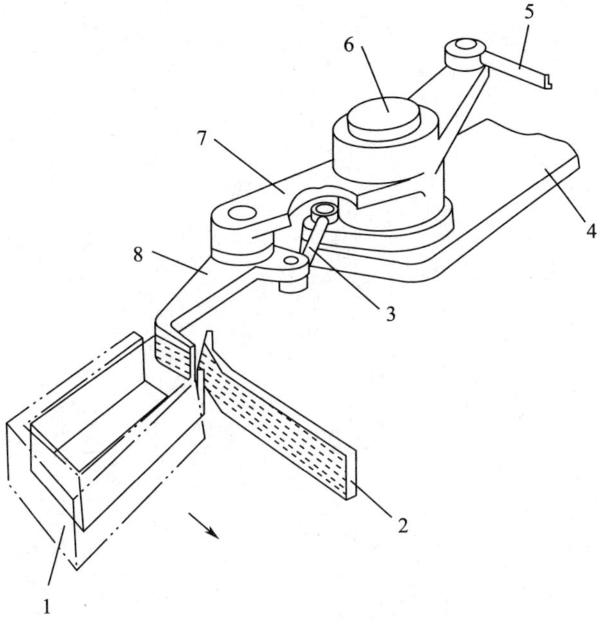

图 5–74　包装箱前后盖折叠机构

第6章 布局优化

小时候喜欢看《射雕英雄传》，全真教的天罡北斗七星阵让我心潮澎湃，只利用阵法的变化便能对付强敌，虽然小说描写得很悬乎，但是原理可以理解，这也许便是我们今天所说的布局优化，基本上不需要再投入资源，只是通过合理调整设备等物体的位置，便能起到提高效率、减少浪费的作用。

我曾经不止一次了解到，很多工厂老板要求布局首先要好看，让人参观的时候有震撼的感觉。这显然是曲解了布局优化的作用，很多企业也的确对布局优化没有明确的概念。

衡量布局优化的指标有很多，如物流距离、作业效率或者空间利用率。我们应该以更科学的眼光看待布局问题，让这个最容易在工厂里拍脑袋的事情变得更加严谨和客观。

6.1 生产布置优化基础

生产布置是生产系统中很重要的一个环节，也是常常被忽略的地方，混乱的生产布置将导致员工更多的移动、更多的停滞，最终导致更高的成本。

为高效率地进行生产，需高效、系统地布置必需的机械设备，综合配套原材料、零件仓库、检验场所、货物的出入口等，以达到人和物流顺畅的目的。

6.1.1 生产布置原则

1）统一原则：把工序四要素（即人、机器、材料、作业方法）有机地统一起来，并充分保持平衡。

2）最短距离原则：配置时要使搬运距离、时间最短。

3）物流顺畅原则：使工序没有堵塞，物流顺畅，尽量避免出现倒流和交叉。

4）利用立体空间原则：有效利用空间，立体利用空间。

5）安全满意原则：布置要使工作人员既能安全又能轻松作业。

6）灵活机动原则：布置可以采取灵活措施，适应变化。

6.1.2 基本生产布置方式

生产布置方式受工作流的影响，有三种基本类型（工艺原则布置、产品原则布置和定位布置）和一种混合类型（成组技术布置或单元布置）。

1）工艺原则布置：把相似设备或者功能放在一起，比如车床放在一起、钻床放在一起，每个零件来了只能完成一种加工，然后被转运到其他地方实现下一个加工。医院就是典型的工艺原则布置，感冒要看内科，擦伤要看外科，每个科室只能完成某种诊断和治疗，但是这种布置方式苦了病人，他们跟奔波于各个车间完成加工的零件没有区别，在B超室、验血处、交费处等各个地方穿梭。

2）产品原则布置：这是根据产品制造的步骤再安排设备或者工作的方式。基本是直线式的，我们通常看到的装配流水线就是典型的产品原则布置，鞋类、光缆、化工等制造基本就是直线型的按产品原则布置的产线。

3）定位布置：定位布置是指产品停留在一个地方，生产设备移到要加工的产品处完成作业。这种情况一般是因为产品体积大或者太重，或者无法移动，比如造船、修房子或拍电影时要取峨眉山的景，这都叫定位布置。

很多时候，工厂的布置方式是混搭的，不是单一一种，比如生产连接器的公司，成型车间是按照工艺原则布置，成品车间又以产品原则布置装配线。

当然，这三种布置方式是我们熟知并常用的，除此之外，我要说一下成组技术布置或者叫单元布置。成组技术布置是将不同的机器组成加工中心，对形状和工艺相似的零件和产品进行加工。我们去诊所看老中医，就是典型的成组技术布置，“你去看病，坐下来，中医给你望闻问切，完成诊断流程，然后开方子或者做一些理疗，完成处理病情的流程，最后让他的助手从药柜里按照方子抓药，你如果没地方煎药，他找人帮你煎，煎好了装在袋子里，你带走”，整个看病的过程没有去过别的地方，就在诊所很小的范围内处理完毕，我们把这种方式叫作单元布置，也就是成组技术布置。

6.2 系统布置设计

系统布置设计（Systematic Layout Planning，SLP）是一种布置优化的经典方法，由缪瑟在 1973 年创立，这种方法需要建立相关图，表示各部门的密切程度，并通过试算进行调整，直到得到满意方案为止。

系统布置设计分为 6 个步骤。

1）建立关系表（Chart Relationships）：建立图表确认各个不同区域的关系。

2）计算空间需求（Space Requirements）：通过生产的需求和根据当前区域的推断，计算空间的需求。

3）建立活性关系图（Activity Relationships Diagram）：直观表达不同区域之间的活性关系，A 用 4 条线、E 用三条线、I 用两条线、O 用 1 条线、X 用波浪线。

4）空间关系布置（Space Relationship Layout）：直观表达不同区域所占空间大小。

5）方案评估（Alternative Arrangements Evaluation）：对几种可行的布置方案进行评比。

6）选择方案执行（Selected Layout and Installation）：选择最优的布置方案执行。

生产案例 54 系统布置设计——后段布局优化

这是我在 ON 的时候尝试实施的系统布置设计实例，该设计的主要目的是通过布局优化减少后段员工的移动。

表 6-1 所示是一个操作员上 8 小时班所需要的移动距离、频率和时间，编号 1、2、3、7 这四项工作的移动需要离开负责的生产线，而机器并没有停止工作，意味着这个期间一旦机器暂停，没有人去复位或是处理。

表 6-1 操作员移动汇总表

编号	项目	距离（m）	时间（s）	频率（班）	总距离（m）	总时间（s）
1	更换载带	62.6	276.8	2	125.2	553.6
2	更换封带	52	232.2	4	208	928.8
3	更换卷盘	41	458	12	492	5496
4	处理完成批次	132	1031.1	4	528	4124.4
5	机器之间移动	2	20	128	256	2560
6	上物料到振动碗	2	8.58	60	120	514.8
7	合并批次	35.4	50.6	2	70.8	101.2

移动最多、耗时最多的是更换卷盘，操作员常常因为更换卷盘而忽略其他报警停机的机器，同时我的减少步行的架子（见“生产案例 117”）并没有得到推行，这样的状态将会持续，不过有同事正在尝试设计一个自动更换卷盘的装置，如果能够成功，问题就会得到解决，然而这项设计也是非常困难的。

另外一个主要的移动来自于处理完成批次，这是一个非常烦琐的过程。左边是生产线，右边竖着排列的是线外的工作站，操作员需要去很多个工作站，他们也许已经习惯了，管理人员似乎也习惯了，但在我看来，太混乱了，我希望能设置专门的岗位做这些走来走去的工作，比如水蜘蛛，这样的话，更换载带、封带等任务也可以不用操作员亲自跑了。

不过，我首先考虑的是改变当前的布局，我选择了第三车间（见图 6-1），希望通过对布局的优化，先减少无谓的走动。

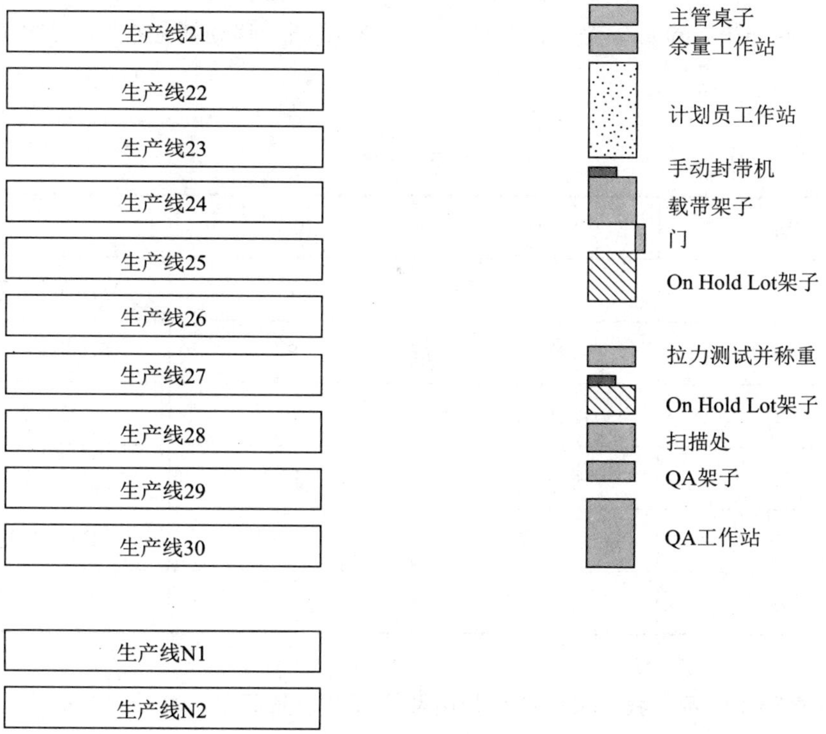

图 6–1　第三车间改善前布局图

根据 SLP 的关联程度表（见表 6–2），A 代表两个工作站必须临近，E 代表两个工作站之间的联系非常重要，也需要临近，但没有 A 那么强烈。以此类推，I 代表重要；O 代表一般重要；U 代表不重要，基本上不相关了；关系越来越弱，直到 X，代表完全不能相邻。

表 6–2　关联程度表

字母	接近程度	字母	接近程度
A	绝对需要临近	O	一般临近
E	临近特别重要	U	临近不重要
I	临近重要	X	不能临近

表 6-3 列出了当前的工作站，生产线也算一个工作站，总共有 11 个工作站。通过图 6-1 可以看到，左边是 12 条生产线，而 10 个工作站都在右边（On Hold Lot 架子有两个，可按一个工作站计算），所有提到的移动就会在这些工作站之间穿梭。

表 6-3　工作站

代码	工作站	代码	工作站
1	生产线	7	On Hold Lot 架子
2	余量工作站	8	拉力测试并称重
3	计划员工作站	9	扫描处
4	手动封带机	10	QA 架子
5	载带架子	11	QA 工作站
6	主管桌子		

如表 6-4 所示，我定义的物流强度衡量标准非常简单，就是人员的步行距离，在这里可以看到不同的工作站之间每天有多少人次的移动以及移动的距离。根据距离的不同划分等级，最高等级是从生产线到计划员工作站的移动，属于 A；其次 4 个是从生产线到处理余量工作站、载带架子、拉力测试并称重工作站以及扫描工作站。

表 6-4　物流强度表

路线	频率（班）	人次	平均距离（m）	总距离（m）	物流强度
1—2	4.5	12	23.8	2570.4	E
1—3	10	18	20.8	7488	A
1—4	1.5	18	18.4	993.6	I
1—5	6	18	16.6	3585.6	E

（续表）

路线	频率（班）	人次	平均距离（m）	总距离（m）	物流强度
1—6	很少				O
1—7	很少				O
1—8	8.5	30	14.8	3729.6	E
1—9	4.5	12	15.4	1663.2	E
2—7	4.5	12	21.6	1166.4	I
8—3	4.5	12	16.2	874.8	I
9—11	54	1	7.2	388.8	I
11—10	很少				O

当然除了物流因素外，还得考虑一些非物流的因素，例如工作需要沟通，或是流程的连续性，在这里我考虑的权重是“物流 : 非物流”是 1:1，进行综合评分，经过这两个因素的衡量后，得到一个综合的工作站关系图，如图 6–2 所示。

然后绘制活性关系图，如图 6–3 所示。

通过图表可以看到有哪些工作站是很需要相邻的，比如，处理余量的工作站和生产线就需要很接近，当然做拉力测试并称重的工作站和计划员工作站也是需要更接近生产线的，根据这些关系，可以做如下调整：

1）计划员工作站占的空间相对较大，目前能搬到最好的位置是在 26、27 和 28 线的对面居中位置，这样的话从任何一条生产线到这里都会很近。

2）将拉力测试并称重的工作站搬到 25 线的对面，这是因为最好的位置已经给了计划员工作站，只好退而求其次，选择这里的话，一线员工到这里的平均距离将会增加一点儿。

3）将放置 On Hold Lot 的架子从 25 线对面搬到 23 线对面，因为去那里的人很少。但它原来占据的位置很重要。

4）如果可能的话，将扫描工作站搬到 29 线对面的位置是最好的选择。

5）将以前放在一起的两台手动封带机分开，一台斜对着 25 线，一台靠近 28 线。

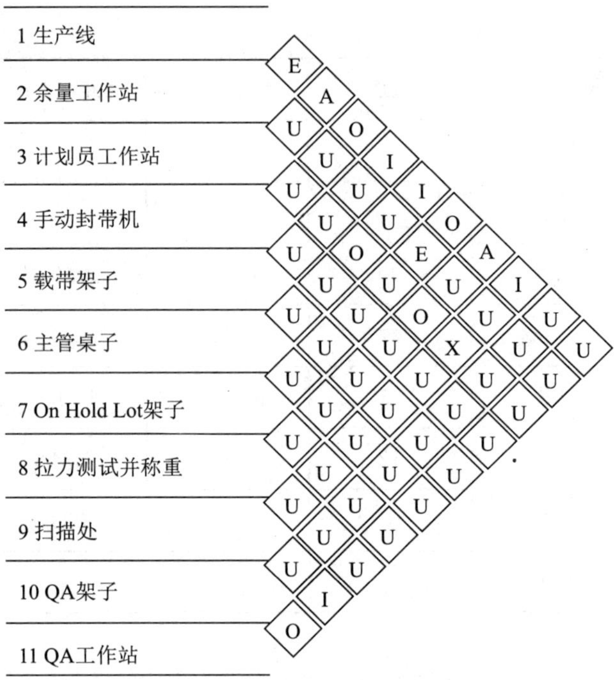

图 6-2 工作站关系图

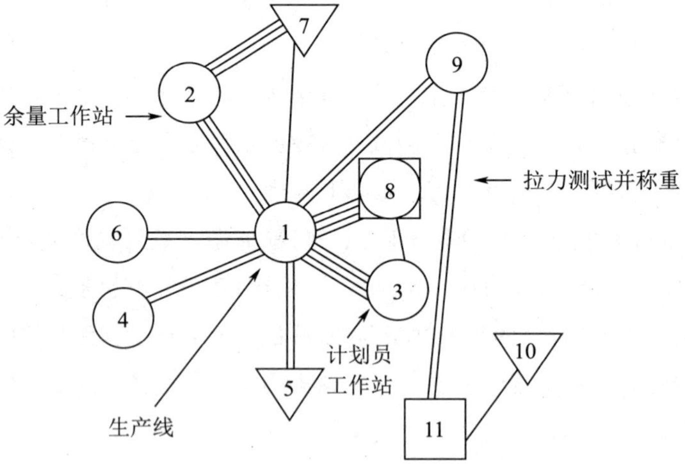

图 6-3 总关系图

最后得到新的布局如图 6-4 所示。

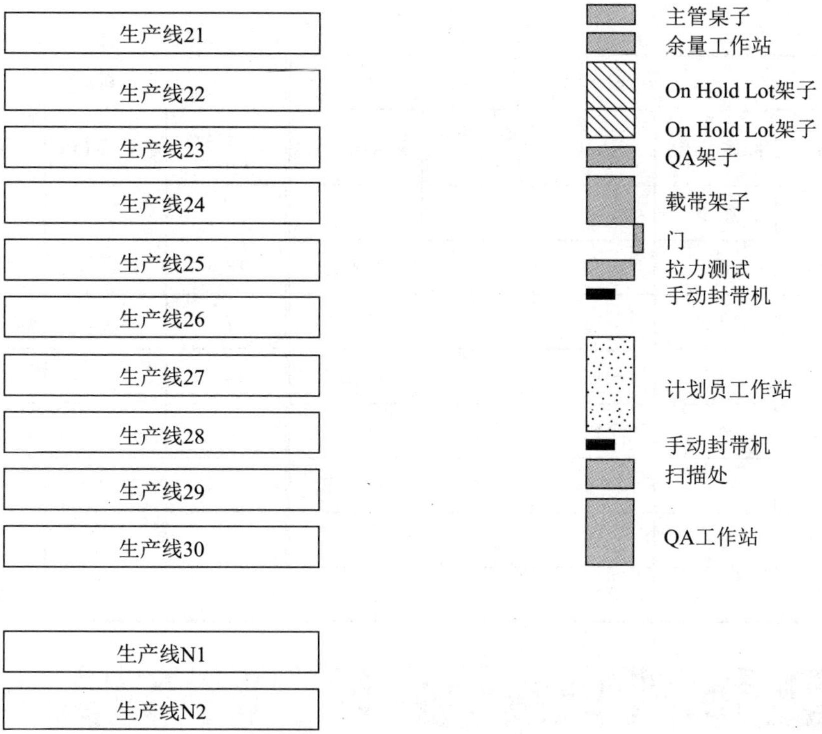

图 6-4　第三车间改善后布局图

通过布局的改变，整个第三车间的操作员每天可以减少 17%（3 183m）的无谓移动，换算成时间是 68.4 分钟（见表 6-5）。

表 6-5　改善的结果

改善前					改善后		
路线	频率（班）	人次	平均距离（m）	总距离（m）	平均距离（m）	总距离（m）	改变
1—2	4.5	12	23.8	2570.4	23.8	2570.4	0
1—3	10	18	20.8	7488	14.2	5112	–2376
1—4	1.5	18	18.4	993.6	15.4	831.6	–162
1—5	6	18	16.6	3585.6	16.6	3585.6	0
1—6	很少						0

（续表）

改善前					改善后		
路线	频率（班）	人次	平均距离（m）	总距离（m）	平均距离（m）	总距离（m）	改变
1—7	很少						0
1—8	8.5	30	14.8	3729.6	15.4	3927	197.4
1—9	4.5	12	15.4	1663.2	17.5	1890	226.8
2—7	4.5	12	21.6	1166.4	14.4	777.6	–388.8
8—3	4.5	12	16.2	874.8	3.6	388.8	–486
9—11	54	1	7.2	388.8	3.6	194.4	–194.4
11—10	很少						0
总计							–3183

6.3 单元式生产

单元式生产是指在一条生产线或一个机器设备单元内，由本生产线或生产单元的操作工生产多种产品或零部件的生产制造过程。

单元式生产方式与传统的流水线作业中每个劳动者都被固定在生产线的某个环节上简单重复某个动作大不一样。它是由少数人组成的团队连续进行多道工序操作，完成整件产品组装的生产方式。

这里要说一下，一个流的生产方式是按产品类别布置的多制程生产方式，产品在生产过程中实现一个流动。单元式生产的特点与一个流相同，但更多的是从设备的布局规划角度来说的。

6.3.1 单元式生产的特点

相比传统的流水线生产，单元式生产有很多优点：

1）生产周期更短。

2）在制品更少。

3）生产柔性强。

4）适合产品多样化。

5）生产布局灵活。

6）节省人力成本。

7）节省空间。

8）减少操作的单调性。

单元式生产实质上是在吸取了流水线生产关于工作分工和流水作业的优点基础上演化而成的。很多时候是以客户需求为导向，根据客户的订单或者需求预测来确定生产线的生产节拍，然后进行人员分配，这种模式效率比较高。

在去除原有的传送带情况下，单元式生产并不排斥专业化分工，只是把原来较细的分工又变得稍微粗了一点儿，原来数十个员工依靠流水线作业完成的工作，在单元式生产下通常由 3 ～ 5 个人围着工作台可完成。所谓极端化的单元式生产是指可以由 1 个人完成全部作业，但这在实际生产中的概率是极小的。

当然，单元式生产在日本佳能的成功并不意味着它已经可以全面取代流水线。因为它并不是在生产效率上完全超过了流水线生产方式，只是用效率上较小的损失换来了生产批量和品种上的较大灵活性，在小批量、多品种时能体现出卓越的效率。

单元式生产相对于很流行的机器自动化流水线方式，在成本、柔性方面有着显著优势。流水线作业工站固定，每个工站作业时间也是相对稳定的，订单饱满时大家铆足了劲儿生产，订单很少的时候还是要生产，但是生产速度没变，早早就把订单完成了，工人就无事可做，要么放假回家，要么在公司闲着。而单元式生产可以根据情况选择用多少人，订单多的时候派 10 个操作员上生产线，订单少的时候，3 个人一样能完成。

在单元式生产中，员工必须熟悉多个工序，因此企业需要具备稳定的员工结构和持续的培训。没有了传送带的“监督”，员工开小差就难以被发觉，为了确保员工能全身心地投入工作并与团队密切配合，传统的人事制度也面临改革。此外，作为一种新的生产方式，缺乏流水线那么悠久细致的工作研究，员工如何进行自主改善，不仅仅需要员工自觉积极参与，还需要相应的专业技能。这些因素对国内企业采用单元式生产是一个挑战。

如果劳动者素质普遍偏低，企业需要根据自身情况决定是否采用单元式生产。

6.3.2 一个流与批量生产

一个流又称为单件流，和一个流意义完全相反的就是量产。许多企业都是大批量生产产品，但是这会导致流程中的延误。在所有批量产品完成流程之前，没有一个产品能够先传送到下一个流程。数量越大，单个产品在流程中停留的时间越长。

批量生产的坏处：

1）延长了顾客订单的交期。

2）需要劳动力、能源和场地存放以及搬运产品。

3）大量的在制品。

4）增加了产品被损坏或者破坏的可能性。

相反地，一个流却能做到以下事项：

1）允许以最少的延误将多种产品交到用户手中。

2）减少了搬运和存储所需要的资源。

3）最少的在制品。

4）降低了产品被损坏或者失效的可能性。

5）暴露了其他问题以使其受到重视。

一个流是一种理想的状态，在日常作业中，实现只流一个产品对大多数企业都比较困难，所以最重要的是以最少的延误、最少的在制品及最少的等待实现产品流的不间断。单元式生产可以帮助我们关注流过整个生产的流程，并尽可能地去实现一个流。

生产案例 55　单元式生产线进化之路

1997 年，ME 采用的主要生产模式还是福特式的流水线大批量生产，如图 6-5 所示。我去 JC 的时候，发现他们也采用这样的生产线。

原材料与半成品在流水线上朝一个方向流动，每个操作员都被分配到指定的区域作业，进行单工序操作。实际上，每个作业区域都相当于一个作业孤岛，因为操作员之间没有办法互相帮助，也不能进行作业组合。这种流水线方式生产柔性很差，只能不停地做下去。

我在 JC 的时候提出了改造这种流水线的建议。因为这里的作业大多数都是人工作业，那么这个流水线方式就可以改变一下，如图 6-6 所示。

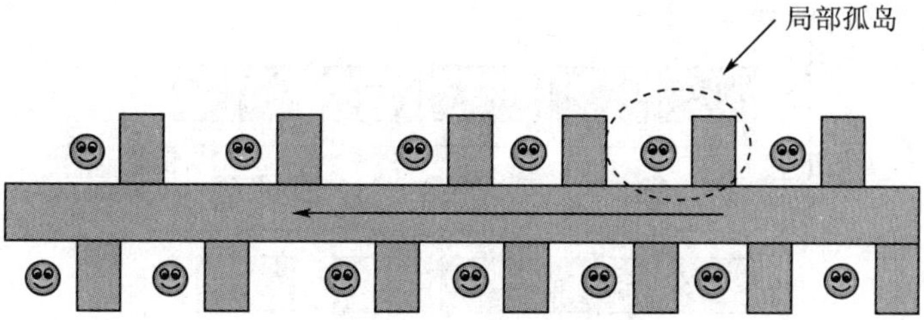

图 6-5　孤岛式流水线

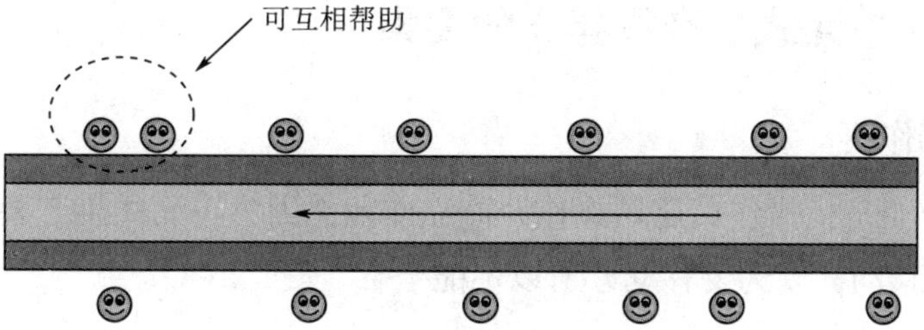

图 6-6　直线形流水线

作业台面由以前的分离变成了整合在一起，这意味着操作员可以一定程度上互相帮助，作业孤岛也就不存在了。但是这仍然是流水线生产方式，仍然具有传统流水线的弱点：

1）生产过程中产生次品，流水线不会停止。

2）工序间会产生过量的在制品，使作业中的浪费或生产线不平衡都很难被直观地看到。

3）若生产线出现不平衡，不易改变。

4）流水线开线时需要一段准备时间。

当我进入 ME 的时候，他们已经由原来的流水线生产模式改为单元式的一个流生产模式。以前很长、需要很多人的生产线被拆分为若干条短小且人员较少的生产线，如图 6-7 所示。这种单元式生产线生产柔性很强，可以根据生产节拍确定作业人数，就像图中一样，可以是 3 个人也可以是 5 个人，而且操作员一般都是多工序巡回操作。在这种一个流的生产模式中，一旦生产线某个环节出了问题，生产线就会停滞，这会督促现场的管理人员快速找到问题的根源并及时解决，这是一种实现准时制生产的有效方法。

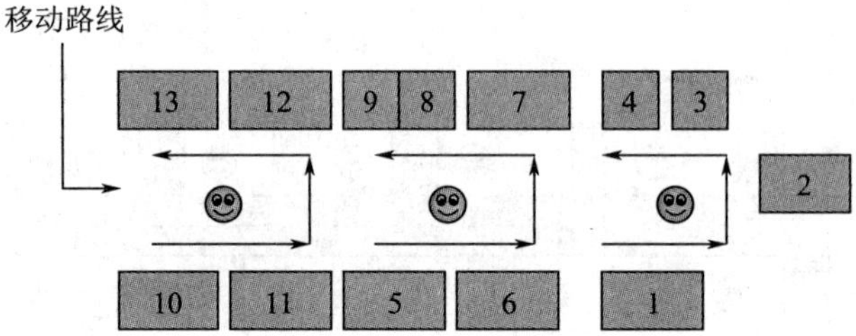

图 6–7　单元式生产线

6.3.3　单元式生产线建立的要素

1. 巡回作业

巡回作业是指操作员巡回操作，站立作业。因为单元式生产要求操作员要随产品一起移动，因为要移动，所以不能坐下。

2. 逆时针布置

生产线逆时针排布，其主要目的是希望操作员能够采用一人完结作业的方式。一人完结就是一个操作员从头做到尾，因此操作员是动态的，要不断地移动，这便是巡回作业。大部分操作员习惯使用右手，如果生产线按逆时针排布的话，当操作员进行下一道加工作业时，工装夹具或零部件在左侧，操作员作业并不方便，就会走到下一工位，那么巡回的目的也就达到了。

3. 多能工

多能工，顾名思义，就是掌握多种技能的工人，是可以操作多台机器和多个工序、组装加工多种产品的技术多面手。与之相反，只能操作一种机器、加工同样的产品、做一种工作的工人被称为单能工。

在单元式生产中，按照单元的大小、设备的工作周期、产品系列的不同，一个单元可以由 1 个人管理，或者几个人共同管理。这就需要操作员熟悉或了解多个工序。

在 ME 的时候，每一条生产线都配有多能工，他们能及时消除生产中出现的各种异常现象。比如生产线上有人生病请假，多能工能及时替补。多能工的存在使企业的生产体制能够灵活适应市场的需求变化，当订货量下降时可以减少生产人员，这是实行省人化和少人化的前提条件。同时，当员工需要多岗位轮换并去学习技能的时候，能减少员工的厌烦情绪，增强其成就感。

我曾经在论坛里看到一个 IE 工程师的实际尝试：他在公司推行了多能工的方法，并建立了五星员工考核办法，很大程度上解决了以前员工旺季加班、淡季放假的问题，并使一线人员流动率大幅下降，员工收入水平提高，生产质量和按时交货率均得到提升。

4. 使用小型设备

单元式生产中使用的设备可能和批量生产中的有所不同。单元式生产以使用容易移动的小型设备为佳。

小型设备能在单元生产中使用是因为我们想在一定时间内处理一个或者多个项目，而非大批量。小型设备节省空间，把它们紧密地放在一起可以减少走动距离，也会减少 WIP 摆放的空间。

慢速的设备对于单元式生产也是有益的。因为其目的不是快速生产大量产品，而是按照顾客的需求在某段时间内以一定的速度生产。

满足单元式生产的设备还需要灵活多变。为了发挥设备的最大功用，当流程变化或者为了试验新的产品设计，能够通过对设备的简单移动，实现快速搭配，从而构建一个其他型号产品的生产线。这种容易移动的设备的实现方式也是多元化的，比如带有轮子的设备、没有油盘的设备、自带照明的设备，将空气配管、电气配线、换气配管等根据配置计划制作成可拆卸的插座等方式。

5. U 形生产线

单元式生产的设备和工作地点将以人为中心，按照流程步骤配置，这样的生产布置会减少步行距离和搬运时间，有利于生产的顺畅。

所谓 U 形生产线，是指单元式生产中的设备经常被安排成曲线形，操作员的作业轨迹或行走路线（一个工作流程）是 U 形或者 C 形（见图 6-7）。这种形状会使得流程的起讫点靠近，这会减少操作员从上工序到下工序之间的动作距离或者需要走动的距离。

图 6-8 所示是传统的按照工艺原则布置的生产线，相同功能的设备集中在一起。

图 6-9 所示是改变后的 U 形生产线，是一个功能比较完善的作业单元，操作员走动距离减少。

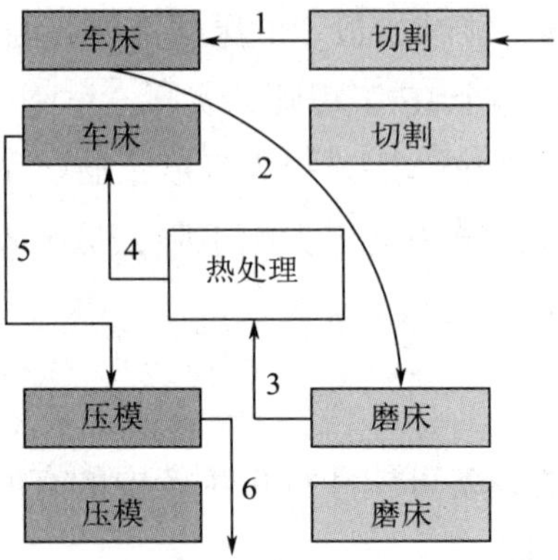

图 6–8　改变前生产线

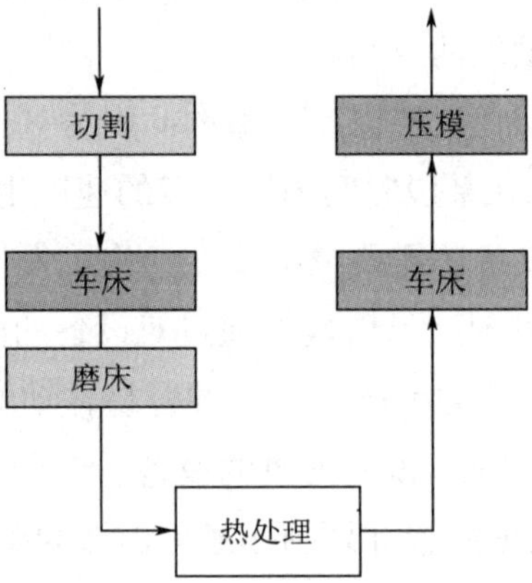

图 6–9　改变后 U 形线

U 形生产线不代表整个流水线的所有设备一定要按照 U 形布置，生产线根据实际需要采用“二”形布置、L 形布置或其他形状的生产布置都是没有问题的，最重要的是确保操作员的作业轨迹或行走路线是 U 形或者距离最短，或者可以说只要符合单元式生产的要求就可以了。

6.3.4　佳能的故事

20 世纪 90 年代，佳能陷入了困境：产品更新换代加快，品种日趋多样化，以少品种、大产量为前提的流水线生产方式显得力不从心，依靠这种传统的生产模式有可能丧失销售机会，还有可能出现库存积压。如果只是依靠巨额投资大型生产设备，投资调配就会出现困难。

所以寻找一种灵敏的、富有弹性的、能够满足小产量和多品种要求的生产方式，成了当时佳能总裁御手洗富士夫最迫切的愿望。

1998年年初，御手洗富士夫开始革新运动，从长浜佳能开始推行单元式生产，尽管一开始并不顺利，但这种生产方式还是逐渐被工人们接受。

在单元式生产中，操作员不是固定在一个位置上简单地重复安装或插装某些零部件，而是要在同一位置上组装一件完整的产成品。以这样的生产方式，操作员可以根据组装需要及自己在组装中的体会和经验，选择、调整和改进组装操作过程，代替了在一个移动流水线上只是机械被动地安装不同零部件的方法。一件完整的产成品不是通过所有操作员配合来完成，而是由几个操作员（小团队或小单元）合作，甚至可以由一个操作员生产。专门化或专业化被综合化或整体化代替，一个操作员的生产力抵得上旧式生产线的30名操作员。

一方面，单元式生产激发了员工的创造潜能，制造了大量生产设备，这些自己亲自制作的设备被长浜佳能的操作员称为“机关”。与过去从外面采购的那些昂贵机器相比，这些“机关”非常便宜。就设备投资而言，原来买来的一种检测设备需要600万日元，而自己的“机关”只需50万日元。设备的通用性更是它们被称为“机关”的原因，因为除了发动机等一些动力装置外，这些设备在不同产品的生产中是通用的。

另一方面，不再需要流水线，取而代之的是工作台。工作台的面积并不大，只有几平方米，常用的为2平方米左右。几个操作员（通常为10人以下）围坐在工作台四周，每个操作员装配后的制品被放在他很方便拿到的地方，一般是右前方，而处在他的下工序的操作员也可以很自然、方便地拿到。因为搬运的距离完全在每个操作员手臂能够到的范围内，所以不需要传送带完成搬运。与之相应的无人搬运系统也被手动推车取代了，同时节省了大量原用于生产的空间。那些大型自动化仓库也废弃了，现在只是在单元生产线的旁边放置少量零部件。到1999年6月，长浜佳能的流水线已经全部消失，同年9月，大型自动仓库也被拆除。

最显著的效果是所需操作员人数不断减少，节约下来的人员可以调到其他需要人手的部门充当机动人员。如果把减少人员的价值用金额表示的话，1998年为5.3亿日元，1999年为6.1亿日元，2000年为7.2亿日元。同时，单元式生产方式还带来了面积的节省，2000 年长浜佳能节省出来的面积达到 1 万平方米。

由于人员和面积的节约，佳能的生产成本大幅下降。从数据看，虽然长浜佳能的销售额从 1998 年的 1 300 亿日元减少到 2000 年的 1 020 亿日元，但是在此期间除去税金后的纯利润却增加了两倍。

单元式生产大幅提高了佳能的生产速度，从未完成品到完成品所需的组装时间大为缩短，未组装的零件库存数量也大量减少。这两者其实是相关的，因为生产周期短了，那么零部件的订货周期也就缩短了，所需要的常规库存量也就下降了。组装时间缩短可以提高交货给客户的速度，压缩了库存数量也意味着资金占用的减少和成本的降低。

以前，客户必须在 3 个月前交单，采用单元式生产后，这一时间缩短为 2 个月。而且即使在 2 个星期前接到变更样品的通知，长滨佳能也能很好地满足客户的要求，并且在样品变更的时候，长滨佳能还能在这方面提出很多参考意见，客户反倒又增加了订单。

他们希望的能够应对各种变故的体制已经建立起来。

第 7 章
质量改善活动

很多人都知道质量不是检验出来的，而是制造出来的。可是我们什么都不做，买个设备回来就去制造产品，能保证不出质量问题吗？基本上是不可能的，于是，我们又把检验拖出来，希望靠检验拦住次品，不要出现在客户手里，但这不是解决问题的根本办法，最终的手段依然是改善，即质量改善。我们需要找到引发问题的各种变异、确定主要的变异是什么并消除和减少变异产生的影响。

质量改善是一场与未知的战斗，也是学习和探索世界的重要途径。正是质量改善的存在，才能使我们得到优质的产品，我们的生活也因此变得更美好。

7.1 质量管理三部曲

美国的约瑟夫·朱兰博士认为企业中 80% 以上的质量缺陷都是由于管理不善造成的。传统的管理方式不仅不能克服危机,在一定意义上还会催生质量危机。要想解决质量危机，就需要破除传统观念，从根本上改造传统的质量管理体系，按照新的行动路线来行事，这一路线便是朱兰提出的“三部曲”。朱兰认为，质量管理是由质量计划、质量控制和质量改善这三个互相联系的阶段构成的逻辑过程，每个阶段都有关注目标和实现目标的相应手段。

1. 质量计划

质量计划就是首先要明确产品和服务所要达到的质量目标，并对实现这些目标所必需的各种活动进行规划和部署的过程。比如一双皮鞋，顾客穿着要舒服，折两下不会皱，穿两年不会破，为了实现这些目标，就要对皮鞋的生产进行部署和计划了,比如用什么材料、用什么设备、怎么检测。通过质量计划活动，企业应当明确谁是自己的顾客，顾客的需要是什么，产品必须具备哪些特性才能满足顾客的需要。在此基础上，还必须设定符合顾客和供应商双方要求的质量目标，开发实现质量目标所必需的过程和工艺，确保过程在给定的作业条件下具有达到目标的能力，为最终生产出符合顾客要求的产品和服务奠定坚实的基础。

2. 质量控制

质量控制就其一般含义而言，是指制定控制标准，衡量实际情况找出偏差并采取措施纠正偏差的过程。比如皮鞋后跟的宽度是规定好的，偏差正负 5mm，超出 5mm 则产品不合格，这就是控制，为了确保不出错，我们还专门做了测量仪器来检测，这也是控制。

3. 质量改善

质量改善是指突破原有计划从而实现前所未有的质量水平的过程。实现质量改善有三个途径：第一个是通过排除导致过程偏离标准的偶发质量故障，使过程恢复到初始的控制状态,比如我们改进了机器,让皮鞋后跟绝不会超过偏差；

第二个是通过排除长期性的质量故障使当前的质量提高到一个新的水平，比如皮鞋粘接的时候偶尔会偏，我们通过设计专业夹具避免这种偶发事故；第三个是在引入新产品、新工艺时从计划（设计）开始就排除可能导致新的慢性故障和偶发性故障的可能性。

在质量管理的三部曲中，质量计划明确了质量管理所要达到的目标以及实现这些目标的途径，是质量管理的前提和基础；质量控制确保事物按照计划的方式进行，是实现质量目标的保障；质量改善则意味着质量水准的飞跃，标志着质量活动是以一种螺旋式上升的方式不断攀登和提高。

这三个阶段相辅相成。

7.2 品质改善活动

品质改善活动（Quality Control Circle，QCC）又称品管圈或 QC 改善小组活动，是全面质量管理（Total Quality Management，TQM）体系中极其重要的环节，由日本的石川馨博士于 1962 年始创。QC 改善小组活动是指由同一工作现场的人员自发组织起来，互相启发、各抒己见、尊重个性、一起思考并运用 QC 手法，对企业的品质问题、售后服务、加工作业等进行持续改善维持的活动。

QC 改善活动小组可以分为以下几类：

1）现场型。以班组、现场操作工人为主体，维持质量，主要特点是课题小、难度低、周期短、效益不一定大。

2）服务型。以提高服务质量为目的的小组，主要特点是课题小、难度低、周期短、社会效益明显。

3）攻关型。以三结合（领导、技术人员、员工）方式解决技术关键问题，主要特点是课题难、周期长、投入多、经济效益显著。

4）管理型。由管理人员组成，解决管理问题，主要特点是课题大小不一、难度不尽相同、效果差别较大。

5）创新型。运用新的思维方式、创新方法，开发新产品、新方法，实现预期目标的课题。

QC 改善活动小组解决问题的基本方法是：设定目标→把握现状→分析问

题→检讨并实施改善→掌握改善效果→标准化。

7.3 质量改善公式

日本的质量大师田口玄一把影响质量的因素分为三大类。

如图 7-1 所示，Y 表示过程输出的产品或制程的品质特性（回应值）。影响

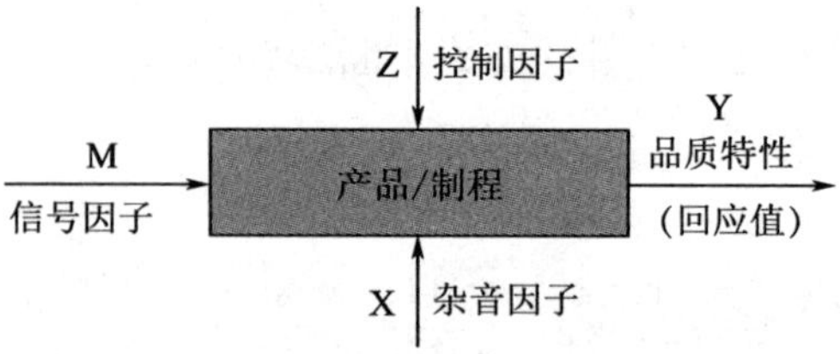

图 7–1　质量因子

的参数可分为信号因子（M）、控制因子（Z）和杂音因子（X）三类。

1. 信号因子

信号因子（M）是由设计工程师依据所开发的工程知识来选择的，通过调整因子可以使 Y 趋近于目标值。例如，一台电扇的转速就是典型的信号因子，可以通过控制风扇的转速来决定风量，反映在客户端就成了档位；汽车方向盘的转动角度控制着汽车转弯，螺杆转速决定着挤塑机的出胶量，这些都是信号因子的体现。这些因子是被设计好的，也是被使用者和操作者所知悉的东西。可以这样理解，信号因子就是输入，能够转化为输出 Y。就好像汽车转弯，是驾驶员通过旋转方向盘提供一种输入，输出就是汽车转一定的角度。说得更简单一点儿，要打造一把好剑，如果输入的是精钢，可以打造的非常锋利，如果输入的是木头，再怎么努力，再怎么研究方法，也不会打造出像精钢一样锋利的剑。

2. 控制因子

控制因子（Z）是设计者可以自由设定和控制的一种参数。这种因子是大家熟知的，比如通过控制零件的尺寸和圆度保证成品装配合格，通过控制水温保证光纤套管的余长，再比如前面所说的挤塑，有了稳定的螺杆转速就一定能

做出想要的规格吗？不行，还得控制模腔温度和机膛压力，才能做出我们想要的产品。这些不会直接转为输出但是对输出有直接影响的因子就是控制因子。控制因子在工厂中一般体现为工艺参数或者工艺条件。

3. 杂音因子

那些无法由设计者所控制的因素，就叫杂音因子（X）。通常情况下，很多质量问题都是杂音因子引起的，正是因为它们的存在，影响了信号因子和控制因子对品质特性的正常输出，使品质出现偏差，我们一般把这些杂音因子叫作变异或者干扰。最简单的理解就是本来我们要播放一首动听的歌，但是因为手机信号不好或者手机喇叭出了问题，播放的时候始终有杂音，达不到我们的要求。又比如要让汽车停下来，信号因子是刹车，控制因子是刹车片的性能，不管是碟刹还是鼓刹，用的什么刹车油，最终很有可能因为不同路面，刹车距离不同。或者因为下过雨，刹车距离增加，或者因为刹车片磨损严重而刹不住，导致追尾。这不是简单的一句“刹车不好”就能解释，实际上，路面、湿滑、磨损都叫杂音因子，都在影响刹车的性能，但是我们一开始很难预料，也很难控制它。

杂音因子通常因产品不同而不同，因产品使用或操作环境不同而不同，甚至不同的时间也会不同，即环境、方法、设备、人员、测量和材料（5M1E）的变异都是杂音因子。而且，杂音因子的实际值往往无法知晓，最多知道其统计特性，例如杂音因子的中数值或变异。杂音因子的存在常常导致品质特性 Y 偏离其目标值，因而造成品质损失，这就是质量事故。

所以，最后可以得到一个结论，基于信号因子（M）的输入，通过控制因子（Z）可以实现品质特性，但是杂音因子（X）的出现会导致品质特性偏离期望，所以质量改善可以说就是一场和因子的战争。原本期望的公式是 $Y = f(M, Z)$，但实际往往得到的结果是 $Y = f(M, Z, X)$。有的人把所有能影响到质量的因子都叫 X，其实我也喜欢这么叫，所以我们抛开田口博士的定义，把因子简单地称为 X，把问题简单地称为 Y。那么，所有的质量问题都可以归结为一个简单的公式：$Y = f(X)$，这是中学时代就学过的函数表达，只不过在这里要稍微转换一下，自变量 X 成了影响因素，也称为因子，而 Y 就是结果，或者叫品质特性。解决质量问题，就是解答公式 $Y = f(X)$，因为问题 Y 是已知的，要寻找的是 X，有多少 X 能影响到 Y 以及影响的程度，这是第一件要做的事；而 f() 则是对应的影响模式，或者说因子是怎么影响到结果的，这是第二件要做的事。我们所做的一切，其目的都是将这个因子的影响消除或者减轻，或者说要让 Y = f (X) 不发生或者少发生（这里的 Y 指的是问题，不是品质特性），这在 FEMA 中叫作减少发生频度。

很多人在问题出现的时候，都是很匆忙地寻找解决办法，而不是先对问题进行定义。所以六西格玛方法论基本步骤 DMAIC（定义、测量、分析、改善和控制）中的“定义”是非常重要的第一步，如果问题定义不好，没有合理的数据化，会出现最后所做的事和问题完全不搭边的情况。比如质量改进，定义的是减少不良品数，这个不良品数是受到成品数影响的，而成品数又受到订单数影响，订单多了，成品数自然就多，就会出现不良品数增加的情况，很难说清楚这个时候的质量是否得到改进，反之，如果没有订单就没有不良品数，也不能说明问题得到了解决。所以这里要定义好目标，要让数据能有效地反映质量变化状况，用不良品率显然要好得多。

定义好问题就是找到真正的 Y，这是第一步。

找到问题之后是测量和分析问题，这是第二步。

其实改善质量跟警察破案是一个道理，要找到根本原因并得到解决问题的方案。警察需要找到真相将元凶绳之以法，警察破案的过程叫侦查，侦查就是收集线索并从中找到可以用的证据，我们是寻找各种影响因子并从中得到真正影响品质的根本原因，最关键的一点是，必须通过严谨且富有逻辑的证明确认这些因素的确影响到了结果，而且是根本原因，这或许需要很多实验和数据。我们不能仅凭经验说产品尺寸不对是因为没培训好员工，中间的证明呢？数据分析呢？

解决质量问题的第三步是改善，即怎么控制、缓解和消除因子的影响。

就拿修电脑来说，最笨的办法就是一个部件一个部件地试，也许试到最后问题都没解决，因为忽略了电源插头，等发现的时候，已经装了拆、拆了装试验了 3 个小时。如果一开始就对所有的组装件进行全面检测，自然会发现问题所在，而不是盲目地解决。

所以，质量改善不是要找到很多解决问题的方法，而是要真正地确定问题出在哪里，测量出能说明问题的数据，然后全面地分析问题，如果前面的这些做好了，改善就水到渠成了。

7.4 寻找变异因子的方法

要找到影响质量的因子，其实是一件很头疼的事，我们可以说出一大堆影响因素，听起来都很有道理，但是具体怎么影响的可能说不清楚，到底是哪个因子影响最大，也讲得模模糊糊，一般都是靠经验猜测。实际上，正如前面所述，我们需要一种找出变异因子的方法。

1. 统计分析

很多信息来自于日常收集的数据，通过分析数据，能得到仅凭感觉得不到的东西，它们会成为有力的证据，揪出变异因子。比如我们做了回归分析，发现螺杆转速的不稳定和产品外径波动存在关联，而在此之前，其他人告诉我们的方向是模具有问题。

统计数据并做好分析的意义在于，能发现潜藏在数字下的规律，而这些规律能更好地帮助我们找到问题的根源。

2. 实验设计

有时候，我们会遇到很难收集数据的情况。比如，有人怀疑用于保护金属端子的牛皮纸带含有硫，可能导致端子的硫化，这是一个猜测，而实际生产过程中的确出现了金属端子腐蚀的情况，但是很难判断是否硫化，也很难找到数据证明就是纸带造成的影响。这个时候，做一个实验来验证是一种很好的方法，把牛皮纸带和端子相互接触放于一个密闭的空间和一个开放的空间，两个星期之后去看，发现端子完好，证明之前的猜测没有足够的证据。很多时候实验是检验因子是否造成变异的主要手段，特别是面对多个因子共同影响的时候，就更需要实验，我们称之为 DOE。同时针对多个因子设计出实验方案，甚至要设计出更恶劣的条件使不良状况明显化，最后经过数据演算得到数学模型，找到显著影响的因子，就能大致判断因子的影响程度和方式。

3. 关注细节

收集来的数据难以说明问题，做实验又没有足够的资源，那么还有一种方法可以用来寻找变异因子，那就是关注细节。说简单点儿，就是一直盯着看，发现在过程中发生的异常情况，一般情况下，会用摄像设备代替人眼监控，记录下影像并进行事后分析，这也是侦查取证经常用到的方法，对生产来说也是非常有效的方式。在录像中会发现很多平时被忽略的、习以为常的行为和事件，这些东西正是我们要找的变异。比如，光缆制造中的鼓包很难被及时查明原因，但是当使用高新摄影机记录下一天的生产状况后就会发现，有员工不小心触动了水槽让水飞溅出来导致鼓包，这种情况不在现场是根本看不到的，但是有了记录下每一个细节的录像，就能更好地研究过程中的细节，筛选变异因子。

4. 先改善后看结果

前面三种办法都不行的情况下，就采取先改善后看结果的方法，这种处理方式是我们惯用的，遇到问题了，通过经验大致判断可能是什么引起的，然后就扎进去改善。如果结果变好了，证明改善有效，变异因子估计对了；遇到结果没有变化，就证明改善方向错误。于是重新寻找改善点，继续改善，再看结果，以此类推，直至情况好转或者问题得以解决。这是一种“瞎猫撞死耗子”的办法，很可能因为初期的判断失误，损耗大量人力、物力，但是很多时候这又是我们最爱用的方法。

这种方法依托于经验，而经验的认知范围可能会忽略很多变异，有时以改善带着找原因的做法会导致问题复杂化，所以在条件允许的情况下，最好采用前三种办法，不到万不得已，别使这招。

7.5 质量改善内容

根据这些年我在工厂的体会，总结了引起质量问题的 9 种变异，以及针对不同变异应该采取的改善策略以及防错防呆。

- 变异 1：清洁状况（杂音因子）。
- 变异 2：机器夹具（杂音因子）。
- 变异 3：工艺过程（控制因子和杂音因子）。
- 变异 4：测量（杂音因子）。
- 变异 5：作业方法（控制因子和杂音因子）。
- 变异 6：产品设计（信号因子）。

- 变异 7：原材料（信号因子、控制因子和杂音因子）。
- 变异 8：人员（控制因子和杂音因子）。
- 变异 9：存储与运输（杂音因子）。
- 防错防呆。

这里提到的 9 种变异并不是各自独立的内容，而是相互联系的。比如在对机器夹具改良的同时，很有可能消除一些工艺过程中的变异因素；采用防错防呆装置，同时也可能避免了作业方法的不当。所以提出这 9 个方面，是希望进行质量改善的时候，从更多的角度和层次思考问题，从而更好地找的解决问题的方法。

当然，也可以将我们最常见的问题归纳为人、机、料、法、环、测。

7.5.1　变异 1：清洁状况（杂音因子）

现场作业区域脏乱，一是会直接影响产品品质，比如灰尘、杂物进入到产品；二是会影响工序加工从而间接导致品质问题。所以改善作业区域的清洁状况是保证质量要做的第一件事，包括两点：一是做好日常维护，随时保持作业环境的清洁；二是进行改善，尽量减少清洁状况不佳造成的品质影响。

做好 5S，首先要确保作业区域的清洁，不影响安全、质量和效率。举个例子，如果厨房卫生状况不好，可能在饭菜里吃到头发、苍蝇、蟑螂以及各种不明物体，假如你是客户，你满意吗？生产也一样，灰尘、杂物有可能进入产品，油污、水分有可能腐蚀产品。很多时候，很难直接证明作业区域的清洁状况和质量问题有直接的联系，但这不是我们放任清洁状况变糟的理由，有时候一些灰尘污垢的积累会导致质量事故，因为不能很快找到这个根源，所以最好的方法就是在污染发生之前做好清洁，消除这种变异的影响。

生产案例 56　避免污染造成的不良——胶盖入弹簧工序模具改良

胶盖入弹簧，顾名思义，其功能是将 4 根弹簧压到胶盖的碳精刷里。碳精在作业过程中很容易出现碎块、颗粒及粉尘，也很容易掉在模具上（见图 7–2），这样的话，放置胶盖很有可能放不平整，造成入弹簧时弹簧与碳精座位置偏离，产生卡弹簧的次品。

实际上很难控制碳精刷不掉落颗粒和粉尘，退而求其次的方法就是随时注意清

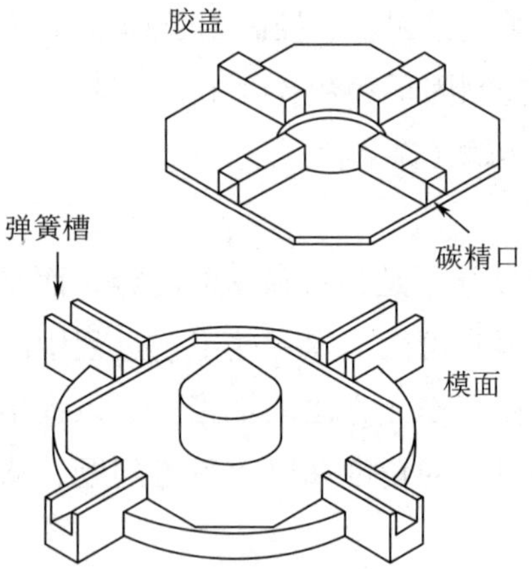

图 7-2　胶盖入弹簧模示意图

扫模具，但是这种措施很麻烦，而且不是十分有效。

于是我们改良了模具（见图 7-3 和图 7-4），在不影响胶盖在模具中定位的情况下（其定位主要依靠中央的圆锥体部分），大量增加凹槽，减少胶盖与模面配合的接触面积，尽量减少因碳精碎块或颗粒引起的胶盖翘起。

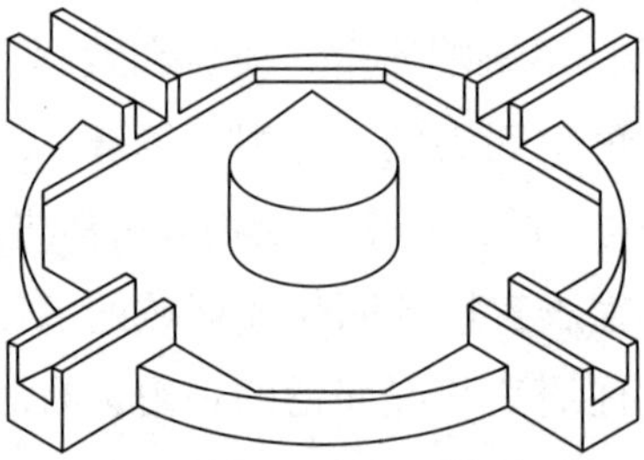

图 7-3　改善前入弹簧模

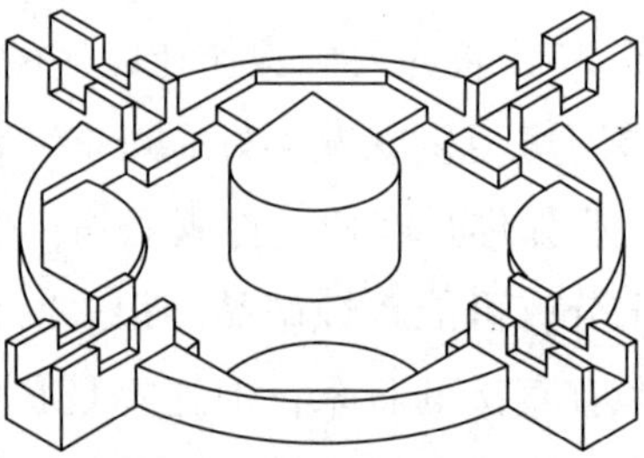

图 7-4　改善后入弹簧模

实践证明，改善后大大减少了胶盖与模面接触不平整的情况，也使其定位动作变得更加容易。

生产案例 57　减少金属粉屑造成的不良——流水线上的清洁改善

XY 有很多手工流水线，员工坐在一条会自动前进的流水线旁，抓起上面流动的产品进行作业。

当时我们遇到一个常见的问题，产品中需要使用金属端子这类零件，但是来料有很多金属粉屑，作业时员工抓取金属端子会带出金属粉屑，随着时间的积累，这些粉屑就大量地出现在流水线的表面。

XY 的人工作业频率很快，很多员工难以顾及金属粉屑，只能采取置之不理的态度，一般情况不会有太大影响，但是一旦粉屑不小心混入产品就会造成不良。所以，工艺工程师要求定时用毛刷清理流水线表面的金属粉屑。自觉的员工清理得勤快些，但是一旦产能吃紧，就没有人去管。于是，我想了一个非常简单的土办法。

在流水线的下方固定了一把刷子（见图 7–5），流水线一运动它就能起到清理的作用，一个班下来会累积很多金属粉屑，只需要每个班清理一次刷子就可以了，不会像以前每人一个毛刷，随时准备清理。

图 7–5　流水线上特别的刷子

7.5.2　变异 2：机器夹具（杂音因子）

机器设备和工装夹具的设计通常都不可能全面地考虑到生产过程的所有问题。只有在生产过程中，这些问题才会完全暴露出来，这个时候我们不得不去改善这些机器和夹具，使其能适应生产，避免和减少问题的发生。

一般来说，机器和夹具的缺陷大致分为三类：

1）机器夹具与产品工件配合问题。如尺寸、形状等不完全配合，从而引起放置困难、放置不稳、定位偏差等导致不良。这是一个常见的问题，解决的方法就是认真仔细地检验每个涉及的尺寸数据，找到怀疑的点进行实验。

2）设备夹具及其零部件的老化磨损问题。比如车床刀具磨损引起产品工件损坏，本来切刀可以用 1 万次，结果已经用了 3 万次，而记录的是 3 000 次，能不出问题吗？解决这种问题的方法就是需要有一个很好的备件耗用品管理机制，要有良好的监控手段，在设备上设置显示刀具的使用次数，这样的话，就不用人工记录了。

3）设备机器出现故障和异常。比如感应器失效，但显示的状态是 OK，这些不良品将会被当成良品送到客户手里。又比如机器的泵坏了但是没有报警，没有人知道，要涂在产品上的东西因为泵的损坏涂不了，不良品就产生了。解决这些问题的方法就是要让机器有因为产品不良而即时停止的功能，比如前面所说的感应器，可以用双感应器，一个失效了，另外一个还能工作，形成双保险；比如泵坏了，有即时报警程序，机器会马上停机，并反馈出泵已经坏掉的信息。

生产案例 58 改善定位问题——胶盖入弹簧工序弹簧槽改良

“生产案例 56”的胶盖入弹簧工序存在问题，操作员在将弹簧放置到弹簧槽里的时候无法确认是否放到位了。

当前弹簧槽（见图 7–6）的深度是 8mm，弹簧的直径是 6.8mm，这导致了两种缺陷：第一，弹簧放入槽中是否倾斜、是否放到位，正常情况下是看不见的；第二，

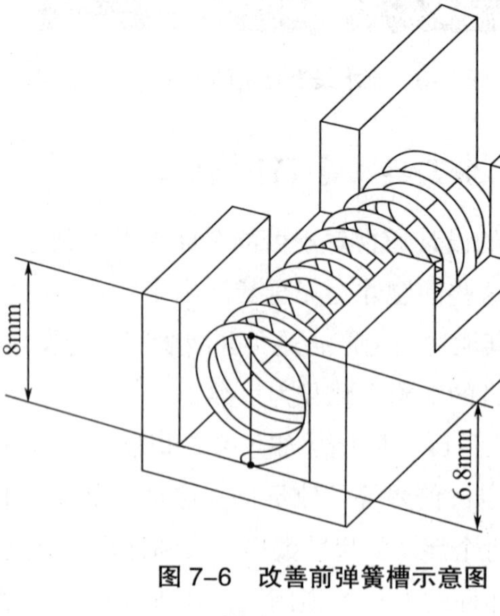

图 7–6 改善前弹簧槽示意图

因为弹簧槽较深，操作员在放置弹簧时会很不方便，且难度增加。

于是我们改良了弹簧槽（见图 7–7），弹簧槽的深度被降低到 6.2mm，低于弹簧的直径 6.8mm。这样的话，弹簧就被暴露在了视线范围内，若是没有放到位，操作员一目了然，同时放置弹簧的动作因为深度的变化而变得方便、容易，也就更容易放到位。

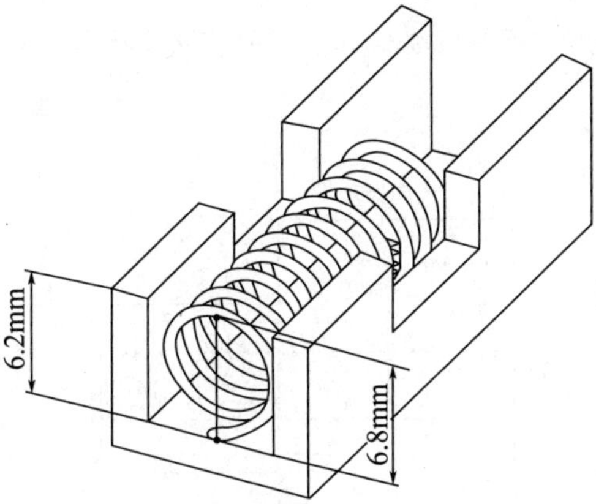

图 7–7　改善后弹簧槽示意图

生产案例 59　改善定位问题——换向器定位改良

某种冲装换向器机模的功能是水平将换向器冲压到电枢铁轴的，操作员首先需要做的是将换向器放入换向器座上的凹槽里，改善前是通过凹槽与定位块与换向器的配合来定位的（见图 7–8）。

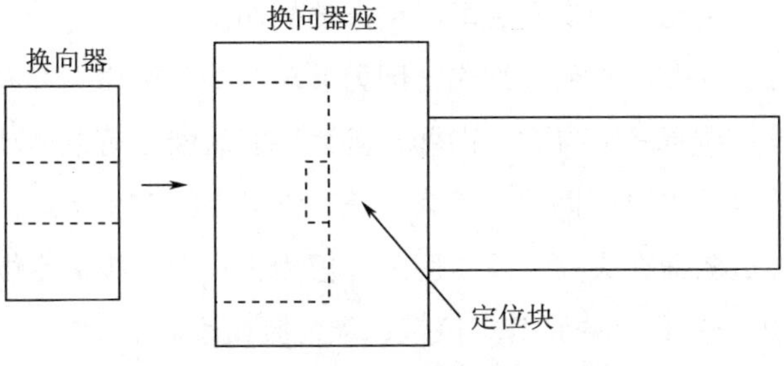

图 7–8　改善前放置换向器局部示意图

由于定位块很小，而且换向器也有公差，操作员在放置的时候因为水平的缘故，视线无法看到凹槽内部，造成放不到位，从而换向器位置偏差、移位的情况时有发生。

其他车间的同事对其进行了改良，也是对这个机模设计缺陷的一个纠正。改善后，换向器座的定位块被改成了一根定位轴，轴的一端与换向器座面平行，另一端安装弹簧（见图 7–9），操作员在放置换向器时，由于定位轴较长且从换向器中间孔穿过，定位效果较好，不易发生偏转。同时安装有弹簧，可以让定位轴缩回，不影响冲装作业。

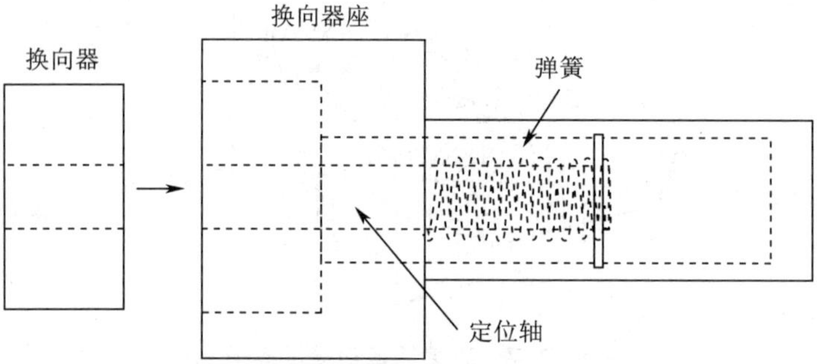

图 7–9　改善后放置换向器局部示意图

生产案例 60　改善定位问题——换向器划伤问题

所谓放置不稳，是指即便工件放置正确，也会因其可以移动而影响质量。

问题描述：换向器出现划伤。

使用 5 个为什么的方法分析改善。

Why1：为什么会出现划伤？装配时引起的划伤。

Why2：为什么在装配时引起划伤？因为装配时碳精筒碰到换向器。

Why3：为什么碳精筒会碰到换向器？因为装配时胶盖可以挪动。

Why4：为什么胶盖可以挪动？因为胶盖在夹具上没有固定。

Why5：为什么胶盖在夹具上没有固定？因为夹具上的胶盖定位销短。

解决措施：加长夹具上的胶盖定位销，能使胶盖固定。

改善结果：胶盖入夹具后位置固定，避免了因胶盖松动导致的换向器划伤。

关于 5 个为什么

5 个为什么是一种解决问题的简单方法，也是一种诊断性技术，被用来识别和说明因果关系链，通过不断地提问为什么前一个事件会发生，直到回答“没有好的理由”或直到一个新的故障模式被发现时才停止提问。解释根本原因以防止问题重演。

5 个为什么是解决质量问题的一个好方法，能有效地找到根本原因。不是一定要问 5 次为什么，也许是 4 次，也许是 7 次，最重要的是找到最本质的原因。可惜我们现在很多工程师不会这个简单的办法，很喜欢凭经验对问题轻易下结论，最后的结果往往是问题仍然得不到解决。

生产案例 61 改善尺寸问题——胶盖入弹簧工序顶针改良

“生产案例 58”中胶盖入弹簧工序的入弹簧动作是通过汽缸带动顶针将弹簧送入碳精刷里的，现有的顶针（见图 7–10）长度是 3mm，我们发现其推动弹簧的深度是不够的，弹簧容易在推动过程中弯曲，出现卡弹簧的情况。

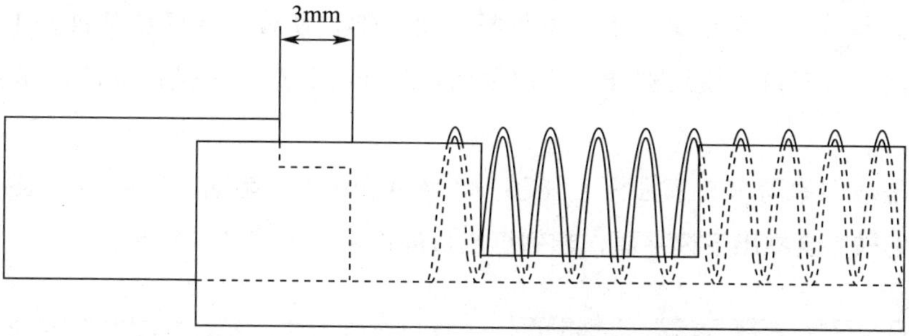

图 7–10 改善前顶针示意图

我们加长了顶针的长度（见图 7–11），使其变为 6mm，这样的话，顶针推动弹簧的深度加大，大大减少了弹簧在推动过程中弯曲的可能。

在完成了对胶盖入弹簧工序中模具、弹簧槽及顶针的改良后，我们发现胶盖入弹簧工位的 PPM 从原来的 25 000 下降到了 4 100，也是就说我们的改善是有效的，卡弹簧的次品也大大减少了。

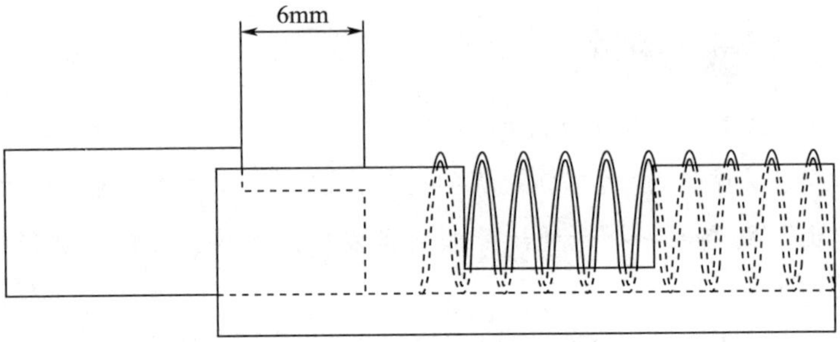

图 7–11　改善后顶针示意图

关于尺寸

很多质量问题往往都和尺寸有关，一点点的误差就有可能导致大的质量事故，所以尺寸绝对不是一个可以忽视的问题，同时对尺寸的改良又是相对简单的。

生产案例 62　改善尺寸问题——推杆垫片

在 ON 的时候，某种型号的产品出现了打浇口不完全的情况，经过分析，发现其原因是：固定在模具的上、下推杆长度不够，使模具合模后下推杆下行距离不够，造成打浇口凸模没被推出下模平面，从而导致产品未被打浇口，如图 7–12 所示。

于是我们的同事在下推杆上加了一个约 4mm 厚的垫圈，以增加下推杆长度，使凸模能被完全推出下模平面，起到打浇口的作用，如图 7–13 所示。

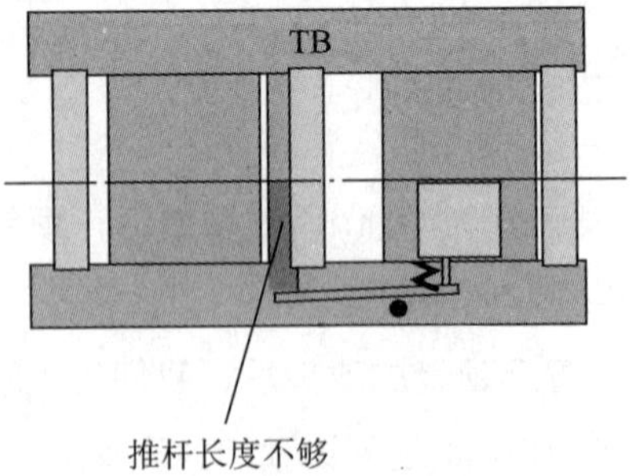

图 7–12　改善前凸模失效状态

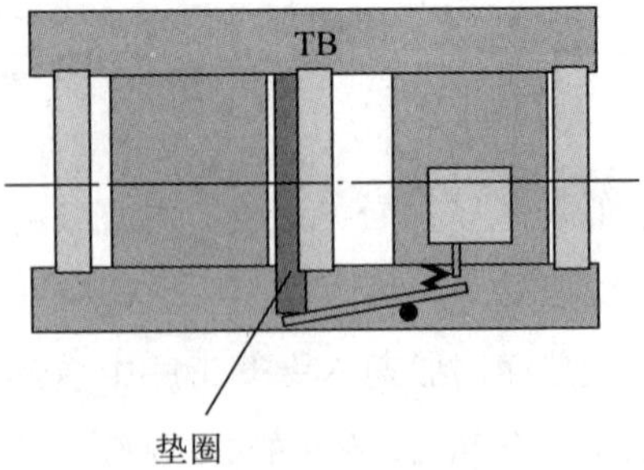

图 7–13　改善后凸模正常状态

改善是非常简单甚至非常土的方法，有时候却能起到立竿见影的效果，改善不一定就是高大上，简单实用才是我们需要认真考虑的。

当然，用土方法解决问题的同时，要注意怎么标准化，不然一直土下去很难延续。

生产案例 63　改善配合——放铁轴的滚珠轴承座

电枢中心的铁轴出现了擦伤和凹痕，经过分析，发现问题的根源在于平衡机上支撑铁轴的 V 形座（见图 7–14），因为 V 形座与电枢铁轴配合不好，而且不稳定，当铁轴随着电枢旋转的时候，摩擦很多，导致了擦伤和凹痕。

于是，工程师改良 V 形座为滚珠轴承座（见图 7–15），这是典型的变滑动摩擦为滚动摩擦，大大减小了摩擦力，从而减少了铁轴出现擦伤和凹痕的机会。

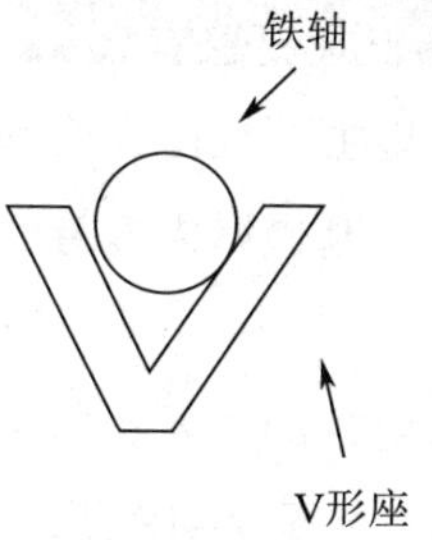

图 7–14　V 形座

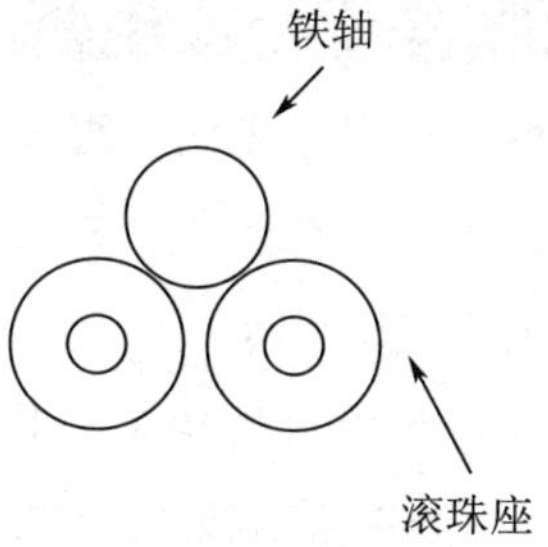

图 7–15　滚珠座

关于配合

不同形式的配合其实有着不同的特点，我们应该根据实际情况进行选择，有时候可能需要比较紧凑的配合，有时候又需要减少不必要的应力，这是一门以物理为基础的改善方法。

比如 V 形槽和圆形槽就各有优缺点。V 形槽摩擦力较大，产品如果比较脆弱，会对产品造成磨损。圆形槽摩擦力较小，但是摩擦力不够的话，又可能产生物品在槽内不稳定的问题。

如图 7–16 所示，改善前使用圆形槽，线缆在槽内时常打滑，影响质量指标。

如图 7–17 所示，改善后变成 V 形槽，摩擦力增大，线缆在槽内打转的现象几乎消失。

图 7-16　改善前圆形槽

图 7-17　改善后 V 形槽

生产案例 64　避免设备磨损引起的不良——铁枝划伤改良

某型号的电枢铁枝出现划伤，经过分析，发现主要是由固定铁枝的机械手造成的，这种机械手的设计存在问题，并且长期使用后磨损增大，导致与其接触的电枢铁枝被划伤，如图 7-18 所示。

经过改良之后，改用套筒套住电枢，当放入电枢的时候，气缸推动套筒使其固定住电枢铁枝，这种方式能避免电枢铁枝被划伤，如图 7-19 所示。

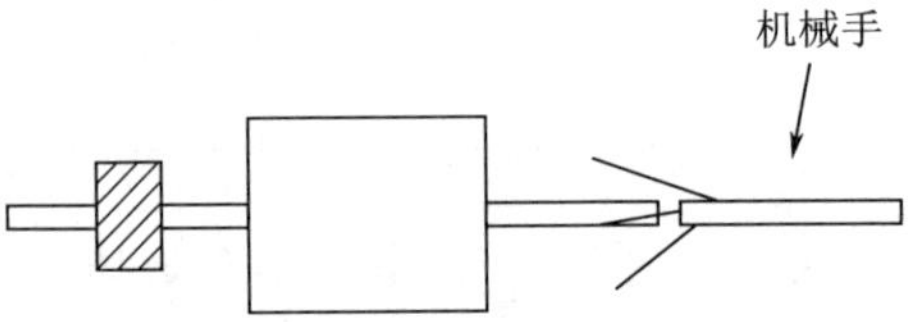

图 7-18　机械手固定电枢

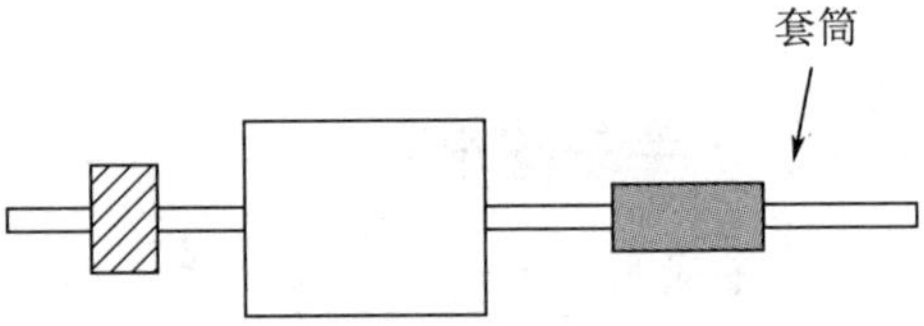

图 7-19　套筒固定电枢

生产案例 65　消除设备故障造成的不良——焊线机超声波问题

进行焊线机检测时，当碰到焊线机头后的一根连线时发现其超声波值不断变化。超声波的变化加剧，焊接频率变动增大，将会导致设备故障，出现很多类型的不良产品，所以控制超声波非常必要。

改善很简单，重新将这条线（见图 7-20）固定或更换后，超声波就稳定了，大大减少了超声波故障，避免了其引起的质量事故。

图 7-20　影响超声波的连线

7.5.3　变异 3：工艺过程（控制因子和杂音因子）

世事万物都在变化，天气在变，人也在变，你说设备没变，可是螺钉好像没有以前紧了，也许你会说，一颗螺钉松掉有什么？但它也许会导致一架飞机失事。所以生产工艺过程中的变化可能随时引发质量事故，比如空压机气压变化导致产品受力不均，出现不良；螺杆的速度不稳定导致产品尺寸忽大忽小；水箱水温波动太大，导致塑料管时常出现一些包块。所以我们需要想办法消除或控制这些工艺过程和作业方法的变化因素，以确保质量不受影响或者减少影响。

我们要知道压力在哪个范围内是合适的、水温的偏差不超过多少就是正常的、拉力指数要在多大的规格内，等等。尽管我们有现成的标准工艺参数，但是现有的工艺指标是不是合理、有没有被验证过，这都需要考虑。对于没有的参数，还要考虑怎么监控这些工艺条件的变化、是不是需要增加一些检测设备和仪器等问题。

生产案例 66　改善受力方向不一致——线桶改良

ME 的电绕机主要功能是在铁芯上绕上规定圈数的漆皮线线圈。

改善前，漆皮线作为物料的存放方式（见图 7-21），是被一匝一匝地缠绕在线壳上，外面罩着一个桶，线从桶的孔中穿出，并连接到电绕机上。但是这种存放方式有一个问题，就是漆皮线容易打结，因为线桶空间比较大，漆皮线从线壳上被拉出的时候，在桶中没有受到其他约束，那么拉动过程中每一段受力方向不一样，就会打结。这是一个不稳定的因素，我们的质量工程师想了很多方法，但效果都不理想。一次偶然的机会，无意中用一个废弃的纯净水桶替代以前的桶，反倒效果很好。纯净水桶都有一个突出的嘴（见图 7-22），我们戏称为“猪嘴”，漆皮线被拉出时因为受到“猪嘴”的阻力，变得不容易打结了。

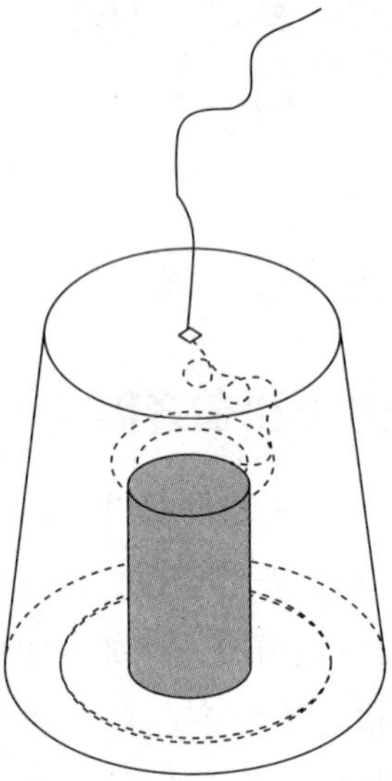

图 7-21　改善前的漆皮线桶

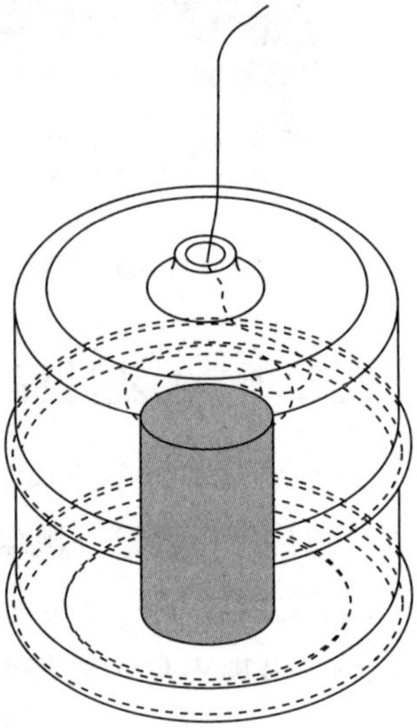

图 7-22　改善后的漆皮线桶

生产案例 67　减小拉力的变化——毛毡问题

电绕机需要控制好线的拉力，以保证电枢性能。于是品质工程师在线径上增加了一个毛毡（见图 7-23），目的是起固定作用，限制电绕机拉力变化，通过毛毡的收紧或放松可以调校拉力，调校之后，还可以限制拉力。刚开始的时候毛毡还能起作用，但是过了一段时间，毛毡就不起作用了，因为使用的毛毡形状都是不规则的，而且磨损较大，随着时间的推移开始变形，并在线通过的位置形成一个凹槽，那么对拉力的限制就没有了，这个毛毡也就形同虚设。

实际上，不是不需要毛毡，只是不希望毛毡失效对拉力产生影响，于是有了进一步的改善（见图 7-24），毛毡被统一改为规则的圆形，用螺钉固定，并用弹簧压紧，压紧后拉力不会因为毛毡的松动而变化，毛毡只起辅助固定及清洁的作用。

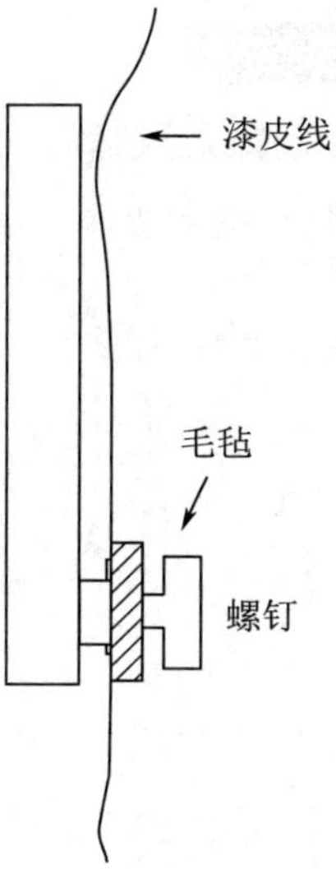

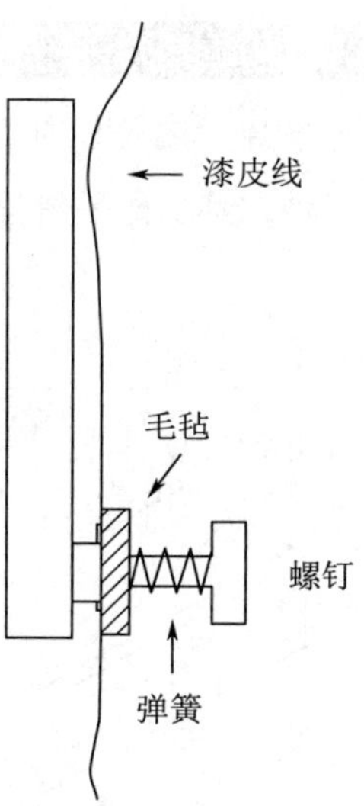

图 7-23　改善前毛毡状态　　**图 7-24　改善后毛毡状态**

不过改善并没有就此结束，毛毡虽然起到了固定作用，却不是 100% 的可靠，有时漆皮线会从毛毡处滑落出来，影响拉力，于是质量工程师又做了进一步改善（见图 7-25），在毛毡的下方增加限位块，功能是防止漆皮线滑出。

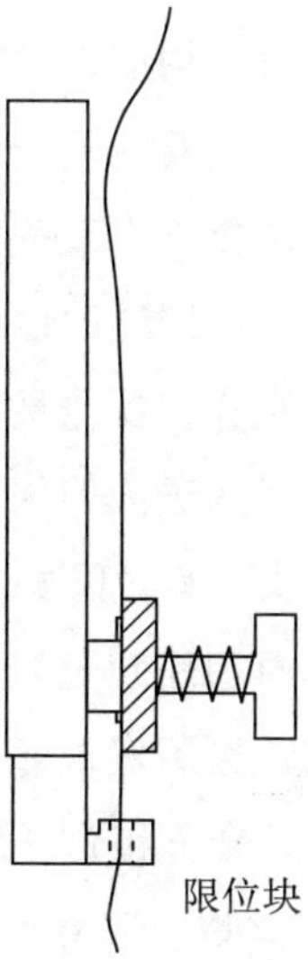

图 7-25　安装限位块

生产案例 68 抵消摩擦力——手动入介子模改良

介子其实就是垫片，在 ME 有很多入介子的机模或是机器，这里所说的手动入介子模是其中的一种，其功能是将垫片嵌入电枢铁枝里的夹具，如图 7–26 所示。

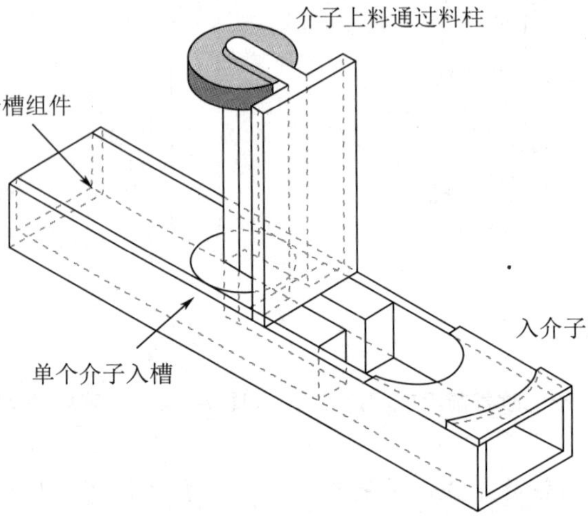

图 7–26　手动入介子模局部示意图

操作员需要先进行介子上料，大量的介子被暂时存储在机模的料柱上；通过手柄推进和拉回介子槽组件，当拉回介子槽组件到极限的时候，介子槽到达料柱的位置，从料柱上掉落一个介子到槽里；接着放置一个电枢到达入介子区域，然后推进介子槽组件到达入介子区域，完成入介子的工序。

但是这里有一个问题，就是介子在推进的过程中会发生偏转（见图 7–27），偏转会引发两个问题：一是介子入不进去，操作员必须拉回入介子槽，手动调整介子的位置，并重新推进一次；二是介子入进去但因为位置不正产生废品。这种偏转的情况并不是偶尔发生，而是频繁发生，有时候发生偏转率甚至超过 50%。

最初大家以为导致偏转的主要原因是介子与料柱挡块或滑槽发生了摩擦。我花了大量时间来研究介子偏转的原因，最后发现罪魁祸首是入介子槽里的介子和料柱上的介子之间的摩擦，也是就说，是介子和介子之间的摩擦导致偏转。

我把整个料柱上的介子取走，采取介子单个放入（见图 7–28）并推动单个介子到入介子区域，结果发现，介子在这个过程中发生偏转的概率几乎是零，同时也发现随着料柱上介子的增多，偏转的次数也就增多。而现在的状况是，操作员总喜欢将料柱上的介子上得满满当当，那么发生偏转的概率就加大了。

不过在实际生产过程中，很难要求操作员将介子一个一个放入，那样的话作业时间会增加，那么要解决这个问题，唯一的办法就是找到可以避免介子之间摩擦的方法。

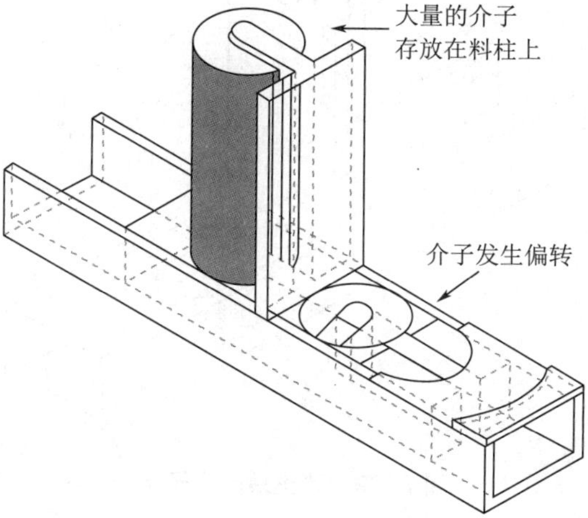

图 7–27　介子发生偏转状态

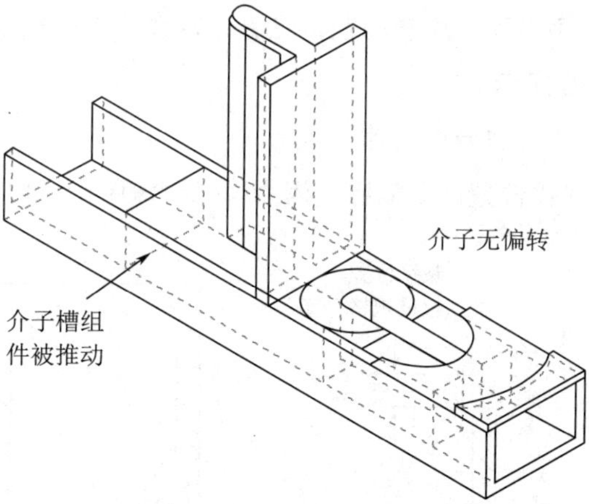

图 7–28　介子无偏转状态

我们对介子槽进行了改良（见图 7–29），其实就是在槽里安装了两块小磁铁，当介子槽复位回到料柱时（因为料柱和槽面的间隙很小且是垂直的，落下的介子并不会偏转），磁铁会把槽里的介子牢牢吸住，因为磁力比摩擦力大，所以可以克服摩擦力，可以保证介子不发生偏转；当介子槽运动到入介子区域时，因为入介子的力很大，因此入介子的动作不会受到磁力的影响。

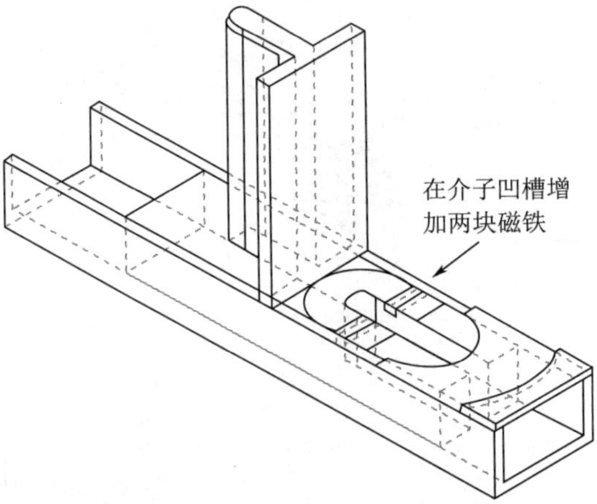

图 7-29　改良后的介子槽

生产案例 69　磁铁移位问题——避免胶水凝固

某型号的啤磁工序出现了质量问题，磁底（铁壳）内的磁铁位置出现偏移，不符合规格，如图 7-30 所示。

采用 5 个为什么的方法分析改善。

Why1：为什么磁铁位置出现偏移？因为啤磁时深度不一样（见图 7-31）。

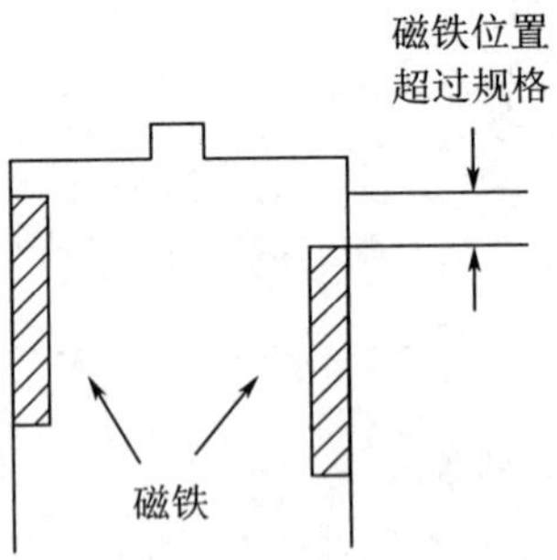

图 7-30　磁铁位置偏移

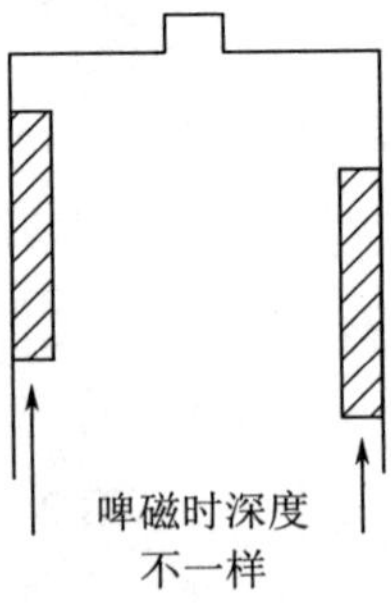

图 7-31　啤磁时深度不一样

Why2：为什么啤磁时深度不一样？因为底座两边的垫块高度不一致（见图 7-32）。

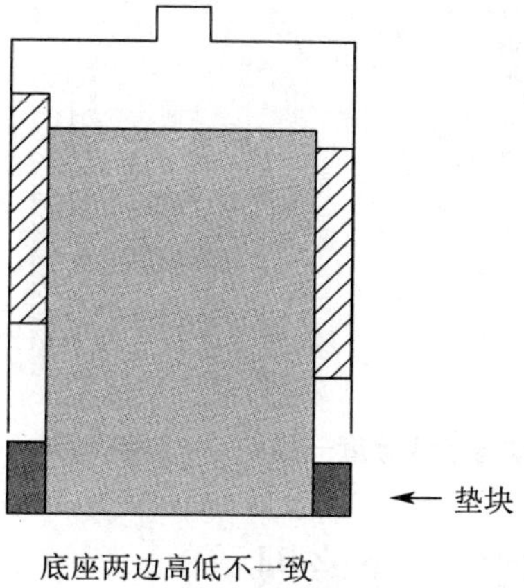

图 7–32　底座高低不一致

Why3：为什么底座两边的垫块高度不一致？因为底座的垫块表面有已经固化的胶水（见图 7–33）。

Why4：为什么垫块上会有固化的胶水？因为抹在磁铁表面的胶水接触到了垫块（见图 7–34）。

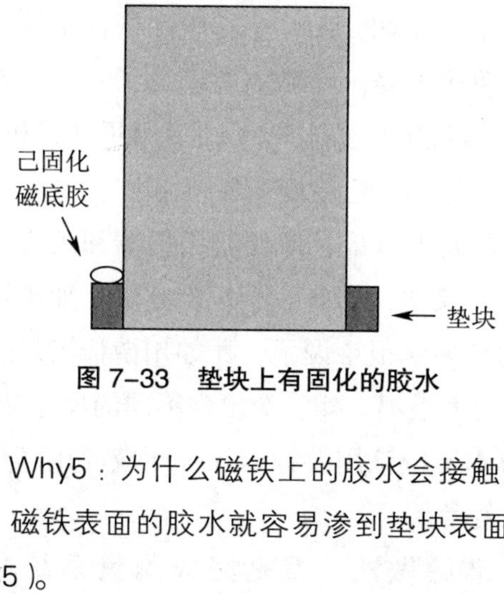

图 7–33　垫块上有固化的胶水

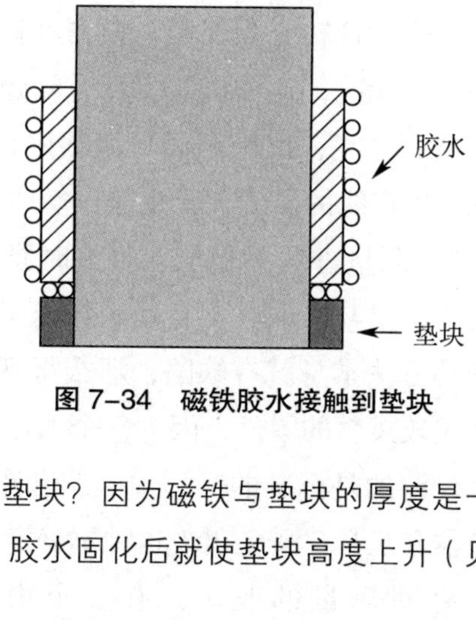

图 7–34　磁铁胶水接触到垫块

Why5：为什么磁铁上的胶水会接触到垫块？因为磁铁与垫块的厚度是一样的，磁铁表面的胶水就容易渗到垫块表面，胶水固化后就使垫块高度上升（见图 7–35）。

解决方法：将垫块的厚度改小，使胶水不能渗到垫块表面；同时控制抹胶水的工序，磁铁两头位置不搽胶水（见图 7–36）。

改善结果：避免胶水凝固在垫块上，消除了这种变异因素。

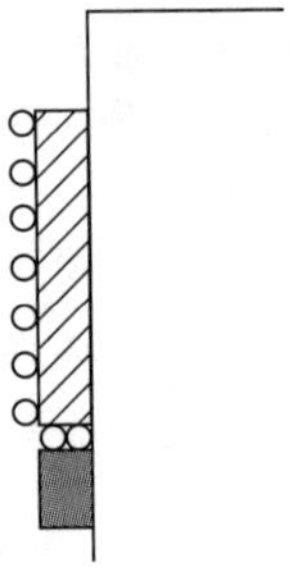

图 7-35　磁铁与垫块厚度一样

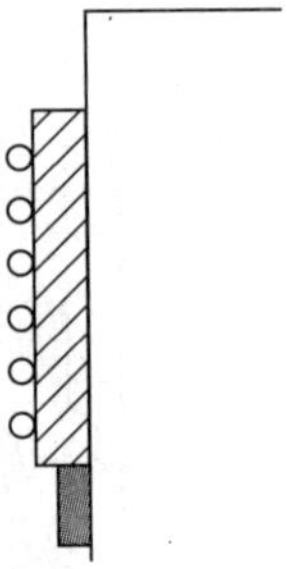

图 7-36　改垫块厚度

7.5.4　变异 4：测量（杂音因子）

测量的作用是对产品工件及生产设备的各种状态和属性进行测量和检测，收集信息和数据，并及时发现品质异常。

这里面有两个问题：

1）测量工具仪器自身失效，有可能导致得到错误的信息和数据，最终导致不能正确判断产品是否不良。也许会把好产品当成坏的，造成报废损失，这叫作 α 风险；也许会把坏的产品当成好的送给客户，引起投诉，这叫作 β 风险，这个风险一旦转变为现实，损失可就大了。比如，用一个粉尘测试仪来检查车间的空气状况，这个机器本身有问题，测出的结果小数点往前挪了一位，看到数据这么漂亮，以为车间环境很好，老板说不用买空调了，不用买抽风机了，实际上生产线的员工天天皮肤过敏或者有慢性咽炎天天咳嗽。

2）测量方法不稳定，很多时候都是人工测量，即便是用机器和工具，都会有人的参与，而且不管使用任何工具和仪器，都有一个标准方法，如果这个标准的方法本身就有缺陷，那么得到的结果就很难说了。比如用游标卡尺测量一个比较柔软的零件，因为每个人用力的大小不一样，会出现不同的尺寸结果，那么谁测的是标准的？不知道，也许根本不应该用游标卡尺，而应改用其他测量仪器和工具，避免出现这种不确定的因素。

针对测量的改善，有一个很标准的做法，就是完成测量系统分析（Measurement System Analysis，MSA）。MSA 是一个包含很多内容、需要很多数学知识的工程科学。通过 MSA，可以判断测量工具是否有问题、测量人员是否有问题。一般来说，不同人员测量相同产品得到不同的检验结果，基本上是因为测量方法有问题。测量系统一旦出现问题，那么就要进行第二步，就是改善测量系统，包括改善工具和仪器、明确检验标准、确保检验人员使用正确的检验方法，等等。

总之，我们要确保测量是准确且有效的，测量的变异不能大于制程的变异。

生产案例 70　准确使用测量工具——电绕机拉力棒基准块

每一条生产线的电绕机都配备一个拉力测试棒，用来检测电绕机上漆皮线的拉力，操作员通过定期测试，判断电绕机拉力是否正常。但是拉力棒在使用一段时间后会出现测量不准的情况，特别是有时候因为疏忽造成拉力棒掉落，碰撞更容易导致拉力棒测量失效。

我们为每个拉力棒配备了一个标准重量的铁块（2kg），用于在发生跌落、碰撞等情况后或是使用前检测拉力是否准确，操作员将铁块挂在拉力棒上测试（见图 7-37），如果刻度是 2kg，证明拉力棒没有问题，如果不是，就需要更换拉力棒或是让 PM 技师调复，最终的目的是避免因拉力棒测量不准而产生绕线次品。

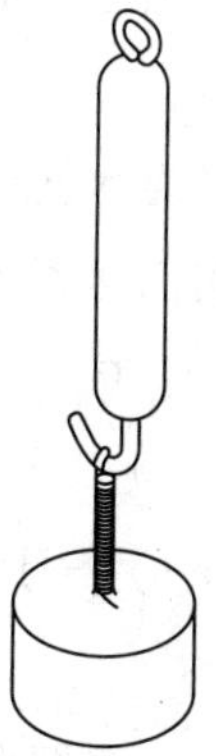

图 7–37　拉力棒基准块

生产案例 71　测量方法和标准改善——端子黑点问题

在 XY，金属端子出现黑点是常见的问题，也是让人很头疼的质量故障。但是，在正式的改善质量活动之前，在寻求质量问题的根本原因之前，必须确保测量是没有问题的，否则，测试有问题，就算得到了改善，也会因为测量不准确导致从测试数据中看不出任何改善效果。

SICMA 产品 PPM 的减少是我的六西格玛项目。

为了确保质量改善的顺利进行，在测量阶段（M），我对检验端子黑点做了测量系统分析，其结果显示测试系统是有问题的，让人无法接受。经过研究，我们发现质量检验标准有很大问题，可以说完全是靠工程师坐在办公室里拍脑袋想出来的东西，严重脱离实际，如图 7–38 所示。

我当时和写这个标准方法的工程师当面对质。

- 什么叫目视不明显？你让操作员怎么判断。
- 直径小于 0.2mm，请问我们的肉眼能看出 0.2mm 与 0.3mm 的区别吗？这不等于没有说吗！
- 什么叫严重？什么又叫轻微？用形容词表达质量标准，一千个人心中有一千个哈姆雷特，对于不同的检验员，他们的轻微和严重可能标准完全不一样，那么检验是不是成了凭感觉的事？

我们对检验方法和标准做了改善，最重要的一点是，要尽可能地用可执行的量化目标进行检验，而不是形容词或者模棱两可的说法。

改善后检验标准如图 7–39 所示。看似标准更简单了，但最大的改变是可执行。

第一条，端子裁切面点状异色，直径最大允许 0.4mm。首先说明出现的地方是在裁切面，出现的是一个点，操作员其实仍然看不出来 0.4mm 和 0.5mm 的区别，但特别的是，端子裁切面的宽度是 0.8mm，0.4mm 刚好是一半，操作员只需要看看这个点有没有超过一半，就能判断了。

第二条，端子裁切面片状异色。对于一片一片的变色，一旦发现，无论大小一律不通过。

第三条，出现小点怎么办？同面多点，不管点大小，超过两个就是 NG，很简单就可以判断。

第四条，顶部发黑，有一点点黑或全发黑都一样，凡是发现发黑，全部 NG。

实际上，在执行新的检验标准以后，得到最大解放的是检验员，因为判断明确了。同时，通过了再次做的测量系统分析，证明我们接下来收集到的不良品数是有效的。

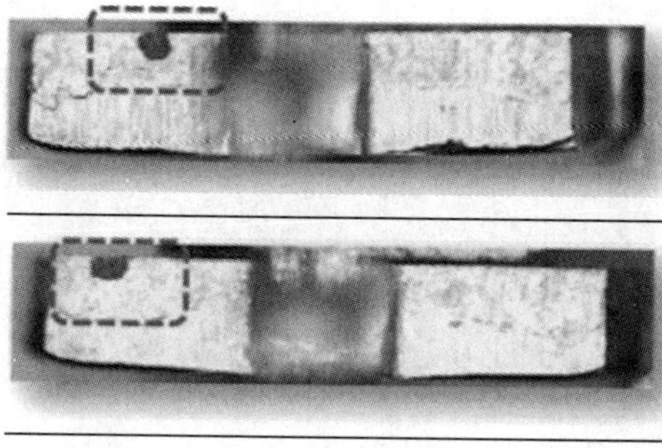

缺点描述：肩部黑点（严重）

允收标准：目视不明显，直径≤0.20 mm

判定结果：NG

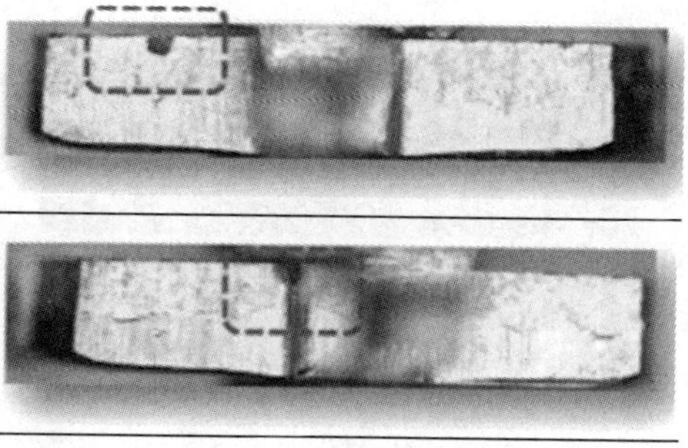

缺点描述：肩部黑点（轻微）

允收标准：目视不明显，直径≤0.20 mm

判定结果：OK

缺点描述：侧面黑点（轻微）

允收标准：目视不明显，直径≤0.20 mm

判定结果：NG

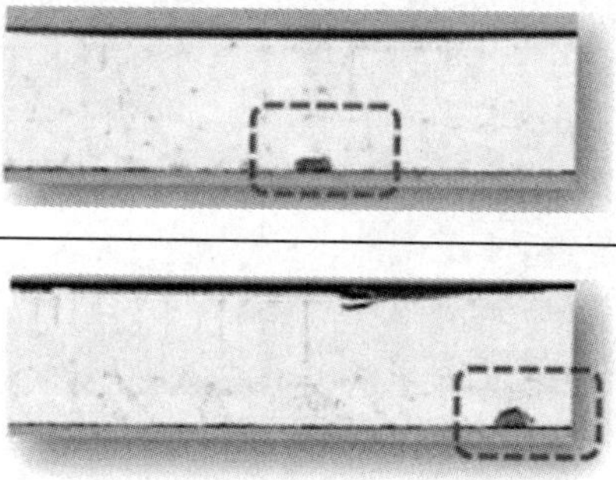

缺点描述：侧面黑点（轻微）

允收标准：目视不明显，直径≤0.20 mm

判定结果：OK

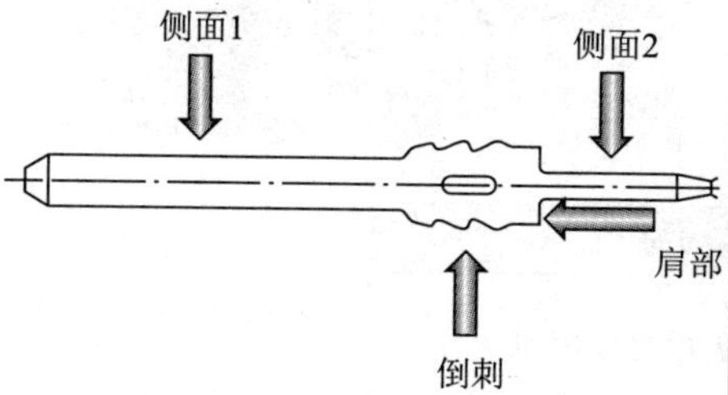

外观区域示意图

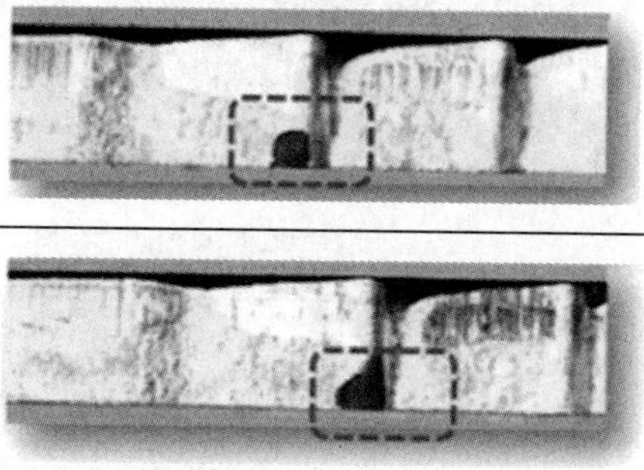

缺点描述：倒刺黑点

允收标准：直径≤1/2料厚（0.40 mm）

判定结果：OK

图 7–38　改善前检验标准

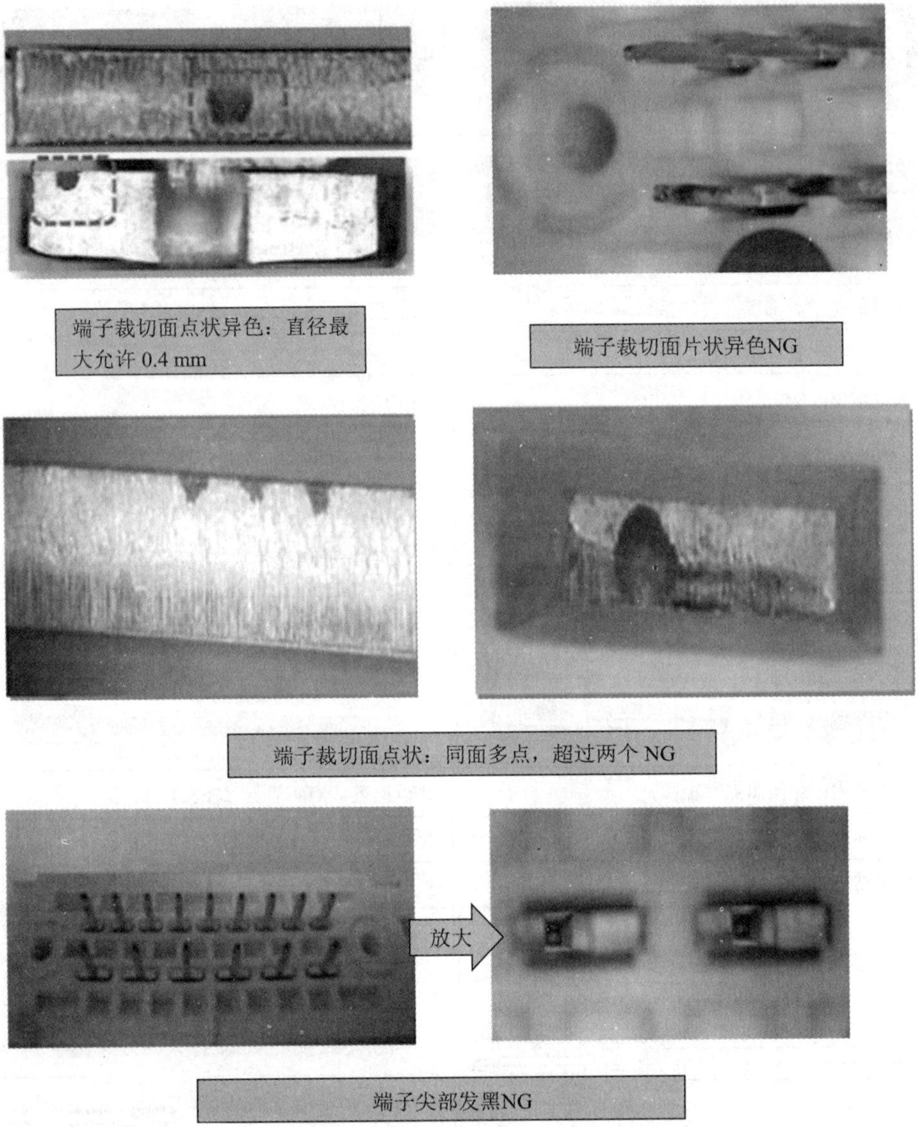

图 7–39 改善后检验标准

7.5.5 变异 5：作业方法（控制因子和杂音因子）

作业方法出现问题主要有三个方面：

1）作业人员不按照要求的方法、不使用规定的工具作业。比如操作员不按要求佩带防静电腕带，导致产品被静电击穿，又比如规定运输时周转箱只能叠五层，可是物料员为了方便叠七八层，他说他技术好，捆得紧，没问题，哪天就可能出事了，产品摔坏了不说，人都可能被砸进医院。

2）标准的作业方法有漏洞。简单来说，这种方法留了后门，即便严格按照方法要求去做，仍然有可能出错。如果作业是由人来完成的，人就有犯错的可能，我们需要用物理的手段避免和限制人员作业带来的变异。改造设备和机器、改变作业条件，使得人没有出错的机会，这个叫作防错设计。比如人在放置产品的时候总是放置不好，就可以通过增加真空吸住产品，就是在没放好的情况下也能被吸好。

3）作业缺乏标准化。同样一个作业，不同的人有不同的方法，这些不同都是变异，所以减少这种变异的途径就是把方法标准化，所有人都用统一的方法。

所以改善存在问题的作业方法，比改善人的主观能动性更有成效。

生产案例 72　纠正不正确的作业方法——芯片焊接机问题

芯片焊接机总是焊不上芯片，甚至会出现芯片飞出的现象。

如图 7–40 所示，一般情况下夹头吸嘴螺钉的轴线应与 X 轴平行，即图（a），此时夹头吸嘴架上的真空孔径最大，真空最强。当出现不平行时，即图（b）的情况，此时夹头吸嘴架上的真空孔径最小，真空最弱。在框架上焊芯片时，吸嘴架下压，吸嘴螺钉正好会先压在轨道的盖板上，而此时的吸嘴还尚未到达焊接芯片的位置，从而造成芯片飞出。这里主要由于操作员在更换吸嘴时使用工具不当，将吸嘴螺钉扳歪造成的。

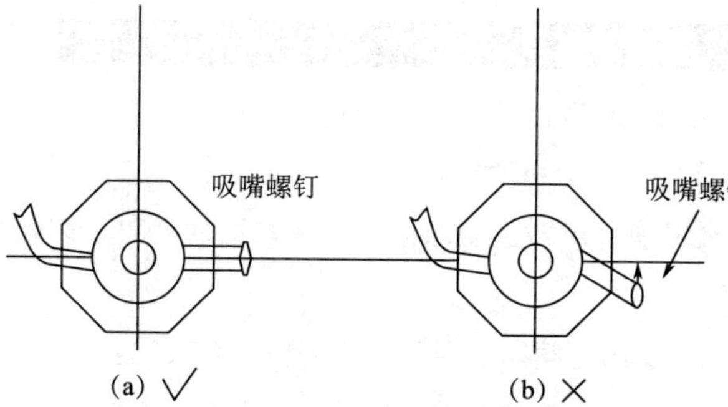

图 7–40　吸嘴螺钉正常状态（a）与异常状态（b）

如图 7–41 所示，将吸嘴螺钉重新上正，可以解决问题，但是最根本的办法还是培训操作员怎样正确使用力矩扳手，使吸嘴螺钉在正确的位置，以避免此类质量事故。

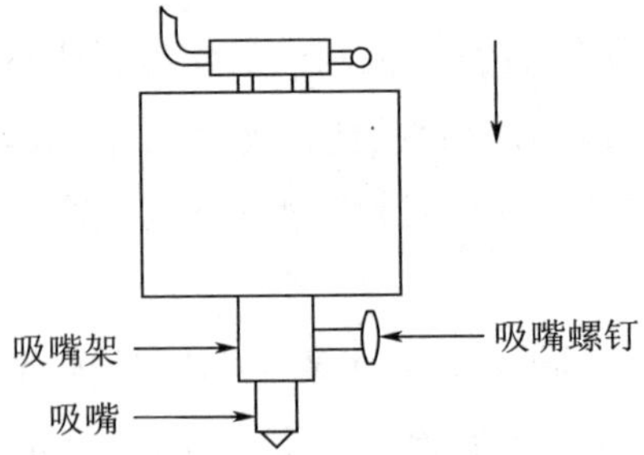

图 7–41　吸嘴组件示意图

7.5.6　变异 6：产品设计（信号因子）

所有流程都没有问题，但产品设计有问题，一样会造成不良。这种不良还是深深的困扰，因为我们面对它有些无能为力。产品内部结构、零件设计等不合理因素会直接影响产品品质，所以需要通过改变设计，采用更好的零部件、更好的材料、更好的结构、更好的功能满足性使产品质量达到要求。这是一种需要长期坚持的改善，需要通过不断创新使自己的产品越来越好，以使其更符合客户不断变化的需求。

对生产最不利的莫过于产品设计缺陷，在工艺中努力改善 10 次不如技术中改善 1 次。

生产案例 73　改善零件材料设计缺陷——蜗杆设计问题

问题描述：马达出现杂声。

使用 5 个为什么的方法分析改善。

Why1：为什么出现杂声？主要原因之一是马达转动时，齿轮与蜗杆发出“喀喀”声。

Why2：为什么会发出“喀喀”声？因为蜗杆上有飞边。

Why3：为什么蜗杆上有飞边？因为蜗杆牙很细，很难加工。

Why4：为什么蜗杆很难加工？因为蜗杆所选用材料的特性问题。

Why5：为什么设计时选用这样的材料?

解决措施：改变蜗杆材质，比如改为铜蜗杆。

生产案例 74 改良设计——汽车发动机设计问题

从汽车诞生以来，人们就没有停止过对汽车发动机的改造。对于购买者来说，他们希望发动机能够做到更低油耗、更高效率、更环保、更长寿命、更小体积、更小噪声等，所以对发动机进行设计上的改善是一个不断满足客户需求的质量改善。

以汽油发动机为例进行介绍。

1. 汽油喷射

早期的发动机都采用化油器，最大缺点是不能精确控制混合气的浓度，造成燃烧不完全，废气中有害成分增加，不符合当今环保要求。采用汽油喷射技术（见图 7–42）突出的优点是能准确控制混合气的质量，保证气缸内的燃料完全燃烧，使废气排放物和燃油消耗减少，还提高了发动机的充气效率，提升了发动机的功率和扭矩。

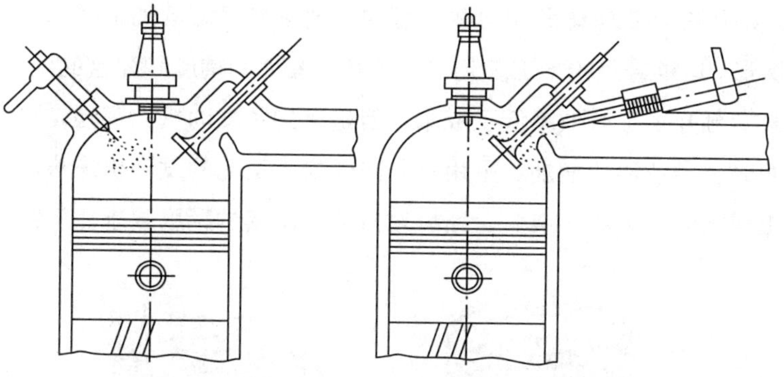

(a)　　(b)

图 7–42　汽油喷射

2. 铂金火花塞

火花塞是汽车及其他汽油发动机点火系统的重要元件之一，它的结构和性能直接影响汽油发动机的工作性能。铂金火花塞与一般火花塞相比，其侧电极和（或）中心电极放电表面焊接有直径 1mm 的铂金属，如图 7–43 所示。正是这直径 1mm

的铂金属，使得铂金火花塞的各种性能得到极大提升，简单地说，就是能够提高发火性、跳火性，容易稳定在燃烧的最佳温度范围内，燃烧更充分，改善加速性能，减少尾气污染，并且大大提高了耐用性，使维修费用降低。

图 7-43　铂金火花塞

3. 真圆工艺

普通发动机在加工缸体和缸套的过程中，通常是将缸套加工成圆形，而将缸体加工成椭圆形。这种普通的加工工艺对缸体和缸套之间精度和配合的要求不是很高，将缸体和缸套分开加工有效降低了成本，但是增加了发动机的磨损，降低了发动机的效率，同时也导致油耗增加。采用真圆内径加工工艺的发动机是一次性将缸体和缸套都加工成圆形（见图 7-44），所以对缸体和缸套的精度要求比较高。精度和配

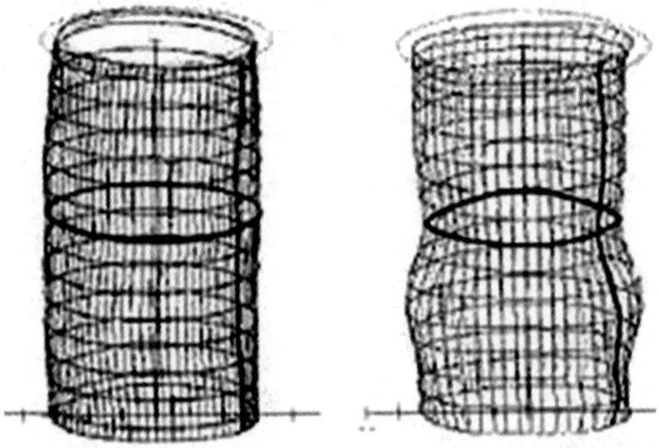

图 7-44　普通工艺（左）与真圆工艺（右）

合提高，缸体受力变形得到了有效控制，大大降低了缸体与缸套之间的磨损。为了达到高精度，在发动机气缸的加工上采用了一体式的加工方式，模拟缸套与缸体一起加工，将发动机缸套与缸体之间的磨损尽量减少，保证了气缸的尺寸比一般发动机更为一致，减小了与缸套之间的磨损，保证了发动机功率的有效输出，提高了发动机的效率，有效降低了油耗，同时控制了发动机的噪声。不过采用真圆内径加工工艺的发动机，对缸体材料的强度要求比较高，会增加制造成本。

4. 曲轴偏置

汽缸内径中心轴与曲轴中心轴之间设计了偏置（见图 7–45），从而减小了活塞和气缸间的摩擦，无死点，延长了汽缸和活塞的使用寿命，并且可以增加扭矩，提高燃油经济性和动力性。

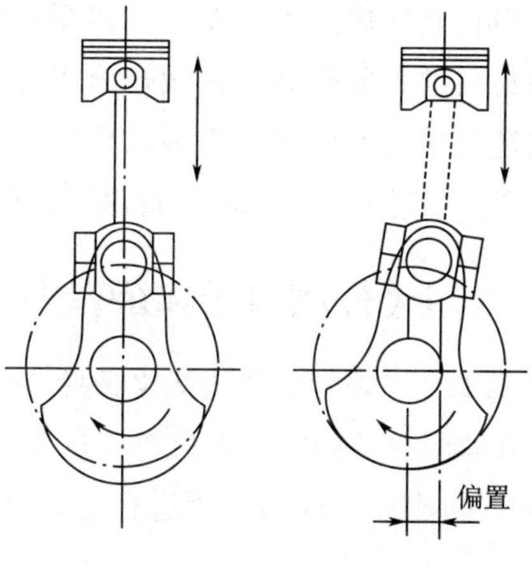

图 7–45　曲轴无偏置（左）与曲轴偏置（右）

7.5.7　变异 7：原材料（信号因子、控制因子和杂音因子）

因为原材料不符合要求而最终导致产品质量出现问题，再怎么努力做其他方面的改善都是徒劳。努力改流程、改设计、改机器，可问题依然存在，为什么？因为忽略了供应商，他提供的东西本身就有问题，最终所有改善都只能化为乌有。

针对原材料的问题，我们需要严格控制，并尽量选择能提供优良产品的供应商。说到控制供应商，听起来简单，做起来难，不可能仅仅通过告知让供应商注意不要提供坏产品，也不能总是在已经产生不良的情况下再去追溯原因，最后发现可能是原材料的问题而要求供应商改善，改善什么呢？不管改善什么，改好为止，只要让我的产品不出问题。这两种做法都很不好，却是我们最常用的。

实际上，原材料的问题也是一个变异，要控制变异就得给供应商一个标准，尺寸应该在哪个范围，物理性能要在哪个区间，等等。要提供可控的数字化的标准，最好不要用“优良中差”这类形容词作为标准，这些数字化的控制标准还要被验证过是有效的，而且能够运用这些标准完成日常的原材料检验。这些标准不能只是文件，要有检验设备来检验有没有问题，不能一旦出问题了，让供应商自己提供报告，报告是真是假没人能看出来。控制原材料的变异还需要在有条件的情况下帮助并推动供应商的品质改善，品质管控人员也许需要走到供应商的生产现场去发现他们存在的问题。

还有一个因素影响原材料质量稳定，那就是原材料存放时间过长或者保存方法不当，导致原材料在仓库里发生了变化，却不易察觉。所以要尽量减少原材料的库存，缩短原材料的存放时间，并做好出库检验，比如一卷铜带，放三四年再拿出来用，它还能用吗？就像本来买回来打算做番茄炒蛋的番茄，结果放冰箱里忘了，等到第二年夏天要换冰箱才找出来，估计都成番茄水了。

7.5.8 变异 8：人员（控制因子和杂音因子）

人员的变异包括技能水平的差异、情绪变化、身体疲劳、人员频繁更换等，这都会对质量产生直接或者间接的影响。人员是质量改善中最困难的一个环节，但如果做好了就是最省心的流程，因为不用进行过多的质量控制和物理改善，就能获得优良的质量。

不能迷信作业标准是万能的，我们所要求的工作对技能要求越高，标准化就越困难。如果对技能要求很低，就比较容易实现自动化。无论标准多完美，任何需要人的操作不可能做到 100% 不出错。

很多时候，以手工劳动为主的作业，人是控制因子，就像古代的瓷器依赖于工匠的技艺，我们能从很多价值连城的古代瓷器里看到这种体现着精益求精的工匠精神，但不是所有人都是工匠，即便是工匠，也有打盹失手的时候。所以，人同时也是杂音因子，我们没有办法像机器人那样机械地重复作业。

就像打篮球，既有投篮的方法和标准，又有教练来教每一个人，但为什么斯蒂芬·库里只有一个呢？说明还有标准之外的东西，还有很多无法用机械或者自动的方法去复制的，那是人独特的应变能力。

作业标准可以去控制、去改善，只有员工按照标准去做才能有效，如果他故意不做或者前一天通宵打麻将后来上班，完全不在状态呢？又或者员工突然辞职，临时调配的员工虽然也会做，但效率低很多，直接导致产量减少。

我认为，人的问题不能仅仅靠培训和教育。要为员工提供一个稳定的环境和愉悦的工作氛围。工作要稳定，心理状态要稳定，心情要愉悦，至少不能堵着气，每天满肚子抱怨。

日本丰田的老师和我说过："如果员工不能幸福地生活，你怎么能要求他认真地工作。"如果员工昨天刚刚跟家里人大吵一架，你要求他做数据，很有可能出错，他满脑子都是那些不开心的事，静不下来。还不如放假回去，等心情平复了再来。

人愿意去把事情做好和被迫去做事情，最后的结果会不一样。

生产案例 75　通用小车

XY 的产品是一箱一箱的，一箱里面至少有几十个产品，有的甚至有几百个。有一次一箱里面漏掉了一个产品，取而代之的是一个被咬了一口并且发霉的蛋糕。

客户很生气，投诉。

质量部门很上火，开会。

商议的对策是要找到防错的方法，包装前称重或者图像识别。

我在工厂这么多年的经历，产品里多出来蛋糕，这是唯一一回，在 XY 工厂，也是从未出现过的事情。发生概率这么低，还要大费周章去改善，去做自动识别，我认为完全没有必要。

这明显是一次员工的恶意行为，漏掉产品是疏忽，不小心把蛋糕掉进去了也可能是疏忽，但咬一口应该是有预谋的。在这一点上，员工与公司之间有了很大的裂痕，或者员工的心理出现了很大问题。

我想这是本书中唯一一个没有改善结果的案例。

如何想要避免出现这样的问题，需要高层管理者甚至经营者去思考。

同样的问题很难发生在日本的工厂，即便是一家很小的工厂都几乎不可能。为什么？因为日本的员工会因公司而自豪，但很多中国员工认为这无非是一个谋生的工作，很难产生感情。我们很多时候把工人更多地当成"工"，而忽略了他们"人"

的属性。尽管我们有人力资源，也在做努力，但很多知名企业员工自杀的事例似乎在说明一个道理：我们也许认为给了他一份好工作，但他不开心，整个社会太功利化，以至于很多人性温暖的东西在公司、在企业，特别是在工厂还不足够。

最后，没有找到那个扔蛋糕的员工，但这样的事故似乎没有再发生。

改善在人性面前可能还有很多工作要去做。

人的确是非常复杂的动物。当我们一定要去控制人的时候，可能更应该考虑避开人的因素用物理的方法，或者让他们心甘情愿。

7.5.9 变异9：存储与运输（杂音因子）

可以控制工厂里的一切，包括原材料，但很难管控运输。基本上，除了物流公司，很少有企业拥有自己的物流系统，所以运输是一个让人头疼的问题。

在运输之前，存储也是一个问题，在产品还没有被送出去之前，多待一天都会增加质量风险，尽管我们有着很好的仓库，却忽略了仓储作业。存储和运输是我们不太注意的点，但是这个过程带来的质量事故对很多企业来说是绝大多数。

再好的产品也怕遇上野蛮搬运。疯狂增长的快递业务给靠网络销售的产品带来了很多质量投诉，我每次买书都有心理准备，书或多或少有点儿损伤才是正常的。可是瓷器能这样运吗？当年没有汽车、没有飞机，丝绸之路是怎么走的？

我在CO的时候，遇到过很多运输问题，比如送货司机走错了路延误了交期，中途去拉点散货结果导致货物跌落受损，运输过程中的振动导致产品出现一些问题，淋了雨，更有甚者，比预计时间提前到了，客户不让卸货，司机生气破口大骂，客户生气投诉，这算质量事故，还是人祸？

尽管运输不可直接掌控，存储容易被忽略，但是改善不应该忘记这两个方向，知道要下雨，能不能做好防雨措施？知道交通问题不可控，能否在定交货日期时将时间放宽？对于物流公司的司机不按要求偷偷去拉货，能否建立卫星定位追踪系统？知道卸货的工人要野蛮搬运，能否在包装上做更好的防护？知道钢丝在库里放久了会生锈，能不能控制仓库的温湿度或者采取防氧化措施？

当然，只从工厂的角度出发还不够。

这些年，发展起来的物流公司、快递公司已经到了要改变的时刻，很多行业都在寻求新技术，只有物流业靠的还是传统运输加上劳动密集的送货作业，信息化、自动化以及运输质量的保障和改进需要从自身出发。

生产案例 76　包装质量改善 10 法则

XY 公司的产品以小型电子零件为主，主要成分为塑料和金属，小而脆，不禁摔，怕运输抖动，因为有金属还怕潮、怕氧化。所以，有专门的跌落试验以及运输试验，个别的还要做海运试验、温湿度试验。总的来说，XY 是靠包装来弥补运输和搬运的不可控。

包装的改善能带来三点好处：

1）质量问题的减少，减少运输碰撞的损伤。

2）成本的节约，减少过度包装。

3）装配作业的优化，减少不必要的流程和操作。

我针对最主要的一款产品做过一个包装分析，这个产品外壳是塑料，外端是金属端子，最怕端子弯曲，然后是壳体破碎。其主要包装材质是纸箱、纸板、气泡纸以及装产品的塑料盘。

对此我提出了一个包装强度的公式：

产品的强度 > 受到的冲击强度 – 包装抵消的强度

这个产品用了 3 张气泡纸，能承受 1 290kJ/m^2，1 个塑料盘能承受 8kJ/m^2，纸箱能承受 138 kJ/m^2，所以整个包装能承受 1 290+8+138=1 436kJ/m^2。

我们的测试实验高度是 0.8m，整箱的重量是 5.8kg。

跌落时纸箱一个角的面积 =0.5cm × 0.5cm=0.25cm^2=0.000 025m^2

外界的冲击强度 =5.8 × 9.8 × 0.8/0.000 025/1 000=1 818.9kJ/m^2

受到的冲击强度减去包装抵消的强度 =1 818.9–1 436=382.9kJ/m^2

这意味着我们的产品需要在每平方厘米承受 4kg 的力。有三条路可行：

1）加强包装，减轻冲击（包装改善）。

2）让产品更加牢固（产品设计改善）。

3）想办法减少外部冲击（运输改善）。

显然，包装改善是最简单易行的方法。针对包装改善方法，我个人归纳为 10 法则：

1）减轻自重。都是从 50 层楼摔下去，为什么蚂蚁不会有事？因为它太轻了，空气的力量已经超越了它的重量。因此，包装越重越容易摔坏。

2）从散装到袋装。东西越散乱地放置在一起，越容易相互碰撞发生损伤（见图7–46），最简单的是改变散装状态，就是用几个塑料袋分开来装，使得产品和产品之间的碰撞变为塑料袋之间的碰撞，如图7–47所示。

图7–46　改善前散装包装

图7–47　改善后袋装包装

3）避免接触。有些比较尖锐的物品或者有突起的物品，一旦接触，就好像互相在用利刃攻击一样，因此要避免它们的接触，办法是分隔开这样的物品。图7–48中的产品就是被人工放置进去的，一个挨着一个，后来客户投诉产品破损。改善后采用了分隔的方法，如图7–49所示。

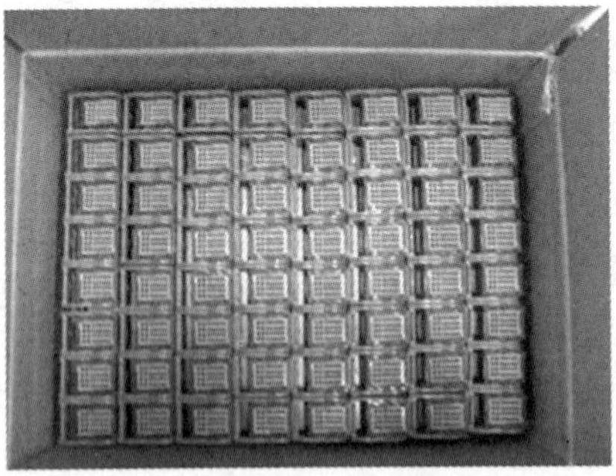

图7–48　改善前接触放置

图7–49　改善后分隔放置

4）包装内部增加缓冲。可以增加纸板、泡沫板或气泡纸。很多包装都有这个部分，比如我们买电视机时里面的发泡棉，或者是手机外面包裹的气泡袋。图7–50中就是增加了气泡纸包装。

图 7-50　气泡纸包装

5）装载产品的容器改善。有时候用一些盒子或者塑料盘等容器来装载产品，起到分隔、保护产品的作用，但一些缺陷还是会导致产品的损伤，针对这些缺陷进行改善，从而起到改善包装和减少运输损伤的作用。图 7-51 中的塑料盘分隔台阶过矮，导致产品有可能跳出，造成损伤，而改善后的塑料盘增加了台阶高度，阻断了产品跳出的路径，如图 7-52 所示。

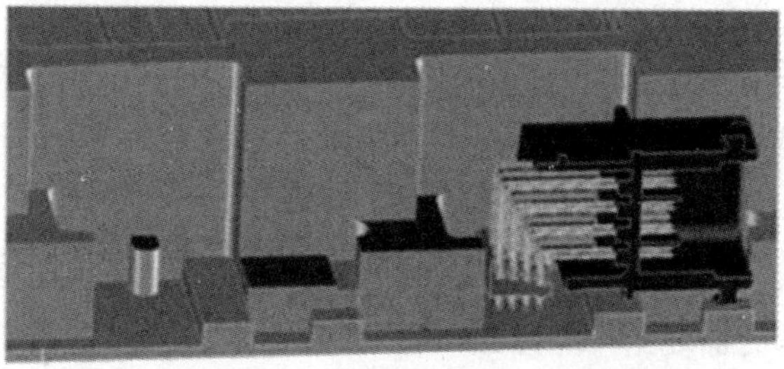

图 7-51　改善前产品有跳出的风险

图 7-52　改善后产品无跳出风险

6）减少包装内部产品的移动。如果包装有间隙，运输过程中振动和晃动将会带来产品的移动，从而产生碰撞。填充间隙或者使用其他捆紧方式，可减少移动带来的伤害。如图 7–53 所示的包装，就是用了两根橡皮筋减少移动。

图 7–53　橡皮筋捆紧包装

7）使用更结实的外层包装。常见的外层包装可能是纸箱，纸箱的规格有很多，比如从单瓦楞的纸箱换成双瓦楞就能提高强度，或者纸箱不行就换成泡沫盒。改变外包装是最直接、最简单的改善包装方法。

8）注意防尘。有些产品在运输过程中会抖落一些粉尘，比如光缆的木盘包装就会掉落木屑。这时需要给产品加上一些隔离物，比如塑料袋或者隔板，避免粉尘、灰屑等物质污染产品。

9）注意防水。运输过程中难免遇到下雨，如果提供给客户的东西被雨淋湿，会影响外观和性能。可以采用塑料薄膜外层包装或者使用防水材料，比如标签使用防水纸。

10）注意防潮。防潮的目的主要是防止金属件的腐蚀、生锈和变色，不仅影响外观，严重的还会使产品丧失功能。可以增加防潮剂或者直接使用防潮薄膜包装。图 7–54 和图 7–55 中的 RP System 就是一种专业的防潮剂，不仅能够降低包装内的湿度，还能降低各种易促发腐蚀的气体含量。

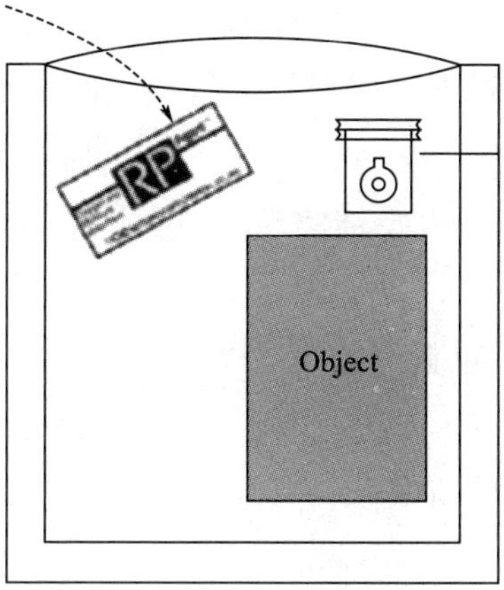

图 7–54　防潮的 PR System

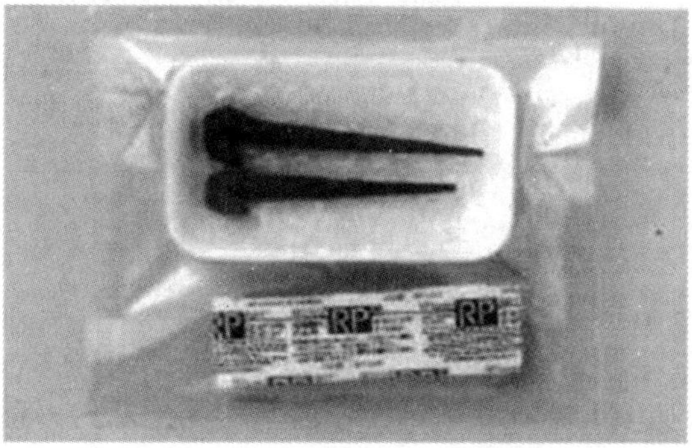

图 7–55　PR System 实际应用

7.5.10　防错防呆

我们能确保所有的流程都万无一失吗？我们能确保所有的员工都按照章程操作吗？每次犯了错，我们总会说：人非圣贤，孰能无过。可是有些错误不能犯，比如不能两人同时操作的模机，有人按键，有人清模，什么情况？有传感器的时候机器不启动，问题是传感器也失效了，惨剧就发生了。

日本丰田汽车公司的工程师新乡重夫利用一种被称作 Poka-Yoke[①]（Pronounced PO12-kah YO12-kay）的设备创立了一套质量管理方法，通常被称为防呆法，含义就是说连很愚笨的人也不会做错事的设计方法。

狭义的 Poka-Yoke 是指如何使错误绝不发生。广义的 Poka-Yoke 是指如何使错误发生的概率最小。所谓 Poka-Yoke，它可以是任何一种装置，能够防止人为错误的发生或者是让人一眼就能够找到出现错误的位置。Poka-Yoke 有两个作用：一个是避免产生特定产品缺陷；另一个是简化检查。只要 Poka-Yoke 的条件不满足，操作就不能继续下去。Poka-Yoke 的实现方式有两种：一种是控制式防错，不需要人的参与；另一种是注意式防错，需要人的参与。

下面介绍防止错误的五大方法。

1）全装置：通过工具装置等进行预防及停止。

2）传感器放大：将信号放大传递给人以减少错误。

① Poka-Yoke 的意思是防范差错。

3）冗余：通过附加措施进行控制、预防。

4）倒计数：组织读出数据和信息过程来让错误程序保持并行，以便检查每一个步骤。

5）特殊检验、控制装置：通过错误的及时发现及反馈实现。

下面介绍防止错误的五大原则。

1）消除：将可能的错误消除在过程和产品被重新设计的过程中。

2）替代：利用更可靠的方法代替。

3）简单化：将过程运行变得更简单化，也更可靠。

4）检测：使错误在下一步操作前被发现。

5）缓和：将错误的影响降低到最低。

Poka-Yoke 可以利用一切能想到的知识，包括物理、化学、机械、数学甚至生活常识等。下面列举一些不同种类的防错原理。

1）形状：利用物体的形状、尺寸，若放置错误则放不进去，如 USB 接口。

2）重量：利用物体的重量，如电梯超载时门关不上，也不能上下，警告钟同时鸣起。

3）浮力:利用液体的浮力,如抽水马桶水箱内设有浮球,水升至某一高度时，浮球推动拉杆，切断水源。

4）光线：利用环境的光线强度，如自动照相机，光线不足时，则会自动启动闪光灯。

5）计量:利用数量的限定，如当零件自动入箱一定数量后，机器自动停止。

6）计时：利用时间的限定，如洗手间内的烘手机，按一次只有一分钟，时间一到自动停止。

7）方向：利用方向的限定，如超级市场内进口及出口单向栏栅，只能进不能出或只能出不能进。

8）电流：利用电流的大小，如家庭的电源开关装置保险丝，电流过大时，保险丝就熔断，造成断电。

9）温度:利用温度的高低，如电饭煲的温度控制，当饭煮熟后其温度上升，电饭煲自动停止煮饭并接通保温电路。

10）压力：利用压力的大小，如容器里气压不够时，机器报警，证明其泄漏。

11）感应：利用物体是否接近来判断状态，如应用光电感应器、接近开关等检测物件是否完整、是否放置到位及尺寸是否符合要求。

12）接触：利用物体是否接触来判断状态，如微动开关、极限开关、金属感应器等检测物件是否错放或漏放。

13）图像：利用图像识别技术来判断状态，如半导体芯片焊接机通过图像识别来判断焊接是否正确。

生产案例 77　利用接触——防错板

生产过程中，有一些铁壳的顶部和底部边缘都有很多长短不一的突出物，到了铁壳打孔这个工序，就会出现一个问题：因为铁壳放置不到位导致孔的位置偏移，产生次品。于是生产工程师在铁壳打孔机的外罩上安装了一个防错板（见图 7–56），当操作员将铁壳正确无误地放置到铁壳座里时，铁壳的最高点高度与防错板之间只有 0.5mm 的垂直距离，当汽缸推动铁壳座进入机器作业区域，铁壳将会顺利通过，这意味着只要铁壳可以通过就是正确放置，不需要仔细检查。

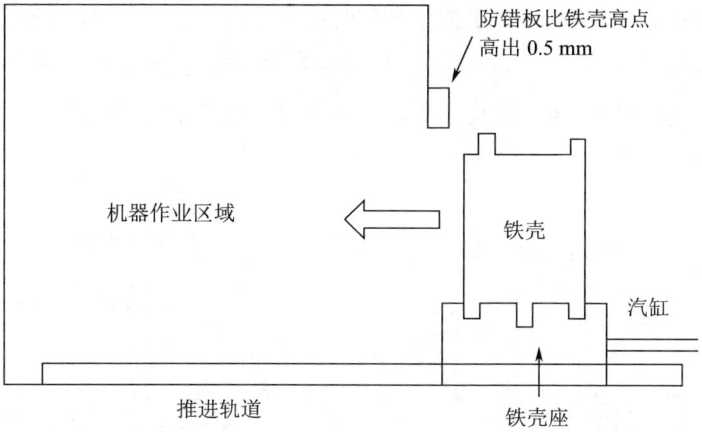

图 7–56　铁壳正确放置状态

当操作员将铁壳非正确地放置到铁壳座时（见图 7–57），铁壳最高点的高度将会超过防错板的高度，当汽缸推动铁壳座进入机器作业区域，铁壳将不会顺利通过，而是与防错板发生碰撞而滞留，这时候机器停止。

防错板的目的就是避免出现打孔位置偏移的情况，同时它也减少了操作员目视检查是否放置到位的时间。

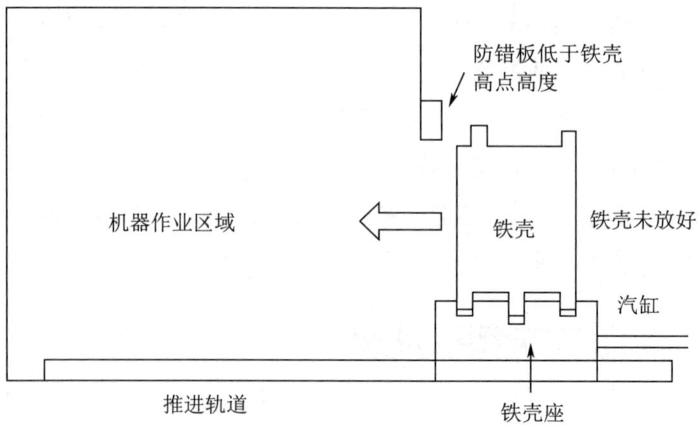

图 7-57　铁壳错误放置状态

生产案例 78　利用尺寸——防错定位针

防错定位针从某种意义上说，是对以前的设计缺陷进行的一次改良，在没有改善前，铁盖啤菱形啤令模的四根定位针的直径为 4mm，而啤令孔的直径为 8.2mm，操作员在放置啤令时常常会让定位针穿到啤令孔里去，如图 7-58 所示。

改善后的定位针直径变为 9mm，比啤令孔的直径 8.2mm 大，操作员在放置啤令的时候便不会放错位置，定位针也不会嵌入啤令孔里去（见图 7-59），而且放置的动作也简化了。

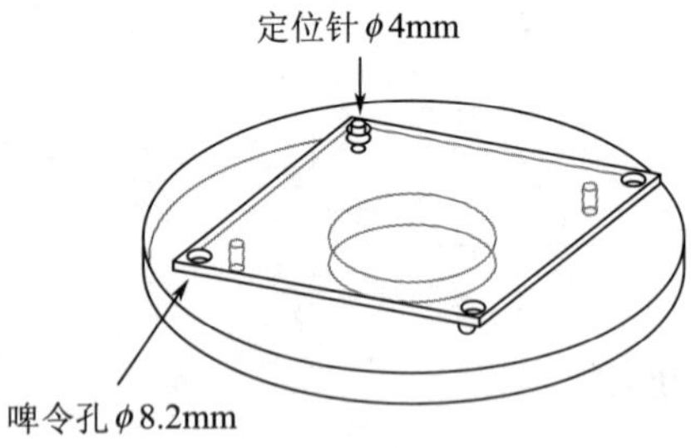

图 7-58　改善前啤令放置错误状态

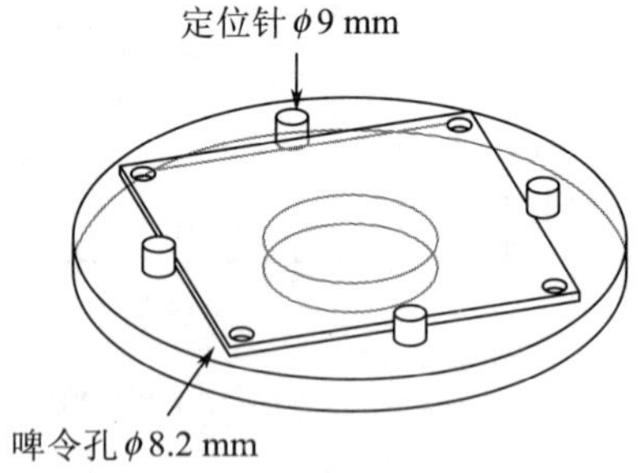

图 7-59　改善后啤令放置正确状态

生产案例 79　利用磁性——马达封口防漏

因为客户投诉，质量工程师找到了我，希望能帮忙解决客户几次反馈的马达漏封口的问题。

其实这个问题是人为疏漏，没有通过马达封口机进行封口工序而直接包装出货了。一般情况下，可以通过封口模打色点进行预防，但这种纯黑色的马达，客户要求不可以打点，要打也只能是黑色。实际上，在马达测试后的马达贴标签工位，是需要在每个封口点上涂黑点的（也是客户要求，因为封口点处不是黑色），应该说，这也能起到对漏封口的检查作用，但是居然还是有漏网之鱼。质量工程师告诉我，客户返回的马达是贴好标签且完完全全没有封口的马达。

于是我们开始尝试，最早希望在马达封口的下一个工序马达测试机上安装感应器或是电磁开关，通过检测封口前后封口点突起物高度的不同实现防漏功能，但是实际情况是，那点高度的差异实在是太小了，很难检测，即便实现了，也有很多问题。

我们陷入了困境，改善小组的人抱怨我轻易答应了质量工程师的要求，而其他人更是对我们说“别搞了，这个东西太难搞了，又不是你的事”。我并不想放弃，我认为改善不能就此放弃，但是同时我也告诉质量工程师，这个马达漏封口的问题，我们需要时间。

后来我发现，我们一直执着地抓着马达测试机不放，那么马达测试后的马达贴标签可不可以改良呢?

马达贴标签有一个特制的夹具，操作员在贴标签的时候需要将马达放入马达贴标签座里，并且放好，目的是确保标签贴在规定的位置和范围，其定位是靠马达铁壳上的 3 个耳仔孔，而马达的底部是悬空的。于是我们在标签座的下方安装了两块强力磁铁（见图 7–60），当操作员将马达放入贴标签座的槽内时，马达底部的铁盖与磁铁是接触的；当贴好标签取出马达时，如果马达已经封口，那么将会完整地拿出来；如果马达没有封口，那么拿出来的就不是完整的马达，马达底部的铁盖会被磁铁吸在模座上（见图 7–61），就算操作员完全看不见那个残缺的马达，到下工序时，他也会发现马达没有封口。

这里有 3 个问题：一是要避免马达与磁铁接触造成划痕；二是要确保磁铁能 100% 吸住漏封口的马达铁盖；三是不能让操作员取出正常马达时太费力。

我们最早用的磁铁磁性非常强，马达没有封口的话，要克服铁盖合上的力是没有问题的，但是可能会产生划痕以及取出正常马达时有些费力，于是我们在磁铁上又贴了一层胶纸，一是避免产生划痕，二是在保证磁力足够的情况下减弱磁性，使操作员比较容易取出马达。

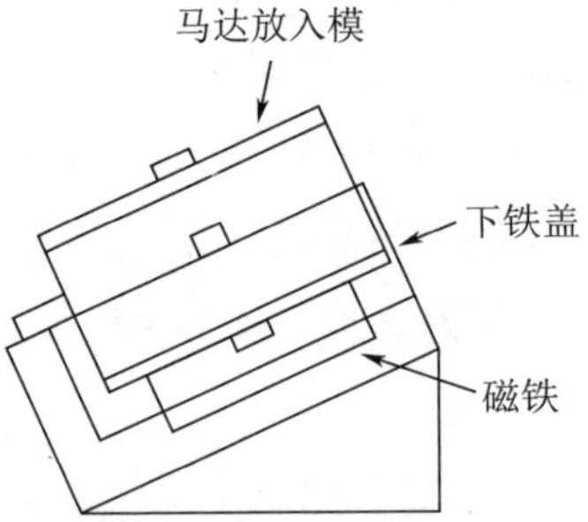

图 7–60　马达放入状态

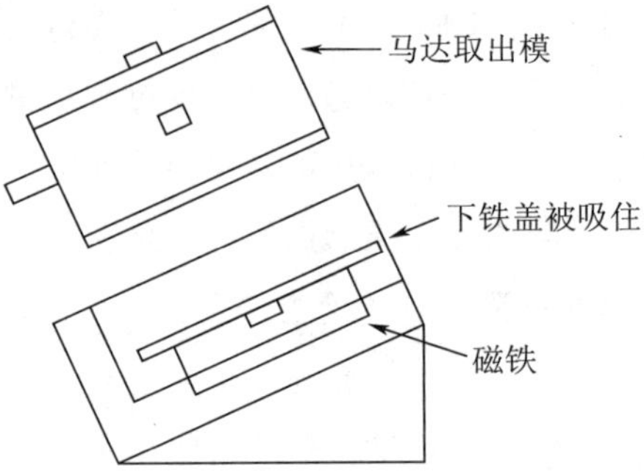

图 7–61　漏封口马达取出状态

生产案例 80　利用光电感应——防止多放料匣

在 ON 的时候，我们的同事对自动框架装载（AFL）机进行了小小的改良。

改善前 AFL 机的上料槽标准容量为 3 个料匣，不过加入多余的料匣，机器也不会报警或是停止，但是多加的料匣有被打翻的可能性，并导致丢片或是烧坏驱动板的故障发生。

于是同事在上料槽上安装了一个感应器（见图 7–62），当放入超过 3 个料匣，便会报警并停止运行，直到取出多余的料匣。

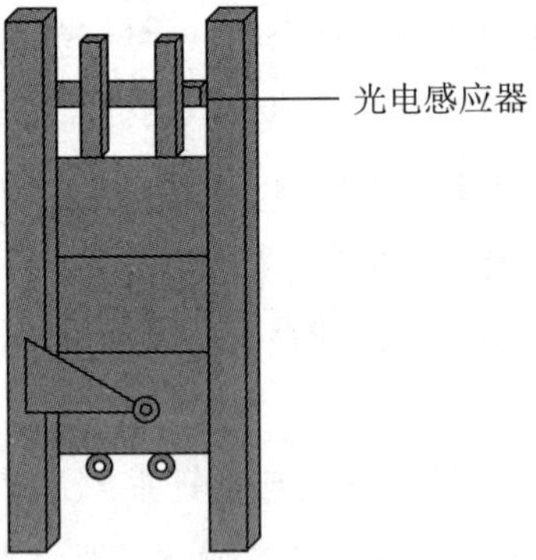

图 7–62　改善后料匣上料槽

生活案例 24　利用浮力——防落水漂浮钥匙链

当钥匙不小心掉到马桶里，或者在河边时钥匙突然落到水中，都是非常令人郁闷的。

图 7–63 所示是一款浮漂钥匙链，可以在被水完全淹没之后迅速充气使钥匙链漂浮起来，并可以承受重达 1kg 的物体，这样钥匙链就不会沉入水中。另外，钥匙链内置 LED 灯，可以在黑暗中发光，寻找钥匙时更为方便。据称，在夜间的海面上，这个钥匙链发出的灯光足以让 250m 范围内的人看到它，而且内置的电池能够提供 24 小时不间断照明。

图 7–63 漂浮钥匙链

第 8 章
生产维护改善

有一些有钱的老板，以为买台自动化设备就能走向现代化，觉得自己的工厂终于不是小作坊了。事实上，我们能够买到高精尖的设备，却缺乏对设备的合理维护，很多设备的利用率始终不高，故障频发，一旦遇到棘手的故障，说不定一停机就是两三天，还得等着供应商过来修。

设备硬件能力提升了，但是相应的软件没有跟上，这里的软件便是生产维护。

越是自动化，越需要卓越的生产维护。很多工厂光有设备一大堆，TPM 却是原始状态，老板花大把钱投资，但资产的利用率却高不起来。

TPM 需要有，这是一个需要长期努力坚持的系统。生产维护改善也需要有，我们不能始终处于救火状态，这样下去是恶性循环。通过预防和改良方法，使得维护工作更有效，故障率更低，设备效率更高，这是一个企业的内功，也是塑造企业精神的有效途径。

8.1 TPM 定义及基本要素

TPM（Total Productive Maintenance，全面生产维护）又译为全员生产保全。它是一个设备的管理系统，以提高设备综合效率为目标。生产维护改善主要指在 TPM 活动中，对设备、零部件、维护方法、故障处理、降速、启动等多个方面进行改善。

TPM 的历史可以追溯到 1951 年。1951 年以前称为事后保养时代，就是说设备出了问题，再派人修理，进行恢复和保养，这种做法即便到现在都可以理解，手机坏了就修，电池没电了就换，这没有什么。手机可以修，但是行驶在高速公路上的汽车如果突然出现故障导致交通事故，怎么办？事后修理能挽回逝去的生命吗？所以 TPM 的核心思想就是要在故障发生之前避免故障。随着时间的推移，TPM 经历了预防保全、改良保全和保全预防 3 个阶段，而真正的 TPM 是在 1971 年由日本人正式提出来的。

事实上，现在 4S 店的汽车保养就是一种 TPM，为什么 1 万公里要保养，是因为很多零部件在行驶了 1 万公里以上会发生一些变异，这些变异有可能导致汽车性能的变化，为了避免这种不期望的结果，就需要通过提前检查、清洁、调试、更换零件等措施来预防。

TPM 有 3 个很大的目标：灾害为零、不良为零、故障为零。

话是这样说，真要实现或者接近这 3 个零的目标，事就要一点点做，TPM 宣传以“预防保全”手法为基础开展活动。在预防保全工作中，配合改善活动就会发展为生产保全。实际上，在整个 TPM 体系中，“预防”和“改善”是基本方针，也是消除灾害、不良和故障的理论基础。

8.1.1 TPM 八大活动支柱

TPM 活动的展开有 8 个重点，被称为 TPM 八大支柱。八大支柱包括工厂管理中方方面面的内容。

1. 自主保全

在管理设备人员的管理和指导下，使用设备的人员自行对设备实施日常管理和维护。就好比买回一辆汽车，保养的任务主要在车主，而不能把希望完全寄托在 4S 店上。车主需掌握合理的驾驶方法，懂得基本的检查和维护，至少能测个胎压、换个轮胎之类的。有新闻说，有车主买了宝马把发动机给烧了，究其原因，是他不知道怎么看机油是否用完，也不知道机油没了要添加，就一直开，这就是自主保全没有做好的典型例子。

在工厂里，我们要提倡培养员工主人翁的敬业精神，“设备谁使用，谁负责保养”，工人要知道一些简单故障的处理方法、关键设备参数的含义，并时常对设备的脏污进行清洁，看到零配件使用寿命快到了要及时更换。操作者比设备维护人员更熟悉设备，了解前因后果，同时自主保全也是一种日常性的预防维护，起到的效果往往事半功倍。

2. 专业保全

以设备管理部门为中心，培养专业人员专门解决企业面临的设备管理问题。很多疑难杂症光靠自己吃药是很难好的，这时候就要去医院看医生，医生就是那个负责专业保全的人，工厂里负责看管的医生就是通常所说的技术维修员和设备工程师。

3. 个别改善

个别改善也称焦点改善，将关注焦点变为个别改善与革新项目，实现管理的提升。其实，针对设备的改善，其目标就是要减少故障次数，最好为零，减少设备损失，最好也为零，减少因为设备导致的品质问题，当然零最好。所谓故障就是设备失去应有的机能，这不同于刮风下雨这些自然现象，故障其实都是人为的，是生产方法犯规、维护不当造成的。面对故障，修复它固然必要，而分析故障并挖掘出深层次的原因才是最重要的，比如检测设备频繁出现误报警，清除报警检查相关产品是操作员的工作，当然这样做能恢复生产，但不能解决根本问题，维修人员研究过程中发现判定程序存在缺陷，调整程序降低误判，这就叫改善。

4. 预防保全设计

预防保全（MP）设计也称开发管理、初期改善，即在产品、设备的设计初期做出改善。在追求生产效率极限化的同时，只在生产部门努力能获得的成果是有限的，如果新设备在设计时就考虑了降低损失、避免故障，显然比只靠生产部门维护要好得多。这种没有损失的设备结构设计就被称为设备初期管理，同理，如果产品设计也考虑到设备效率的因素，那么不仅是生产部门，设备部门、产品研发部门也参与到了 TPM 中，这就是开发管理。这里要提到一个工具——FMEA（潜在失效模式分析），这个工具可以帮助我们在产品设计或生产工艺真正实现之前发现产品的缺陷，知道可能发生的故障。

5. 品质保全

最早提出品质保全的是日本人不二越，概括地表达他的思想就是“为了达到没有不良品而进行的保全”。我们知道，仅仅靠员工小心、注意是不能实现品质保全的，所以需要一种合理的体制。品质保全有三个方面：一是无不良的设备构成，这个就是前面所说的 MP 设计；二是无不良的条件设定，比如圆加工，产品的品质特性是正圆度，如果机械的震动过大，就会超出正圆度的规定值，所以就需要在研究震动值和正圆度的关系后，知道如何控制震动值来保证正圆度；三是无不良的条件管理，当某些不良条件无法避免的时候，需要通过有效的管理来避免，比如刀具用久了肯定会磨损，磨损的刀具会做出不合格的零件，暂时没有办法买到永不磨损的刀具，但是可以对刀具进行寿命管理，通过统计与记录，在刀具坏掉之前就换掉，避免产品的不良。

6. 事务改善

事务改善主要针对开发、采购、销售、行政、人事等间接部门事务的改善，以此来提升生产部门的效率、本部门的效率以及所管设备的效率。比如设备工程师为了改善机器，订购了配件，之前风风火火设计方案，画图纸，两天就搞定，结果采购订单交到采购部门，花了 3 个月才买回来，这显然已经影响到了生产效率。间接部门的效率看起来跟生产没有什么关联，实际上往往会成为最致命的因素，如果人力资源找不到足够的员工，生产就有可能停线；如果销售拿到的订单很多都是小批量，就会让生产线频繁切换。事务部门的工作因此遭受很大损失，而对事务部门的改善也正是 TPM 中全员参与的最好诠释。

7. 环境改善

环境改善即创造安全、整洁、环保的工作场所。前面说，要将故障防患于未然，实际上，安全事故也要防患于未然。所以，自主保全里包含了自主安全的意思，我们针对设备的改善也包含了安全改善，MP 设计也包括了无灾害的设备构造。

8. 人才培育

营造人才学习和培养的氛围，创造人才辈出的局面。在大野耐一所说的七大浪费之外，其实还有一个更大的浪费，那就是人才的浪费。企业的生存发展取决于能否培养人才，并且最大限度地发挥人才的能力。很多单位打着招募人才的旗号，硕士、博士全被招致麾下，但只让在办公室看报纸，浪费了人家一身学识。实际上，TPM 要想成功也建立在人才的基础上，有那么多故障要分析，有那么多问题需要改善，这都需要人的知识和智慧，光靠买先进设备是不可能解决问题的，光靠招募大学生也是没用的。

要实现人才培育计划，有 5 个基本考虑方向 ：

1) 在职训练和提倡员工自我学习。

2) 培养员工发现异常后能快速反应的能力。

3) 对员工的能力水平进行程度评价，并针对弱点实施相应的教育训练。

4) 培养精通设备的员工。

5) 创造自我学习的环境。

8.1.2　设备八大损失

1)计划停机。因计划或合约内容而导致的设备停机。这种停机很容易理解，比如没订单，生产线没东西可做了，人闲着白拿工资，机器也闲着枉算折旧。

2）故障损失。由于故障停机的时间总和，包括设备修理及测试直到可以运行的时间。比如机器焊接头突然无法移动，只有等维修人员修复后才可以继续生产。

3）转换时间。品种更换时造成的时间损失，是指设备从一种型号转换成另一种型号的准备和调整的时间总和。比如生产转向器 A 的产线接到计划要生产转向器 B，那么有些小治具要更换，有些设备需要调试。

4）调整时间。因设备调整导致的停机时间，比如材料或加工条件的改变，这个概念可能跟转换时间有点儿混淆，这里所说的调整是一种局部的小改变引起的停滞，比如水温的控制参数要随季节变化有所调整，使用不同的塑胶颗粒做同一型号产品需要更改机器设置等。

5）启动损失。在每班开始和结束时所发生的没有产出的时间，包括准备、升温及降温等。我曾经遇到挤塑机模具在安装后需要 10 分钟的预热时间，这就是启动损失，对工程师来说，如何使模具受热更快、升温更快就是改善的目标。

6）小停机。在设备运行中发生的需要操作员处理的小中断或异常，由此产生的时间损失。这里和故障时间的概念有点儿类似，故障指的是大停机，需要设备维修人员解决，这类小停机不需要维修人员，操作员自己就可以搞定。比如振动盘卡料，操作员用支笔就能弄出卡住的产品，使振动盘继续工作。这类小停机的时间很容易忽略，就拿振动盘卡料来说，因为可以靠员工手工恢复所以很难被重视，但是一天下来，操作员总是在处理振动盘的卡料就有问题了，而改善的方向应该是降低振动盘卡料频率，这就不是操作员可以解决的事情了。

7）速度降低。由于设备运行速度小于初始设计速度而产生的时间损失。比如设计可以跑 120km/h 的汽车，结果买回来发现最多只能开到 100km/h。

8）缺陷返工。由于产出品未达到质量要求而产生的返工及报废。最简单的例子就是不良品率，不良品率越高，其损失的 Q 值（质量指数）就越大。

8.1.3 全面设备效率

全面设备效率（Overall Equipment Effectiveness，OEE）是大老板和生产经理非常关心的，因为 OEE 反映出来的问题就好比一个人每天有赚 500 元的能力，但是实际收入只有 300 元，没有赚到的 200 元便是损失，尽量让没有赚到的钱少一些，就等于多赚了钱。

OEE 实际上是衡量实际生产能力和理论产能的比率。一台设备本来一天 8 小时可以生产 1 000 个产品，但是由于操作员不熟练，只能做出 900 个，机器也不太稳定，经常发生故障，又损失 100 个，加上偶尔停电，机器重新启动又要时间，再次损失 100 个，实际上只能生产 700 个产品，这 700 个里面还有 10% 的不良品，真正好的产品只有 630 个，这个时候，我们就说，这台设备的 OEE 只有 63%。

有三个关键因素影响 OEE：可用性（A）、表现性（P）、质量指数（Q），通常称为 APQ。由此可以得到计算公式：

OEE = 可用性 × 表现性 × 质量指数

式中，“可用性”表示设备在总可用时间内的实际使用效能；“表现性”用来衡量设备的速度损失以及由于阻塞和缺料产生的空闲或停顿；“质量指数”用来展示设备产出的一次合格良品率。

从图 8-1 中可以看出 OEE 的基本构成，基于此，我们开始计算 OEE。

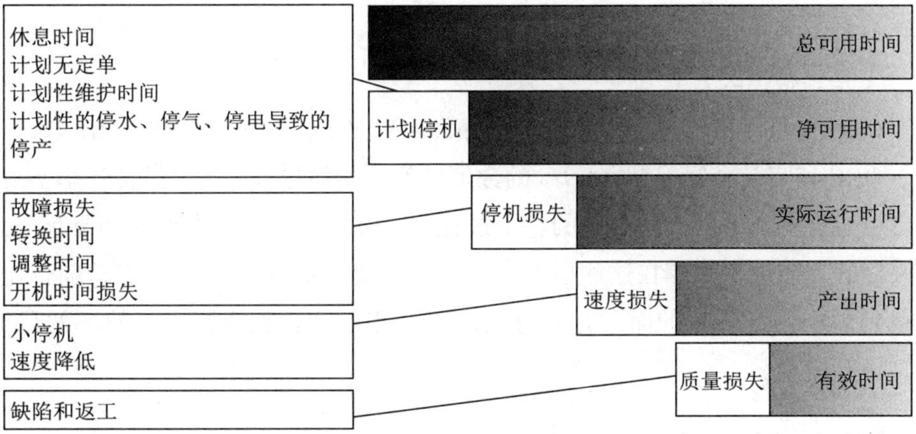

图 8-1　OEE 的构成

1）确定总可用时间。比如早上 9 点上班、下午 5 点下班的某企业，其总可用时间是 8 小时。

2）得到计划工作时间，也就是净可用时间。这里需要减去计划停机时间（OEE 中的第一项损失），还是拿刚才的企业来说，中午吃饭半小时，休息半小时，上午下午各有 10 分钟的休息时间，订单很饱满，那么净可用时间 =480 – 30 – 30 – 20 = 400 分钟。

3）确定可用性。可用性需要考虑停机损失（图 8-1 中的“停机损失”），包括故障损失、转换时间、调整时间、启动损失。继续刚才的例子，设备每次开机都要损失 5 分钟，一天开机三回，总共 15 分钟；故障时间也不少，平均一个班有 20 分钟的故障处理时间，因为产品单一，切换很少，但是管理水平糟糕，一旦遇上切换就是几个小时，根据历史数据把切换时间平摊到每个班是 25 分钟。那么，可用性 =（400 – 15 – 20 – 25）/400 = 87.5%，也就是说，350 分钟才是真正用于生产的。

4）确定表现性。确定实际生产产量和理论生产产量的比率，就要考虑生产速度上的损失，主要指速度降低和小停机（图 8-1 中的“速度损失”）。导致产能损失的原因有很多，比如设备磨损老化、频率颇高的小停机、人员工作态度懈怠等，一个班的产能只有 500 个，而理论上 350 分钟的产能是 700 个，所以表现性 = 500/700 = 71.4%。

5）确定质量指数。这个比较简单，一般用良品率体现。这个企业良品率还算不错，为 99%。

于是，根据公式可知：

OEE = 可用性 × 表现性 × 质量指数 = 87.5% × 71.4% × 99% = 61.9%

OEE 其实是个好工具，61.9% 的数值已经清楚地告诉我们“设备效率不高”。读者可能会发现，在计算 OEE 的整个过程中已经探明了生产中哪些环节有损失，而改善的方向也就聚焦在这些损失点上。长期使用 OEE 工具，可以帮助企业轻松找到影响生产效率的瓶颈，并进行改进和跟踪，达到提高生产效率的目的，同时降低成本。

8.1.4 MTBF 和 MTTR

平均故障间隔时间（Mean Time Between Failure，MTBF）又称平均失效间隔，指相邻两次故障之间的平均工作时间。在生产上，MTBF 是一个衡量设备能力的指标，越长表示可靠性越强，正确工作能力越强，其计算公式为：

MTBF = 稼动时间 / 故障次数

实际上，MTBF 最早是衡量一个产品的可靠性指标，尤其针对电子产品，基本单位为“小时”。它所反映的是产品的时间质量，是体现产品在规定时间内保持功能的一种能力，也就是这个产品能用多久不出毛病。比如我们说某电视机的 MTBF 为 5 000 小时，也就是这台电视机要使用 5 000 小时才会出现故障。后来，MTBF 被应用于工厂，用来衡量设备能力，是一台设备多久才会出现一次故障的指标。

实际上，MTBF 应用于工厂还是有一点儿问题。看看它的公式，最有玄机的就是“稼动时间”。稼动时间是指设备的负荷时间减去换模、换刀具、故障、调整等时间，也就是说稼动时间必须是进行生产的时间，假如没有工作计划，设备一个月只用了 10 小时，有 2 次故障，那么稼动时间就只有 10 小时，那么 MTBF 等于 5 小时，这个时候得到的 MTBF 并不真实，并不是这个设备的真实能力。所以，我认为只用 MTBF 衡量设备性能是有所欠缺的。

我个人倾向于用 FTFO（Failure Times For Output），这个词是我自己创造的，中文的含义是针对固定产出的故障次数。以光缆为例，生产 500km 光缆出现了 1 次故障，那么换算成 FTFO，就是 0.2 次 / 百千米，跟汽车的百千米油耗一个道理。这个算法有什么好处呢？以产量为依据，不受订单和停产的影响，但是因为不同设备产能不一样，所以用于横向比较时要考虑产能差异的影响。

平均故障恢复时间（Mean Time To Repair，MTTR）又称平均修理时间，就是从出现故障到恢复的这段时间。MTTR 越短表示易恢复性越强，其计算公式为：

MTTR = 故障时间 / 故障次数

MTBF 是衡量设备能力的指标，MTTR 是衡量维修人员能力的指标，这两个指标经常会作为设备部门的目标，我们希望 MTBF 无限长，希望 MTTR 无限短，甚至没有。

8.1.5　一点通

一点通（One Point Lesson，OPL）又称点滴教育，是一种用以交流和培训的工具，其内容主要是有关生产线的问题及改善，包括改进，问题解决，操作维护技巧、知识、安全等。

一点通的目的是在短时间内增加知识和技能，并增强员工的责任感。这些知识和技能是员工随时可能用到的。

一点通有 4 个优点：

1）不采用课堂式集中培训，对员工来说课堂式集中培训效果并不好。

2）培训内容通俗易懂，时间很短，一般 10 分钟就足够了，员工容易接受。

3）培训贯穿于日常工作中，可以持续进行。

4）能充分挖掘员工的智慧，实现知识、经验、技能共享。

制作一点通，制作者可以手写、手画，也可用电脑制作，要图文并茂，尽量用图形展示，文字不能太多；内容格式可自行设计，以简单明了、易学易懂为原则。

一点通与改善提案有 4 点区别：

1）部分改善提案与一点通可以相互转化，但不是所有的提案均适宜制作一点通。

2）问题的改善可以通过改善提案来表达，改善方法若证明能持续有效且可以提高员工技能，此时可将其转化为一点通。一点通是强化改善提案成果的方式之一。

3）一点通更注重将经验、技能标准化，以便将良好的经验和技能固化下来。

4）一点通来源不一定是改善提案，它可以是工作中一些新知识、好经验和技巧的总结。

生产案例 81 一点通案例

图 8–2 和图 8–3 所示是工具安装和关于安全的一点通。

	在线学习	日期：
	一点通	主题：TD S/T PUSH PIN正确安装
		就绪

S/T PUSH PIN在TD上容易装错。在前一阵，AT11、AT12上因为错误的安装，造成模具的损坏，UNIT频繁从模具中飞出。

（1）将C端向下安装，PIN在工作时，不能正确地通过台阶进入圆孔，PIN无法缩回，造成卸料板压住UNIT，产生废品。

（2）将C端向下安装，因C端比A端大，和孔配合时，易卡死在孔内，PIN无法弹出，造成卸料板不能正常卸料，UNIT不能顺利落入下模料孔，模具上的压缩空气将UNIT吹飞。

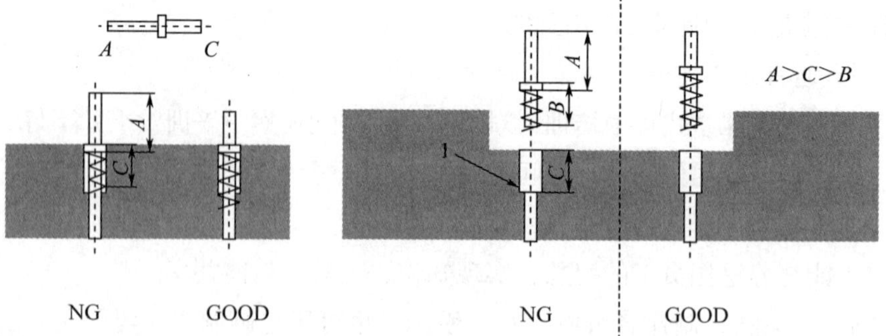

图 8–2　工具安装一点通

One Point Lesson （一点通）

Date：2005, 01, 22	Category：	○ Improvement	○ Trouble Shooting	○ Knowiedge
Shift：D Shift		● Safety	○ Other ( )	
Prepared By：ChenHao	Subject：Safty of T/F		Page No./Total 1/1	
Confirmed By：Wan Shouchang			OPL Series Number：TS05031336	

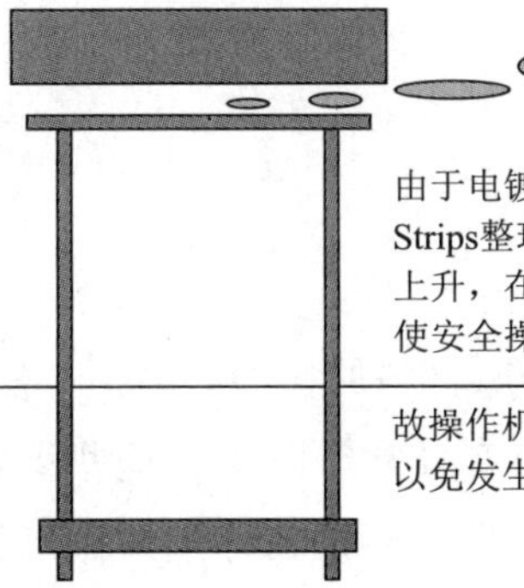

由于电镀来料有可能弯曲，需要一只手把Strips整理好，同时另一只手控制Strips上升，在此过程中，如图位置容易压住手，使安全操作失效。

故操作机器时两只手不能同时动作，以免发生危险。

Discussing Comments：

A班签名11											
B班签名10											
C班签名9											
D班签名10											

图 8–3　关于安全的一点通

8.2　生产维护改善内容

生产维护以维护范围和时间分类，可分为 4 类：

1）实时维护。日常的给油、紧固、点检等维护。

2）事后维护。在发生故障或设备性能再修理的维护，也就是维修。

3）预防维护。在出现故障之前点检、修理来防止生产中设备停转的维护。

4）改良维护。通过对设备及使用方法等进行改良降低设备损失，提高生产效率。

在进行生产维护活动时，应对设备、零部件、维护方法、故障处理、降速、启动等方面进行改善，其内容可以归纳为 8 个方面：

1）消除故障的潜在隐患。

2）对设备零部件的改良。

3）减少故障次数的改善。

4）设备维护方法的改善。

5）设备设计缺陷的改良。

6）减少速度损失的改善。

7）减少启动时间的改善。

8）减少维修等待的改善。

8.2.1 消除故障的潜在隐患

故障就像冰山一角，下面潜藏着垃圾、污垢、原材料的积垢、磨损、松动、破损、腐蚀、变形、瑕疵、裂纹、温度、震动、声音异常等隐患，这些潜在隐患不断发生变化，逐渐成为故障。为防止故障的发生，要认真仔细地做好设备机器的点检和日常维护，要尽可能找到或者估计故障发生的真正原因，尽可能排除设备各个部件的劣化，把劣化现象恢复到原始状态，通过预防控制措施、改善行动来预防故障的发生。

同时要避免因操作不当、维护不当而导致的故障，这需要通过教育培训来提高员工的技能，从而预防故障的发生。

生产案例 82　消除故障的潜在隐患——短路预防改善

如图 8–4 所示，IC5 的作用是控制 3 个电磁阀和一个继电器，但是由于电源控制电路板上 A 点对地短路，导致 IC5 局部损坏，从而使 IC5 失效，最终导致电磁阀不受控制。

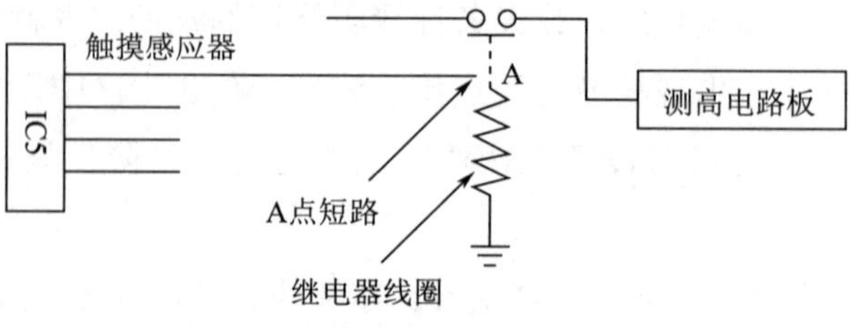

图 8–4　短路示意图

通过仔细研究，发现 A 点对地短路是技术员在维修机器时使用的螺钉较长，与电路板底部发生接触引起的。

为了防止这种短路再发生，消除这种潜在隐患，工程师修改了维修机器标准，对这里所用的螺钉长度作出规定，不可以超出规定长度，并加强对维修人员的教育培训。

生产案例 83　延长劣化时间——路由改善

图 8–5 所示是一个长期使用、被色带磨损的路由。表面已经形成坑状的缺陷，会影响色带的运动，从而出现色带断裂故障。所以，需要及时更换。

图 8–6 所示是改善后的色带路由，在表面热喷涂了陶瓷，附着力强，不易脱落，大幅提高耐磨性能，不易被色带磨损。可以长时间不更换色带路由，也相应减少了色带断裂的概率和更换频率。

图 8–5　路由被磨损

图 8–6　陶瓷喷涂路由提高耐磨性

8.2.2 对设备零部件的改良

设备零部件的损坏失效，一是可能出现严重的故障，二是需要定期更换。如果能发现零部件存在的问题或是设计缺陷，通过对零部件及其结构的改良延长使用寿命，可以减少机器设备故障发生频率，也能减少零件更换的次数。

生产案例 84 零部件改良——安全气缸的连接改进

改善前的安全气缸是直接连接的，也就是硬连接，很容易损坏，如图 8–7 所示。

于是同事尝试了改善，改善后的安全气缸连接增加了弹簧，也就是软连接，不易损坏（见图 8–8），延长了零部件的使用寿命。

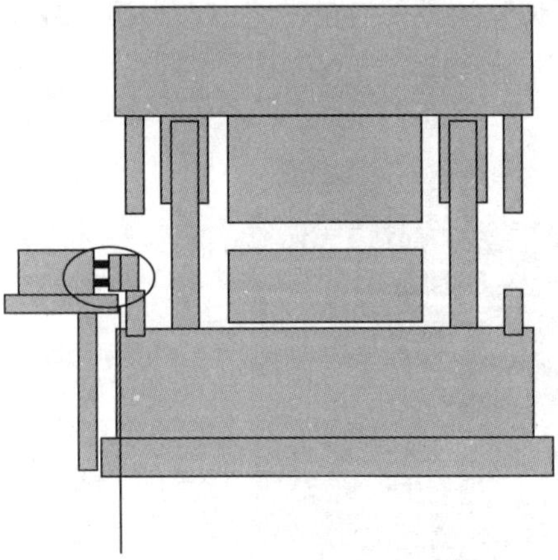

图 8–7 改善前硬连接方式

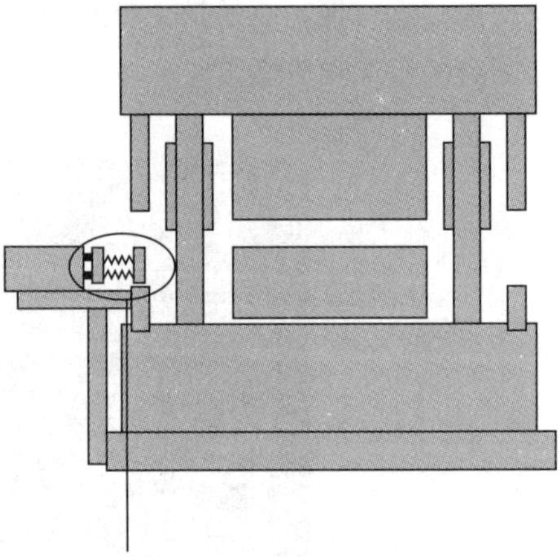

图 8–8 改善后软连接方式

生产案例 85 零部件改良——改用优质金属把手

设备上有一个把手是在进行某种操作时用于拧紧的，把手材质是塑料的，很容易损坏，基本一个月就要坏一个，一旦操作员发现把手坏了，就会通知维修人员更换，等待更换的时候无法作业。我们的维修工程师为此准备了大量的把手，坏掉就换。但为什么不用质量更好的把手？

改善很简单，就是更换耐用的金属把手，使用半年甚至一年都不会坏，既不用准备那么多备用把手，也减少了更换和等待更换的维修时间。

8.2.3　减少故障次数的改善

很多故障不是单单由一个原因造成，会有很多原因，在进行设备维护的时候，应该尽量找到最主要的原因，并采取改善措施（也可以说是一种补救措施）来减少故障发生的次数，不断循环这个过程，将会帮助我们真正地消除故障。

很难确保机器设备始终无故障，但是有些故障是某些条件发生了变化而我们并没有探测到造成的。避免各种导致故障的条件出现或者缓解这种条件虽然不能完全避免故障，但是能使故障率降低也是一种进步。

大多数维护改善都是降低故障率的改善。

生产案例 86　减少故障次数——光源问题

某型号的晶圆是没有任何问题的，但是在焊接时，机器图像识别有一定困难，经常出现误报警或使机器停止，因而造成了损失。

经过实验发现，照明度不足是其识别困难的一个主要原因，于是工程师在机器上安装了一个外接光源（见图 8–9），在生产时照着晶圆，机器便能轻松识别，误报警的情况大大减少。

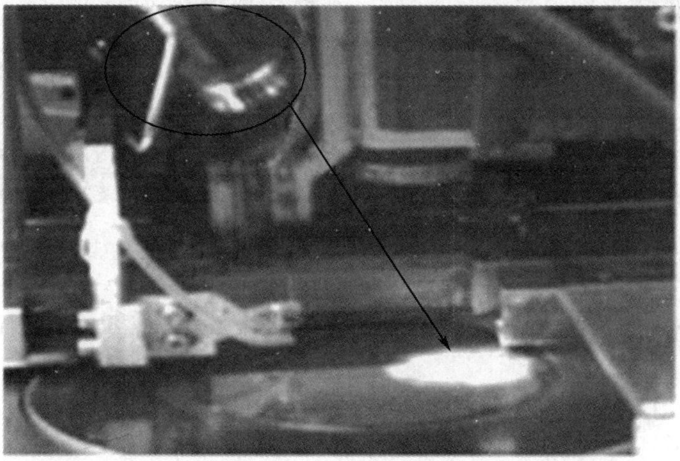

图 8–9　外接光源

生产案例 87 减少故障次数——图像识别设置问题

图像识别技术的问题总是特别多。

某种型号的产品要经过图像检测判断有没有漏装红色的密封圈。但常常误判，明明就有总是探测不到，机器报警，操作员只好拿出来目视检查，停机等待，检查发现已安装又继续开机生产，误判率在 17%，严重影响效率。

当时我的任务是提高这条产线的产量，这个图像识别已经严重影响到产能，所以改善它刻不容缓。

当时我们发现，密封圈上方的组件会发生位移，带动密封圈也会发生位移，一旦位移，就容易探测不到。所以，我们将测试框适当往下挪动（见图 8–10），不管密封圈是否位移都能探测到，这一点改善使得误判率降低到 6.2%。

6.2% 的误判率仍然是有问题的，改善需要继续。

误判的主要原因是取色设置，我们发现取色是随意取的，即取到的红色和密封圈的红色有很大差异，所以设备总是判断找不到。改善很简单，重新认真、正确地在合适的光源下取色（见图 8–11），这一点改善使得误判率继续下降到 4%。

图 8–10　测试框位置下移

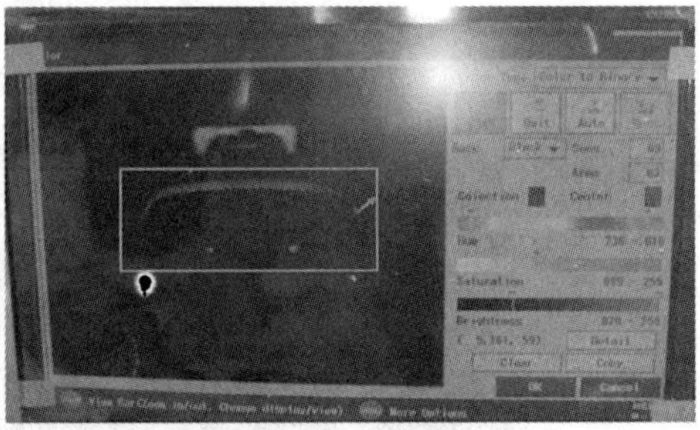

图 8–11　重新正确取色

当然，改善到这里还没有结束，需要继续找到误判原因，将改善持续下去。

8.2.4　设备维护方法的改善

设备维护方法很多时候都是经过长期实践得到的经验，但是这不代表它没有问题，我们需要在生产中不断通过实践完善设备维护方法，简化维护人员动作及维护流程。

机器设备越复杂，其相关参数设置越多，而当前的标准未必是最优。当条件发生一定变化，或者出现故障问题时，也应该探索和研究设备参数的设置，以求优化机器设置参数，减少故障的发生。

生产案例 88　简化设备维护工具——磁力手电筒

维修设备时经常会用到手电筒，以查看清楚设备内的情况。这就是说，有一只手要被占用，要一直保持拿住的状态，但是往往在修理或维护设备的时候需要用双手。

图 8–12 所示是一种磁力手电筒，有一个宽大的底盘，使其可以轻松地放置在任何平面上，同时配合可弯曲的设计，可以随意调整照明方向。底盘配有磁铁，可以直接吸附在铁质平面上，为检修设备提供了很大方便，不再需要占用一只手拿住手电筒。

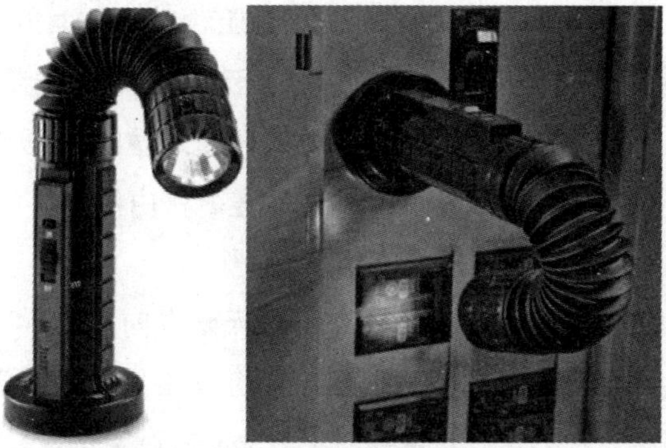

图 8–12　磁力手电筒

生产案例 89　设备参数优化——振动盘

某种型号的产品主要靠振动盘整列和输送，但是产能不太够。

经过我们的观察和分析，最大的问题是振动盘上经常有质量合格的工件被振动下去，导致输送给装配端的工件供应不足，由于机器几乎是全自动的，所以操作员懒得去管这件事，常常坐在一边发呆。

对于工件会从振动盘上掉下去，我们专门做了力学分析，如图 8–13 和图 8–14 所示。

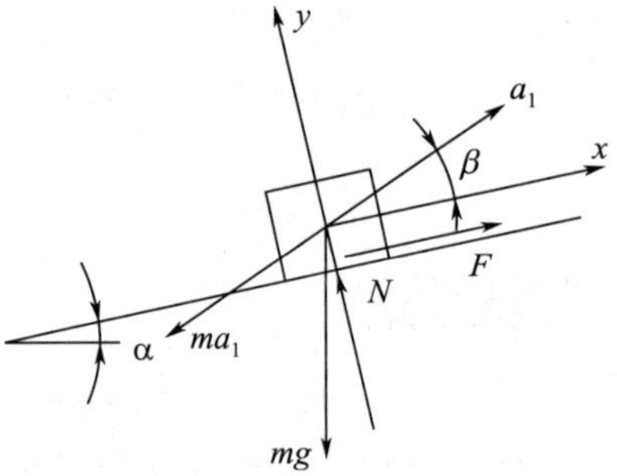

图 8–13　$I \leqslant 0$ 时工件受力图

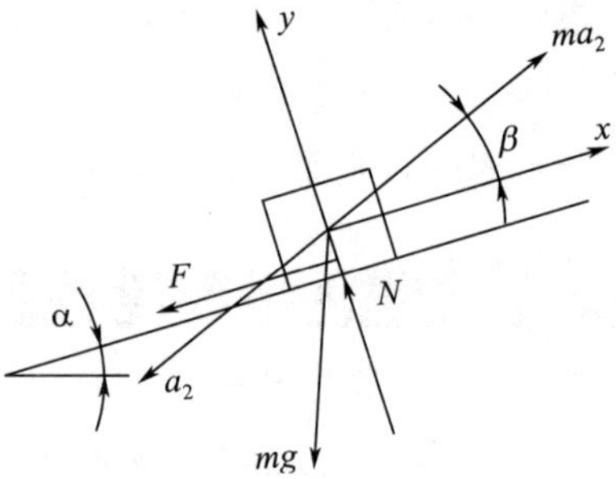

图 8–14　$I > 0$ 时工件受力图

这里简单引入一个物理概念——惯性矩(I),通常被用作描述一个物体抵抗扭动、扭转的能力。

电磁振动盘的原理是靠着电磁铁的吸引和支承弹簧的反向复位作用，使料槽产生高速高频微幅振动，使工件逐步向高处移动。当 $I = 0$ 时，料槽在支承弹簧作用下向右上方复位，工件依靠它与轨道的摩擦而随轨道向右上方运动，并逐步加速；当 $I > 0$ 时，料槽在电磁铁的吸引下向左下方运动，工件由于惯性作用而脱离轨道，继续向右上方运动（滑移或跳跃）, 再经过光纤放大器的光电转换作用，经集成线路模拟转换至下一循环，周而复始，工件在轨道上作由低到高的运动。

这里有 3 个问题：

1）$I = 0$ 时，如果加速度 a_1 太小，工件将无法向前。

2）$I > 0$ 时，如果加速度 a_2 太大，工件将会发生扭转从轨道上掉下来。

3）当滑动摩擦力 N 太小，工件将无法正常地通过筛选区。

如图 8–15 ～ 8–17 所示，工件进入筛选区后，由于轨道面积变小，受到的滑动摩擦力减小，工件发生扭转，就会掉落下去。

维修人员最早想到的办法是增加筛选区的面积，他应该没有意识到这样做能增加这个地方的滑动摩擦力 N，从而降低被过度筛选的可能。

增加面积的方法很土，就是贴一层胶带，一层不行贴两层，两层不行贴三层，贴多了再撕掉一层，如图 8–18 所示。

贴了胶带后的振动盘的确有所改进。如图 8–19 ～图 8–21 所示，工件进入筛选区后，由于轨道面积增加，受到的滑动摩擦力变大，工件的扭转力不够，所以减少了掉落情况的发生。

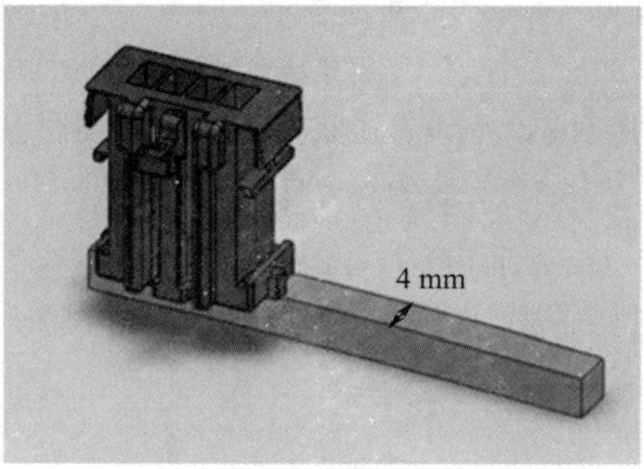

图 8–15　筛选区掉落步骤 1

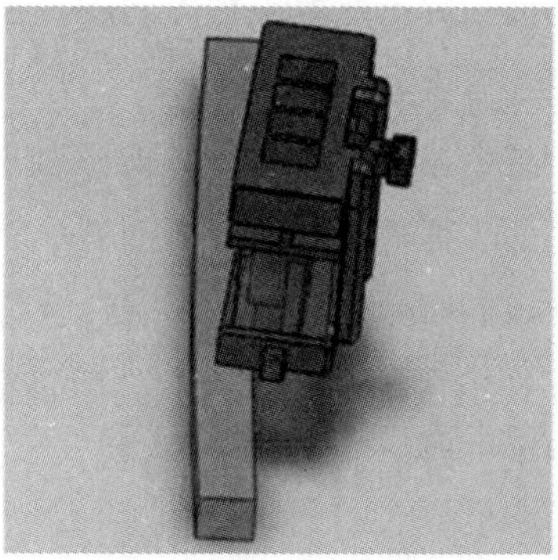

图 8–16　筛选区掉落步骤 2

图 8–17　筛选区掉落步骤 3

图 8–18　在筛选区贴胶带

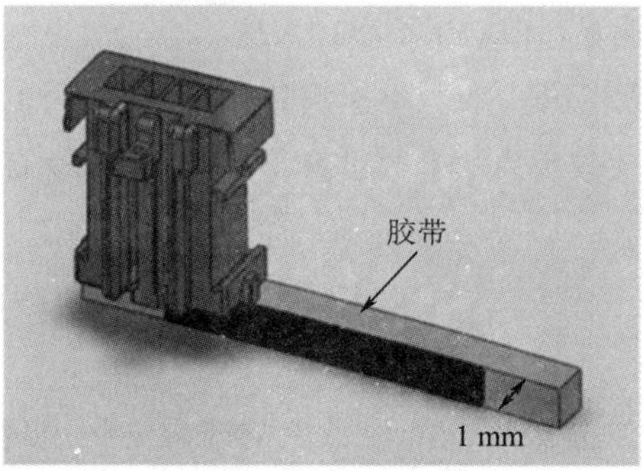

图 8–19　增加胶带后筛选区步骤 1

图 8–20　增加胶带后筛选区步骤 2

贴胶带这种改善方法其实是不入流的，而且始终只关注滑动摩擦力和让工件站住的面积并不能解决根本问题。正如前面所说，还有非常重要的因素，就是机器提供的加速度。

这个振动盘是从欧洲转移过来的，搬回来之后没有说明书，没有人指导过我们，我们的工程师根据经验制定了一个机器设备参数，这本身就是一个大问题。

我们偶然打开机器发现门后面写着一些字母和数字（见图 8–22），问了很多人，都不知道这是干什么用的。后来经过仔细研究，发现这是欧洲人推荐的机器参数，很幸运，我们的 5S 活动做得还不够彻底，没有将其擦掉。

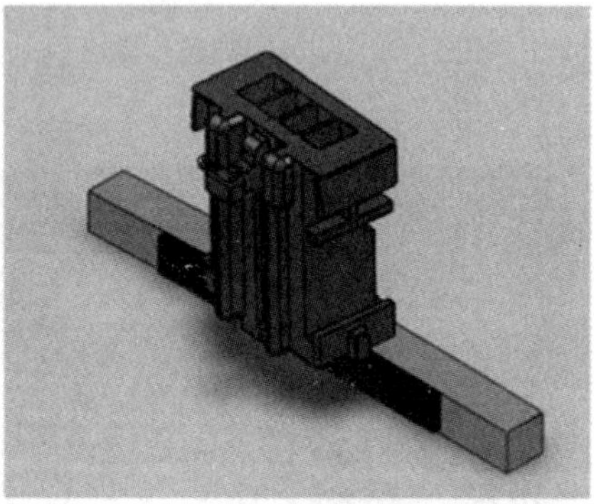

图 8–21　增加胶带后筛选区步骤 3

图 8–22　神秘的数字

其中的 F 代表振动频率，Z 代表振幅，这两个参数主要决定前面所说的加速度 a。还有两个启动和暂停的时间，也会有影响。

我们欣喜若狂地按照欧洲人的参数进行设置，但结果不尽如人意。

事实上，我们的海拔以及环境和欧洲有很大不同，参数不能照搬，于是从零开始，研究各种参数调整的影响，最后得到了一个比较优良的参数设置，基本上可以保证产品不被振动盘给抖下来，产量也相应提高了。

8.2.5　设备设计缺陷的改良

设备因为材质的选择错误、结构性的缺陷或者功能设计上的疏漏导致出现故障，我们应该尽可能地尝试改善设备本身的弱点和缺陷，使其更符合生产需求，这也是我们通常所说的改良保全。

生产案例 90　设备设计缺陷改善——真空问题

后段的某台测试机真空太小，生产时测量真空只有 0.28bar，这种真空状态很容易导致设备故障，出现废品，造成不良损失。测试机真空管路如图 8–23 所示。

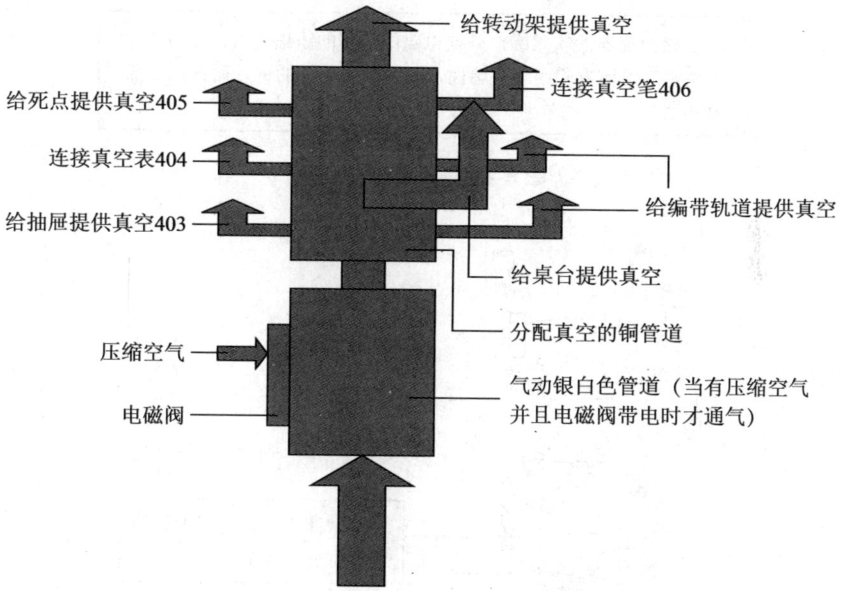

图 8–23　测试机真空管路示意图

ON 的工程师们进行了很多尝试：首先，怀疑总真空不足，与其他机器互换总真空管道后发现总真空无问题，实际测量为 0.57bar；其次，怀疑气动银色管道出了问题，与其他机器互换后还是没有好转，对黄铜的真空分配阀用生料带密封，仍然是真空太小；再次，清洁检查转动架和桌台的分配器密封也没有解决问题；最后，对真空分配阀的几个工作点进行检查，发现桌台和转动架下分配阀（见图 8–24 和图 8–25）没有用堵头堵住，这可能是真空泄露的原因之一，全部用堵头堵住后，真空明显增大，生产没有问题，也不会因此出现废品。

全面检查其他机器，发现还有部分机器没有堵上，堵上的机器生产时真空是 0.5bar 左右，没堵的机器生产时真空偏小一点。最后的措施就是采购堵头对整个后段测试机进行真空阀的全面维护。

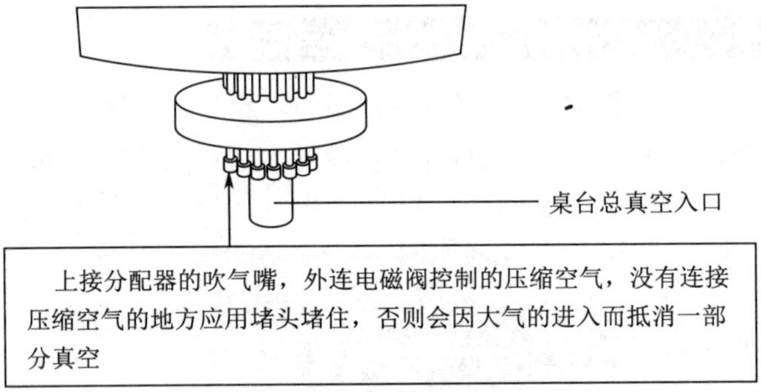

图 8-24　桌台下分配阀

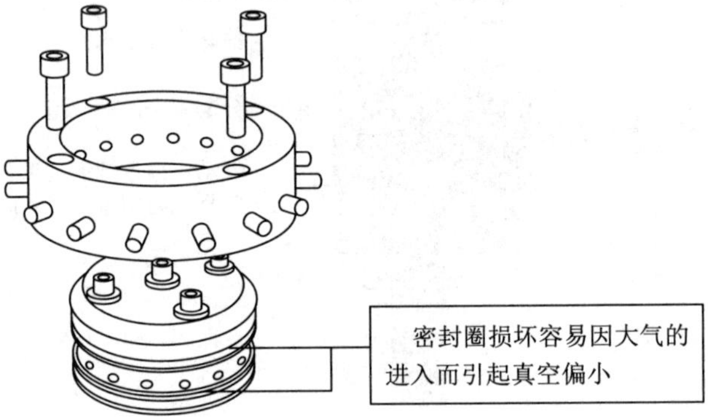

图 8-25　转动架下分配阀

生产案例 91　设备设计缺陷改善——辊道问题

磁铁搽胶机的辊道总是出现问题，不时将磁铁卡住，有时候甚至还会导致磁铁破损。每次出现这样的问题，都会停机很长时间进行恢复。

这是一个棘手的问题，我们也找过设备部门，也有其他工程师尝试解决过，不过情况依然没有改变，我的同事、绰号为“易总”的改善工程师开始尝试新的改善。

在经过长期观察研究后，易总发现导致磁铁卡住及破损的“元凶”是两个气缸：一个小气缸负责顶住磁铁，一个大气缸负责推出磁铁（见图 8-26），但是小气缸的力过大，使磁铁受到冲击，位置发生变化甚至破裂。最后发现导致小气缸力过大的原因是两个气缸共用一个气路，共用一个气阀，导致气压一致，使小气缸与大气缸的力一样大。

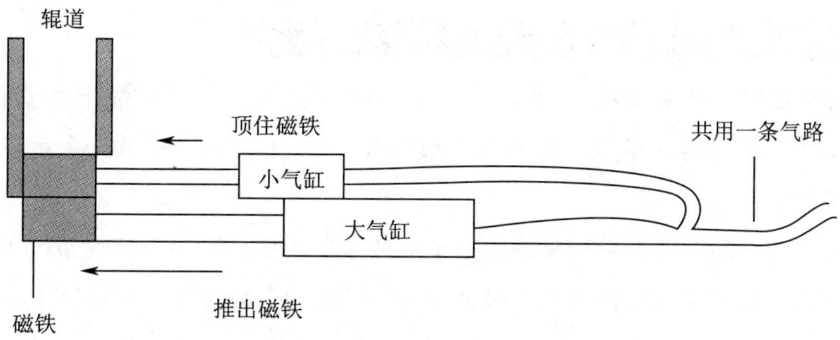

图 8-26　改善前辊道

于是易总进行了简单的改良，将一条气路分为两条，给小气缸加了气阀（见图 8-27），通过气阀控制气压调节小气缸的力，使其不会因力过大而冲击磁铁导致卡住或破损。

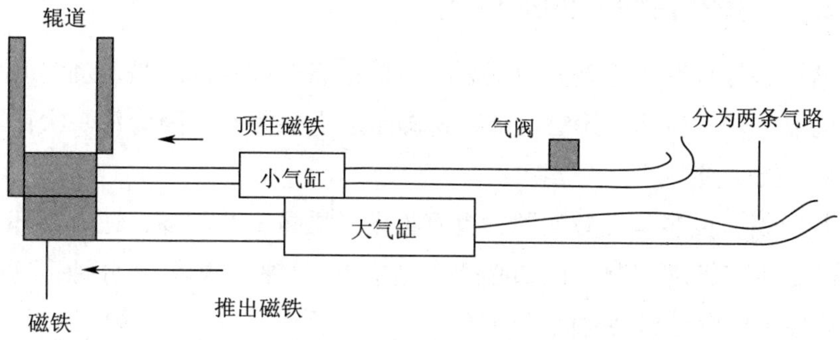

图 8-27　改善后辊道

改善的结果是避免了磁铁卡住故障，也不会因此故障停机了。

8.2.6　减少速度损失的改善

因为各种问题不得不让机器降速生产，这是产能损失，也是设备故障的一种体现，并不是说设备故障就一定是停机，运行过程中速度慢了也属于故障。

降速的原因有很多，可能是零部件磨损没有及时更换，也可能有某种质量缺陷，但是我见过最多的是设备本身的设计问题。我们需要找到降速的主要原因，解决降速出现的各种问题，尽量保证全速生产。

生产案例 92 减少速度损失的改善——锁紧问题

某种产品在生产完成后，要从机器上卸下来必须降速，卸下后，操作员再升速。整个时间大约 5 分钟，速度下降到正常值的 60% 左右，每天完成一个产品，就造成一次产能损失。

经过工程师的研究，发现降速最主要的原因是质量，因为在高速情况下进行卸产品的动作，容易出现质量故障。操作员为保险起见只好降速。但事实上，造成质量问题并不是因为高速度，而是锁紧装置工作时遇到高速运动的产品会产生不小的冲击力。

原本很坚钝的锁紧块对于高速运动的产品就像一把刀一样，而改善后的锁紧块变得圆滑而不锋利，即便和高速运动的产品相遇也不会产生很大的冲击。于是，在这项改善完成后，操作员便可以在高速状态下完成卸产品的动作，不用再降速。

8.2.7 减少启动时间的改善

机器设备停顿后再重新开机需要一定的准备时间，那就是启动时间。我们感觉开机准备理所当然，无法避免，这却是巨大的浪费，因为每一次重新启动都意味着产能的损失。

究其原因，很多是设备问题，也有很多是质量工艺问题，还有一部分容易被忽略的是生产管理问题，比如必须要点检 10 分钟、清洁 10 分钟，这些启动前的事务性工作也是启动时间的浪费。

生活案例 25 减少启动时间的改善——电脑开机

普通电脑在启动时总需要一段时间，随着使用期限加长，会越来越慢。于是很多软件应运而生，帮助清理垃圾和处理开机时不必要启动的程序。这种手动清理模式能起到一定改善作用，但并不能从根本上解决这个问题。

换用新电脑和新的操作系统能加快开机速度，这是因为系统很干净，硬件配置够好。

我买了一台 MacBook 笔记本，启动非常快，用了很久之后，启动时间几乎没有增加。对自启动应用程序的权限进行合理管控是 MacBook 可以高速启动最核心的原因。而传统电脑加载程序太多，有些程序根本无视用户感受，一定要在后台搞点儿什么，所以电脑启动变慢了。

8.2.8　减少维修等待的改善

很多时候，我们往往把重点放在维修时间上，而忽略了维修前的时间，也就是维修等待时间的浪费。当机器设备发生故障时，维修人员不可能马上到达现场解决问题，出现故障首先是信息传播，当维修部门得到信息后要进行人员调配，这会花掉一些时间，再寻找工具走过去，时间又耗去很多，有可能最后维修只花了几分钟，但之前等待维修花了半个小时。

减少维修等待的改善更多属于维修管理范畴，要改善信息流，同时加强对维修人员的管理和工作任务的合理调配，这是一件说起来容易做起来难的事。

生产案例 93　减少维修等待的改善——设备故障短信

我曾经和一个操作员一起在生产线等待了两个小时都没有看到维修人员来，中间打过几次电话，都说马上来，但事实是机器停机损失了两小时。

维修人员不能来的原因有很多，当时是因为维修团队能处理这种故障的人不在，他们去找人了，找到人之后发现在处理方案上有分歧，结果扯了半天。

当然，也有维修人员的态度问题，如果停机损失不被记录或者 MTTR 没有人考核，来晚点儿对他们来说无关紧要，于是拖延就成了老问题。还有没修完就去吃饭的，吃了 1 个小时才回来。

当设备发生故障时，以前是打电话通知，操作员不知道该找谁，反正打电话到维修部就行了，运气好有人接，运气不好无人接听，只能过一会儿再打。有时候电话那头说得很好，马上派人过来，但久久不见人来。这些都是等待维修的时间浪费。

我曾经和 IT 部门做过一个简单的设备故障短信系统 OEE（见图 8–28），当发生故障时，操作员首先要将这个故障简单地填写到 OEE 系统里，并注明故障发生的时间。这时候系统会自动将这条故障信息发送给所有设备维修人员和设备维修主管，信息包括发生地点、时间和简短的故障描述，维修部在收到短信后可根据内容合理调派人手。当维修人员过来完成维修后，才能在系统中输入完成时间，这条故障才能被关闭。如果故障 4 个小时没有处理好就会自动将故障信息发给相关部门经理，6 个小时没有处理好自动发给生产总监，8 个小时还没处理好就自动发给厂长了。

这个系统起到了一定的改善作用，由于维修人员拖沓或者事务安排产生的维修等待时间明显减少了。

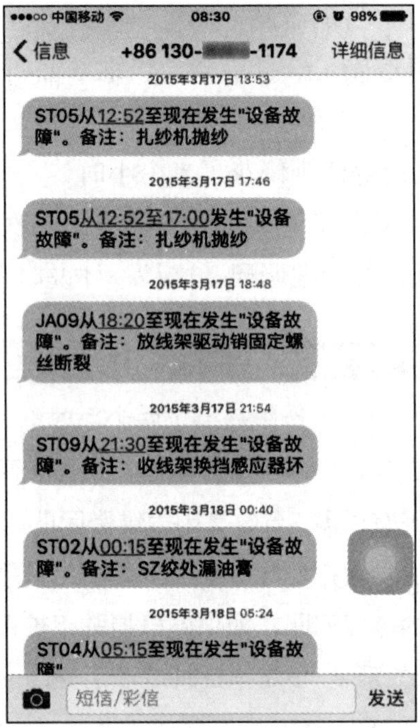

图 8–28　设备故障短信

第 9 章
快速切换改善

现在的人不比从前，那种蓝色加竖条的运动服已经没法一统天下了，客户需求的差异性直接导致了产品的多样性，对企业来说，订单就变成了小批量、多品种，所以设备的切换时间增加了，从而直接导致产能损失。为了多赚钱，企业运营者肯定希望切换时间越短越好，于是快速切换应运而生。

快速切换能帮助企业实现柔性生产，使其更好地适应市场的变化。只要能把快速切换的改善持续进行下去，切换时间就会从最初的几天到一天再到几个小时甚至几分钟，打破传统经济批量的条条框框，生产批量减少，相应的半成品也会减少，库存也会减少，工厂的生产前置时间将大幅缩减。

快速切换是一项相对没有那么复杂却收益巨大的改善。很多民营企业忽视切换，拒绝改善，但一旦行动，就会有奇迹发生。

9.1 快速切换的定义

快速切换（Single Minute Exchange of Die，SMED）是一种能有效缩短产品切换时间的理论和方法，是为企业提升效率的系统手段。

SMED 在 20 世纪 50 年代初源于日本，丰田工程师新乡重夫创造了这个概念，Single 的意思是小于 10 分钟（Minutes），最初使用在汽车制造业，以实现快速换模（Exchange of Dies），新乡重夫花了 6 个月的时间，将丰田汽车原来需要花费 4 个小时才能完成的 800 吨冲床的换模时间缩减到了 1.5 小时，然后又用了 3 个月将这个换模时间缩减至 3 分钟，这标志着 SMED 的诞生，后续在工业界进行了广泛的传播，影响深远。

9.2 快速切换的作用和特点

1. 快速切换的作用

1）柔性生产：不需额外的库存即可满足客户需求。

2）快速交付：缩短交货时间，即资金不压在额外库存上。

3）确保品质：减少调整过程中可能的错误。

4）高效生产：缩短切换的停线时间意味着更高的生产效率。

5）实现 JIT：小批量生产，大量减少产品报废成为可能。

2. 快速切换的特点

在传统切换观念里，会有如下错误的认识：

1）要求很高的知识和技巧。

2）只有通过经验的积累才能提高。

3）为了减少切换时间太长造成的影响，尽量将生产批量扩大。

实际上这些想法是错误的，是对改善的逃避，快速切换作业所追求的理想状态否定了这些概念：

1）几乎不需要工具。

2）普通操作员就能进行。

3）没有调试时间。

4）清楚而精确的指导书。

5）部件上清晰的色标和标记、设置点，并且文件化。

6）配件储存在现场，包括使用备件推车。

9.3 快速切换的改善方法

切换改善最主要的方向就是缩短切换时间，有两种方法。

1. 减少切换次数

产品差异不大的切换称为小切换，主要由市场需求决定；产品差异大的切换称为大切换，主要由生产计划调度决定。这里所说的减少切换次数，不是通过批量的增加来减少，而是通过合理科学地安排生产计划尽可能地减少大切换的次数。

2. 减少单次切换时间

通过科学的方法不断改善，以实现快速切换为目标，尽可能缩短切换的单次时间。快速切换改善步骤如下：

1）将内作业与外作业分离。

内作业：必须在机器停止状态进行的作业。

外作业：在机器运行时也可进行的作业。

区分内作业与外作业是改善的第一步，通过合理安排内 / 外作业便可缩短停线时间。

2）将内作业转换为外作业。设法将内作业转换为外作业，直接缩短停线时间。

3）缩短内作业和外作业的时间。通过改善取消或简化内作业和外作业，以缩短时间。

9.4 快速切换的内容

快速切换的内容包括如下 8 个方面：

1）事前充分准备。

2）改善设备搬运。

3）平行作业。

4）通用化。

5）道具替代工具。

6）调整的标准化。

7）改善切换方法。

8）改善螺栓作业。

9.4.1 事前充分准备

做任何事情，有备无患总是好的，这个道理我们都懂，问题在于面对实际情况的时候我们常常又把这句话给忘了，比如事到临头才发现找不到内六角扳手，换上模具的时候才知道模具原来已经坏了，然后我们把大量的时间花在寻找上面。实际上，事前充分准备最重要的就是减少寻找的时间，并预先完成那些可以提前完成的工作，也就是前面所说的将原来的内作业转换为外作业。

在生产新型号之前要能及时、灵活地把握生产进度，合理地安排切换作业，仔细分工，预先将需要完成的外作业在开始生产前充分完成，新型号生产的技术资料、作业文件、工具及用具等也要准备好，还要做好前一型号生产结束后的材料撤离、数据统计、现场整理等工作。

实际上，除了必要的工具等硬性东西要准备好以外，我认为，切换标准的建立也是很重要的，这是长期切换积累的经验，把每个型号需要怎么调节、规格变成了什么样子、模具要怎么对位以及其他重要的操作条件都记录在“宝典”里以便查阅，比每次切换都凭经验、靠感觉好，如果运气不好，可能一两个小时都搞不定。

生产案例 94 切换前的充分准备——切换小组

在 ME 有专门负责产品切换的小组，我们称之为转货组。

在拿到生产订单后，计划部门会安排不同型号的产品生产，并提前告知生产管理人员，生产管理人员会根据生产计划安排来确定转型号的时间及地点，由线长填写转型号单，上面包括每一道工序所需要的详细产品规格、尺寸及标准操作条件，然后将转型号单交到转货组。

转货组的同事在收到转型号单后，开始外作业（事前准备），其工作步骤如下：

1）拿出他们的“宝典”（切换标准）来确认当前产品型号与要求切换的产品型号之间需要转换的工序，需要改变的尺寸、规格及操作条件。

2）开始进行线外作业，准备需要的机器、模具、工具及部件等。

3）难于调节、比较费时的模具及机器会事先在线外调好。

4）再次确认装货时间后，将需要的模具、工具及部件用小车运到指定线别，不能用小车装载的机器搬运到生产线附近。

当开始线内转型号时采用平行作业，并不是所有工序都由转货组来做，他们负责复杂的、技术要求较高的切换作业，普通的切换作业则由线上操作员来完成并收集数据。

线内作业时，生产线还不会马上停止生产，转货组需要从第一个工序开始进行切换，而后面工序的生产还将持续一段时间，这样做的目的是缩短线内停滞时间。

9.4.2 改善设备搬运

设备搬运主要是针对小型生产线来说的，因为对于大型生产线，要移动是很困难的。有时候，我们因为空间或者其他生产约束导致必须更换设备，这个时候，设备的搬运就是需要改善的地方，我们希望能够取消或者缩短设备搬运引发的停顿时间。

1）如果可能的话，设备要小型化，最好有轮子可以方便搬运，不然每次搬运都要找几个大汉用叉车左挪右挪真不是什么轻松的事，所以日本人说“机器不生根”。

2）设备的水电气要有能快速更换的水电气接头和插座，不要换个接头都要拧半天。

3）设备的管线要整齐而有柔性，不要等到要搬运了才发现要花五分钟把线理清。

4）设备最好不搬，办法就是机器的适应性要强，只要改变某些部分或者调换程序就能改变使用规格。

5）设备必须搬时，搬运流程也要优化，时间不能太长。要用的设备不能离产线有十几千米，中间还要穿越狭窄的机器间走廊，这显然是不合理的。

生产案例 95 搬运流程改善——更换模具改善

更换模具改善是最常见的改善方法。

改善前的程序如图 9-1 所示。

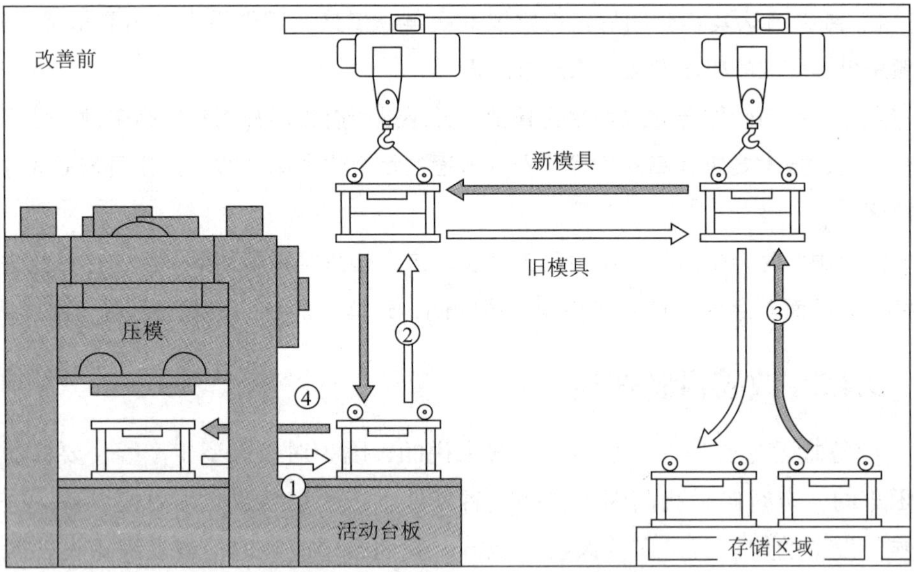

① 机器停机后，原有的模具被取出并放到活动台板上。

② 吊车从台板上吊起模具，移至存储区域并放下。

③ 吊车从存储区域吊起新的模具，运送到活动台板上。

④ 新的模具安装，启动机器。

图 9-1 改善前换模流程示意图

改善前，整个过程中设备处于停机状态。

改善后的程序如图 9-2 所示。

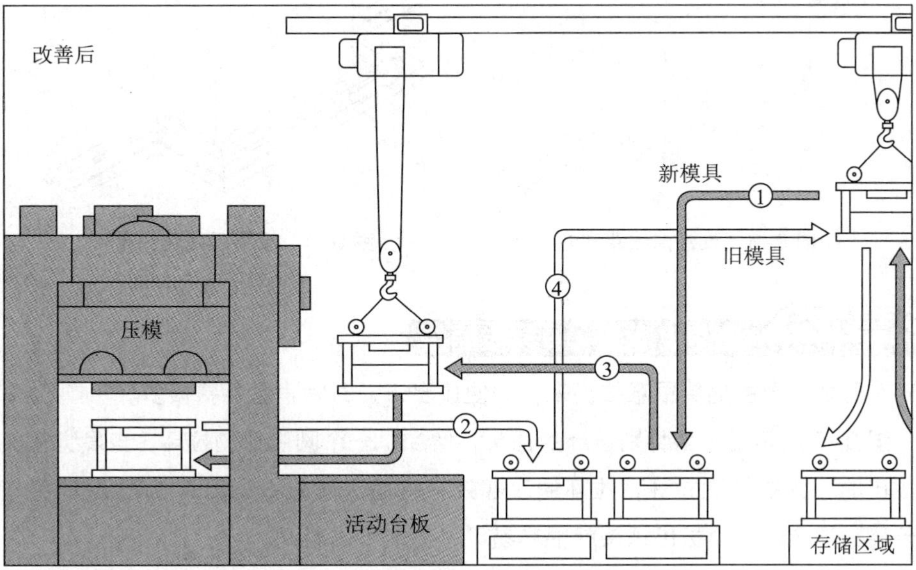

① 在机器停机以前用吊车将新的模具移至机器旁边。

② 机器停机，原有的模具移到活动台板上，用吊车将其吊到机器旁边。

③ 吊车将新的模具吊到活动台板上，安装模具并开机。

④ 机器开始新的运行后，才将原来的模具送入存储区域。

图 9-2　改善后换模流程示意图

改善后，整个过程中尽管有多次起吊作业，然而因搬运模具而导致停机的时间被大大缩短了。

生产案例 96　消除设备搬运阻碍——设备气电线路改善

改善前，很多机模的气电线路被藏在机模底座下（见图 9-3），一旦需要更换，搬运很不方便，耗时费力，且有安全隐患。

改善后，将气电线路绕过机模底座（见图 9-4），进行切换时推出即可，机模运输方式改变，变得省时省力，且能保证安全。

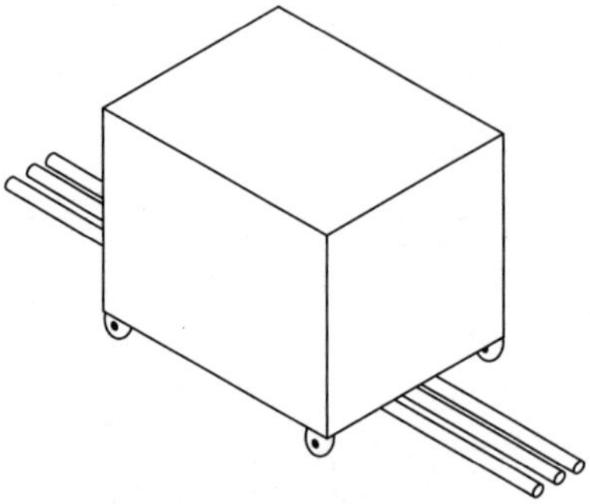

图 9-3　改善前线路布置

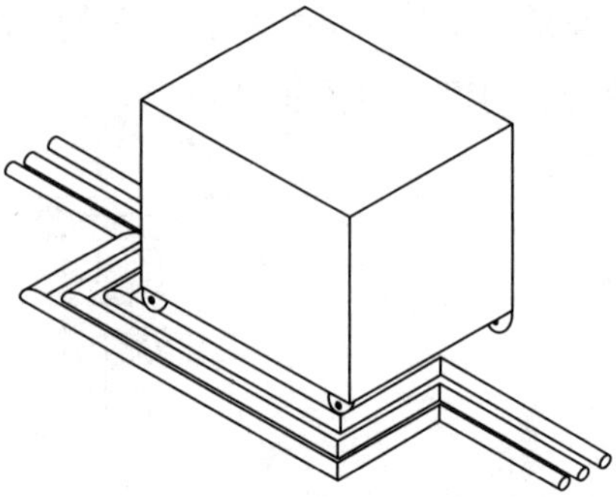

图 9-4　改善后线路布置

生活案例 26　快速拔插头——易拔插头

有时插座里的插头很难拔出来，即便拔出来，时间也会耗费很多。

图 9-5 所示是一款特别设计的插头，增加了一个圆弧形的拉环，当发觉插头很难拔出时，只需拉动拉环，拉环的底部就会将插头顶起（见图 9-6），使插头与插座分离，这个时候再拔出插头就很容易了，还能节省时间。

图 9-5　易拔插头

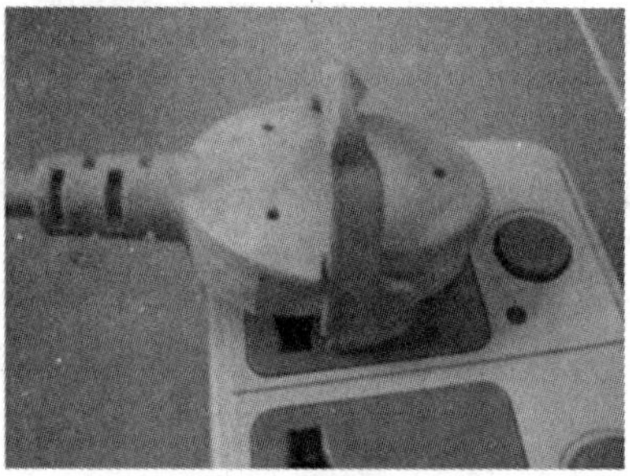

图 9-6　顶起插头

9.4.3　平行作业

平行作业是指将原来一个人单独进行的切换作业改为多人同时进行，从而缩短内作业时间。在推行平行作业时，应该让切换人员的移动路线尽可能短，并合理安排线内切换作业顺序。

平行作业说白了就是人多力量大。原来一个人做要 60 分钟，现在把事情分给两个人同时做，可能只要 30 分钟。而且一个人做的时候，产线越长，他就走得越多，有时候着急了甚至还要小跑一下，分工合作之后，每一个人集中在自己的工作区域，走动距离也减少了。

生产案例 97　平行作业

改善前，整个切换过程由一个人完成，程序安排混乱，移动非常多，包括很多无谓的走动，导致切换时间也变得很长，如图 9–7 所示。

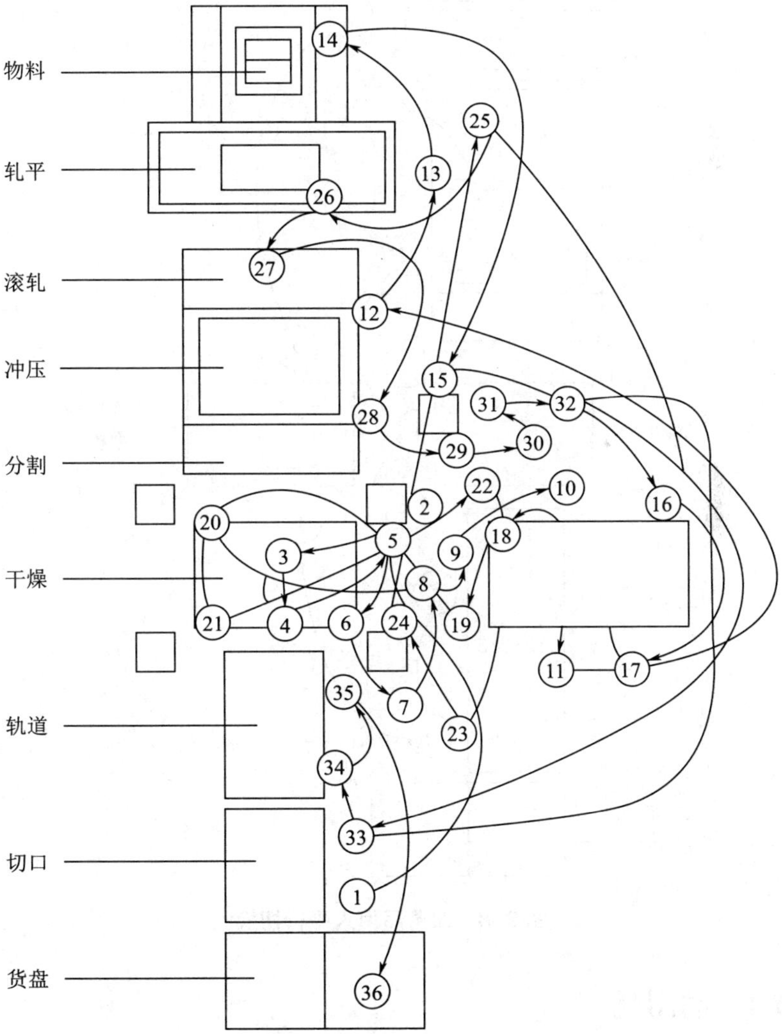

图 9–7　改善前一个人切换

改善后的切换过程由两个人进行平行作业，并合理安排切换作业顺序，移动大大减少，切换效率提高，如图 9–8 所示。

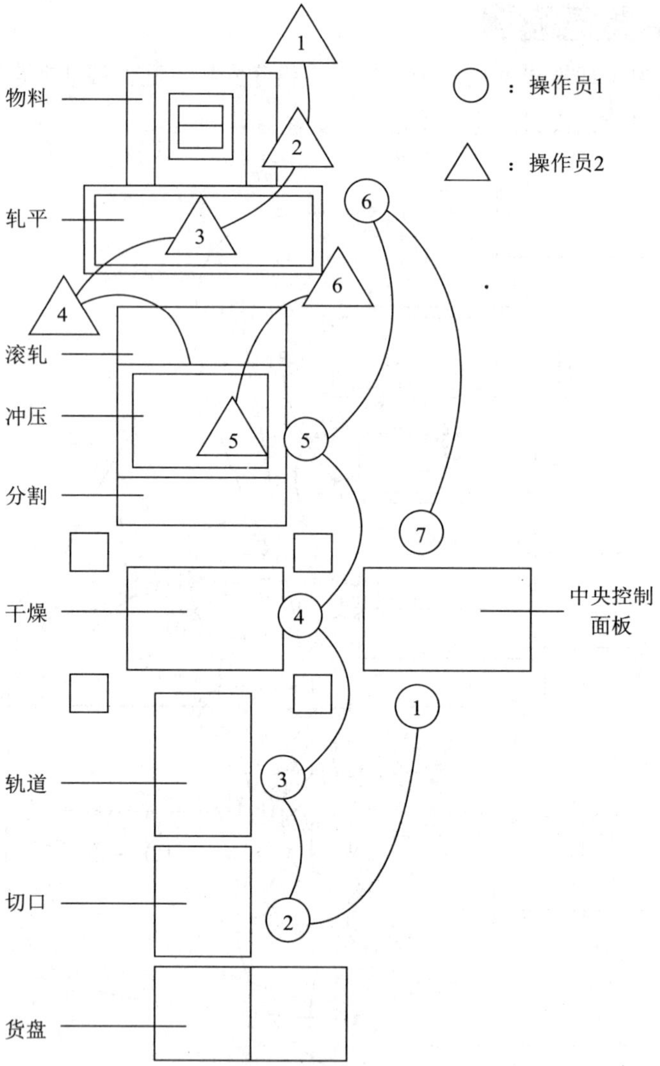

图 9–8　改善后两人平行切换

9.4.4　通用化

所谓通用化，指的是机器、模具以及切换工具的通用，避免了切换或简化了切换，寻找的时间被消除了。

通用化手段主要有两种：

1）使机器和模具等适用多种形状和尺寸。

2）使机器和工具具有不同种类的功能。比如我们小时候用的带橡皮擦的铅笔，就避免了去拿橡皮擦和放下橡皮擦的这种切换。

生产案例 98 模具适用不同形状——充磁面板通用化

改善前的充磁机作业需要根据不同型号铁壳的不同形状更换充磁机面板（见图 9–9），做一次这样的转换，线内所花的时间是 5 分钟，同时需要在线外备模。

于是转货组的同事对此进行了改良，将充磁机面板通用化（见图 9–10），改善后的充磁机作业即便是不同型号、不同形状的铁壳都可以在同一个面板上作业，不需要进行线外备模，切换时间也由 5 分钟变成了 0 分钟。

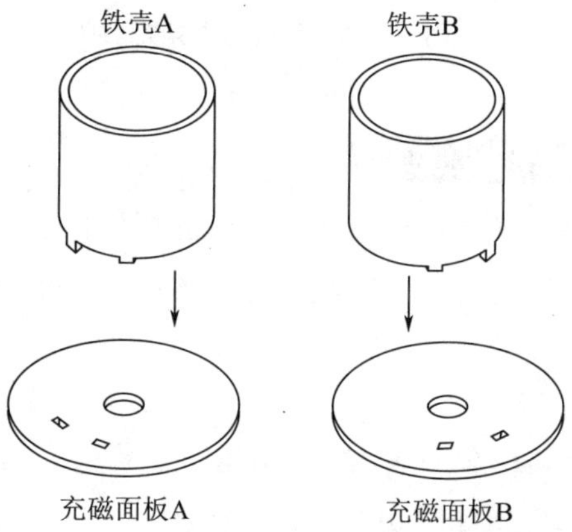

图 9–9 改善前充磁面板示意图

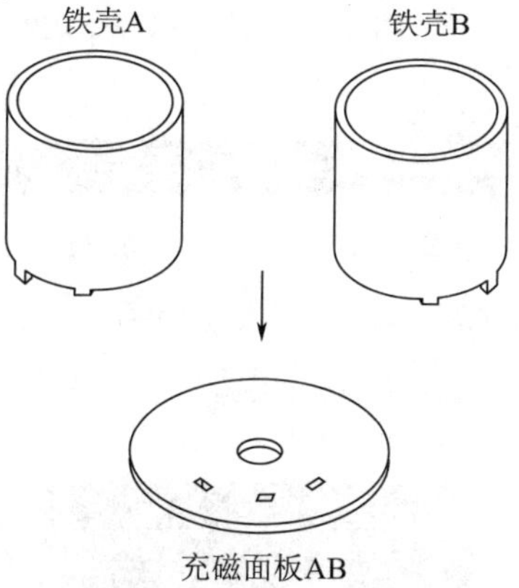

图 9–10 改善后充磁面板示意图

注：实际情况比较复杂，这里只是简单用图描述。

其实基于这样的思路，很多其他类型的机器、模具都可以进行类似的改良。

生产案例 99 夹具适用不同尺寸——瓶子定位盘的通用化

如图 9–11 所示，该瓶子定位盘将 1 升和 2 升的定位盘融合在一起，避免了切换作业，即切换作业被取消。

生产案例 100 工具适用不同尺寸——双头内六角螺丝刀

如图 9-12 所示，这种纺锤状的内六角螺丝刀具有两个不同尺寸的内六角头，切换时只需要换头，不需要更换工具，消除了寻找的时间。

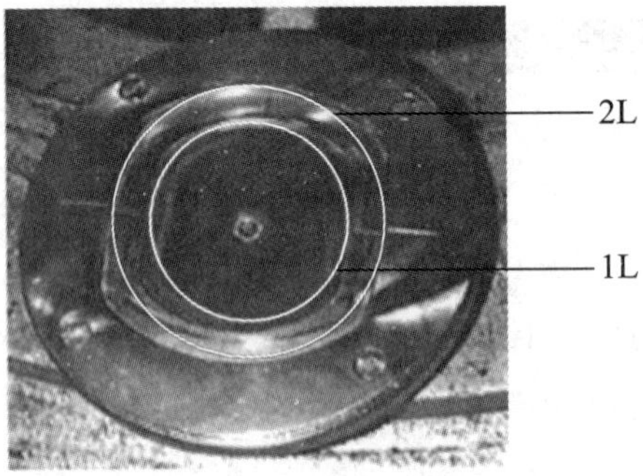

图 9-11 通用的瓶子定位盘

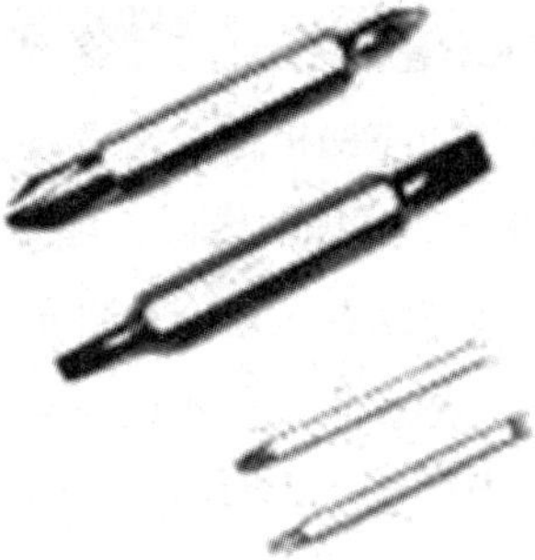

图 9-12 双头内六角螺丝刀

生活案例 27 多功能集合减少切换——瑞士军刀

瑞士军刀是功能集合的典范，“一把刀在手”仿佛拥有一个真正的万能工具箱，需要时像变魔术一样组合出各种应用（见图 9-13），这种多功能的组合最直接的好处就是减少切换和消除寻找工具的时间。

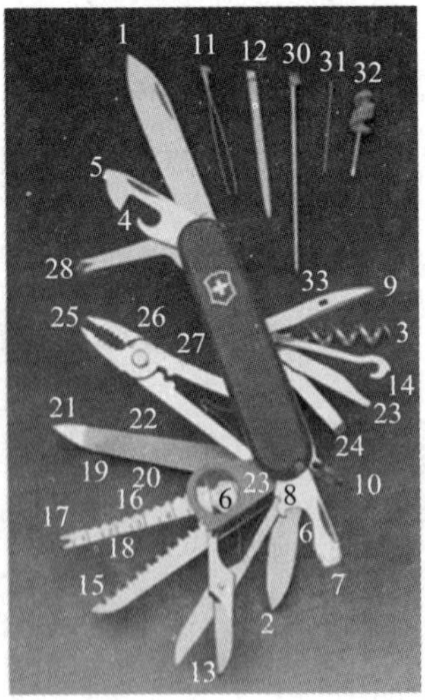

经典的瑞士军刀冠军具有32个基本功能：

1．大刀　2．小刀　3．拔木塞钻
4．开罐头器　5．小改锥（开罐头器兼）
6．开瓶器　7．改锥（开瓶器兼）
8．电线剥皮槽　9．钻孔锥　10．钥匙圈
11．镊　12．牙签　13．剪刀
14．多用途钩（提携包裹）　15．木锯
16．去鳞刀　17．卸钩器（去鳞刀兼）
18．尺子（厘米及英寸）　19．指甲锉
20．钢锯（指甲锉兼）　21．指甲除垢器
22．钢锯　23．微型改锥　24．木凿子
25．钳子　26．钢丝钳（钳子兼）
27．拆电线工具　28．十字改锥
29．放大镜　30．圆珠笔
31．大头针（不锈钢）　32．眼镜改锥

图 9-13 瑞士军刀冠军

9.4.5　道具替代工具

“道具”这个词用在工业生产中是日本人发明的。我们用的一般工具，如螺丝刀、扳手、手电筒等，通通称为工具。而道具是专用的工具，专门为了切换量身定做的工具，目的是缩短切换时间，可以简单理解为道具很专业、具有针对性，所以更有效率、更安全。

生产案例 101　切换专用道具——磁性尺

在质量改善章节（第 7 章）的“生产案例 77”中，铁壳打孔所采用的防错板，在切换产品型号进行调整的时候存在问题。

由于型号不同，铁壳的高度也不同，这就需要在切换调机时调整防错板的高度。标准的要求是铁壳最高点与防错板的垂直距离在 0.5mm 以下，但是现在转货组的调整纯粹是目视调整，只靠自己的眼睛，而且需要多次调整，这样往往会造成防错板和铁壳之间的距离超过 0.5mm，一般都在 2mm 左右，这意味着防错板几乎起不到作用，仍然杜绝不了因为铁壳未放置好而导致的打孔位置偏移。

我们希望能有一种量尺帮助转货组一次性将防错板调整好。我们找了半截厚度 0.8mm 的锯条，用磨床将其厚度磨到 0.5mm，并将棱角和边缘处理圆滑，以防割手，这便是用于测量防错板与铁壳之间距离的特殊量尺，如图 9–14 所示。

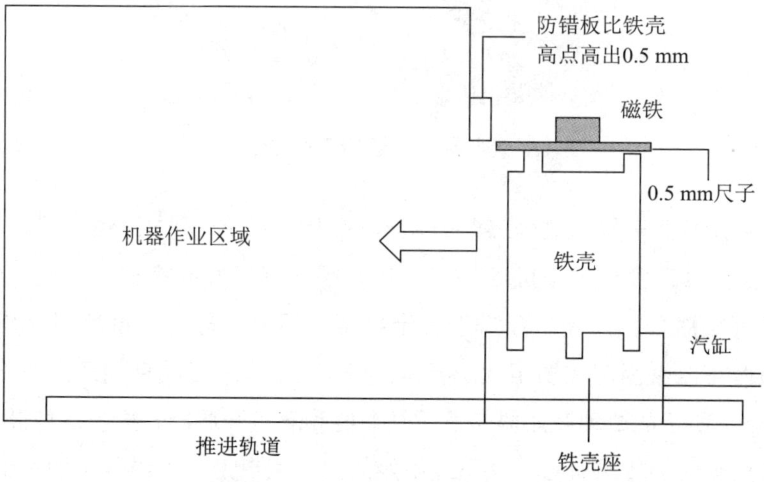

图 9–14　调整防错板的磁性尺

在调整防错板时，先将 0.5mm 特制尺放于铁壳上，并在尺上加一块磁铁将尺子固定在铁壳上，然后调整防错板，使防错板轻微地接触到特制尺，这便是我们需要的高度，这时就要固定防错板，调整结束，距离正好为 0.5mm。

相比之前的目测调整，新的方法有两个好处：一是一次性调整，节约时间；二是调整精确，真正能够防止防错板打孔位置不良的情况发生。

生活案例 28 开瓶盖的道具——开瓶器

通常我们使用开瓶器来打开啤酒瓶盖之类的瓶盖，但是有的瓶盖需要旋转拧开，比如矿泉水瓶盖、可乐瓶盖，特别是罐头盖，这些瓶盖有可能因为包装过紧，或者是人的手心有汗，导致怎么都拧不开。

图 9–15 所示是一种特别的开瓶器，它通过几个大小不一的环形卡口，配合内层的高摩擦系数橡胶，可以帮助我们轻而易举地将瓶盖拧开。对力气较小的人来说更为实用。

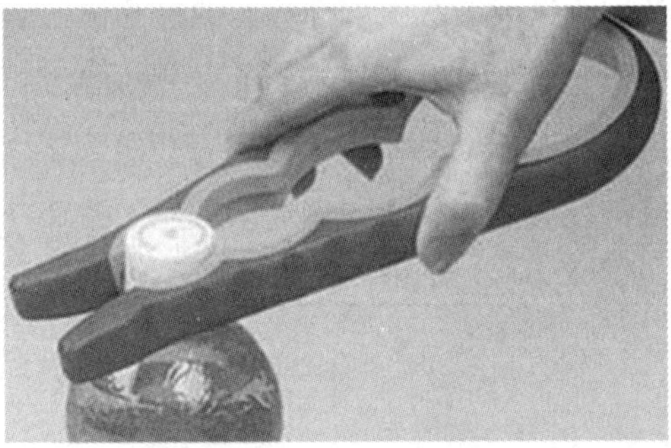

图 9–15　通用开瓶器

与通用开瓶器一样，这个三角开瓶器（见图 9–16）的作用也是帮助拧开需要旋转的瓶盖。其三角形的渐进卡槽能适应几乎所有尺寸的瓶子，两边的摩擦胶带可以帮助固定瓶口，只需将瓶口卡在卡槽里，用力一拧，瓶盖就很容易被打开。这种开瓶器可以被固定在橱柜底部或是桌子下面，既不占用空间又方便随时使用。

图 9–17 所示的电动开瓶器与通用开瓶器和三角开瓶器一样，这款开瓶器的作用也是拧开需要旋转的瓶盖，只不过不用人力，用电力。通过两个触手卡紧瓶身，内部的卡口卡住瓶口。操作时先调整好位置，卡紧广口瓶，然后按下按钮，内置的电机就会带动开瓶器转动，将瓶盖打开。

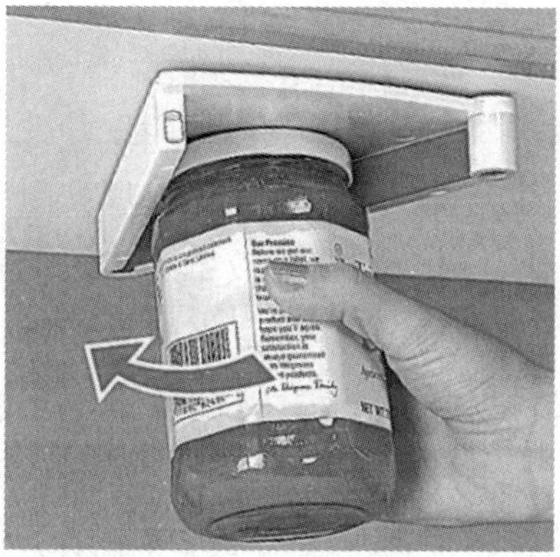

图 9–16　三角开瓶器

图 9–17　电动开瓶器

生活案例 29　道具保证安全——破碎灯泡更换器

生活中可能很难遇到灯泡破碎的情况，但是如果发生了，更换灯泡就变得麻烦又不安全了。

图 9–18 所示是一款特别的灯泡更换器，只要将它插入破碎的灯泡内，用力握住把手，即可将其固定住，然后轻松地将破碎的灯泡扭出。为了防止灯泡的碎片落下伤到手，这款更换器还配有一个环形防护罩，这样就大大增强了这个道具的安全性。

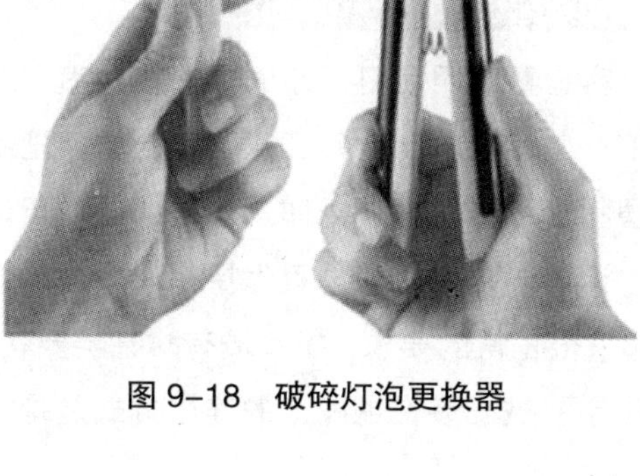

图 9–18　破碎灯泡更换器

9.4.6 调整的标准化

切换过程中最令人头疼的事情是调整，因为安装可以靠熟能生巧变得轻车熟路，但是面对调整，往往需要借助一点点运气，因为调整是一项费时又费力且极不稳定的作业。所以需要将调整标准化，要让切换时设备和模具的相关条件、基准、标准等不需要调整或者只是非常简单的调整，比如采用块规、限位块等容易取放和设定的方式来减少调整，如果必须进行调整，也不能纯粹靠经验和感觉，应该以数值、刻度、标准文件来指引。大家可以想想，到底有多少调整的作业是需要靠找感觉和技术的，如果有，那这些作业就有被改善的可能。

生产案例 102 气缸的快速调节——限位块

改善前，因为产品型号的变更需要调节机器上的气缸位置（见图 9–19），比较麻烦，而且费时间。

改善后，使用限位块，不同型号有不同的限位块，切换型号时，调节气缸只需换上对应的限位块（见图 9–20）便可一次性快速调整。

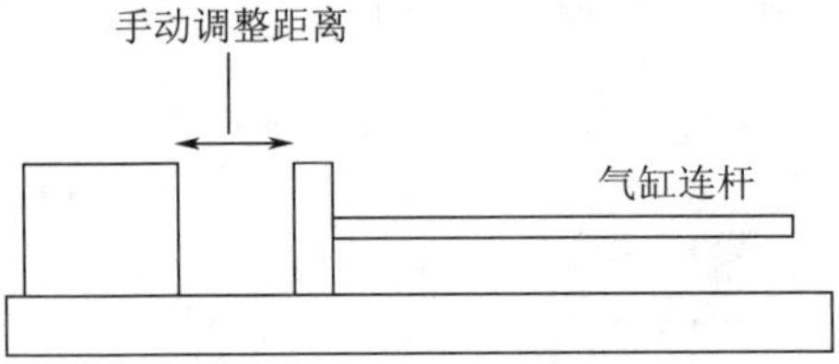

图 9–19 改善前气缸调节

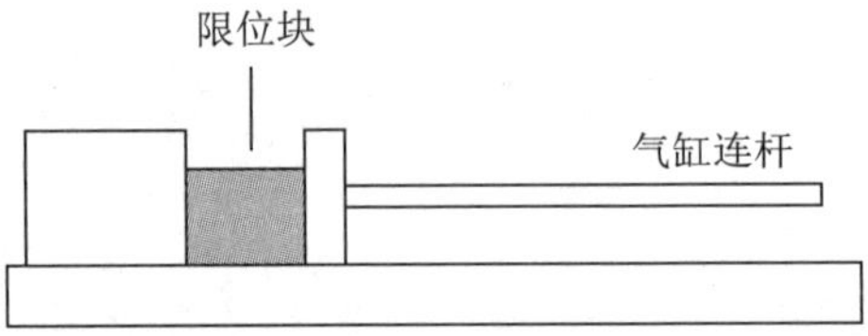

图 9–20 改善后气缸调节

生产案例 103 字块的快速调节——精确定位

某产品需要印字，客户喜欢用字钉压印的方式胜过喷印。所谓压印，就是装上字钉，在光缆表面压下一些凹陷的字，其实原理很简单，把字钉装在钢圈上，钢圈旋转时字钉与产品的塑料表面接触实现压印，但是问题在于，字要清晰，不能深浅不一，不能高低不同，这就要求字钉的位置保持在一个圆周上，字钉的高度保持一致，为了满足这个看起来很正常的要求，操作员有时甚至要花 1 个多小时进行调整。为什么需要调整？因为字钉被安装在钢圈上的连接方式是螺钉，字钉上有孔，钢圈上也有孔，但就是这个孔大小不一，位置有偏移，与底板有间隙，导致装上去的字钉不能实现高度相同，如图 9–21 所示。

这个问题的根源在于工程师、生产管理人员对这个问题不重视，认为差不多能装上就可以了，字钉上的孔大了 2mm，字钉的高度就有可能高出 2mm，字钉一高，出来的字肯定深浅不一，为了实现质量要求，员工只能凭感觉来调，怎么调？挪动螺钉，但是没有准头，只能不停地试，时间自然就长了。

同样是装字钉，我们需要花几十分钟搞定的事，美国工厂只需要 2 分钟，最根本的区别就是他们在字钉和钢圈的孔径上面有严格的公差要求并严格执行，没有差不多的说法。我们的改善原理其实很简单，严格要求公差，要求供应商用精密的数控加工机床加工新的字钉，放上去就能和底板配合，而且螺钉孔对齐非常完美（见图 9–22），这样的话，几乎不需要调整字钉了，安装时间只有几分钟。

图 9–21　改善前字钉安装

图 9–22　改善后字钉安装

生活案例 30　调整快速准确——激光校准器

装修的时候在墙上挂幅画或者钉个架子是很普遍的事情，但是要做到上下左右对齐就不是那么容易了，调整往往会花很长时间，但还是难免会出现偏差。

图 9–23 所示是一种球形激光校准器，没有经验的人也可以轻松实现校准。它可以通过背面的吸盘固定在墙上，激光发射器则可以 360° 旋转，方便实现不同方向的对齐。只要沿着投射出的激光束操作，就能快速调整，并最大限度地达到对齐效果。

图 9-23　激光校准器

9.4.7　改善切换方法

切换作业本身是一个复杂、技术含量相对较高的工作，所以作业方法往往带着很大的经验特质，这种以经验为主的模式正好给了我们作业改善的机会，可以通过对切换作业涉及的夹具、容器、设备配合作业方法等进行改善，简化切换动作，把整体切换变为局部切换，把长切换变为短切换，从而缩短切换时间。

生产案例 104　改善切换方法——从胶桶到胶筒

搽胶机换胶是一件很麻烦的事，盛胶的容器是一个大胶桶（见图 9-24），在注胶的时候，需要排净胶桶的空气，这是为了保证胶的品质，但是问题在于，胶桶体积大，且独此一个，注胶排空气的时间为二三十分钟，这时整条生产线也需要停产等待。

这样的情况是我们不愿意看到的，于是采用了新的胶筒（见图 9-25），这种胶筒在线外灌胶，体积小，切换很快，并且数个胶筒循环使用，同样能保证品质，却使以前线内必须停产等待的切换时间减到 10 秒，切换效率大大提高。

实际上，从大胶桶到小胶筒的转变是切换方法的改善，也是从内作业到外作业的改善，还是从整体切换到局部切换的改善。

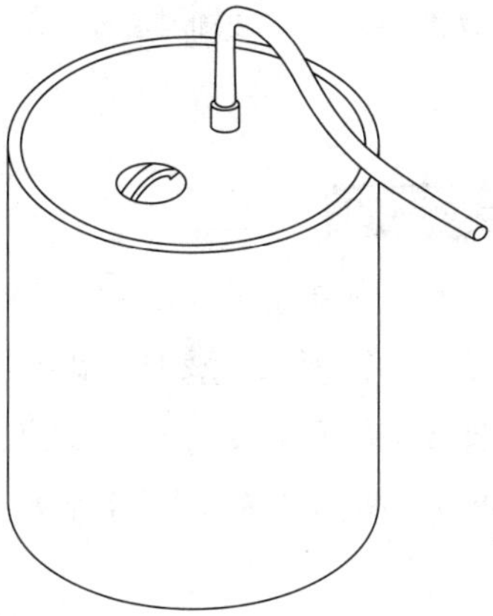
图 9-24　搽胶机大胶桶

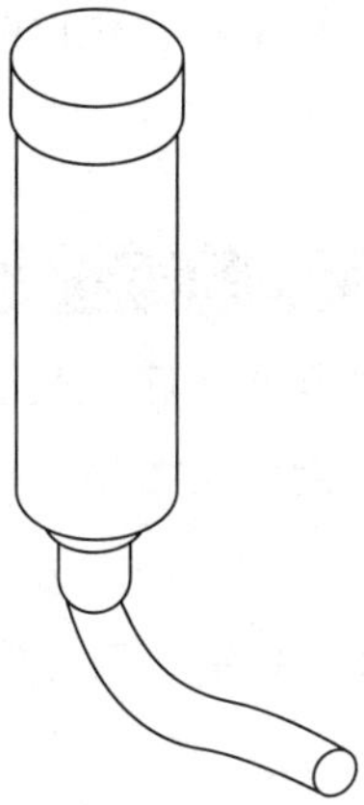
图 9-25　搽胶机小胶筒

生产案例 105　改善切换方法——墨水笔

根据品质工程师的要求，在马达测试机安装了墨水笔在马达上打点，以确保其经过测试，但是安装上墨水笔又产生了新的问题，墨水笔被固定夹在机器上，切换非常不方便，在补充墨水的时候又比较麻烦。

后来我们的操作员想了个土办法，在笔套里装上墨水，插到墨水笔上，让笔尖自动吸收墨水，如图 9-26 所示。不过这种方法也有缺陷，笔尖吸收墨水非常少，所以注墨水的频率很高，且不能吸收的墨水在笔套里会搞得到处都是，影响作业区的清洁。

我们尝试了新的办法，把笔套改成漏斗安装在笔上（见图 9-27），装墨水时将墨水注入这个漏斗，墨水漏下去被笔吸收，一次性注入的墨水剂量远远超过改善前的剂量，且不污染生产环境。

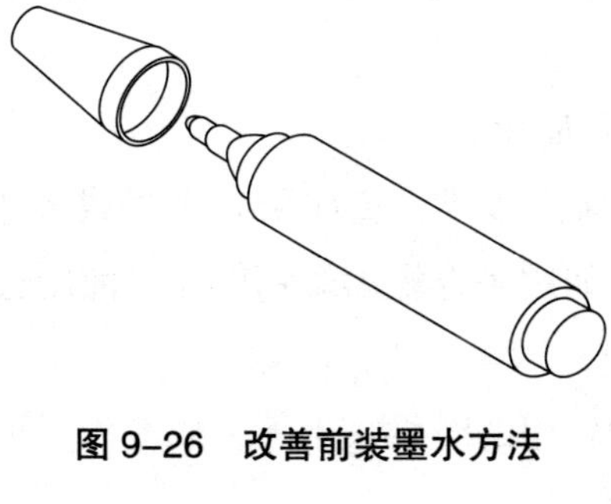
图 9-26　改善前装墨水方法

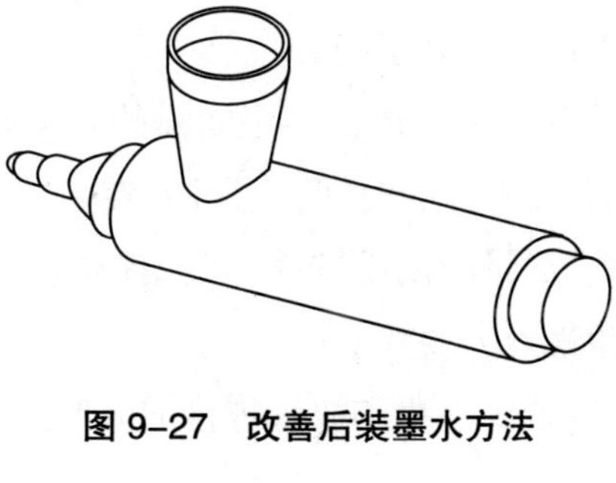
图 9-27　改善后装墨水方法

后来为了防止墨水在打色点时运动导致墨水溢出，我们给漏斗加了一个用指套做的即插即用的盖子。

生产案例 106　改善切换方法——钉子的取消

有一种印字模需要在底座表面固定一块布（见图 9–28），之前都是将钉子敲入将布固定的，但是需要换布的时候取出钉子，比较麻烦，费时又费力。

于是我们改良了布的固定方式，改用橡皮筋（见图 9–29），其固定效果足以应对作业要求，切换时只需要取掉橡皮筋和旧布，换上新布，然后再套上橡皮筋即可，省时省力。

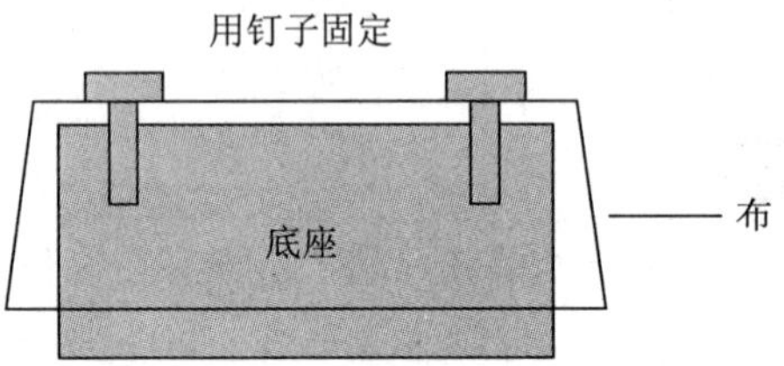

图 9–28　钉子固定方式

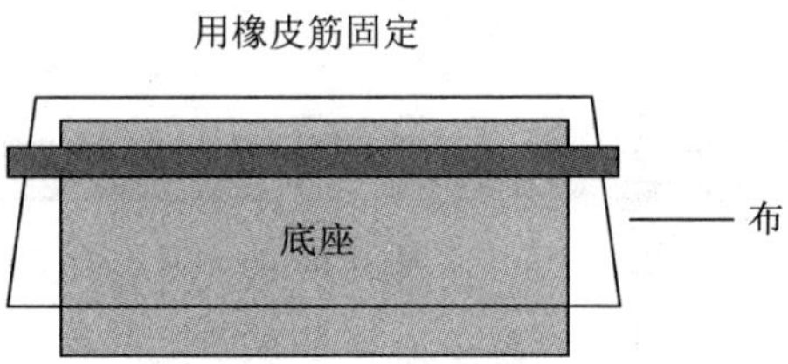

图 9–29　橡皮筋固定方式

9.4.8　改善螺栓作业

装螺栓是切换动作中很浪费时间的步骤，因为螺栓是我们最喜欢用的连接方式。虽然很牢固，但也造成了拧紧和松开的时间浪费，用的久了还会滑丝，给切换带来更多的麻烦。所以，尽量不用螺钉和螺栓就成了切换改善中很特别的一步，实际上，我们现在已经找到很多代替螺钉和螺栓的方法，比如以前遇到的外国工程师喜欢用 Snap 代替 Screw，所谓 Snap，形象地说就是“啪”一下就能安装上的结构，最常见的 Snap 就是手机电池盖，现在应该看不到换手机电池要把螺钉拧开了吧。

当然，实在取消不了螺栓的时候就试着简化。

1）减少拧的时间，最好旋转一次或者幅度很小，比如用 U 型槽或者垫片。

2）尽量能用手拧就不要用螺丝刀，比如用手拧蝶形螺钉就比以前用长长的内六角螺丝刀要快。

3）减少寻找和放置螺栓的时间，比如要用的时候找不着，或者为了规范化把螺栓放到老远的工作桌上，这些不起眼的动作都会增加切换时间。

生产案例 107　简化与取消螺栓的方法

图 9–30 ～图 9–34 是简化螺栓作业的 5 种方法。

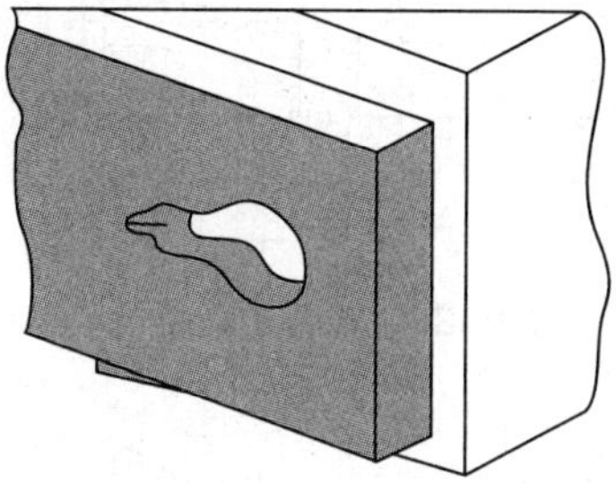

图 9–30　梨形孔

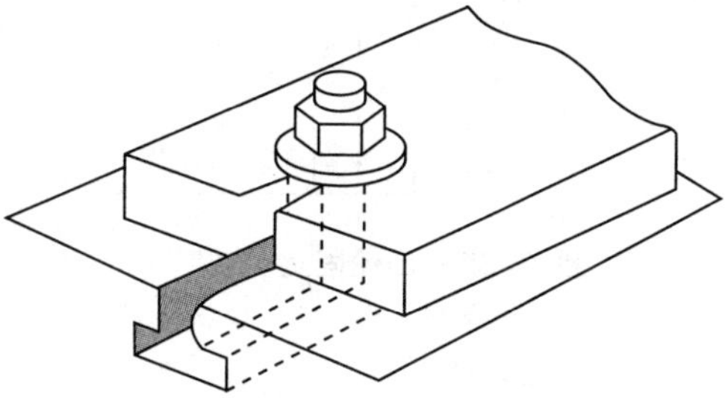

图 9–31　U 形槽

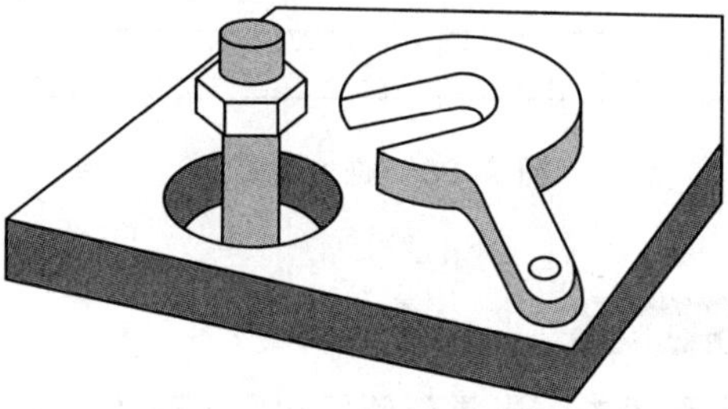

图 9–32　C 形垫片

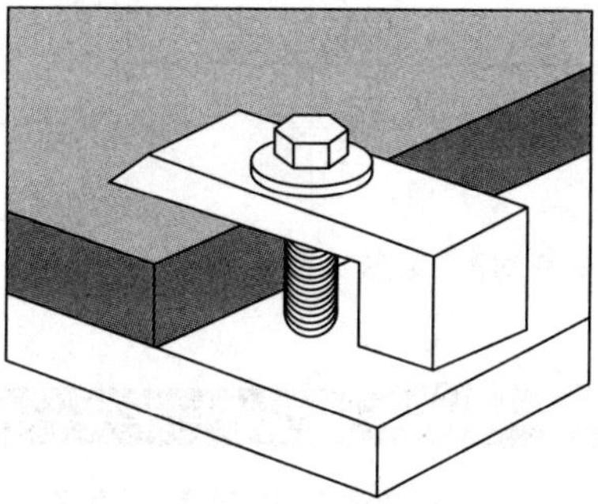

图 9–33　夹紧机构

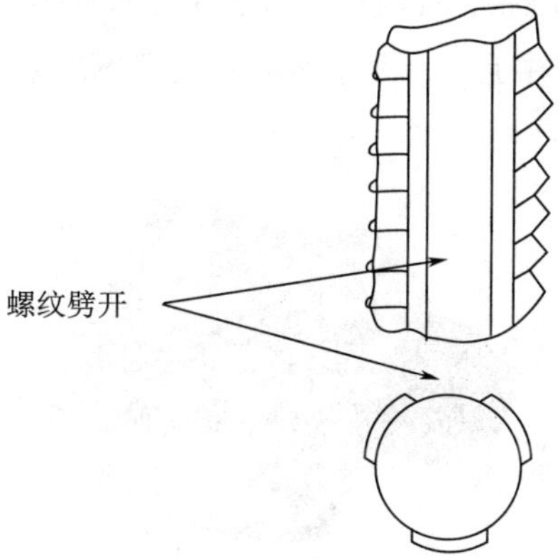

图 9–34　螺纹劈开

图 9-35 ～图 9-38 是取消螺栓作业的 4 种方法。

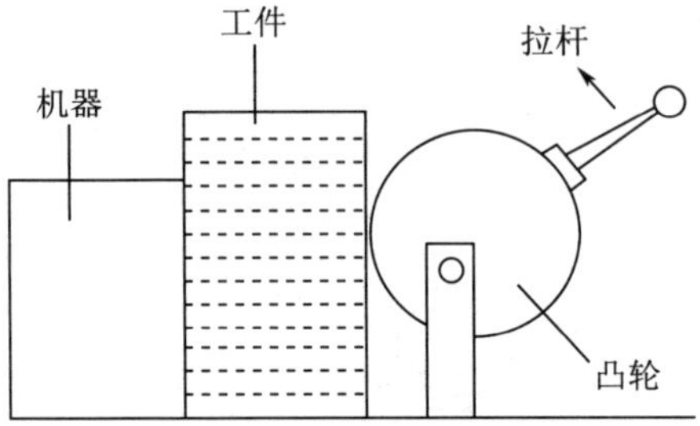

图 9-35　凸轮固定

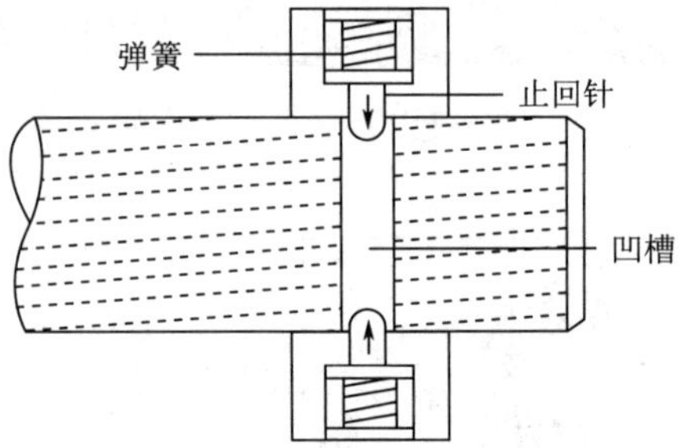

图 9-36　弹簧止回针

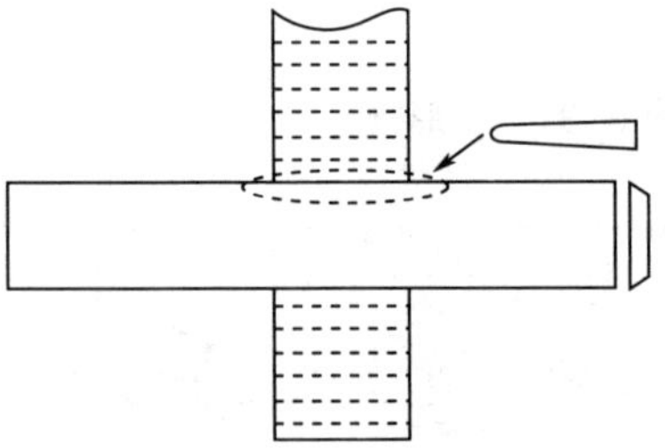

图 9-37　锥形针或锥形锲

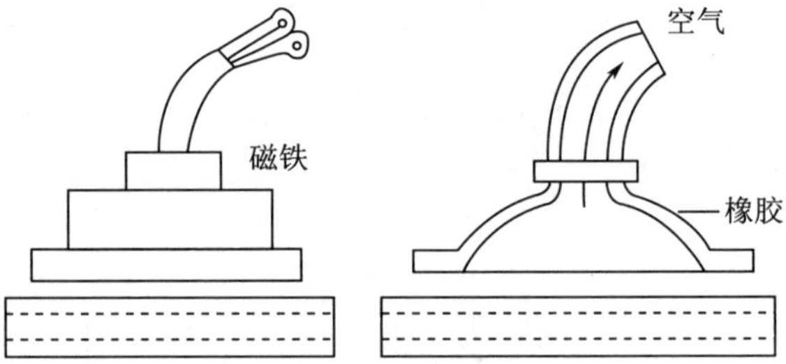

图 9-38　磁力或真空

生产案例 108　避免螺钉丢失——磁性腕带

拆卸下来的螺钉很容易因为存放不当而丢失，当重新使用它们的时候，常常发现螺钉掉了几个，怎么也找不到。

图 9-39 是一种磁性腕带，在腕带上面安装了磁性托盘，以便于随时把拆卸下来的螺钉、螺母暂时吸附在上面，要组装的时候再拿起来。这样就不会因为大意而丢失了。

图 9-39　磁性腕带

第 10 章
现场 5S 改善

在 5S 被妖魔化的今天，我们应该回到原点重新审视这个起源于日本的东西。

5S 改变了世界，它从工厂蔓延到各个行业，老大们都觉得这是好东西，但是很多员工不觉得开心。

我们不能简单地把 5S 等同于打扫卫生，5S 本身是对生产现场的改善——最基础的改善。在进行 5S 活动中，我们也不能太教条，一定要把办公桌摆成同一个样子，我们更应该注意到 5S 活动本身也是需要改善的，怎么让 5S 更有效，怎么样避免污染，怎么营造更有序的工作环境，这都体现着改善的精髓。

5S 其实是改善之源。

10.1 5S 的定义和作用

5S 代表 5 个日语单词汉语发音的第一个字母，即整理（Seiri）、整顿（Seiton）、清扫（Seiso）、清洁（Seiketsu）和素养（Shitsuke）。

1955 年，日本的 5S 宣传口号为“安全始于整理，终于整理整顿”。当时只推行了前两个 S，只是为了确保作业空间和安全。后因生产和品质控制的需要又逐步提出了 3S，也就是清扫、清洁和素养，从而使应用空间及适用范围进一步拓展，到了 1986 年，日本的 5S 著作逐渐问世，从而对整个现场管理模式产生了冲击作用，并由此掀起了 5S 热潮。

日企将 5S 运动作为管理工作的基础推行各种品质的管理手法，第二次世界大战后，产品品质迅速提升，奠定了经济大国的地位，在丰田公司的倡导推行下，5S 在塑造企业形象、降低成本、准时交货、安全生产、高度标准化、创造令人心旷神怡的工作场所、现场改善等方面发挥了巨大的作用，逐渐得到各国管理界的认可。

根据企业进一步发展的需要，有的企业在 5S 的基础上增加了“安全”（Safety）发展形成 6S，还有的企业增加了“节约”（Save）形成了 7S，也有企业加上“习惯化”（Shiukanka）、“服务”（Service）及“坚持”（Shikoku）形成了 10S。但是万变不离其宗，所谓 6S、7S、10S 都是从 5S 衍生而来。

5S 对企业的作用是巨大的，主要包括以下几个方面：

1）提升企业核心竞争力。

2）提高工作效率。

3）降低成本。

4）保证产品质量。

5）保障安全。

6）增强企业凝聚力。

10.2 整理

“整理”就是将必需品与非必需品区分开，在岗位上只放置适量的必需品。

10.2.1　整理的作用

1）能使现场无杂物，过道通畅，增大作业空间，提高工作效率。

2）减少碰撞，保障生产安全，提高产品质量。

3）消除混杂材料的差错。

4）有利于减少库存，节约资金。

5）使员工心情舒畅，工作热情高涨。

10.2.2　缺乏整理产生的浪费

1）对空间造成浪费。

2）零件或产品因为过期而不能使用造成资金浪费。

3）因场所狭窄，物品时常移动，造成工时浪费。

4）管理非必需品，造成场地和人力浪费。

5）库存管理以及盘点，造成时间浪费。

10.2.3　整理的推行要领

1）马上要用的、暂时不用的、一时用不着的、长期不用的物品要区分对待。

2）即便是必需品也要适量，将必需品的适量降到最低程度。

3）对可有可无的物品，无论多昂贵都应该坚决处理掉。

4）整理是随时随地循环的过程，是每天都该坚持的日常工作。

10.2.4　区分必需品和非必需品

1）必需品指经常必须使用的物品，如果没有该物品就必须购入替代品，否则会影响工作。

2）非必需品分为两种，一种是使用周期较长的物品，即一个月、三个月甚至半年才使用一次的物品，如图纸和样品；另一种是对目前的生产或工作无任何作用、需要报废的物品，比如过期的图纸和样品。

必需品和非必需品的区分和处理方法如表 10-1 所示。

表 10-1　必需品和非必需品的区分和处理方法

<table>
<tr><th>类别</th><th colspan="2">使用频度</th><th>处理方法</th><th>备注</th></tr>
<tr><td rowspan="3">必需品</td><td colspan="2">每小时</td><td>放工作台上或随身携带</td><td>—</td></tr>
<tr><td colspan="2">每天</td><td>现场存放（工作台附近）</td><td>—</td></tr>
<tr><td colspan="2">每周</td><td>现场存放</td><td>—</td></tr>
<tr><td rowspan="8">非必需品</td><td colspan="2">每月</td><td>仓库存储</td><td>—</td></tr>
<tr><td colspan="2">三个月</td><td>仓库存储</td><td>定期检查</td></tr>
<tr><td colspan="2">半年</td><td>仓库存储</td><td>定期检查</td></tr>
<tr><td colspan="2">一年</td><td>仓库存储（封存）</td><td>定期检查</td></tr>
<tr><td colspan="2">两年</td><td>仓库存储（封存）</td><td>定期检查</td></tr>
<tr><td rowspan="2">未定</td><td>有用</td><td>仓库存储</td><td>定期检查</td></tr>
<tr><td>无用</td><td>变卖 / 废弃</td><td>定期清理</td></tr>
<tr><td colspan="2">不能用</td><td>废弃 / 变卖</td><td>立刻废弃</td></tr>
</table>

10.2.5　整理方法举例

1. 废弃无使用价值的物品

1）不能使用的旧手套、破布、砂纸。

2）损坏了的钻头、丝锥、磨石。

3）断了的锤、套筒、刃具等工具。

4）精度不准的千分尺、卡尺等测量工具。

5）毁坏的工装夹具。

6）破烂的垃圾桶、包装箱。

7）过时的报表、资料。

8）枯死的花卉。

9）停止使用的标准书。

10）无法修理好的器具设备等。

11）过期、变质的物品。

2. 清理不需要使用的工具

1）作业岗位不能放置不必要的工具。

2）清理工作台上的消耗品、工具、治具、计测器等无用或暂无用物品。

3）没有使用的治具、工具、刃物应放置在工具架上。

4）治具架上长期不使用的模具、治具、刃物和经常使用的物品应区分开。

5）测量工具的放置处不要有其他物品放置。

3. 作业场所没有私人物品

1）私人物品应放在抽屉里或工作台下面。

2）作业区域内不应有水杯、饭盒等物品。

4. 及时搬运闲置设备机器

1）搬走长期不使用的设备。

2）偶尔使用的设备不要占据重要位置。

5. 减少零件和产品的滞留

1）清理已不生产的产品零件或半成品。

2）清理已不生产的产品原材料。

3）生产线上不应放置多余物品及无掉落的零件。

4）地面不能直接放置成品、零件以及掉有零部件。

5）装配机械的设备上不能放置多余物品。

生产案例 109 红色标签

红色标签又称为红牌、红牌作战，是 5S 活动中常用的工具，是指对现场存在的问题用红色的标签或者表单等标示出来悬挂或张贴在醒目位置（见图 10-1）。通常情况下，红色标签多用在整理和整顿活动中。日本的改善专家柿内幸夫说过："红色标签就是我们眼睛所能看到的整理活动。"

红牌作战能让必需品和非必需品一目了然，红牌上都有对策方法和改善期限，这样做的目的是引起责任部门的注意，及时整理和整顿，同时增强每位员工的自觉性和改进意识。

图 10–1　红色标签

实行红牌作战有四个要求：①看到红牌时不可生气；②挂红牌对象可以是材料、产品、机器、设备、工装夹具、空间、桌椅、文件、档案等，但是人不可挂红牌；③挂红牌要集中全面展开，时间跨度不可过长，不要让大家厌烦；④对挂出的红牌要跟进其后续改善进度。

10.3 整顿

“整顿”是指把必要的物品分门别类地定位放置，摆放整齐，在使用时可以随时找到，减少寻找时间。

10.3.1　整顿的作用

1）提高工作效率。

2）减少寻找时间。

3）异常情况（如丢失、损坏）能马上发现。

4）非担当者的其他人员也能明白要求和做法。

5）实现标准化。

10.3.2　没有整顿产生的浪费

1）寻找时间的浪费。

2）停止和等待的浪费。

3）认为本单位没有盲目购买所造成的浪费。

4）计划变更产生的浪费。

5）交货期延迟产生的浪费。

10.3.3　整顿的推行要领

1）彻底地进行整理，只留下必需物品。

2）确定放置场所，将经常使用的物品放在工作地点的最近处，特殊物品、危险品必须设置专门场所并由专人保管。

3）规定放置方法，要便于拿取和先进先出，堆放的高度应有限制，一般不超过 1.2m，容易损坏的物品要分隔或加防护垫来保管，防止碰撞，并做好防潮、防尘、防锈的三防措施。

4）进行标识。

10.3.4　整顿方法举例

1. 线路管道的整顿

1）各类线路和管道应加束套。

2）线路和管道要易于搬迁。

3）线路要尽量避免缠绕。

4）电源线应管理好，不应杂乱无章或抛落在地上。

2. 零件产品的整顿

1）零件、零件箱应在指定标志场所有序放置。

2）成品、成品箱应在指定标志场所整齐放置。

- 半成品的放置处应明确标识。
- 零件应与编码相对应，编码不能被遮住。
- 零件放置场所的标识表示应完备。
- 不良品放置区应有明确规定。
- 不良品放置场地应用红色等颜色予以区分。
- 不良品放置场地应设置在明显的地方。
- 修理品应放置在生产线外。
- 成品的放置应该按规格型号区分开。

- 成品的放置场地通路和放置场所应画线表示区分。
- 成品上应有编码（番号）、数量的表示。
- 包装材料和成品的堆放高度应作出规定。

3. 工具、夹具的整顿

1）工具、治具、计测器应在指定标志场所有序放置。

2）作业工具应放置于利于拿取的位置。

3）作业工具的放置位置不能弯腰才能拿取或放置。

4）作业工具放置处应有余量。

5）治具、工具架上应有编码。

6）治具、工具架应用不同颜色标识区分。

7）治具是否按使用频率放置，使用频率越高的放置越近。

8）治具、工具应按成品类别成套放置。

9）不能使用未被认定的不良测量工具（精密度检查颜色用标贴表示）。

10）测定具应采取防尘、防锈的放置方法。

11）测定具应考虑缓冲、平稳的放置方式。

4. 刀具、模具的整顿

1）要用的保持最低数量。

2）有防锈要求的加垫浸油的细绒布，或以其他方式防锈。

3）容易砸伤的采用分格或用波浪板保管。

4）直立式保管时，安全上要考虑加覆盖保护。

5. 油脂类的整顿

1）种类尽量减少。

2）以颜色或形状管理，容易分辨使用。

3）标识名称及加油周期。

4）油脂集中保管，设定放置场所、数量、容器大小。

5）依据油脂或加油口的形状准备辅助工具。

6）考虑防火、环保、安全等问题。

6. 螺钉、螺母的整顿

1）螺钉、螺母应分类分格放置。

2）不同类别的螺钉、螺母应有标识。

3）螺钉、螺母不可胡乱放置在作业区。

4）螺钉、螺母不可与工具、治具混放。

7. 车间、办公区的整顿

1）台车、棚车、推车、铲车应在指定标志场所整齐放置。

2）卡板、塑胶箱应在指定场所整齐有序放置。

3）底板类物品在指定标志场所有序放置。

4）标志牌、指示书、标准、工程标志应在指定标志场所整齐放置。

5）通道上不能放置物品。

6）不允许放置物品的地方（通道除外）要有标识。

7）各种柜、架的放置处要有明确标识。

8）清洁用具用完后应放入清洁柜或指定场所。

9）休息区的椅子，休息完后应重新整顿。

10）塑胶箱、捆包材料上应标明品名。

11）宣传白板、公布栏内容应适时更换，应标明责任部门及担当者姓名。

12）文件的存放应按不同内容分开存放并详细注明。

13）私用杯子、饭盒等物品应按规定放置。

生产案例 110　整顿改善——工具的整理

图 10-2 所示是改善前的工具状态，被杂乱无章地放在抽屉里，使用前必须寻找工具，如果要寻找一些螺母、螺钉，就会更加困难。

图 10-3 所示是整理后的工具状态，每一种工具都分类摆放在指定位置，互相分隔，使得寻找时间大大减少，在使用之后仍将工具放回原位。

图 10-2　整理前的工具放置

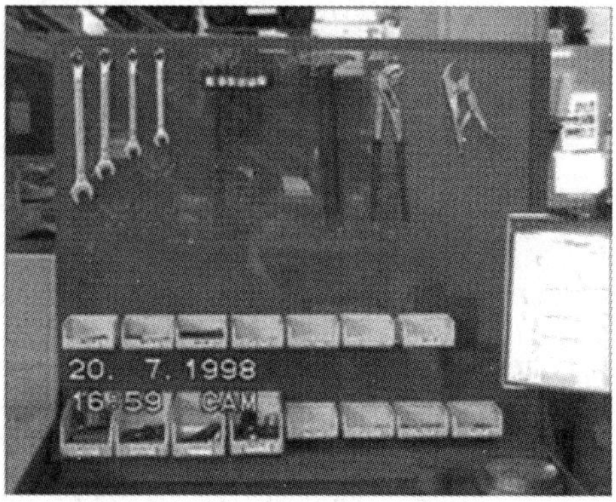

图 10-3　整理后的工具放置

生产案例 111　避免电线滑落的整顿——齿孔收纳器

我们经常会在办公桌上挖个孔，以便于各种桌上桌下的电线通过，不过这样会有电线松动滑落的风险，从而造成电线的混乱。

图 10-4 是一款用来固定各种电线的收纳器，它只是简单采用了齿孔设计就能保证各种电源插头被轻松地卡在上面，避免了电线、插头等掉落到地上。收纳器与普通孔的区别如图 10-5 所示。

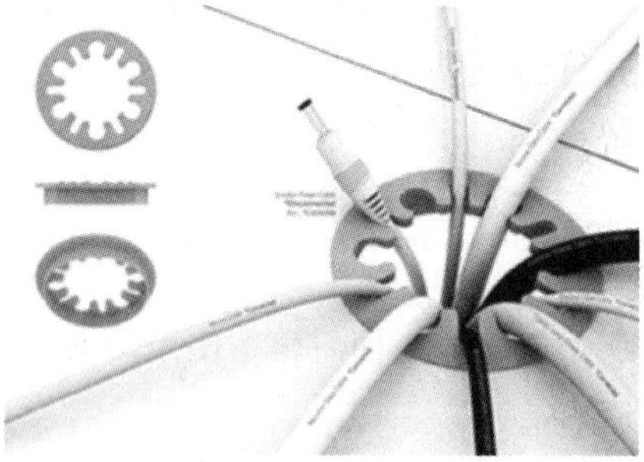

图 10-4　使用收纳器

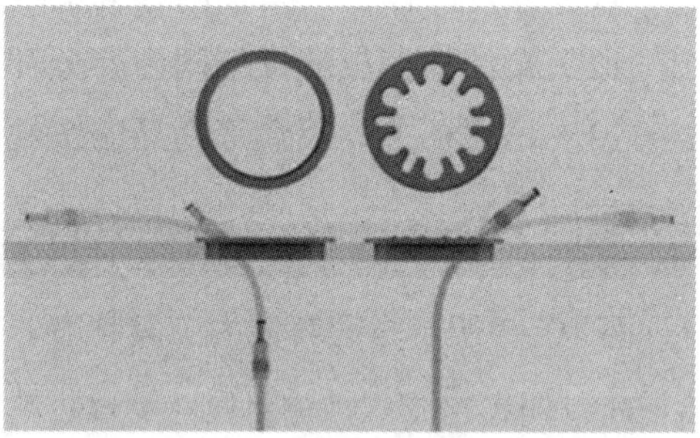

图 10-5　收纳器与普通孔的区别

生活案例 31　整顿改善——调料瓶放置

厨房里有各式各样的调料瓶，有时候寻找它们也是一件困难的事，而且调料瓶会占用不少空间。

图 10-6 所示的这个磁性调料瓶套装很大程度上是对放置调料瓶的一个整顿改善。

图 10–6　磁性调料瓶

它使用一个磁性架子使得上下两个方向均可以放置调料瓶，从而获得双倍的空间，由于挂在墙上，所以不占用桌面空间，最多可以放置 12 个调料瓶。由于良好的密封性，调料不会撒出来，经过特殊处理的瓶口以及机械装置让我们可以单手完成所有操作。

10.4 清扫

“清扫”是指清除作业现场的灰尘、污渍及垃圾等，使机器设备以及工装夹具等保持清洁，保证作业现场干净整洁。

10.4.1　清扫的作用

1）使现场及时恢复干净状态。

2）减少灰尘、油污等对产品品质的影响。

3）减少意外事故的发生。

4）干净整洁的现场能使工作人员心情愉快。

清扫就是使岗位达到没有垃圾、脏污的状态。经过前面的整理、整顿，虽然要的东西马上就能取到，但是被取出的东西能否正常使用呢？因此，清扫的第一目的就是使工具等能正常使用。

10.4.2 清扫的推行要领

1）最高领导以身作则。

2）人人参与，责任到人。

3）与点检、保养工作充分结合。

4）调查污染源，予以杜绝。

5）发现不良状态要及时修复。

6）寻求最佳的清扫方法。

10.4.3 清扫的重点

1. 扫除一切垃圾灰尘

操作员要自己动手清扫而非由清洁工代替，清除常年堆积的灰尘污垢，不留死角，将地板、墙壁、天花板甚至灯罩的里边都打扫得干干净净。在自己的工作岗位内设置一个区域，在这个区域内，对一切物品与机器设备都要进行清扫。清扫的目的就是扫除一切垃圾和灰尘。

2. 清扫、检查机器设备

设备应一尘不染，干干净净，每天都要保持设备原来的状态。设备本身及其辅助设备也要清扫。比如说对分析仪或气管、水槽容易发生跑气、冒烟、滴油或滴水、漏油或漏水的部位要重点检查和确认。油管、气管中空气压缩等不易发现，看不到的内部结构也要留心注意。清扫时，边清扫边改善设备的状态。把设备的清扫与检查、保养与润滑结合起来。清扫就是点检，通过清扫把污渍、灰尘尤其是原材料加工时剩余的东西清除掉。这样磨耗、瑕疵、漏油、松动、裂纹、变形等问题就会彻底暴露出来，也就可以采取相应的弥补措施，使设备处于完好整洁的状态。

3. 修复

要及时修复清扫中发现的问题。如地板凹凸不平，搬运的车辆经过的时候导致让产品摇晃甚至碰撞，这样的地板就要及时整修。对于松动的螺栓要马上紧固，补上丢失的螺钉、螺帽等配件，对于需要防锈保护、润滑的部位，要按照规定及时加油或保养。更换老化的或可能破损的水、气、油等各种管道。只有通过清扫才能随时发现工作场所的机器设备或一些不容易看到的地方需要维修或保养，及时添置必要的安全防护装置，比如防电的鞋、绝缘手套，要及时更换绝缘层，已经老化或被老鼠咬坏的导线要及时更换并予以处理。

4. 避免污染

污垢的发生源主要由“跑、滴、冒、漏”等原因造成。

1）跑：可能仪表变动得特别快，叫跑。

2）滴：可能是油管或水管出现滴油或滴水。

3）冒：冒气、冒油、冒烟。这可能是线路的故障。

4）漏：漏油、漏水。

即使每天进行清扫，这些油脂灰尘或碎屑还是可能四处遍布，要彻底解决这个问题就需要查明污垢的发生源，从根本上解决问题，通过每天的清扫查明冒烟、滴油、漏油、漏水的问题所在。要制定污垢发生源的明细清单，按照计划逐步地改善，从根本上消除污染源。

5. 责任区域

对于清扫应进行区域划分，实行区域责任制，责任到人，不可存在无人理的死角。如果一个工厂有很多无人理的死角，就难免出现问题。

10.4.4　清扫方法举例

1. 清扫工具

1）抹布、拖把要悬挂放置，充分利用空间，随时清理掉不能使用的拖把和扫帚。

2）对于扫帚或其他清扫工具都要进行数量的管理。

3）在擦尘车或者推车的后边要装上清扫用具，这样就能一边作业，一边清扫，并可随时清扫其本身的灰尘。

4）根据实际情况改良清扫方法或改造清扫工具。

5）设立分类垃圾箱。

2. 避免污染

1）防止污染的扩大和影响。

2）控制或灭绝污染源。

3）及时清理污染。

4）安置防护罩防止碎屑的分散。

5）把垃圾箱设置在作业台的下面，作业时让碎屑直接落在垃圾箱里。

3. 机器设备

1）通过对机械设备进行每天的擦洗来发现细小的异常。

2）确保设备机器无过热、异常音、振动等现象。

3）确保器设备部件无磨损、松动、脱落等现象。

4）确保器设备无润滑油泄露飞散等现象。

5）确保机器设备无粉尘、颗粒泄露飞散等现象。

6）不能将机械不清洁的地方只用油漆等粉饰一番来掩盖。

4. 仪表仪器

1）确保仪表指针摆动正常。

2）确保仪表指示数值正常。

3）计量仪器确保无脏污。

4）计量仪器确保精度。

5. 线路管路

1）线路管路应有流动方向、开关状态等标识。

2）确保线路管路无裂纹、磨损。

6. 现场地面

1）地面应保持无灰尘、无碎屑、纸屑等杂物。

2）墙角、底板、设备下应为重点清扫区域。

3）地面上浸染的油污应清洗。

生产案例 112 改造清扫工具——可弯折拖布

拖布是打扫卫生常用的工具之一，但是普通的平板拖布对边角进行清理时，就有些力不从心了。

图 10-7 所示的拖布经过改良采用了可弯折的设计，碰到拐角的时候，就可以弯折起来，适应不同的拐角，从而清扫起来更干净、彻底。

图 10-7　可弯折拖布

生活案例 32　特制清扫工具——瓶子清洗器

生活中的瓶子各种各样，很多瓶子瓶口小而瓶身大，清洗起来很不方便。

图 10-8 所示是一个特别的伸缩洗瓶器，根据活动扳手的原理制作可伸缩的刷子。把清洗器塞进瓶内，逆时针扭动把手，就可以让洗瓶刷伸展开，进行清洗；顺时针转动把手，洗瓶刷就会收拢。

图 10-9 所示是一个充气式洗瓶器，在毛巾内装了一个富有弹性的橡胶内胆，

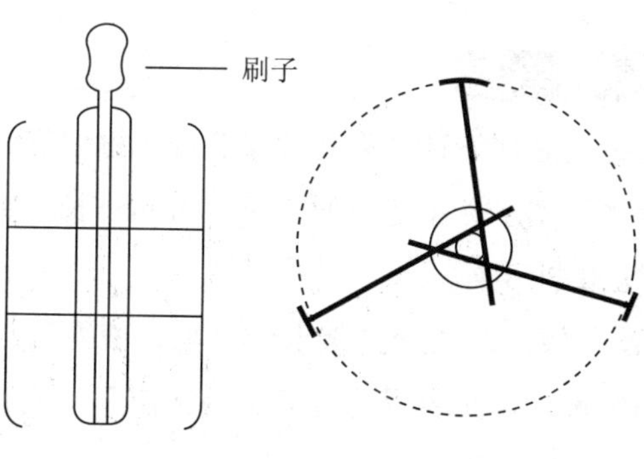

图 10-8　伸缩旋转洗瓶器

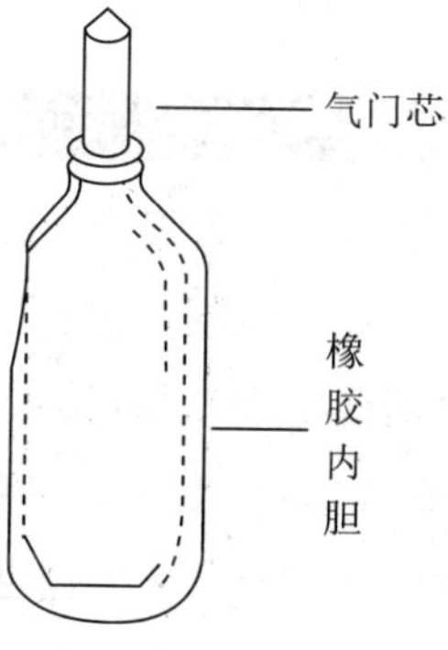

图 10-9　充气式洗瓶器

把充气式洗瓶器放入口小又较深的瓶里，然后充入空气，当充满整个瓶子后，只须用力一转，瓶内每个角落都能被擦到。

生产案例 113 避免污染——贴胶膜座

改善前的组装作业需要用手撕下背光或是玻璃上的保护膜，暂时贴到桌面上或是塑料壳上，待组装好 COB 模块后，再从桌面上或是塑料壳上取下，贴回到模块的玻璃上，这样做的坏处是清洁状况差，很容易从桌面上粘到一些粉尘，有品质隐患，而且不易拿取。

于是我考虑改变这种作业方式，用有机玻璃做了一个胶膜座（见图 10–10）。改善后组装作业步骤为：先用手撕下保护膜暂时贴到胶膜座上，然后再贴回组装好的 COB 模块，并注意清洁胶膜座，这样做的好处是 5S 得到改善，杜绝污染源，保护膜不易粘到粉尘，而且易于拿取。

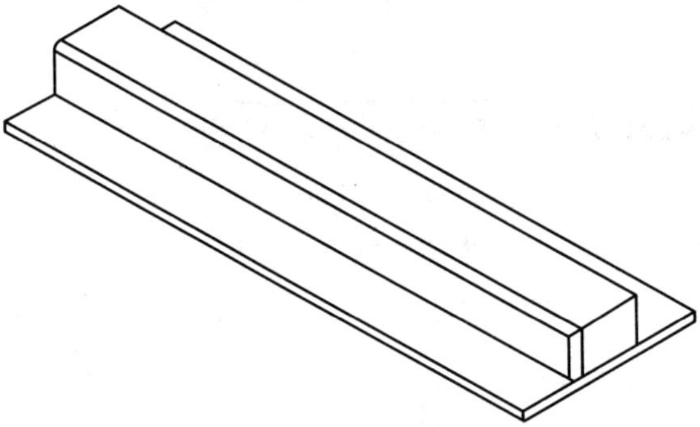

图 10–10 胶膜座

生活案例 33 避免污染——防水香皂架

为了能够将水分控干，普通的香皂盒都设计了多孔的镂空滤水槽，但是，由于肥皂水有一定的黏度，容易堵塞滤水孔使水分不能及时控干，时间一长，香皂就难免会被水泡得松软，从而造成对香皂盒的污染。

图 10–11 所示是一款新颖的香皂架，以两个支架卡住香皂，使得香皂可以获得最大的滤水空间，同时配合斜面的设计，更容易将香皂上的水控干，能有效地避免香皂被水泡，也就不会造成香皂盒的污染了。

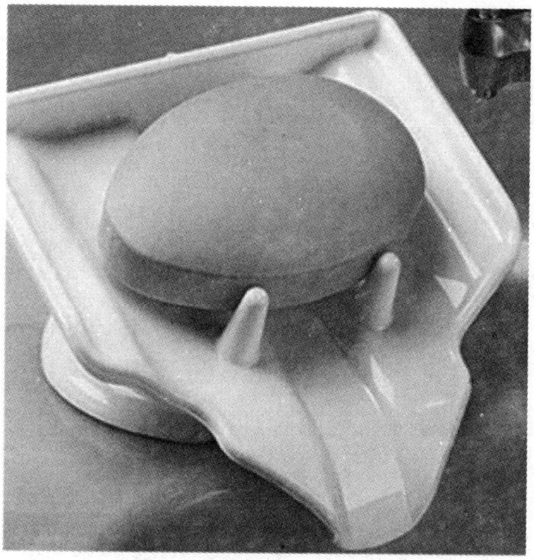

图 10–11　香皂架

10.5 清洁

“清洁”就是整理、整顿、清扫这 3S 的维持与深入，并制度化、规范化。

10.5.1　清洁的作用

1）维持作用：将整理、整顿、清扫后取得的良好成绩维持下去，成为公司内必须人人严格遵守的固定制度。

2）改善作用：更好地贯彻 5S 的意识，对已取得的良好成绩不断进行持续改善，使之达到更高、更好的境界。

10.5.2　清洁的推进要领

1）落实 3S 的工作。

2）制定目视管理（包括颜色管理）的标准。

3）确定清洁标准。

4）制定奖惩制度，加强执行。

5）贯彻 5S 的意识，坚持不懈。

6）领导带头推动 5S，积极对 5S 活动进程进行巡查。

10.5.3　目视管理

目视管理是一种以公开化和视觉显示为特征的管理方式，又称为“看得见的管理”，是现场管理中最常用的方法。它利用形象直观、色彩适宜的各种视觉感知信息（如仪器图示、图示看板、颜色、区域规划、信号灯、标识等），使生产的各种信息一目了然，使管理者的要求和意图让大家看得见，以达到员工的自主管理、自我控制及提高劳动生产率的一种管理方式。

目视管理包括：颜色管理、透明管理、标识管理、样板管理。

1. 颜色管理

利用颜色来区分不同的物品或区域，使其容易识别和区分。

生产案例 114　物料存放的颜色管理

如图 10-12 所示，最下面的红色线代表海绵存量 500 以下，中间的黄色线代表海绵存量 1 000 以下，而最上面的绿色线代表海绵存量 2 000 以下，这样做的好处是使人一目了然，一下就能知道海绵的存量。

图 10-12　海绵存量颜色管理

2. 透明管理

运用玻璃窗、透明盒等方法使内部状态透明化，以便及时发现问题，便于管理。

生活案例 34　透明花盆

图 10–13 所示是一个透明花盆，采用双层设计，外层为透明玻璃，内层花盆主体则是由赤土陶器制成，两层之间为中空夹层。由于陶器本身具有非常好的透气性，只需要将水浇到中空的夹层里面，花盆中的土壤就可以利用陶器的透气性吸取水分。

图 10–13　花盆透明管理

这样的花盆可提醒浇水，能随时看到透明花盆里的水是否充足，不会因为忘记浇水而懊恼。

生活案例 35　透明烤面包机

传统的烤面包机通常要把面包放进去，烤好后再整个拿出来。图 10–14 所示

图 10–14　可视化烤面包机

是一款特别设计使用透明玻璃做导热介质的烤面包机，可以随时查看面包的状况，不会再把面包烤糊了。也可以说这是可视化的烤面包机。

3. 标识管理

标识管理指使各种所需信息能看得见，状态一目了然，谁都能看明白，任何人都能判断状况正常与否。标识管理能减少寻找、确认的时间。

标识管理的主要包括以下内容。

1）现场信息：车间、生产线、功能区域、岗位、责任人等。

2）物品信息：名称、数量、性质、状态等。

3）工作信息：生产型号、数量、工艺条件、质量要求、安全警示等。

生活案例 36　交通标识

如图 10–15 所示，交通标识简单明了，普通人一看就能明白，并能及时了解前方路面情况，从而采取措施或者提高警惕。

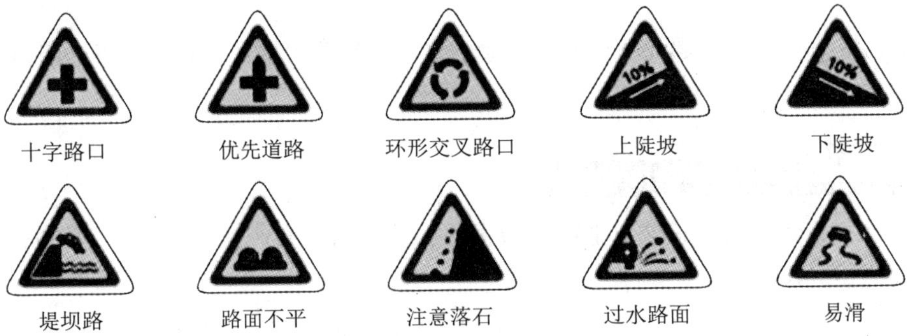

图 10–15　交通标识

4. 样板管理

样板管理指通过实物的直观展示，来标识零件不同的特性差别，以及是否合格的差异。样板管理能提高员工的识别能力。

生产案例 115　样板展示

图 10–16 所示为设立的样板展示，通过实物展示未清扫的产品和清扫完成的产品，使员工更快速、更直接地掌握判断标准。

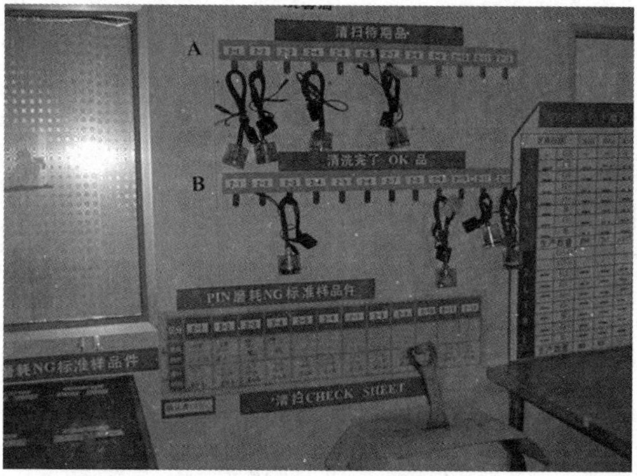

图 10-16　样板展示

10.6 素养

“素养”是指培养现场作业人员遵守现场规章制度的习惯和作风。

一家企业在推行整理、整顿、清洁 3 个步骤，并做到清洁的规范化、制度化后，最后要做的就是让企业所有人都养成一种习惯。整理、整顿、清扫是重要的，是提升企业形象的必备条件，有了清洁后，还要深入一步地进行素质教育，要做到有素养。

素养是 5S 的核心，因为前面的 4S 都需要人去监督，而作业人员的素质好坏，直接决定了 5S 活动开展是否顺利，如果人员素质很差，开展了活动也无法长久坚持下去。

10.6.1　素养的作用

1）教育培训，保证人员的基本素质。

2）推动 4S，直至成为全员的习惯。

3）使员工严守标准，按标准作业。

4）净化员工心灵，形成温馨明快的工作氛围。

5）塑造优秀人才并铸造战斗型的团队。

6）是企业文化的起点和最终归属。

10.6.2 素养推行的要领

1）持续推行 4S 直到成为全员共有的习惯。

2）制定相关的规章制度。

3）教育培训。

4）培养员工的责任感，激发热情。

10.6.3 素养表现举例

1. 遵守制度

1）遵守公司的规章制度，认真而严格地按照标准进行作业。

2）有强烈的时间观念，遵守出勤和会议的时间。

3）按规定穿着工作鞋、工作服、佩戴工作证。

4）如需戴手套、指套，按要求将手套、指套戴好。

5）吸烟应到规定场所，不得在作业区吸烟。

2. 卫生习惯

1）工作前、用餐前应洗手。

2）不随地吐痰，不随便乱抛垃圾，看见垃圾立即拾起放好。

3）上班时间不进食，如早餐、零食等物。

4）注意个人卫生。

3. 基本礼仪

1）对同事上司应保持友好，要有基本礼仪。

2）多用礼貌用语，要学会感谢。

3）打卡、吃饭应自觉排队，不插队。

4）接到打错电话也不可恶语相加或者一声不吭挂掉电话。

5）同事间有意见，也不可争吵。

6）注意仪容、着装。

7）会议中应将呼机、手机关机或转至振动、静音状态，以免干扰会议。

4. 工作态度

1）保持良好的工作状态。

2）工作时间内不随意谈天说笑。

3）工作时间内不看小说、报纸。

生产案例 116　5S 改善建议

JC 有两种车间，一种是净化车间，另一种是非净化车间。

非净化车间的 5S 状况一直是个大问题，并且严重影响到产品质量，几乎 80% 的不良都是 5S 情况不好造成的。

当时还发生了一件很奇怪的事情，有重要客户到公司参观，公司居然停产半天搞大扫除，在我的记忆中我参加的上一次大扫除还是在初中的时候，学校为了应付领导的检查而开展的轰轰烈烈的全校停课大扫除活动，没有想到在许多年后工作中也发生这种事。

其实，JC 的 5S 制度很像小时候读书时的值日生制度，每天下班以后由操作员轮流值日打扫车间卫生，而且这部分工作是没有薪水的，算是义务劳动。我不认为这是一种好的方式，我认为只要平时 5S 保持得好，根本没有必要每天留堂值日。

于是我和新来的生产部长商量，决定对公司的 5S 进行初步改善：

1）生产线工作台面全部重新铺静电皮。

2）规定不可以在工作台面上写字。

3）规划各种原材料、半成品等存放区域。

4）不用的泡沫盒、气泡袋、原材料应放入指定区域，需要用时才可以拿取或制作。

5）每两个岗位提供一个垃圾桶，并套上塑料袋，杂物等不可以随意扔在地上。

6）为避免产品跌落在地的风险，不允许将物料、半成品、成品放置在凳子上，应放在地上，适量拿取。

7）物料盒裸露在外，无防尘措施，影响原材料（诸如背光和玻璃）及产品品质，需要增加防尘板。

8）随时注意检查，确保物料盒里无灰尘、杂物、碎玻璃及渣滓等。

9）电烙铁头注意清洁（使用海绵块清洁），确保使用时烙铁头无氧化层及助焊剂残留物。

10）废除值日制度，但是每天需要保持良好的 5S。

11）针对不同工序及不同区域制定5S标准。

关于物料盒防尘板这项措施，并没有得到执行，因为一个在JC的老工程师说防尘板需要成本，用一个空的物料盒叠在有物料的盒上就可以防尘了，没有必要花钱，老板很赞同他的观点。但实际情况是我们的物料盒长期处于短缺状况，操作员一看到空的物料盒就把它拿走了，物料盒还是裸露在外，而我们当初提出防尘板的另一个目的就是给操作员一个提醒警示作用，要注意保持物料盒的清洁。这个建议算是无疾而终了。

有一次，我看见一个操作员随意将垃圾扔在地上（垃圾桶离她较远），我就问她为什么这样乱丢，打扫卫生会很麻烦，她告诉我这样更方便，因为反正每天都有人要扫。我们的操作员长期形成一种很不好的习惯，正是这种习惯使我们在推进5S改善的时候，遇到很大阻力，即便是配备了垃圾桶，她们还是喜欢乱扔。不久以后，新来的生产部长辞职了，这些措施就更没有人推行和监控了，并且接任的部长又恢复了值日制度，后来我离开了JC，我想JC肯定又恢复了原始的5S状态。

第 11 章
人机工程改善

我们会疲劳。

我们会感觉灯光不舒服。

我们会因为噪声而烦躁。

我们长期保持一个姿势，身体会酸痛。

我们有时候就是觉得坐得不太舒适。

这些现象看起来好像不会直接降低工厂效率，也不会直接影响身体健康。但事实上，这些现象和工厂的效率以及身体的健康息息相关。

研究这些内容的学科叫人机工程学，为此进行的改善被称为人机工程改善。

11.1 人机工程的定义和应用阻碍

人机工程是基于对人和机器、技术的深入研究，发现并利用人的行为方式、工作能力、作业限制等特点，通过对工具、机器、系统、任务和环境进行合理设计，以提高生产率、安全性、舒适性和有效性的一门工程技术。

人机工程学，美国称为人因工程学（Human Factors）或者人类工程学（Human Factors Engineering），欧洲一般称为工效学（Ergonomics）。

人机工程学的基本目的是提高劳动生产率和保障作业者的健康。但是一般情况下，人机工程学在这两方面的作用是间接的，有时还需要经过相当长的时间才能显现出现，因此很难向工人和企业管理人员证明其重要性。比如，接触噪声的工人即使知道二三十年后自己的听力将受到严重影响，仍不愿意戴保护耳罩。

人机工程方面的许多措施，其优点并不如直接提高生产效率那样显而易见，却是非常重要的，不能仅仅用产量和员工的作业时间来衡量人机工程学的价值。

任何新事物很难一开始就被人接受，习惯往往起着巨大的阻碍作用。人机工程实际上在很多地方颠覆了人类的习惯，这也是很多人抗拒它的原因。

11.2 人机工程改善内容

人机工程的改善一般情况下并不会给公司带来直接的经济效益，相反它很多时候还会带来成本，但是给员工提供更优良的作业条件，提供安全、舒适的工作环境却是企业义不容辞的责任。同时，人机工程的改善能提高安全性、减少疲劳和压力、增加舒适感、获得用户认可、增加工作满意度和改善生活质量，并且能够通过直接或间接的方式提高工作效率和质量。

我们这里主要谈的是生产中和生活中有关人机工程学的设计和改善，包括以下 9 个方面：

1）作业空间设计。

2）工作台设计。

3）座椅设计。

4）手握式工具设计。

5）微气候设计。

6）环境照明设计。

7）噪声环境改善。

8）振动的控制。

9）减少空气污染。

11.2.1　作业空间设计

在工作状态下，人与机器设备、工作用具等所需的空间叫作作业空间。一个优良的作业空间或作业场所，必须使操作者能方便而迅速地完成作业，同时也要使操作者工作起来安全可靠、舒适方便。作业空间设计要以人为中心，充分考虑空间里人的需求。工作过程中所需要的工具、控制装置和显示器的布置既要紧凑，又要容易区分，四肢分担的工作要合理，适合工作群体中不同个体使用。

作业空间设计一般原则：

1）作业空间设计必须从人的要求出发，保证人的安全与舒适方便。

2）根据人的作业要求，首先考虑总体布置，再考虑局部设计。

3）要从实际出发，不能脱离客观条件，要处理好安全、经济、高效三者的关系。

4）要把重要的设备、显示装置和操纵装置等布置在最佳作业范围内。

5）设备布置考虑到安全及人流、物流的合理组织。

6）根据人的生理、心理特点来布置设备、工具等，尽量减少人的疲劳，提高工作效率。

7）作业面的布置要考虑人的最佳作业姿势、操作动作及动作范围，一般坐姿比站姿好。

作业空间设计尺寸原则：

1）确定对于设计至为重要的人体尺度。

2）确定设计对象的使用者群体，以决定必须考虑的尺度范围。

3）确定数据运用准则，最大、最小值，可调准则、平均准则。

4）数据运用准则确定后，应选择合适的设计定位群体的百分比。

5）查找与定位群体特征相符合的人体测量数据表，选择有关的数据。

6）如有必要，对数据作适当修正。

7）考虑人体测量学数据的静态和动态性质。

生产案例 117 作业空间改善——减少步行的架子

这是我在 ON 工作时尝试的第一个改善，主要目的是减少后段操作员切换卷盘时的移动。

图 11–1 所示的流程图是一个后段操作员切换卷盘时，卷盘的移动路线。

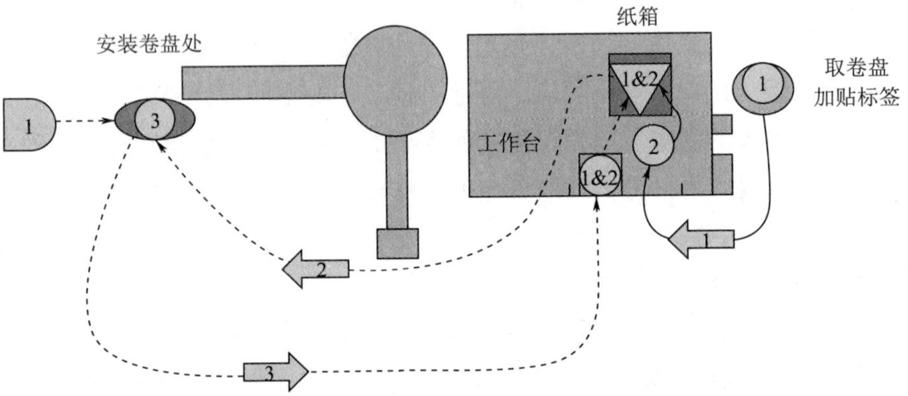

图 11–1　卷盘移动路线

操作员的移动主要来自于箭头 2 和箭头 3，操作员需要从工作台上拿一盘空的卷盘去安装卷盘处，然后取下做好的卷盘拿在手里，同时安装空的卷盘，装好之后，把做好的卷盘带回到工作台面，这样一个来回的移动距离是 4m，操作员一天大约要重复这样的移动 120 次。

我决定先尝试做一个架子减少移动。这个架子被安装在安装卷盘处的上方，其位置倾斜，有利于操作员拿取，如图 11–2 ～ 11–4 所示。

首先可以取 10 盘以上贴好标签的空卷盘放到架子上；当有卷盘完成时，将其从机器上取下（由于架子就在上空卷盘点的旁边，所以取下和装上都不用走动），暂时放到架子后面的空间里，再从架子前面取一个空卷盘装到机器上开始生产，空闲时可以取出多个做完的卷盘去工作台进行粘贴胶带的作业。

图 11-2　取下完成的卷盘放入架子

图 11-3　从前面取出空盘

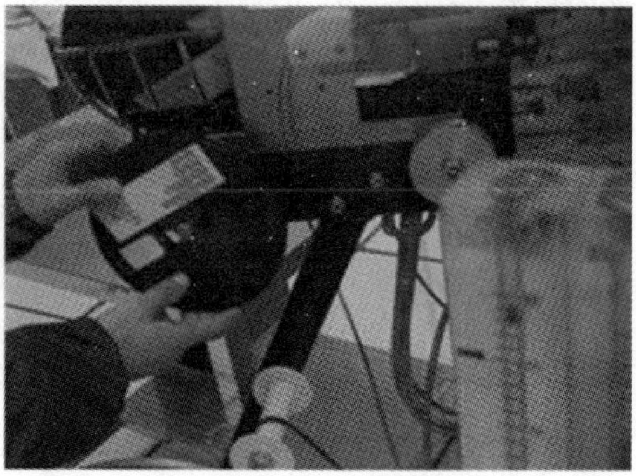

图 11-4　空盘装入机器

使用这个架子每次取用 10 个卷盘时，操作员可以减少 40m 的移动，一天下来可减少 480m 的移动。

11.2.2　工作台设计

这里所说的工作台主要是指具有显示器和控制器的工作台面，是人机的交互界面，其设计应该符合人体测量学和人的生理、心理特点，这将直接影响人机系统的效率。通过对工作台面的设计，使操作者的操作范围、视觉范围以及作业姿势等达到最佳状态。

工作台设计原则：

1）工作台应该保证操作者良好的视线，以便观察显示器和控制器。

2）工作台要能保证操作者在工作过程中具有舒适稳定的姿势。

3）按照显示器和控制器的重要性和使用频率来布置工作台面。

4）工作台的尺寸符合人体测量学数据的要求。

5）工作台要符合人的生理、心理特点，尽量减少操作者的疲劳和累积性损伤。

生产案例 118 工作台改善——减少疲劳的椅子

前段测试房的操作员每天工作都是面对电脑和测试机，他们抱怨手太累。

于是我开始尝试改善流程操作员（Process Operator，POP）的工作台。首先从人体测量学的尺寸数据方面考虑：

- 桌子底部到地面的距离，推荐为 72.5 cm。
- 桌面到地面的距离，推荐为 64 ～ 78cm。
- 椅子的高度，推荐为 36 ～ 48cm；

而我们当前的情况：

- 桌子底部到地面的距离，实际为 52 cm，高度不够。
- 桌面到地面的距离，实际为 69.5cm，符合要求。
- 椅子的高度可以调节，实际为 38 ～ 49cm，可以接受。

再来看看 POP 工作时的具体工作姿态（见图 11-5）。

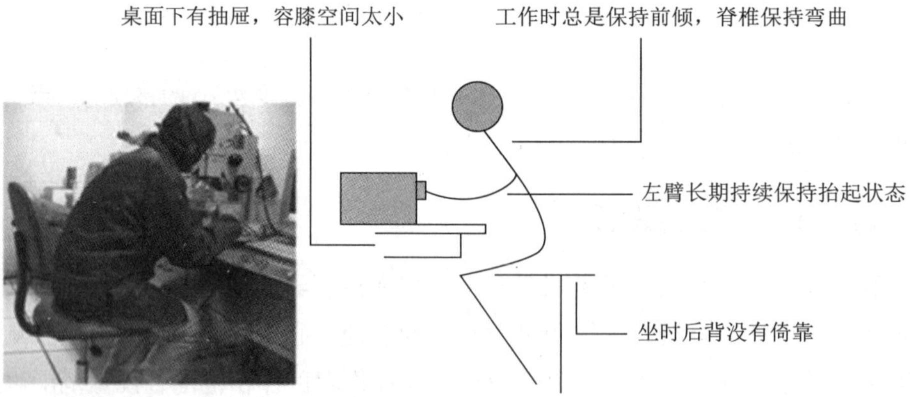

图 11-5　POP 工作姿态

- 桌子下面的抽屉导致容膝空间太小。
- 工作时必须保持前倾的姿势，脊椎始终保持弯曲状态。

● 左手主要负责调节仪器，长期保持抬起的状态，没有支撑，这样的姿势每天需要维持约 6 个小时。

● 无论椅子有没有靠背，人在工作时都不能靠到椅子的靠背上。

为了解决这些问题，我开始进行改善。

把抽屉从桌下移除掉，里面的东西换个地方放置，这样操作员的膝盖将会有足够的空间，并且可以靠在椅子的靠背上，如图 11–6 所示。

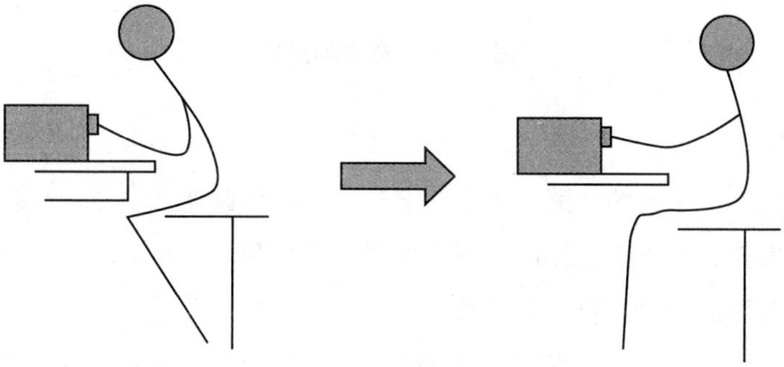

图 11–6　移除抽屉

增加一把可以调节高度的椅子，方便操作员将左臂放置其上，减少因持续抬起而引起的疲劳，如图 11–7 所示。

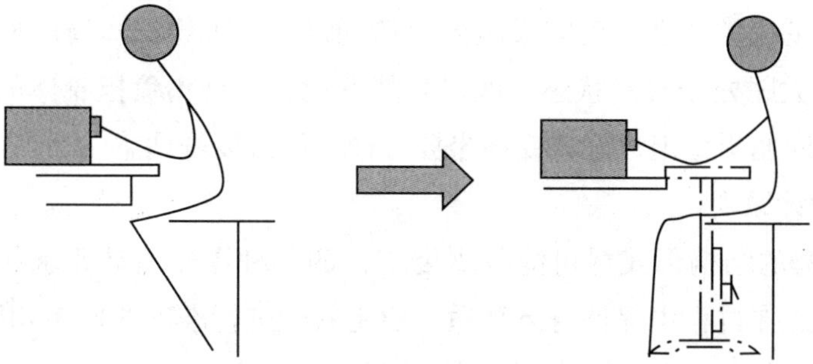

图 11–7　特制手椅

在第三车间，操作员作业时需要用脚踩踏板，但踏板是活动的，且椅子高度不合适，操作很不方便，于是固定踏板到合适位置，更换更高的椅子，如图 11–8 所示。

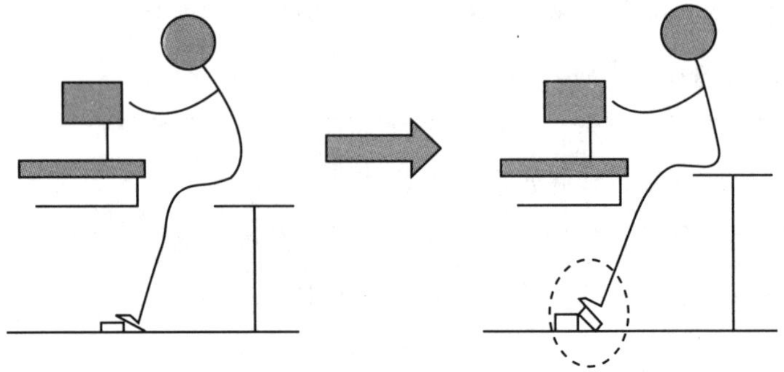

图 11-8 高椅和踏板

改善的好处：

● 减少操作员手臂的疲劳，减少其肩部和颈部的酸痛。

● 减少操作员因长期工作而造成累积性损伤的风险。

● 让员工意识到公司对他们的尊重。

在完成这个工作之后，我做了调查，有 90% 的操作员接受了改变，其余的人说无所谓。其实几乎所有的操作员对于累积性损伤都不了解甚至不以为然，不过他们都希望工作在更舒适的环境中并减少疲劳。

11.2.3 座椅设计

坐姿是人体较自然的作业姿势，也是很多职业的主要工作姿态。为了保证安全、舒适的坐姿作业，就需要改善座椅的设计。理想的座椅应使就座者体重分布合理，大腿处于自然状态，两足自然着地，上臂不负担身体的重量，肌肉放松，操作时躯干稳定性好，变换坐姿方便，给人以舒适感。

座椅设计原则：

1）座椅的结构形式尽可能与坐姿工作的各种操作活动要求相适应，应能使操作者在工作过程中保持身体舒适、稳定并能进行准确的控制和操作。

2）座椅的尺寸必须参照人体测量学数据确定。

3）座椅的座高和腰靠应该是可调的。

4）座椅可以调节部分的结构构造必须易于调节，必须保证在椅子使用过程中不会改变，已调节好的位置不可松动。

5）无论就座者坐在座椅前部、中部或往后靠的位置，工作座椅座面和腰靠结构均应感到安全、舒适。

6）腰椎下部应提供支承，设置适当的靠背以降低背部紧张度。

7）就座者应能方便变换姿势（不必起身），但必须防止滑落。

8）椅垫必须有足够的垫料和适当的硬度，使其有助于体重压力分布于坐骨关节区域。

9）座椅各部件的外露部分不得有易伤人的尖角锐边，不得有可能造成挤压、剪钳伤人的部位。

10）座椅腰靠结构应具有一定的弹性和足够的刚性。

11）座椅一般不设扶手，需设扶手的座椅必须保证操作者作业活动的安全性。

12）座椅的结构材料和装饰材料应耐用、阻燃、无毒。

11.2.4　手握式工具设计

工具是人类四肢的扩展，通过工具使人类增加了动作范围、力度等，提高了工作效率。传统的工具有许多已经不能满足现代生产和生活的要求，若长久使用设计不良的手握式工具，会导致身体不适、损伤与疾患，降低生产率。所以要通过对工具的改善或更新设计，使其更适合人类的生理特点，以避免或减少疲劳和出现累积性损伤。

工具设计的一般原则：

1）必须有效地实现预定功能。

2）必须与操作者身体成适当比例，使操作者发挥最大效率。

3）必须按照操作者的力度和作业能力设计，要适当考虑到性别、训练程度和身体素质上的差异。

4）工具要求的作业姿势不能引起过度疲劳。

5）工具设计可否取消和替代手握方式。

工具设计的解剖学原则：

1）避免静肌负荷。使用工具时，臂部必须上举或长时间抓握，会使肩、臂及手部肌肉承受负荷，导致疲劳，降低作业效率，因此应对这种工具设计做出修改，可以将工具的工作部分与把手部分做成弯曲式过渡，使手臂自然下垂。

2）保持手腕处于顺直状态。手腕顺直操作时，腕关节处于中正的放松状态。当手腕处于掌屈、背屈、尺偏等别扭状态时，就会产生腕部酸痛、握力减小，如长时间这样操作，会引起腕管综合征、腱鞘炎等症状。所以工具设计应使握把弯曲，操作时可以维持手腕的顺直状态，而不必采取尺偏的姿势。

3）避免掌部组织受压力。操作手握式工具时，时常要用手施一定的力，如果工具设计不当，会在掌部和手指处造成很大的压力，妨碍血液在尺动脉的循环，引起局部缺血，导致麻木、刺痛感等，好的把手设计应该具有较大的接触面，使压力能分布于较大的手掌面积上，减小应力；或者使压力作用于不太敏感的区域，如拇指与食指之间的虎口位。另外，如果没有特殊作用，最好不要留指槽，因为人体尺寸不同，不合适的指槽可能造成某些操作者手指局部的应力集中。

4）避免手指反复动作。如果反复用手指操作扳机式控制器，会导致扳机指出现狭窄性腱鞘炎症状，这种症状在使用气动工具或触发式电动工具时常会出现。工具设计时应尽量避免食指做这类动作，而以拇指或指压板控制代替。

应用举例 04　工具把手弯曲设计——切蛋糕的刀

图 11–9 所示是一把有点儿特别的切蛋糕刀，它的刀身以及把手都是弯曲的，刀身的弯曲能使切割时更为轻巧更省力，而把手的弯曲则可以使操作时手处于比较自然的状态，降低疲劳感。

图 11–9　弯曲的把手

生活案例 37　工具改善——弯曲手电筒取消手握

图 11–10 和图 11–11 所示的这款手电筒是可以弯曲的，可以在不同的情况下使用。当只有一个人在黑暗中进行操作、没有人帮忙照明时，就可以把它固定在手腕上，这样就不需要手握了，手移动到哪里，亮光就可以照到哪里。对于眼睛不好的老年人而言，穿针引线的时候用它来照明也是很好的选择。

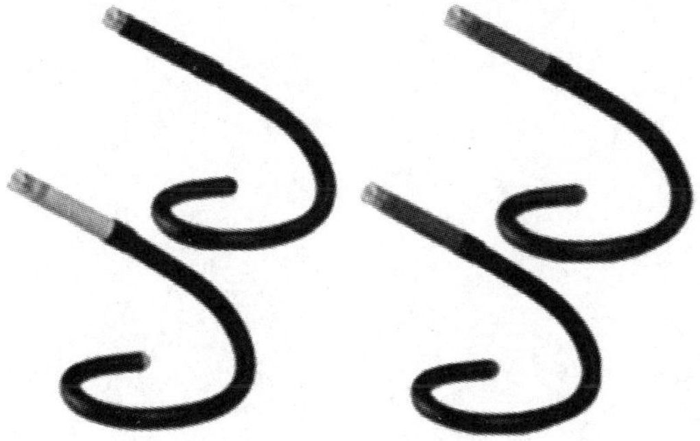

图 11–10　弯曲手电筒

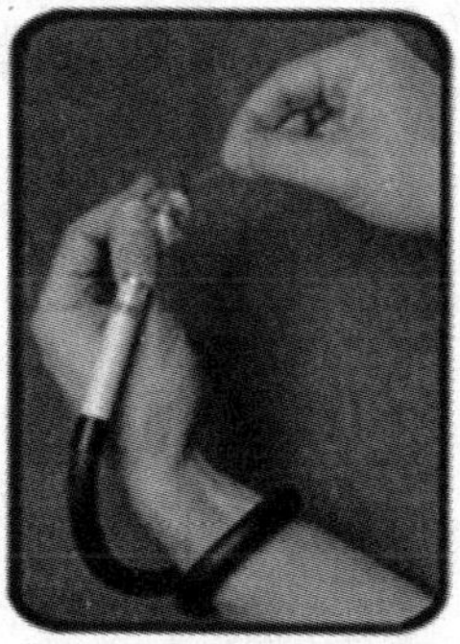

图 11–11　弯曲手电筒的使用

11.2.5　微气候设计

微气候又称生产环境的气候条件，这里所指的是生产环境局部的气温、温度、气流速度以及工作现场的设备、产品、零件和原材料的热辐射条件。微气候条件对人体和作业都有很大的影响，所以在生产过程中必须考虑人体的主观感受，考虑人体的舒适感觉。合理设计作业场所的微气候条件，为作业者提供良好的微气候环境，保证机械设备的正常运转。

1. 高温作业环境的改善

1）生产工艺和技术措施：

- 合理设计生产工艺过程，热源要合理设置。
- 屏蔽热源。
- 降低湿度。
- 增加气流速度。

2）保健措施：

- 合理供给饮料和补充营养。

- 合理使用劳保用品。
- 进行员工适应性检查。

3）生产组织措施：

- 合理安排作业负荷，通过技术措施尽量减少作业者的体力消耗。
- 合理安排休息场所。
- 职业适应，训练高温作业者自我辨别热衰竭和热昏迷的能力。

2. 低温作业环境的改善

1）做好采暖和保暖工作。

2）提高作业负荷。

3）个体保护。

4）采用热辐射取暖。

5）保证低温环境中的营养供给。

11.2.6 环境照明设计

作业场所的合理采光对生产效率、安全和卫生都有重要意义。人通过视觉从外界获得信息的效率和质量与照明环境有直接关系，不好的照明环境会导致操作员的疲劳，工作效率低下，甚至发生事故。工作环境照明设计在任何时候都应遵循人机工程学的原则。

照明环境设计的原则：

1）合理的照度平均水平。同一环境中，亮度和照度不应过高或过低，也不要过于一致而产生单调感。

2）光线的方向和扩散要合理。避免产生干扰阴影，但可保留必要阴影，使物体有立体感。

3）不要让光线直接照射眼睛。避免产生眩光，而应让光源光线照射物体或物体的附近。

4）光源光色要合理。光源光谱要有再现各种颜色的特性。

5）让照明和色相协调。使气氛令人满意，这是设计美学的思考。

11.2.7 噪声环境改善

噪声泛指一切对人们生活和工作有妨碍的声音，使人烦躁，不愉快。噪声对听力系统有很大的影响，还会影响到人的生理、心理状态。在噪声环境中，人们心情烦闷，工作容易疲劳，反应迟钝，注意力不易集中，从而影响到作业能力和工作效率。

1）控制噪声源：

- 选择低噪声的设备。
- 改进生产工艺和操作方法。
- 提高机械设备的精度，加强润滑。
- 加强设备的维修。
- 使发声物体的发声强度降至最低。

2）控制噪声传播：

- 布局设计要合理，将高噪声车间、场所与低噪声车间、生活区分开设置。
- 利用天然地形，比如山冈土坡、树丛草坪和已有建筑屏障，阻断或屏蔽一部分向接受者传播的噪声。
- 利用声源的指向性控制噪声，对高强度噪声源，如受压容器的排气和放空，可使其出口朝向上空或野外。
- 消声措施，利用装设在气流通道上的消声器来降低空气动力噪声，以解决各种风机、空压、内燃机等进排气噪声的干扰。
- 隔声措施，利用围护构件（如机罩、间壁）隔绝声源噪声的传播。
- 吸声措施，将吸声材料或吸声机构装置在室内，吸收室内混响声或做管道内衬以吸收气流噪声。
- 隔振措施，在机器下面垫以减振的弹性材料（如橡胶、弹簧等），使振动不易通过地面传向其他地方。
- 阻尼措施，利用某些胶状材料，刷到机器的表面增加材料的内摩擦、消耗机器板面振动的能量，使振动减小。

3）个人防护：使用个人防护用具，可以有效减少噪声对接受者产生的不良影响。常用的防护用具有耳塞、耳罩、防噪声帽以及塞入耳孔内的防声棉。

4）音乐调节：音乐调节是利用听觉掩蔽效应，在工作场所创造良好的音乐环境，以掩蔽噪声，缓解噪声对人心理的影响，音乐调节能使作业者减少不必要的精神紧张，推迟疲劳的出现，间接提高作业能力。

11.2.8 振动的控制

振动环境是伴随着人们工作和生活较普遍的环境。各种空中的、陆地的、水中的交通工具以及各种工业的、农业的、家用的机械工具都可以使人们处于振动环境中，影响人的工作效率、舒适性以及健康和安全。此外，振动还影响机械、设备、工具、仪表等的正常工作。

所以要采取各种措施，消除或减少振动，防止振动的传播。

1）隔离振源。

2）设计减振座椅、弹性垫以缓冲振动对人的影响。

3）采用新工艺代替风动工具，或采取减振、防振措施以减轻手的振动。

4）增加设备的阻尼，如采用吸振材料、安装阻尼器或阻尼环、附加弹性阻尼材料等，以减轻设备的振动。

5）对于可能引起机械振动的陈旧设备应定期检查维修或改造。

6）采用钢丝弹簧类、橡胶类、软木、毡板、空气弹簧和油压减振器等多种形式的减振器。

7）降低设备减振系统的共振频率。可通过减小系统刚性系数或增加质量来降低，比如风扇、吹风机、泵、空压机等常用增加质量的方法降低共振频率。

8）缩短工人暴露于振动环境的时间，加强手部的保暖。

9）使用个人防护用品，如防振保暖手套等。

10）保健措施。坚持就业前体检，凡患有就业禁忌者，不能从事该作业；定期对工作人员进行体检，尽早发现受振动损伤的作业人员，采取适当预防措施，及时治疗振动患者。

11.2.9 减少空气污染

空气污染主要包括化学性毒物、粉尘、气味、二氧化碳等，这些污染不仅引起员工的不适、降低工作效率，甚至危害人的健康和生命。所以要尽可能消除和控制空气污染物，或者最大程度保护作业者和抑制污染传播。

1. 化学性毒物的防治

1）选择燃料及预处理，比如选择无硫或少硫的燃料控制二氧化硫的排放量。

2）改进燃烧，采用净化回收方法，比如对于一氧化碳和氮氧化合物的控制，除采取改进燃烧设备、燃烧方式，使燃料尽可能地完全燃烧外，还可采用净化回收方法。

3）控制交通废气含量，比如改进发动机的燃烧设计，采用过滤技术减少废气排放。

4）合理布局、合理排放和绿化。

2. 粉尘的防治

1）改进生产工艺和设备。

2）采用除尘吸尘设备。

3）改变原材料。

4）个体防护。

3. 气味的防治

1）通风换气。

2）气味的隔离疏导。

3）烧却法，在高温下直接燃烧法和在低温下触媒氧化反应法。

4）吸收法，用吸收剂吸收气体。

5）吸附法，用固体吸附剂比如活性炭进行吸附。

4. 二氧化碳的防治

1）对工作场所进行空气调节或通风换气。

2）实验设备、加工环节的密闭化。

3）适当提高烟囱高度。

4）厂房合理布局。

5）加强厂区绿化。

生产案例 119　消除气味的改善——气味的隔离疏导

有一家专门生产油墨的公司，其生产设备被放置在车间中央，由于有一种溶剂会挥发，使得整个车间充满了浓烈的气味，没有办法，只好让所有操作员全副武装，戴上防毒面具。

后来在提案改善活动中，这家工厂的员工提出了一个办法，采用塑料纸制作一个形似蚊帐的物体，加料时将“蚊帐”拉起来，当加料完毕后进行搅拌时，把“蚊帐”

放下来将机器盖住，让所有挥发气体沿着排气扇挥发掉，如图 11-11 所示。经过这样的改善，气味减少了 80% 以上。

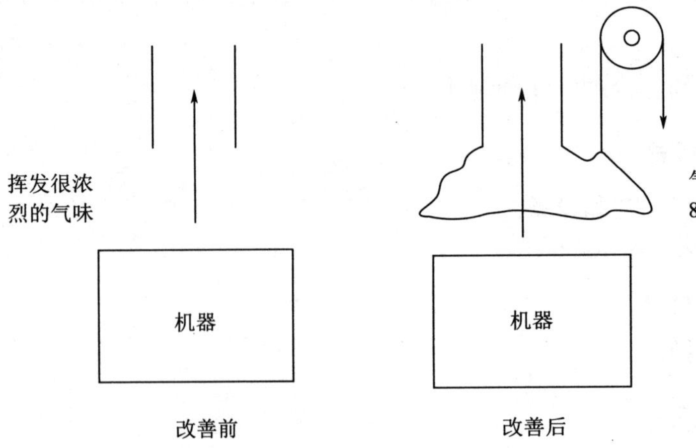

图 11-12　气味的隔离疏导

第12章
设计改善

苹果的首席设计师乔纳森·伊夫说过："只要不是绝对必需的部件，我们都想办法去掉。为达成这一目标，就需要设计师、产品开发人员、工程师以及制造团队的通力合作。我们一次次地返回到最初，不断问自己：我们需要那个部分吗？我们能用它来实现其他部分的功能吗？"

这和乔布斯化繁为简的设计思想异曲同工。

简单就是好。

设计必须理解产品的每一个部分以及它是如何制造的，必须深刻地把握产品的精髓，从而判断出哪些不重要的部件是可以去掉的。

设计过程需要和工程及制造有机地结合在一起，我们在设计上的改善会为后期制造提供巨大的便利。

设计不仅仅是设计外观，它更需要改善。

12.1 面向装配和制造的设计

所有的工艺都是被设计出来的，决定我们怎么生产一个产品最重要的因素其实是设计。产品的设计和制造过程是密不可分的两个重要环节，单纯追求功能、外观等需求，而不去了解生产过程的工艺要求，会使制造变得艰难，或者成本大大增加，背离设计的初衷。

而且，有些设计带来的先天缺陷，无论后期工艺如何改进，都会变得徒劳无功。

实际上，在传统的工业体系中，产品设计过程很容易和制造加工过程脱节，使得产品的可制造性、可装配性和可维护性较差，从而导致设计改动量大、产品开发周期长、成本高，影响产品质量，甚至会让很多看起来很美的设计变成一纸空谈。

面向制造和装配的设计（Design for Manufacturing and Assembly，DFMA）是一门将制造理念注入设计思想的学科，也是一个工具。我们在产品设计过程中需要考虑材料的加工、零部件的组合以及成本。

DFMA 其实是一个系列的技术，包括：

- 面向制造的设计（Design for Manufacturing，DFM）。
- 面向装配的设计（Design for Aseembly，DFA）。
- 面向测试的设计（Design for Testing，DFT）。
- 面向维护的设计（Design for Service，DFS）。
- 面向环境的设计（Design for Enviroment，DFE）。
- 面向报废的设计（Design for Discarding，DFD）。

目前应用更多的是 DFM 和 DFA。

DFM 主要关注加工的时间和成本，指导设计师在零件设计时进行不同材料和工艺的选择。

DFA 主要关注装配时间和成本，简化产品结构，优化生产流程，减少产品装配错误，提高产品装配质量，减少产品设计的后续修改。

下面主要讲述的改善法则便是面向装配的设计改善原则。

12.2 系统装配原则

1. 减少零部件的数量

过多的零部件将导致更多的库存、更复杂的管理，产品可靠性降低，不便于维护，最主要会使得装配工作大幅增加。可以通过功能模块的方法减少零部件的数量，分析每个部件存在的意义，在功能上能否被其他部件包含或替代，可以考虑新的制造工艺将多个部件合为一个。比如由大量零部件组成的产品或许用注塑一次性就搞定了。

如图 12-1 所示，改善前的设计零件（左图）由钣金件、定位柱和衬套构成，改善后就是压铸的一个整体（右图）。

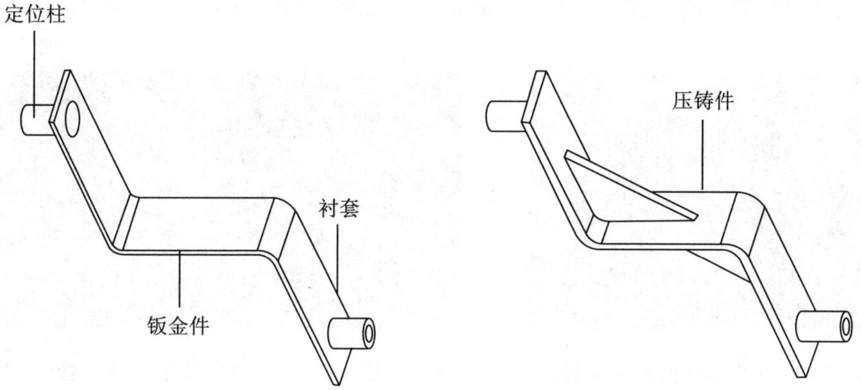

图 12–1　减少金属零件的数量

生产案例 120　微波炉设计改善

某款微波炉改善前是由 3 块组件构成，前置机罩风扇、空气扩散器管道以及磁控管，对应的需要制造 3 个零件并进行多次装配，改善后的设计调整了机罩风扇的位置，使它直接面对磁控管，这样的话，管道就不需要了，少了一个零件，也少了两次与其他零件的配对装配，如图 12–2 所示。

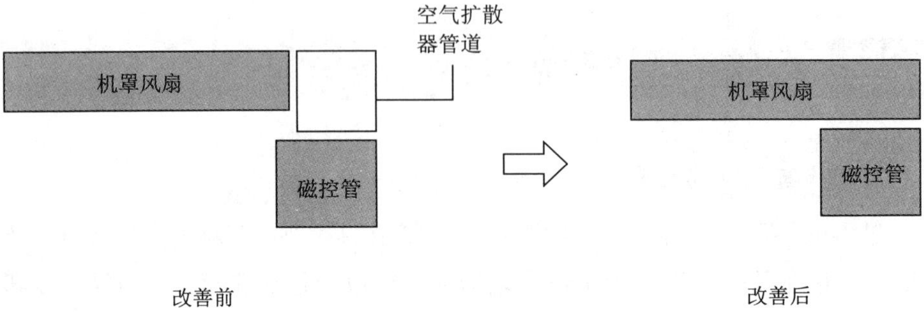

图 12-2　微波炉减少管道的改善

生产案例 121　洗衣机管道改善

不同品牌的洗衣机尽管功能接近，但是设计上的细节还是很不一样。如图 12-3 所示，这个洗衣机的管道由 3 部分构成，白色软管、黑色软管和两个卡扣。图 12-4 所示的洗衣机管道用了模块化设计，就是一体结构。前者装配时间明显长于后者。

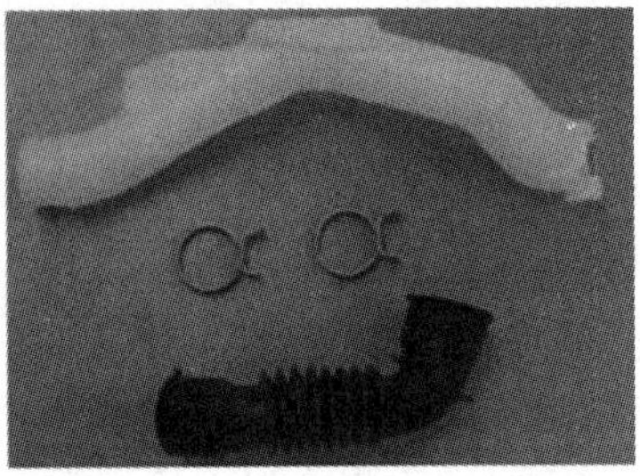

图 12-3　3 个组件的洗衣机管道

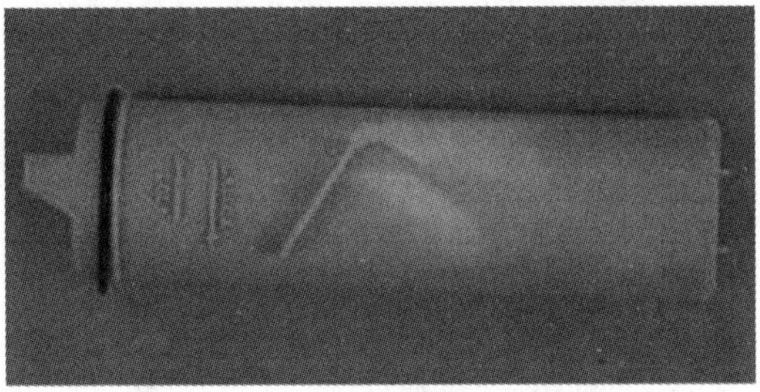

图 12-4　一体结构的洗衣机管道

2. 保证部件组装方向向外或向开放的空间

避免部件的旋紧结构和调整结构出现在狭小空间内，这都有利于人手的操作。

如图 12-5 所示，左边的操作明显会受到周围边框的影响，根据作业改善的原则，这是不利于作业的。右边是开放的空间，消除了人手障碍，作业效率明显高于空间受限的情况。

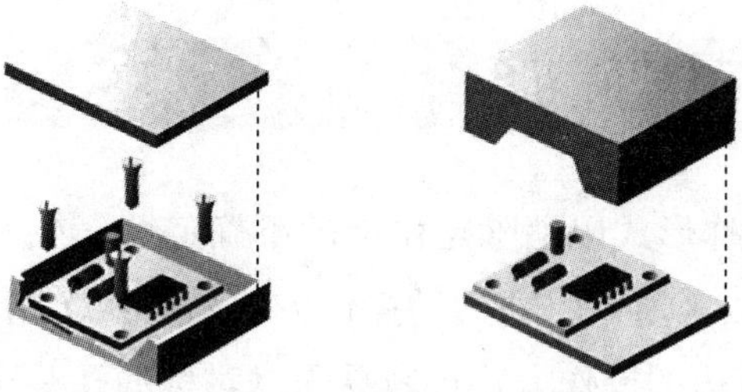

图 12-5　非开放空间装配和开放空间装配

3. 便于定向和定位的设计

部件之间的相互连接要简单直接，可快速组装。可以通过颜色标注、形状配合等实现快速插接，如图 12-6 所示。

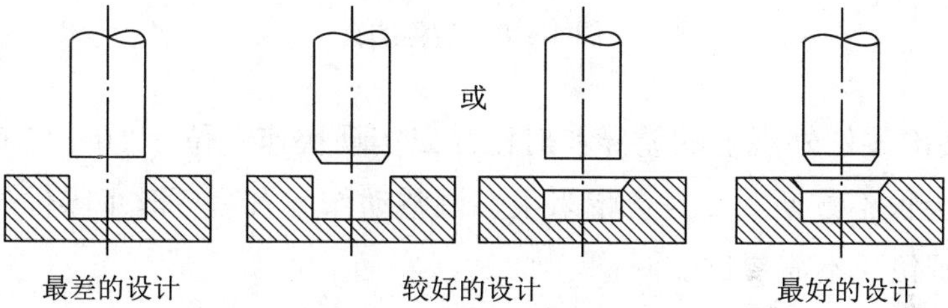

图 12-6　定向、定位设计

4. 一致化设计

尽可能地选用标准件并减少使用规格，以减少装配误差，并节约零件成本。比如选用统一规格的螺钉（见图 12-7），减少不同螺丝刀的使用，也避免了螺钉安装错误的风险。

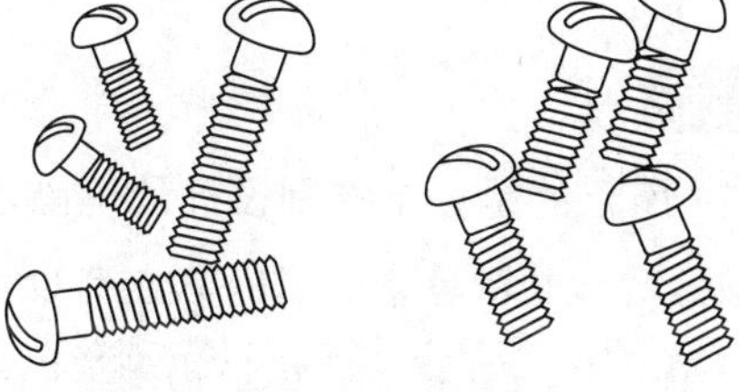

图 12-7　统一螺钉规格

12.3 零件设计原则

1）充分利用对称形式以消除定位上的不确定性，或者将不对称性明显化，以利于区别。如图 12-8 所示，左边的操作方式需要两次精确定位，插入一个孔后存在调整动作；右边的操作方式很容易通过对称的孔一次性将轴件放置好。

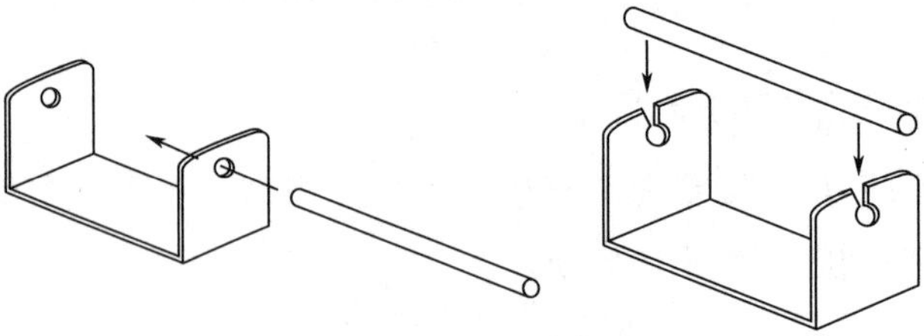

图 12–8　对称的孔

2）突出零件外观上的差异和对比性以实现快速定位。如图 12-9 所示，左边的操作会很不方便，而且会带来很多调整动作；右边更改了零件外形，可一次性放置到位，不需要过多调整。

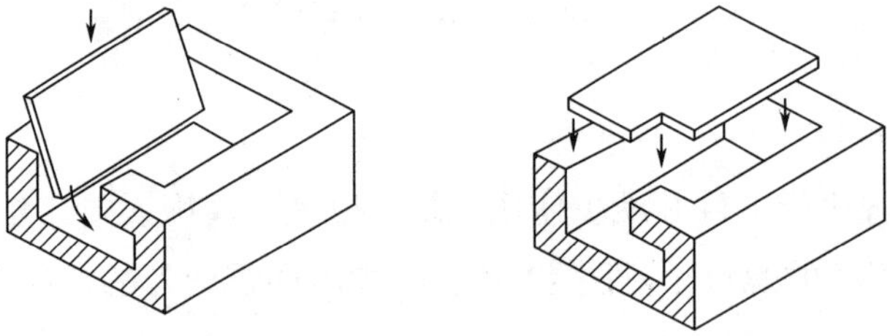

图 12–9　外观差异设计

生活案例 38　差异笔筒

图 12–10 和图 12–11 所示的是一个特别设计的笔筒，利用差异化的原理，设计了一个小插槽，笔筒放置比较长的笔，而短的笔或者 U 盘之类的东西就可以放置到小插槽里。我们可以设想一下，如果把 U 盘也扔到笔筒里和笔一起混放，要取出来的时候，就得先把笔全部拿出来，才好掏出来。

图 12-10　放置大小不同的笔

图 12-11　放置笔和 U 盘

3）避免引起零件纠缠和粘连现象的设计。如图 12-12 所示，左边的零件堆放在一起时，很容易互相卡进去，产生纠缠现象；右边的零件采用新的结构，使得互相嵌套进入产生纠缠的可能性大大降低。

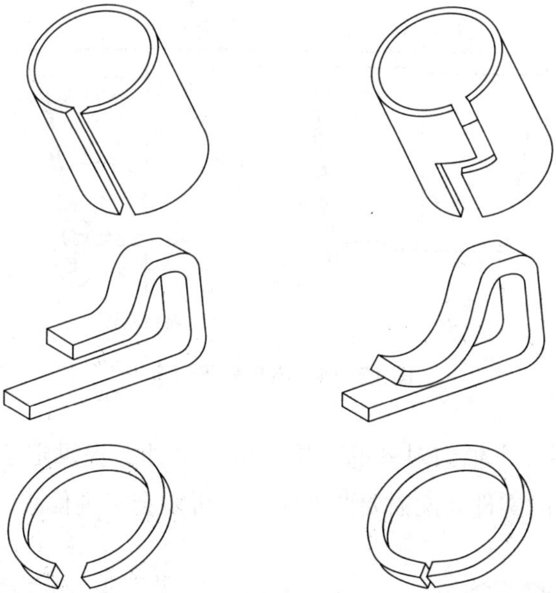

图 12-12　小零件防止纠缠的改善

线束互相纠缠也是很常见的（见图 12-13），左边的 3 根线束发生缠绕的概率会大很多，而右边只有单根线束，所有线路做到一条线束里，不仅节省了空间，还大大减少了缠绕的可能。

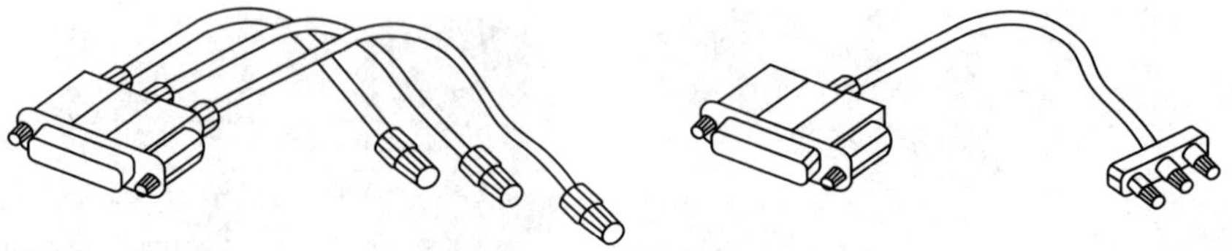

图 12-13　线束避免纠缠

4）外观相似的部件间做出明显的区分，比如颜色或表面的光滑程度。如端头和末尾都要用的盖帽，虽然形状一样但颜色不同，端头用的盖帽是红色的，末尾用的盖帽是绿色的，用于区分。

5）避免出现零件嵌套现象。通过零件的局部设计，使得相同零件上下摞放时不会出现彼此咬合太紧不易分开的情况。图 12-14 所示的杯子，通过局部结构的改善，使得杯子摞放时不会互相卡住。

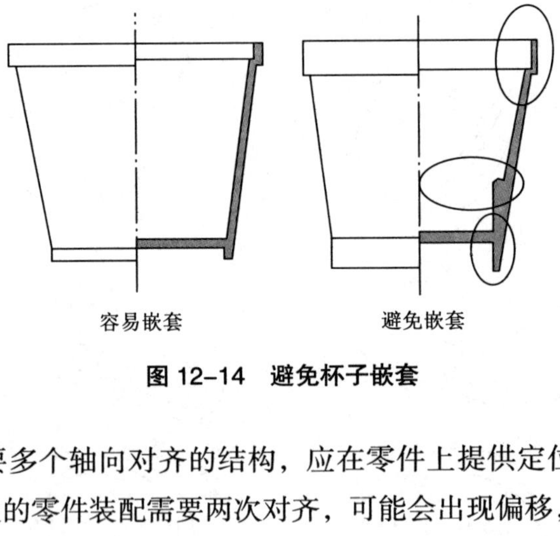

图 12-14　避免杯子嵌套

6）对于需要多个轴向对齐的结构，应在零件上提供定位对齐特征。如图 12-15 所示，左边的零件装配需要两次对齐，可能会出现偏移，强行把螺钉拧进

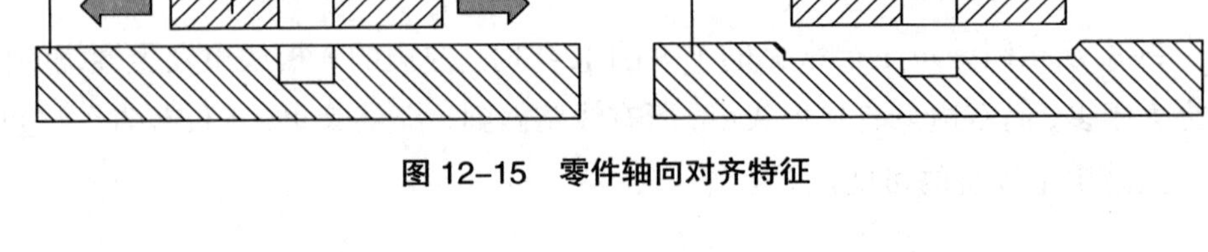

图 12-15　零件轴向对齐特征

去也可能造成损伤；右边的零件A上增加了一个轴向对齐特征，作业时很容易将零件B对齐放置上去，这也有利于螺钉放置到正确位置，而不发生偏移。

美国通用电气最低成本设计原则

优化设计的目的，归根结底就是在保证质量不变差的情况下节约成本、简化流程，美国通用电气公司对最低成本设计思想做出了一些总结，值得我们参考。

1. 铸件

1）消除干砂（烘干砂）模芯。

2）最小化深度以获得更平整的铸件。

3）在满足厚度要求的情况下，尽量减少无骤冷方式铸造。

4）选择简单的结构。

5）采用对称的结构来保证均匀的收缩。

6）采用圆角过渡，避免尖角。

7）如果表面之间相对位置要求精确，则应尽可能使它们属于同一个模型。

8）合理设计分型线以保证零件外观和性能，避免通过研磨手段消除毛刺。

9）采用复合模型代替单一模型。

10）金属模型优于木模。

11）永久性铸型代替金属模型。

2. 注塑件

1）避免零件有凸起。

2）用最少的零件设计注塑模。

3）使用简单的形状。

4）合理设计分模线，避免对飞边进行修理和打磨。

5）使重量降至最小。

3. 冲压件

1）使用冲压件代替注塑、铸造、机加火装配件。

2）嵌套的冲压件节省材料。

3）相互之间需要精确定位的孔应在同一冲模上完成。

4）设计使用卷材。

5）设计时，用最少的冲压次数达到最短的剪切长度和最大的冲模强度。

4. 成形件

1）拉伸件代替旋压、焊接或锻造件。

2）尽可能采用浅拉伸。

3）在拐角处采用过渡圆角。

4）零件折弯代替拉伸。

5）用线或带制造零件代替钣金冲压装配件。

5. 装配件

1）自攻螺钉代替标准螺钉。

2）带动销代替标准螺钉。

3）铆钉代替螺钉。

4）中空铆钉代替实心铆钉。

5）点焊或者多点凸焊代替铆接。

6）电焊代替铜焊或锡焊。

7）采用压制件或模制件代替由几个零件组成的装配结构。

6. 机加工件

1）采用机加工工艺代替成形工艺。

2）采用自动化或者半自动化加工代替手工操作。

3）减少零件肩部数量。

4）尽可能省略精加工。

5）在允许时尽可能采用粗加工。

6）工厂在测量和检验尺寸时采用相同点的尺寸。

7）采用无心研磨代替有心研磨。

8）避免锥形和成形轮廓。

9）允许肩部有圆弧或退刀槽。

7. 螺纹车削件

1）消除辅助操作。

2）使用冷轧毛坯。

3）设计螺栓头代替车削螺纹。

4）使用滚制螺纹代替切制螺纹。

8. 焊接件

1）装配结构代替铸造或锻压成形。

2）最小化焊接的尺寸。

3）采用水平位置的焊接，避免垂直或高空焊接。

4）焊接前消除倒角边。

5）使用气割轮廓代替机加轮廓。

6）使用标准矩形板切割，避免产生废料。

7）使用间歇焊接代替连续焊接。

8）设计圆弧或直线焊接以便使用自动化焊接机。

9. 处理和抛光

1）尽量减少烘干时间。

2）使用空气干燥代替烘干。

3）使用更少或更薄的涂层。

4）彻底消除处理和抛光。

10. 装配

1）使装配简单。

2）累进装配。

3）消除试装配，保证一次性成功。

4）保证组件装配一次性成功，避免调整。这要求图纸必须正确，并具有适当的公差，零件严格按照图纸加工。

11. 通用原则

1）减少零件数量。

2）减少操作数量。

3）制造过程中减少移动距离。

12.4 线缆原则

1）减少线缆的数量和种类，可通过产品结构优化实现，如使用印刷电路板、板对板连接等方式进行优化，如图 12-16 所示。

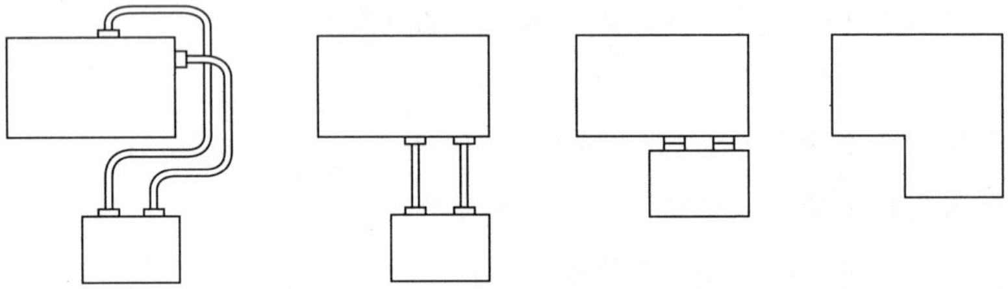

图 12-16　从长线缆到短线缆和使用板对板连接

生产案例 122　洗衣机的印刷电路板集成

图 12–17 所示是不合理的洗衣机电路板设计，使用了四块电路板，有矩形、梯形、不规则矩形和小三角形，这导致需要更多的线缆和更多的接口，给作业带来的麻烦显而易见。

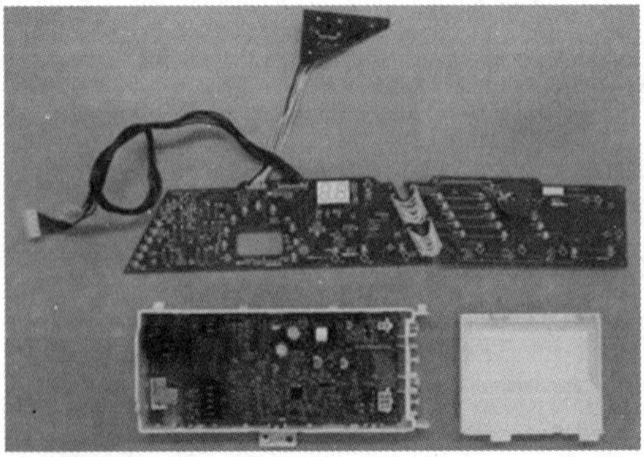

图 12–17　多个电路板组合

图 12–18 所示是有所改善的洗衣机电路板设计，将很多功能整合到一块大的印刷电路板上，再加一块小电路板，数量为两个，线缆只有一条，功能一样，但是装配起来简单多了。

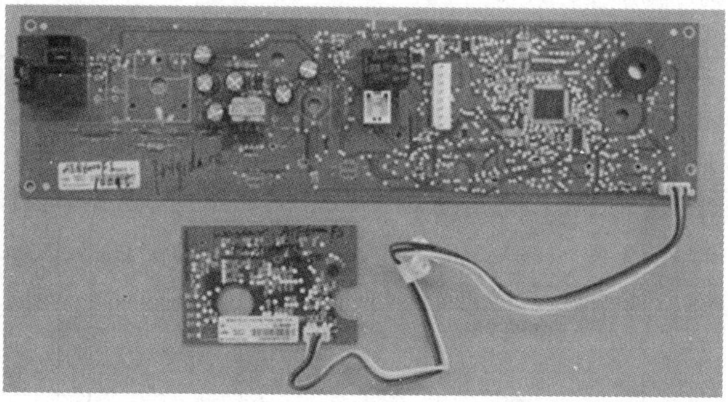

图 12–18　整合的印刷电路板

2）合理布局线缆。通过设计布局的改善能够缩短线缆长度，甚至可以取消线缆的存在。

生产案例 123　冰箱的灯泡线路集成

图 12–19 所示是冰箱内部的灯泡设计，因为布局的关系，增加了线和卡扣部件，看起来很烦琐。

图 12–20 所示是优良的冰箱内部设计，因为布局的关系，减少了灯泡的接线，没有多余的卡扣，装配起来简单直接。

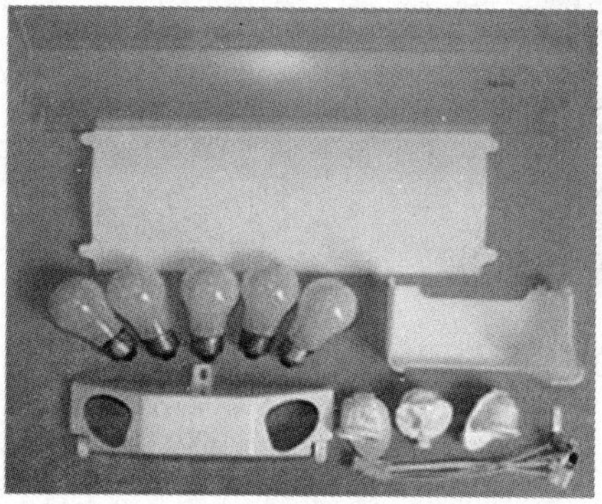

图 12–19　灯泡和线

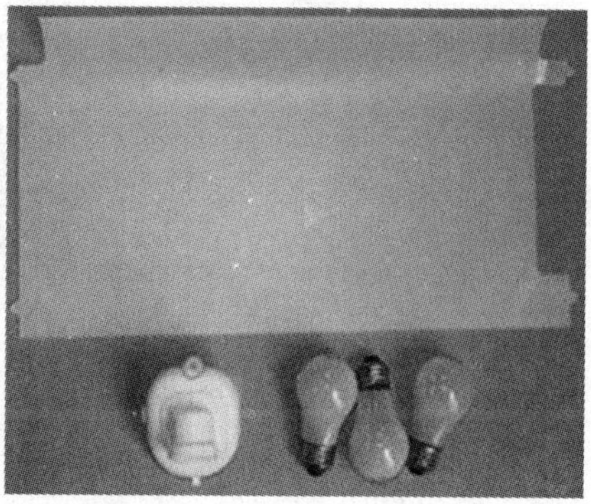

图 12–20　只有灯泡

12.5 嵌入式原则

1）增加倒角，以利于装配（见图 12-21）。

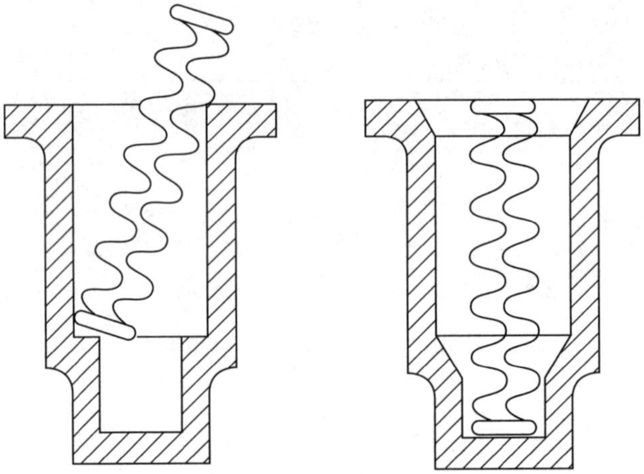

图 12-21　内部增加倒角

2）装配过程中，装配体应能提供充分的对齐、匹配特征，以便零件准确定位。比如索尼游戏机 PS4（见图 12-22）提供了完全不同匹配特征的接口，使得完全没有接触过游戏机的人第一次装配的时候，都能根据这些特征将各种线接好。

图 12-22　PS4 的各种接口

3）尽量减少不同的安装方向，固定螺母尽量出现在装配体一侧，以减少组装过程中不必要的反复翻转。如图 12-23 所示，左边的操作只能先装好一边的螺钉，再把零件翻转过来，装另一边的螺钉；而右边的操作，在一边就可以装好螺钉，没有翻转的动作。

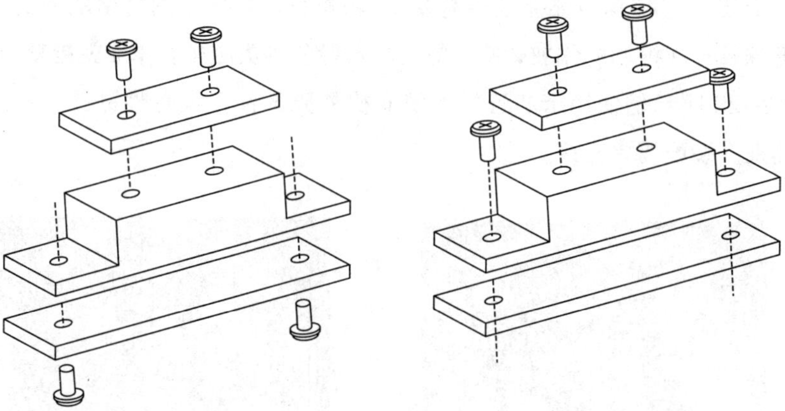

图 12-23　装配体的螺母布置

12.6 连接装配原则

1）在保证连接效果的前提下，尽量避免或减少螺钉等连接件的数量，或以针脚、插槽、卡扣等简易连接方式代替螺钉连接，如图 12-24 所示。

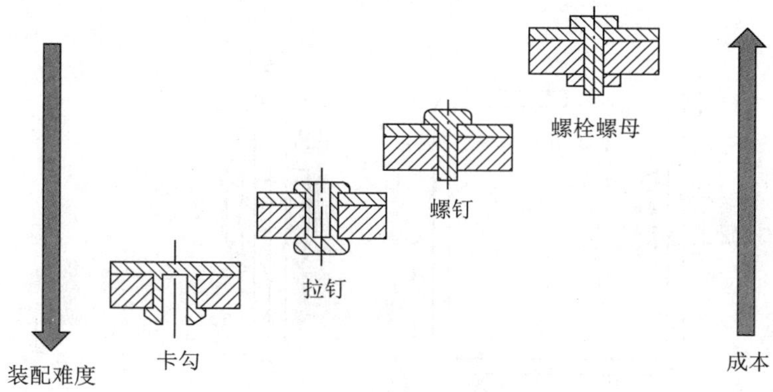

图 12-24　连接方式和难易程度

生产案例 124 洗衣机的框架连接

图 12–25 所示是一个洗衣机的外壳部件，图中的设计有明显的缺陷，从孔的数量可以看出，它和其他部件连接需要 12 颗螺钉，还是不同规格的螺钉，每一个螺钉都意味着一次拧动的作业，使用螺钉的数量和种类越多，作业就越复杂而繁多。

图 12–26 所示是使用卡扣连接的洗衣机外壳部件，没有螺钉孔，避免了拧动螺钉的作业，装配简单直接。

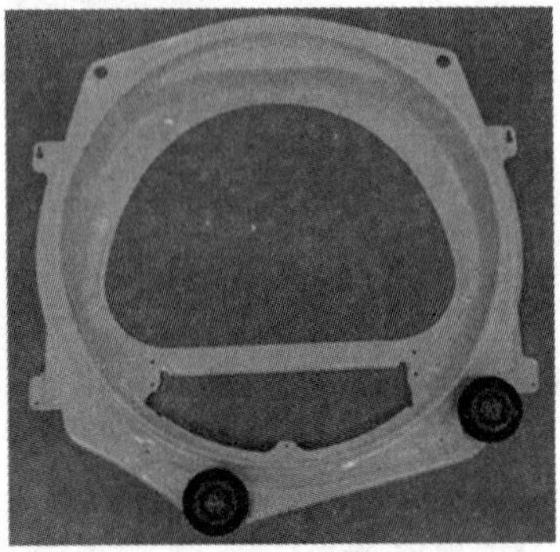

图 12–25　需要用 12 颗螺钉的框架

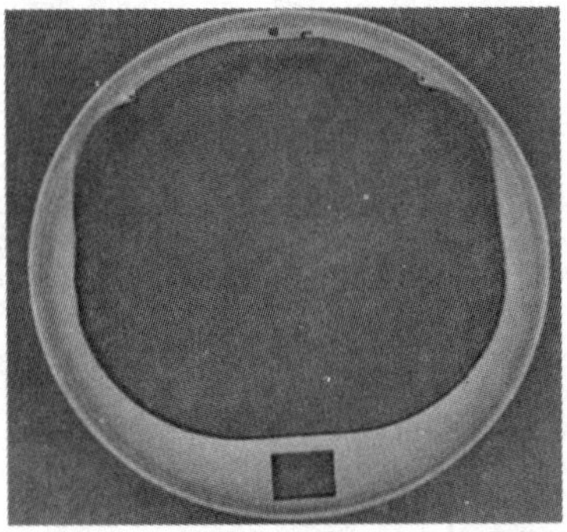

图 12–26　不用螺钉的框架

2）尽可能将固定位置放置在便于操作的地方。如图 12-27 所示，左边的作业中手很难进去，只能借助工具，但这么狭窄的空间，作业速度会迟缓很多；右边的作业就很明朗了，用最简单通用的工具就能拧动螺钉。

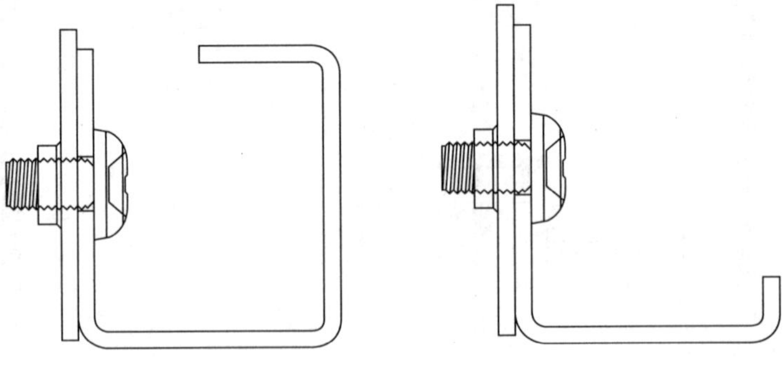

图 12–27　固定件便于操作

3）螺栓受力面应与受力方向垂直，并与被连接件充分接触，使得连接件受力均匀，连接稳定可靠。

4）避免分散的固定件设计。如图 12-28 所示，左边的固定件包括螺钉、垫圈及垫片，这些分离的固定件将会增加作业；右边的固定件为组合式，垫圈、垫片和螺钉为一个整体，省去了装配时放入垫片、垫圈的动作。

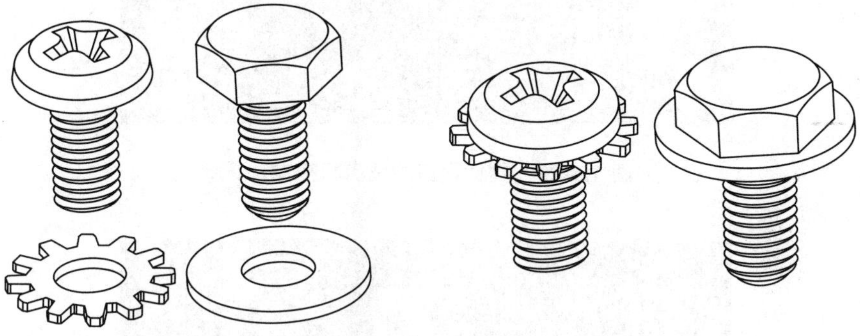

图 12-28　固定件的设计

12.7 设计改善忠告

面向装配的设计改善还有一条最重要的原则：对于任何一条设计原则都不能盲目遵守。

也就是说，之前讲了那么一大堆设计改善原则，不是说用就能用，要根据实际情况分析，我们不可能得到十全十美的产品，所以必须在某些原则上做出取舍。

比如采用一体设计时，任何一个卡扣的连接处受损，基本上整个装配体就报废了，这样会带来成本的增加；又比如使用整合到一起的印刷电路板需要更大的空间，但是实际空间已经不够，只好拆分成几个电路板分别放置，更好地利用空间。

图 12-29 所示是一个洗衣机的控制面板，里面有太多的零件和部件，装配起来很费劲。

图 12-30 所示也是一个洗衣机的控制面板，比起图 12-29 所示的控制面板要好很多，零件少到只有几个，利于装配。

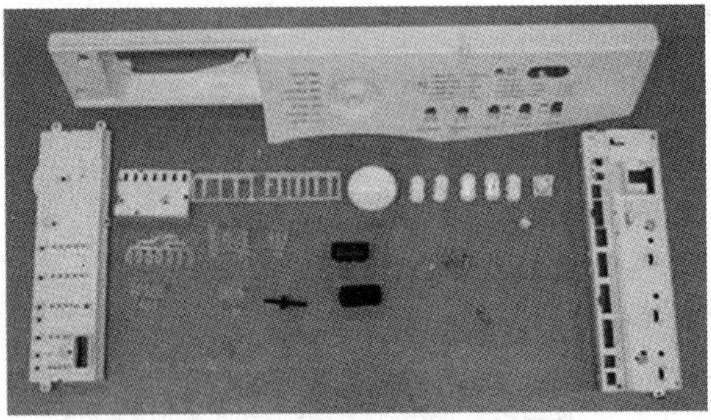

图 12-29　零件众多的洗衣机控制面板

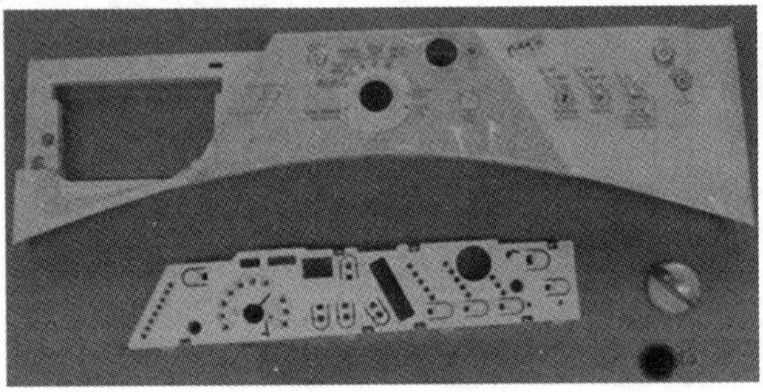

图 12-30　一体化设计的洗衣机控制面板

但是问题来了，第一个洗衣机虽然面板零件多，但是零件价格便宜，很容易从市场上买到，而第二个洗衣机的控制面板简洁明了，成本却高了很多。

到底是成本重要还是装配效率重要？这是一个需探讨的问题。

所以，不能盲从任何法则，根据实际情况，选择合理法则，不迷信法则，但要认真学习，并对设计改善推陈出新，改善真正落实到设计影响最有效的方面。

参考文献

[1] Benjamin Niebel，Andris Freivalds．Methods,Standards,and Work Design（Eleventh Edition）[M]．北京：清华大学出版社，2003．

[2] Fred E．Meyers，Matthew P.Stephens．Manufacturing Facilities Design and Material Handling（Second Edition）[M]．北京：清华大学出版社，2002．

[3] 易树平，郭伏．基础工业工程 [M]．北京：机械工业出版社，2005．

[4] 祖林，简健民．班组管理：改善手法 80 例 [M]．广州：广东经济出版社，2006．

[5] 罗仕文，聂云楚，玄熙平．6S 督导师实用手册 [M]． 深圳：海天出版社，2007．

[6] 立正 TPM 项目组．如何推进 TPM[M]．深圳：海天出版社，2006．

[7] 项英华．人类工效学 [M]．北京：北京理工大学出版社，2008．

[8] [日] 柿内幸夫．杨剑，译．现场改善入门 [M]．北京：机械工业出版社，2006．

[9] 李向阳．丰田改变世界 [M]．北京：北京大学出版社，2007．

[10] 孟宪原，姜琪．机构构型与应用 [M]．北京：机械工业出版社，2004．

[11] [日] 若松义人，进藤哲夫．王景秋，译．丰田生产力 [M]．北京：机械工业出版，2008．

[12] 工业工程网络学会．http://www.myie.org/

[13] 专利之家．http://www.patent-cn.com/

[14] 6 西格玛品质网．http://www.6sq.net/

[15] 人民教育出版社．http://www.pep.com.cn/

[16] 畅享网．http://www.vsharing.com/

[17] [日] 今井正明．华经，译．现场改善——低成本管理方法 [M]．北京：机械工业出版，2001．

[18] 史长银．全面现场改善 [M]．深圳：海天出版社，2006．

[19] 向号，李明．现场改善方法与实务 [M]．西安：陕西科学技术出版社，2010．

[20] 付波，白平．产品设计——功能与结构 [M]．北京：北京理工大学出版社，2008．

[21] 兰海．当职业从工厂开始——工厂新人指南 [M]．北京：化学工业出版社，2013．